문제해결요법

임상적 개입에의 적극적 접근

Thomas J. D'Zurilla · Arthur M. Nezu 공저

박권생 · 최이순 공역

PST

Problem **S**olving **T**herapy

3rd ed.

A Positive Approach to Clinical Intervention

학지사

Problem-Solving Therapy, 3rd Edition

A Positive Approach to Clinical Intervention

by Thomas J. D'Zurilla and Arthur M. Nezu

역 / 자 / 서 / 문

우리는 태어남과 동시에 여러 상황에 적응해야 하는 문제를 갖고 살아간다. 또한 살아가는 과정에서 자연스레 따라오는 갖가지 문제들을 다양한 방식으로 처리하면서 우리 자신의 정신건강과 삶의 질에 영향을 미치고 있다. 그런데 이러한 문제들을 제대로 처리하면 바람직한 결과를 낳기도 하겠지만 그렇지 않을 경우는 마음에 상처를 입고 정신질환을 겪기도 한다. 역자의 경우도 지난 일들을 돌이켜 보면 많은 인생문제들이 있었고 그중에는 나름대로 잘 해결한 것이 있었던 반면, 어떻게 해야 될지 몰라 전전긍긍하면서 상황을 악화시킨 경우도 적지 않았다. 한편, 문제해결에 관한 이론과 실제를 좀 더 일찍 접했더라면 덜 괴로워하면서 합리적으로 더 잘 해결하지 않았을까 하는 아쉬움을 가져 본다. 이러한 점에서 늦게나마 이 책을 접한 것은 다행스러운 일이 아닐 수 없다.

최근 심리학의 흐름은 긍정적인 접근에 초점을 둔 긍정심리학 쪽으로 관심이 모아지고 있는데 이와 뜻을 같이하고 있는 것이 문제해결이론이다. 이러한 시대적 흐름에 맞추어 긍정심리학의 중요한 변인으로서 사회적 문제해결의 역할이 제시되고 있다. 지난 시절 심리학은 인간의 부정적 측면의 문제에 대해 많은 연구를 할애하였으나 인간이 행복해지는 데는 이들 연구의 성과가 그다지 이바지하지 못한 것으로 여겨짐은 역자만의 생각은 아닐 것이다. 이제 세상을 더 밝은 눈으로 바라보는 긍정적 자세에서 삶의 문제를 들추어 보는 것이 행복에 가까워질 수 있는 대안이 아닐까 하는 점에서 이 책은 우리에게 많은 도움이 될 것으로 확신한다.

이 책은 D'Zurilla와 Nezu의 *Problem Solving Therapy*(3판, 2006)를 완역한 것이다. 1986년에 나온 초판은 학위 논문을 쓰는 과정에서 인용하였던 참고도서 중 하나였다. 문제해결요법이란 인지적 기초이론을 임상에 적용한 개념으로 이해될 수 있으며 이런 점에서 임상을 전공한 최이순과 기초심리를 전공한 박권생의 경험은 책 번역 작업에서 상호보완적 역할을 해 주었다. 2판이 나온 후 다시 이 책을 접했을 때 내용이 매우 유용하다는 생각에서 전문가는 물론이거니와 전공이 아닌 비전문가에게도 일독의 필요성이 거듭 상기되었었다. 이 책이 우리가 일상생활을 살아가면서 해결해야 하는 많은 문제에 부딪혔을 때 도움을 줄 수 있는 심리적 나침반이 아닐까 하는 생각 때문이었다.

1986년의 1판에 이어 2판은 1999년, 3판은 2006년에 개정되었다. 삶의 좋은 안내서라는 생각에 오랜 시간 끝에 2판의 번역 작업을 완료하였으나 그즈음 3판이 나옴에 따라 개정판의 새로운 내용을 포함하기 위해 다시 수정 작업을 하지 않으면 안 되었다. 새 판에 맞추어 급하게 작업을 추가로 진행하면서 미흡한 부분도 있을 것이다. 그래도 이 책은 바쁜 와중에서 나름대로 최선을 다하려 노력한 결실이기도 하다. 3판은 심리학의 새로운 흐름을 반영하였듯이 이전의 내용에 비해 문제해결에서 긍정심리학에 초점을 더 많이 두었다는 점이 변화된 모습일 것이다. 구성은 2판과 별로 다르지 않으나 내용에서 긍정적인 접근이 돋보이며 연구결과들도 긍정적 관점에서 보고된 것들이다. 특히 2부에 임상 적용의 경우 어떤 분야에서든 자기 식으로 매뉴얼을 만들 수 있음을 나타내고 있으며 이에 대한 구체적인 표본을 제시한 것은 이 책의 큰 장점으로 여겨진다. 1부에서는 훈련 매뉴얼을 이해할 수 있는 상세한 이론적 설명과 용어를 정리해 두었으며 이용할 평가도구에 대해 설명하였다. 2부의 뒷부분에서는 문제해결훈련에 관한 다양한 분야의 연구결과물을 제시하고 있으며 마지막 11장에서는 앞으로 연구하고 적용할 수 있는 분야를 정리하였다. 또한 3판에는 수록되어 있지 않지만 역자가 1판, 2판을 보면서 이해에 필요하다고 생각되는 부분은 별도로 부록에 첨가하였으므로 관심 있는 독자들은 이를 이용할 수 있을 것이다.

국내의 심리치료 관련도서의 경우 인지행동치료에 관한 책은 다수 있으나 문제해결에 관해 상세히 다루고 있는 책은 찾기가 어렵다. 문제해결요법은 단독으로 사용되는 치료적인 접근이면서 동시에 다양한 치료적 접근법과 접목하여 부분적으로 문제해결을 통한 치료적 접근을 시도하는 것으로 이 책은 좋은 참고도서로 활용될 수 있으리라 확신한다.

『문제해결요법』은 대학에서 심리치료 또는 이상심리, 지역사회

심리학 등의 강의를 위한 보조교재로 사용할 수 있을 뿐만 아니라 문제해결과 관련된 연구를 하고자 하는 연구자, 임상 혹은 상담 현장에서 내담자들을 도와주고자 하는 전문가들은 물론 일상생활의 갈등이나 문제해결에 어려움을 가진 사람으로서 자신의 삶을 좀 더 변화시키고자 하는 일반인 등 모든 분들에게 도움이 될 것으로 기대한다.

이 책이 출간되기까지는 여러분들의 도움이 적지 않았다. 역자들의 작업을 뒷받침해 준 연산병원 정신보건임상심리사 수련생 문영은, 서보국, 이명진, 이은아 선생에게 감사를 드리며, 작업할 때 격려를 아끼지 않은 막내 오빠에게도 감사드린다. 아울러 이 책을 집필하도록 권고하고 독려하며 3판으로 출간이 가능하도록 배려해 주신 학지사의 김진환 사장님과 편집부의 모든 분들께 감사를 드린다.

2008년 5월에

역자 대표

저 / 자 / 서 / 문

'문제해결요법' (PST: Problem-Solving Therapy)이란 건설적인 문제해결태도 및 기술훈련을 임상적으로 적용하는 절차를 일컫는다.

1970년대 초에 들어서 임상 개입에 사회적 역량 강화를 강조하는 경향(Gladwin, 1967; Ullmann & Krasner, 1969)이 부상하기 시작했고, 문제해결요법은 그런 경향과 함께 개발되었다. 이러한 적극적 접근의 목적은 정신병리를 줄이고 더불어 사람들의 사회적 기능을 긍정적 방향으로 향상시킴으로써 치료의 긍정적 성과를 극대화함과 동시에 재발 및 새로운 문제의 발생을 미리 예방하자는 것이었다. 1970년대 초반 이후부터는 임상, 상담, 건강심리학 문헌에 PST 프로그램에 대한 보고가 급속도로 증가하였다. 아동, 청소년, 성인에 초점을 맞춘 PST는 치료법으로(단독이거나 치료 꾸러미의 일부로), 유지전략으로 그리고 예방 프로그램으로 적용되어 왔다(D'Zurilla & Nezu, 1982, 1999; Durlak, 1983; A. M. Nezu & D'Zurilla, 1989; A. M. Nezu, Nezu, Deaner, & D'Zurilla, 1997; Pellegrini & Urbain,

1985; Spivack, Platt, & Shure, 1976; Spivack & Shure, 1974; Urbain & Kendall, 1980 참조). 이 책(3판)은 2판에서와 같이 청소년과 성인을 위한 PST에 초점을 맞추었다.

1999년에 이 책의 2판이 발행된 이후 사회적 문제해결(즉, 실생활에서의 문제해결)과 PST의 이론 및 연구에는 많은 진전이 있었다. 3판에서는 원래의 이론과 그 후에 수집된 연구결과를 통합하여 개정한 새로운 사회적 문제해결 모형을 제시하였다. 치료자용 사용 설명서(훈련 지침서) 또한 새로운 사회적 문제해결 모형을 기초로 이전 판보다 더욱 사용하기 쉽도록 완전히 수정하여 제시하였다. 이 새로운 지침서는 한 세트의 모듈로 구성되어 있고, 각각의 모듈은 서로 다른 원리와 절차를 중점적으로 다루고 있다. 따라서 치료자나 연구자들은 특정 장애를 가진 어떠한 환자(개인은 물론 집단)에게도 용이하게 적용할 수 있게 되었다. 1999년 이후 사회적 문제해결능력과 여러 가지 적응변인 간의 관계에 관한 연구와 다양한 환자집단을 대상으로 수행된 PST의 효력을 평가한 연구가 폭발적으로 증가하였다. PST의 효력을 평가한 연구에서는 심리적 장애와 행동적 장애를 가진 환자들은 물론 암이나 당뇨병 같은 의료 환자들까지 치료대상으로 고려되었다. 개정판에서는 이 두 분야에서 수행된 연구결과에 대한 고찰도 보강하였다. 그리고 2판이 출판된 이후 연구 및 임상 장면에서 새롭게 개발된 사회적 문제해결능력 검사도 몇 가지 더 소개하였다.

3판의 구조는 2판과 흡사하다. 제1부는 PST의 이론적 근거와 경험적 근거에 초점을 맞추었고, 사회적 문제해결능력과 적응 간의 관계를 검토한 연구를 새롭게 고찰하였다. 임상적 적용을 다룬 제2부는 개정된 치료자용 문제해결훈련 지침서부터 우선 소개하였다. 그런 다음 암 환자를 포함하여 여러 임상적 문제에 PST가 적용된 사례들을 제시하였다. 그리고 다양한 집단을 대상으로 PST의 효력을 평가한 연구결과에 대한 최신의 개관을 기술하였다. 끝으로, 사회적 문제해결과 PST에 대한 미래의 연구를 위한 논의와 추천으로 이 책을 마감하였다.

이 책은 내담자의 적응기능과 스트레스 관리능력을 증진시키기 위한 방법에 관심을 가진 정신건강 전문 치료자, 상담자 그리고 교육자를 위한 책이다. 지역사회 문제를 해결하고 정책결정을 책임져야 하는 지역사회 단체 및 개인의 효율성을 높이기 위한 프로그램에 관심을 가진 지역사회심리학자와 사회사업가에게도 도움이 될 것이다. 또한 사회적 문제해결, 자기통제, 사회적 능력, 사회적 인지, 의사결정, 사회적 정보처리 그리고 스트레스 대처에 관심 있는 연구자와 이론가들도 흥미를 가질 것이다. 끝으로, 이 책은 심리치료, 상담, 행동수정, 인지행동치료, 이상심리, 개인적 적응, 성격, 자기관리, 스트레스 관리, 지역사회심리학, 예방 등의 강좌 교재로도 유용하게 이용될 수 있을 것이다.

사회적 문제해결 및 문제해결요법에 관한 우리의 연구는 많은 분들의 영향을 받았지만 이 책에서는 세 사람만을 구체적으로 소개하고 싶다. 이분들은 우리가 임상적 개입을 위한 문제해결요법을 개발하고 발전시키는 데 지대한 영향을 미쳤다. Marvin Goldfried는 사회적 문제해결 모형(현행 접근법의 기초를 제공한 모형)의 개발단계에서 D'Zurilla와 공동작업을 한 분이다(D'Zurilla & Goldfried, 1971 참조). Richard Lazarus는 스트레스와 대처에 관한 연구를 통해, 상호작용적 또는 관계성 관점에서 보면 사회적 문제해결과정과 스트레스 및 대처 과정이 서로 다르지 않다는 것을 깨닫게 해 주었다. 그리고 Sidney Parnes의 창의적 문제해결에 관한 연구의 영향을 기리고 싶다. Parnes의 연구는 이 책에 제시된 사회적 문제해결과정을 개념화하는 데, 그리고 PST를 개발하는 데 기여한 공이 매우 컸다.

아울러 이 책에 제시된 문제해결요법과 사회적 문제해결에 관한 연구 및 이론에 많은 기여를 한 동료들과 학생들—Chris Maguth Nezu, Albert Maydeu-Olivares, Mike Perri, Edward Chang, Larry Burns, George Ronan, Collette Sheedy, Peter Houts, Stephanie Felgoise—에게도 감사를 드리고 싶다.

차 / 례

제2부 문제해결훈련 지침서

제 1 부

이론적 근거와 경험적 근거

제 1 장

소개 및 역사적 발달

철학자, 교육자, 심리학자들은 일찍부터 인간을 문제를 해결하는 존재로 간주하였고, 인간의 문제해결능력에는 개인차가 있다는 것을 알고 있었다. 인간의 본성을 연구하는 사람들은 일반적으로 문제해결능력이 향상되면 부적응의 정도는 감소하는 반면 적응력은 향상된다고 믿는다. 물론 이러한 믿음의 근거는 우리의 일상생활이 해결하여야만 하는 문제로 가득하다는 데 있다. 이러한 관념은 오래 지속되었고 또 실험심리학에서 인간의 문제해결에 관한 연구를 시작한 지가 오래되었음에도 불구하고(Kleinmuntz, 1966; Newell & Simon, 1972 참조), 사회적 적응력 및 행동적 적응력이 문제해결기술 훈련을 통해 향상될 수 있을 것인가의 문제는 20세기 후반이 되기까지 거의 주목을 받지 못했었다. 또 그러한 훈련이 정신병리를 다루기 위한 임상적 개입이나 치료 후 새로운 문제의 발생 또는 재발을 예방하기 위한 전략으로 활용될 수 있을 것이라는 문제에 대한 관심은 더더욱 빈약하였다.

이처럼 임상심리 및 상담심리에서 문제-해결훈련(Problem-Solving Training: PST)의 잠재적 가치가 인식되지 못했던 데는 적어도 두 가지 이유가 있다. 하나는 임상심리학사의 대부분이 정신병리의 의학모형 혹은 질병모형에 따라 지배되었다는 점이고, 다른 하나는 실험심리학자들이 수행한 인간의 문제해결에 관한 연구가 대부분 실생활에서 일어나는 문제의 해결을 돕고 이해하는 것과는 별 관련성이 없었다는 점이다.

정신병리의 의학모형에서는 정신병리를 일탈된 인지반응, 정서반응 또는 행동반응의 출현으로 정의하고, 이런 부적응 반응은 마음의 내적 갈등을 반영하는 징후 또는 증상이라고 간주하였다. 이러한 개념적 모형에서는 정상(normality)이란 비정상(abnormality)이 없는 상태로 간주된다. 인간의 긍정적이고 적응적인 작용을 방해하고 제한하는 것이 정신병리이기 때문에 정신병리를 제거하면 긍정적이고 적응적인 작용이 향상될 것이라고 생각했었다. 따라서 의학모형에 근거한 임상적 개입은 정신병리를 제거하거나 감소시키는 일에 역점을 두었고, 정신역동적 통찰치료를 통해 이 일을 완수하려 하였다. 직접적인 재교육이나 기술훈련은 단순한 지지 제공에 불과하고 그 효과 또한 일시적인 것으로 간주되었다. 마음의 갈등을 확인한 후 정신역동적 개입을 통해 그 갈등을 해소하지 못하면, 결국에는 기존의 증상이 지속되거나 새로운 증상이 나타나게 될 것이라고 생각했다.

인간의 문제해결에 관한 실험심리학자들의 과거 연구는 대부분 물동이 문제, 그림조각 짜 맞추기, 물리학 문제, 수학 문제 그리고 개념형성 등 주로 인간의 삶과는 무관한 문제에 초점을 맞추었다. 그러나 이들 문제를 해결하는 데 필요한 인지능력 또는 인지기능은 대부분 사회적 문제를 해결하는 데 중요한 능력이 못 된다(Guilford, 1967; Spivack et al., 1976). 또한 인간의 문제해결에 관한 이론들은 사람들이 문제를 해결하는 전형적인 방식을 묘사하는 기술적 모형(descriptive model)에 초점을 두고 있었다. 그러나 임상 개입에 문제해결식 접근법을 이용하려면, 문제를 어떻게 해결해야만 그 효과가 최대가 되는지를 명시하는 규범적 모형(prescriptive model)이 필요하다.

PST(문제해결훈련)는 1960년대 말과 1970년대 초에 개발되어 현재까지 계속 보완되고 발전해 왔다. 이 기간 동안 전개된 다음 네 가지 역사적 변천이 이 훈련법의 발달에 큰 영향을 미쳤다. (1) 창의적 문제해결능력과 창의성의 본질 및 교육에 대한 연구와 관심의 증가, (2) 임상적 개입에 대한 적극적 접근법의 증가, (3) 행동치료에서 인지과정 및 자기-통제의 중요성 인식, (4) 스트레스에 대한 Lazarus의 관계 모형 발달이다. Lazarus의 관계 모형에서는 일상생활사에 대한 부정적 평가 및 대처능력 결함을 스트레스와 스트레스-관련 장애의 주된 원인이라고 간주한다.

창의성 연구

1950년대에 들면서 창의성의 본질과 교육에 대한 관심이 증가하기 시작했고, 이는 결국 교육분야 및 산업분야에서 문제해결기능 훈련 및 그와 관련된 응용연구로 이어졌다. Guilford는 1950년 미국심리학회(APA) 회장 취임사에서, 창의성 연구에 많은 노력을 경주해야 한다고 주장했다. 그는 창의성에 대한 연구가 우리의 미래 사회에서, 특히 문제해결 분야에서 가지게 될 실질적 중요성을 강하게 믿고 있었다. Guilford(1977)는 창의성과 문제해결능력 간의 많은 공통점을 지적하였다.

> 문제가 복잡해지고 그 해결책이 복잡해진 후에야 우리는 문제해결과 창의성 둘 다가 지적 능력을 필요로 하는 활동임을 알게 된다. 문제의 해결은 새로운 방식의 행동을 필요로 하고, 새로운 방식의 행동은 곧 창의적인 수행을 의미하는 것이기 때문에 창의성과 문제해결은 매우 밀접한 관계를 맺고 있다.

Guilford는 일반 지능(IQ)에 대한 전통적 개념을 비판하였다. 전통적 개념에는 '사회적 지능'과 과제를 창의적으로 수행하는 데 중요한 능력이 거의 포함되지 않았다는 것이 그의 주장이었다. 그는 창의성과 지능에 대한 연구를 통해 '지능의 구조'(Structure of Intellect)라는 새로운 모형을 구축하였다. 그는 이 모형에다 전통적 지능뿐 아니라 창의력도 포함시켰다. 그가 말하는 창의적인 능력은 아이디어를 유창하게 생성하는 능력(유창성), 다양한 아이디어를 생성하는 능력(융통성), 개성 있는 아이디어를 생성하는 능력(독창성), 그리고 문제에 대한 민감성으로 구성되었다.

산업장면에서 일하고 있던 Osborn(1952, 1963)은 창의적 수행을 향상시키고 발전시키기 위한 훈련법 및 기술 개발을 강력히 주장하였다. Osborn은 초창기에 개발된 가장 영향력 있는 PST 프로그램이었던 창의적 문제해결 프로그램(Creative Problem-Solving Program: CPSP)을 태동시킨 인물이기도 했다. 30여 년 전 버펄로대학에서 시작된 이 프로그램은 창의적 수행과 생산적 사고를 자극하는 일에 초점을 맞추고 있다. 이 프로그램은 Osborn이 개발한 '브레인스토밍' 기법을 이용하였는데, 이 기법은 Guilford가 말한 창의적 능력을 자극하는 기법이었다. Osborn과 Guilford의 영향을 받은 Parnes는 나중에 이 프로그램을 관장하면서, 프로그램의 목적과 방법을 확장시켜 프로그램의 초점을 일반적인 사회적 능력 향상에 맞추어 놓았다(Parnes, 1962; Parnes, Noller, & Biondi, 1977). Parnes와 Noller(1973)는 이 프로그램을 평가하는 대규모 연구를 2년에 걸쳐 실시하였다. 대학 신입생 150명에게 네 학기에 걸친 정규 교과목으로 창의적 문제해결을 가르쳤다. 통제집단에 속한 신입생 150명에게는 이들 과목을 하나도 수강하지 못하게 하였다. 그 결과 창의적 문제해결 프로그램에 참여한 학생들은 문제해결능력이 향상되었을 뿐 아니라, 일상생활에서 겪는 삶의 문제를 다루는 능력 또한 향상된 것으로 밝혀졌다. 더욱 중요한 것은 능력과 자신감의 향상이 일상생활의 문제해결능력까지 향상시키는 것으로 드러났다는 점이다. 1970년대 이후 Osborn-Parnes의 프로그램을 바탕으로 수많은 창의적 문제해결 프로그램이 개발되었고, 미국은 물론 여러 나라의 교육장면과 산업장면에서 정규 교육과정, 세미나, 워크숍, 회의 및 연수의 명목으로 급속도로 확산되고 있다.

적극적 임상 개입

교육장면과 산업장면에서 PST 프로그램 활용이 증가되고 있을 때, 임상심리학에서도 정신병리 및 심리치료의 의학모형에 대항하는 분위기가 무르익기 시작했다. 임상전문가들이 이러한 접근법의 적용 가능성과 타당성을 의심하기 시작했던 것이다. 연구자들은 부적응 행동의 숨은 원인을 이해하는 것만으로, 즉 적응 행동을 가르치지 않고도 치료의 성과가 긍정적으로 나타날 것인가를 의심하기 시작했다. 이론가들은 정상(normality)을 이상(abnormality)의 부재로만 보지 않고, '사회적 능력'과 '긍정적 정신건강' 같은 용어를 사용하여 정상의 또 다른 차원을 논하기 시작했다(Johoda, 1953, 1958; White, 1959 등 참조). 이런 관점은 사회적 능력이 클수록 정신병리가 감소할 것이라는 흥미 있는 가설을 이끌어 냈고, 이 가설은 1960년대 초에 정신과 환자들을 이용한 Zigler와 Phillips의 연구를 통해 입증되었다(Phillips & Zigler, 1961; Zigler & Phillips, 1961, 1962).

사회적 능력이 클수록 정신병리가 줄어든다는 발견, 즉 사회적 능력과 정신병리 간의 반비례 관계는 두 가지로 해석되고 있다. 첫 번째는 사회적 능력이 정신병리의 원인이 되는 부정적 일상경험을 예방하는 역할을 수행한다는 해석이다. 그리고 두 번째 견해는 정신병리가 실제로 사회적 기술, 문제해결기술, 기타 대처기술 등 사회적 기능 또는 사회적 능력의 결함에서 유발되었다고 보기 때문에 사회적 기술을 향상시키면 정신병리가 사라진다고 생각하는 것이다(D'Zurilla & Goldfried, 1971; Lazarus, 1966; Phillips, 1978; Spivack et al., 1976). 이 두 번째 견해에 따르면, 사회적 능력에 결함이 있는 사람들은 일상생활에서 겪는 어려움을 효과적으로 처리하지 못하게 되고, 그 결과 부정적인 심리상태(예: 불안, 분노, 우울, 낮은 자존감)로 고생하게 된다.

사회적 능력과 정신병리 간의 이러한 관련성에 대한 연구를 계기로 1965년 정신건강 전문가들과 국립정신건강연구원(National Institute of Mental Health: NIMH) 임원진이 회합을 가졌다. 이 회합의 목적은 "정서적 문제 또는 적응 문제로 전문가를 찾는 사람들에게는 그들의 사회적 능력을 향상시킬 수 있는 도움을 제공해야 한다고 강조함으로써 임상적 개입을 촉진키는 데" 있었다(Gladwin, 1967, p. 30). PST와 관련시켜 봤을 때 이 만남이 특히 중요했던 것은, 이 회합에 참여한 사람들이 사회적 능력을 정의할 때 사용한 세 가지 요소가 이 책에서 사회적 문제해결능력을 정의할 때 이용한 주요 요소와 같았기 때문이다(2장 참조). 다음은 사회적 능력을 구성하는 바로 그 세 가지 요소들이다.

1. 정해진 목표를 달성하기 위해 다양한 대안 또는 행동을 사용하는 능력. 이 능력에는 광범한 목표—중간 목적이든 최종 목적이든—중에서 최적의 목적을 선택하는 능력도 포함된다.
2. 자신의 목표를 성취하기 위해서 가용한 범위 내에 있는 다양한 사회적 지원체계와 자원을 활용하는 능력
3. 효과적인 현실 검증력. 이 능력은 지각적 손상이 없는 것만으로는 충족되지 않고 세상사에 관한 긍정적이고도 정교한 이해능력을 필요로 한다.

그 후 30년 동안 가장 성공적이고 긍정적인 개입법이 개발되고 실행된 분야는 행동수정 및 행동치료라고 하는 새로운 영역이었고, 거기서 주로 이용된 것은 촉구(prompting), 모델링, 행동연습, 수행 피드백, 정적 강화, 그리고 조형과 같은 학습기법이었다(Spiegler & Guevremont, 2003; Ullman & Krasner, 1969). 문제해결훈련이 이들 개입에 추가로 도입된 것은 1970년대 초반이었다(D'Zurilla & Goldfried, 1971). 금세기로 접어들 무렵 미국심리학회(APA) 회장 Martin Seligman(1999; Seligman & Csikszenthihalyi, 2000)은 심리학 일반에서 '긍정심리학'(positive psychology)이 더욱 강조되어야 한다고 역설하였다. Seligman에 따르면, 이렇게 접근하는 목적은 심리학적 초점을 '잘못된 것'(예: 부적응, 자기-실패)을 줄이고 제거하는 것이라는 선입견으로부터 '잘되는 것'(예: 적응, 자기-강화)을 찾아 촉진시키는 과제로 바꾸어 놓기 위한 것이다. 최근에는 긍정심리학이 심리학 분야에서 주된 세력으로 자리 잡고 있으며, 문제-해

결 훈련은 그 흐름에서 주요 몫을 담당하고 있다.

행동치료에서 인지 과정과 자기-통제

초기의 긍정적 임상 개입은 유관관리법(예: 축구, 정적 강화, 조형)뿐만 아니라 모델링, 행동시연 등의 행동기술 훈련법을 적용함으로써, 구체적인 문제상황에서 필요로 하는 행동능력을 직접적으로 촉진시키는 일에 초점을 맞추었다. 이러한 상황-구체적 접근법은 수행을 향상시키는 데는 매우 효과적이었다. 하지만 행동의 변화는 흔히 특정 훈련상황에서만 제한적으로 일어났다. 즉, 일반화된 능력 향상이 일어나지 않은 것이다. 결국 이들 접근법은 특정 행동결함의 문제를 해결하는 데는 도움이 되지만, 보다 일반화된 사회적 능력의 결함으로 생기는 임상적 문제를 다루는 일에는 도움을 주지 못한 셈이다. 일반화된 사회적 능력의 결함은 대부분 문제해결능력의 결함뿐 아니라 기타 일반적 대처기능에도 결함이 있어서 야기된 조건이었기 때문에 그런 일이 벌어졌을 것이다.

행동치료의 효과가 특정 상황에만 국한되어 나타나는 이러한 문제 때문에, 1960년 후반에 들어서는 행동을 수정하는 일에 인지적 개입을 강조함으로써 자기-통제력을 향상시키고 치료효과(행동변화)의 일반화 및 유지를 강화하기 위한 새로운 노력이 전개되었다(Kendall & Hollon, 1979). 그리하여 행동치료가 인지-행동치료(cognitive-behavior therapy)로 확장된 것이다. 이러한 인지-행동치료에서 강조하는 인지 활동에는 구체적 사고 및 인지적 평가에서 신념이나 가정 같은 보다 폭넓은 수준을 거쳐 정보처리 및 문제해결 같은 훨씬 복잡한 과정까지 포함되었다(Mulphy, 1985; A. M. Nezu, Nezu, & Lombardo, 2006; Turk & Salovey, 1985).

1968년 미국심리학회 학술대회에서는 행동수정에 작용하는 인지적 요인의 역할을 다룬 심포지엄이 개최되었고, 그 심포지엄에서 D'Zurilla와 Goldfried는 행동기술 훈련 프로그램에 문제해결기술 훈련을 포함시켜, 보다 폭넓고 지속적인 행동변화를 촉구해야 한다고 주장하였다. 1971년에 발표된 논문 「Problem Solving and Behavior Modification」은 이때 발표한 내용을 확장시킨 것이다. 이 논문에서 D'Zurilla와 Goldfried는 문제해결훈련을, 각자가 자신의 행동을 개선하는 방법을 익혀서 자기 자신의 치료자로 활동하는 자기-통제 훈련으로 간주하였다. 이렇게 습득된 문제해결기술을 기초로, 광범한 문제상황에 각자 효과적으로 대처할 수 있게 되어 일상생활에서의 스트레스가 줄어들고, 결국에는 스트레스 관련 장애 및 증상을 예방 내지 감소시킬 수 있을 것이라는 주장이다.

몇 년 후 Spivack 등(1976)은 *Problem-Solving Approach to Adjustment*라는 책을 출판했는데, 이 책에서 그들은 사회적 문제해결능력과 정신병리 간의 상관관계를 입증하는 증거를 제시하면서 아동과 성인을 대상으로 실시된 PST의 초창기 연구 몇 편을 소개하였다. 그 당시 Mahoney(1974)는 PST에 대한 전망을 다음과 같이 기술하였다.

문제해결능력의 잠재력이 내담자는 물론 치료자에게도 중요하다는 것은 설명이 필요 없을 정도로 명약관화하다. 끊임없이 변하는 일상문제를 해결하는 데 필요한 융통성과 능력이라는 측면에서 봤을 때, 이러한 인지기술들은 생존에 더없이 귀중한 전략을 제공할 것이다. 이들이 치료에 미칠 효율성과 스스로의 자기-향상에 얼마나 크게 공헌할 것인지를 검토하는 것은 미래의 경험적 연구에서 우선적 문제가 될 것이다(p. 212).

Richard Lazarus의 스트레스 관계 모형

앞서 소개한 발달이 진행되고 있는 동안 스트레스를 연구하고 있던 Richard Lazarus와 다른 연구자들은 스트레스에 관한 거래(transactional) 혹은 관계(relational) 이론을 개발하고 있었다(Lazarus, 1966, 1981, 1999; Lazarus & Folkman, 1984; McGrath, 1970, 1976). 이들의 입장에서는, 환경과의 상호작용에서 우리가 제공해야만 하는 것이 우리가 가진 것보다 크기 때문에 우리의 행복이 위협받는, 그런 특정 유형의 개인-환경 관계를 스트레스로 간주한다(Lazarus & Folkman, 1984). 이들은 스트레스를 유발하는 상황과 그 상황에 대한 정서적 반응 간의 관계에서 중요한 매개변인으로 작용하는 것이 인지적 평가 및 대처라고 보았다. 이들의 관점에서는 인지적 평가의 부정적 결과와 대처능력의 결함이 스트레스와 스트레스 관련 장애의 중요한 원인으로 간주된다. 1970년대와 1980년대 초에 와서는 이들의 스트레스 모형과 사회적 문제해결 이론 간에 개념적으로 중복되는 점이 많다는 것이 분명해졌다. 이는 스트레스에 대한 관계/문제해결 모형이라는 통합된 모형의 개발로 이어졌고, 이 모형에서는 문제해결기술이 핵심적 역할, 즉 다양한 상황에서 스트레스와 스트레스의 부정적 효과를 줄이고 관리하고 통제하는 능력을 향상시키는 일반적 대처전략으로서의 역할을 수행한다(6장 참조). 이 스트레스 모형은 치료와 예방법으로 PST 활용을 지지하는 유력한 이론적 근거를 제공한다.

1970년대 초반부터는 PST 프로그램이 개인, 집단, 가족치료, 상담 등 다양한 임상 장면에 적용되어 왔다. 또한 워크숍, 교과과정 및 세미나같이 임상 장면이 아닌 곳에서도 예방 프로그램으로 적용되어 왔다. 프로그램의 표적 집단도 다양하여 우울증 및 불안 장애 환자, 물질 남용 환자, 정신지체자, 정신분열병 환자, 다양한 의료 환자, 가족 돌보미, 경미한 부적응자(예: 성적 부진, 과체중)뿐만 아니라 사회능력과 행동능력을 향상시키고 스트레스를 보다 효과적으로 관리하고자 하는 정상인에게까지 확대되고 있다. 훈련에서 초점을 맞추는 문제의 유형도 다양하여 개인적인 문제(예: 정서, 행동, 건강 등)부터 대인관계 문제(예: 부부 갈등 및 가족 갈등)를 넘어 지역사회 및 사회문제(예: 범죄, 환경문제)까지 표적이 되고 있다. 이러한 PST 프로그램들은 10장에서 더 상세히 설명될 것이다.

요 약

1970년대 이전까지만 해도 임상 및 상담 심리학자들은 문제해결 훈련이 임상적 개입에 적용될 수 있는 가능성을 인식하지 못했었다. 그 주된 이유 두 가지 중 하나는 임상심리학자 대부분이 정신병리에 대한 '의학모형' 혹은 '질병모형'에 따라 지배되었다는 사실이다. 그리고 다른 하나는 과거에 실시되었던 문제해결에 관한 대부분의 실험연구는 실생활에서 일어나는 문제의 해결이나 사회적 문제해결 과정과는 관련성이 부족했다는 점이다. 임상적 개입에 대한 현재의 문제해결식 접근법은 1960년대 말과 1970년대 초에 시작되었고, 그 이후 급속한 발전과 팽창이 계속되고 있다. 역사적 발전의 다음 네 가지 흐름이 이러한 접근법 출현에 크게 기여하였다. (1) 창의적 문제해결을 포함하여 창의성의 본질 및 창의성 교육에 대한 관심의 증대, (2) 적극적인 임상 개입의 증대, (3) 행동치료에서 인지과정 및 자기-통제의 중요성 인식, (4) 스트레스에 관한 Lazarus의 관계 모형 출현이다. 이 모형에서는 부정적 인지평가와 대처능력 결함을 스트레스 및 스트레스 관련 장애의 주요 원인으로 간주한다. 다음 장에서는 사회적 문제해결과정에 관여하는 태도, 능력, 기술을 설명한다.

제 2 장

사회적 문제해결과정

주요 개념

사회적 문제해결이론은 문제해결, 문제 그리고 해결책의 세 가지 주요 개념을 분명하게 정의해야 한다. 이론과 연구 및 실제에서도 문제해결과 해결책 실행이라는 개념은 구분되어야 한다. 다음의 정의는 Davis(1966, 1973), D'Zurilla와 Goldfried(1971), D'Zurilla와 Nezu(1982, 1999) 그리고 Skinner(1953)가 논의한 개념에 근거를 두고 있다.

문제해결

자연환경에서 벌어지는 문제해결(problem solving)은 일상생활에서 만나는 구체적인 문제를 효과적으로 해결하기 위해 노력하는 자기-주도적 인지-행동 과정으로 정의된다. 이러한 인지-행동 과정은 (1) 특정 문제에 대한 다양한 해결책을 생성해 내게 하고, (2) 이렇게 생성된 여러 대안(해결책) 중에서 가장 효과적인 해결책을 선택할 확률을 높여 준다(D'Zurilla & Goldfried, 1971). 이 정의가 의미하듯, 문제해결이란 의식적이고 합리적이며 노력을 요하는 한편 의도적 활동이다. 이러한 활동의 목적은 문제상황을 개선하는 것일 수도 있고, 그런 문제상황에서 야기된 정서적 스트레스를 줄이는 것일 수도 있으며, 이 두 가지 모두일 수도 있다.

이러한 현상을 지칭하기 위해 대인관계 문제해결(Shure, 1981), 대인관계 인지 문제해결(Spivack et al., 1976), 개인 문제해결(Heppner & Petersen, 1982), 응용 문제해결(Heppner, Neal, & Larson, 1984) 등 여러 가지 용어가 사용되어 왔지만, 임상, 상담, 건강심리학에서는 사회적 문제해결(social problem solving)이란 용어가 가장 널리 이용되고 있다(D'Zurilla & Nezu, 1982, 1999). 사회적 문제해결에서 사회적이라는 수식어를 붙인 것은 문제해결에 관한 연구를 특정 유형의 문제에 국한시키려는 것이 아니고, 오히려 주변의 자연적 사회환경에서 일어나는 일상의 문제에 연구의 초점을 맞추었다는 사실을 강조하기 위해서다. 때문에 사회적 문제해결의 이론과 연구에서는 경제적인 문제(예: 재정, 개인재산), 개인 내적인 문제(예: 인지, 정서, 행동, 건강), 대인 문제(예: 부부간 갈등이나 가족 간 갈등) 그리고 더 광범하게는 지역사회 문제(예: 범죄, 공공 서비스)까지 우리 삶에서 발생하는 거의 모든 문제를 다루어 왔다.

실생활의 문제해결에 관한 연구는 다른 심리학 분야, 예컨대 인지심리학, 발달심리학, 조직 및 산업심리학에서도 수행되어 왔다. 이들 영역에서 연구하는 사람들은 실질적 문제해결(Denney & Pearce, 1989), 일상생활 문제해결(Cornelius & Caspi, 1987), 일상생활 인지(Poon, Rubin, & Wilson, 1989) 그리고 실용적 지능(Sternberg & Wagner, 1986) 등의 용어를 사용하였다. 이들 영역에서 수행된 연구는 주로 노인들의 문제해결, 문제해결능력의 연령차, 그리고 직업수행에서 문제해결의 역할 등의 주제를 중점적으로 다루어 왔다.

사회적 문제해결은 학습의 과정이기도 하고, 일반적인 대처전략이기도 하며, 또한 자기-통제법이기도 하다. 문제의 해결은 수행능력의 변화를 유발한다. 그렇기 때문에 사회적 문제해결은 학습의 과정으로도 간주되는 것이다(Gagné, 1966). 효과적인 문제해결은 다양한 문제상황에서 효과적으로 대처할 확률을 높이기 때문에 융통성 있는 대처전략이기도 한 것이다. 끝으로, 사회적 문제해결은 자기-주도적(self-directed) 학습의 과정이고 대처전략이라는 점에서 자기-통제법으로 간주될 수 있는데, 이는 치료효과의 유지 및 일반화에 중요한 함의를 갖는다(D'Zurilla & Goldfried, 1971; Mahoney, 1974; A. M. Nezu, 1987; Rehm & Rokke, 1988).

문제

문제(problem) 또는 문제상황(problematic situation)은 효과적인 반응이 요구되는데도 불구하고, 장해 때문에 효과적인 반응을 하지 못하고 있는 일상생활 속 장면 또는 과제(당면 과제 혹은 예상되는 과제)로 정의된다. 문제의 요구가 발생하는 근원은 환경(예: 과제의 객관적 요구)일 수도 있고 개인(예: 개인의 목표, 욕구)일 수도 있다. 문제해결을 어렵게 하는 장해에는 신기성, 애매성, 예측 불가, 갈등 유발 자극, 기술 결함, 자원 부족 등이 포함된다. 문제는 즉시 발견될 수도 있고, 반복적 시도가 실패한 후에야 발견되기도 한다. 문제는 일회성 사건(예: 기차를 놓쳤거나 급성 병에 걸리는 것)일 수도 있고, 유사하거나 관련된 사건의 연속(예: 상사로부터 반복적이고 비합리적인 요구를 받는 것, 십대인 딸이 계속해서 귀가 시간을 어기는 것)일 수도 있으며, 만성적으로 지속되는 상황(예: 계속되는 고통, 외로움, 질병)일 수도 있다.

대인관계 문제(interpersonal problem)란 실생활 문제의 특수한 유형으로, 두 사람 이상의 관계에서 발생하는 행동 혹은 요구의 갈등이 장해물로 작용한다(Jacobson & Margolin, 1979). 이러한 맥락에서 볼 때, 대인관계 문제해결이란 관계된 모든 사람이 수용하거나 만족할 만한 갈등해소책을 모색하려는 인지적-대인 과정으로 정의될 수 있다. 이러한 관점에서 보면, 대인관계 문제해결이란 비효과적일 수 있는 승-패(win-lose)성 접근이 아니라, 모든 당사자들 간 갈등 혹은 분쟁을 해소하려는 승-승(win-win)성 접근이 된다.

위의 정의에 따르면, 문제는 환경의 특징만으로 설명되지 않고 또 개인의 특징만으로도 묘사되지 않는다. 문제는 사람과 환경과의 관계 속에서 생기는 요구와 그 요구를 감당할 능력 간의 괴리나 불균형에 대한 인식으로 묘사되어야 한다. 때문에 문제의 어려움이나 심각성은 환경이나 사람 또는 이 둘 모두의 변화에 따라 달라지게 되어 있다. 문제에 대한 이러한 관계성 관점은 문제해결 평가에 중요한 함의를 갖는다. 왜냐하면, 이 관점에서 보면 문제는 매우 개별적인 특성을 가지기 때문이다. 즉, 어떤 사람에게는 문제가 될 수 있는 일이 다른 사람에게는 전혀 문제가 되지 않을 수 있다는 뜻이다. 이 주제는 4장에서 더 논의될 것이다.

해결책

해결책(solution)이란 문제해결과정을 특정 문제상황에 적용하였을 때 생성되는 상황-구체적 대처반응 또는 반응양상(인지적 그리고/혹은 행동적)으로 정의된다. '효과적'인 해결책이란 부정적인 결과는 최소화하고 긍정적인 결과는 최대화하면서, 문제해결과정의 목표(예: 상황을 개선하거나 문제에서 오는 고통을 줄이는 것)를 성취하는 그런 해결책을 일컫는다. 여기서 고려되어야 하는 결과에는 자기 자신뿐만 아니라 다른 사람에게 나타나는 효과를 포함하며, 단기적 효과는 물론 장기적 효과도 포함된다. 해결책을 이렇게 정의하면, 특정 해결책의 질이나 효과성은 당사자와 그가 처한 환경에 따라 달라질 수 있으며 또 당사자 또는 그 해결책을 평가해야 하는 사람의 규범이나 가치관이나 목표에 따라서도 달라질 수 있음을 유념해야 할 것이다.

대인관계 문제의 경우는, 관련 당사자 모두가 만족할 만한 성과를 제시함으로써 갈등이나 알력을 해소시키는 해결책이 효과적이다. 다시 말해, 논쟁에 휘말렸던 모든 사람에게 부정적 결과는 최소한으로 줄이고 긍정적 결과는 최대한으로 늘리는 그런 해결책이 효과적인 해결책이라는 뜻이다. 그런 효과적 해결책의 결과에는 모든 관련 당사자의 이익과 복지를 일구어 내는 공통의 타협점이 포함될 수 있을 것이다.

문제해결 대 해결책 실행

이 책에서 다루는 사회적 문제해결 이론에서는 문제해결과 해결책 실행을 구분한다. 이 두 과정은 개념적으로도 다를 뿐 아니라 서로 다른 기술을 요구한다. 문제해결은 특정 문제의 해결책을 찾는 과정인 데 반해, 해결책 실행은 실제의 문제상황에서 해결책을 행동으로 옮기는 과정이다. 따라서 문제해결기술은 일반적인 기술이지만, 해결책 실행기술은 문제와 해결책의 유형에 따라 달라지는 기술이다. 해결책 실행기술에는 우리 각자가 처한 환경 속에서 효과적인 삶을 영위하는 데 필요한 모든 인지-행동 기술이 포함된다. 이러한 차이 때문에 문제해결능력과 해결책 실행능력 간에 밀접한 상관관계가 발견되지는 않는다. 따라서 어떤 사람은 문제해결기술이 빈약하더라도 해결책 실행기술은 좋을 수 있고, 또는 그 반대의 경우가 될 수도 있다. 이 두 가지 기술 또는 능력은 효과적인 삶을 영위하는 데 또는 사회적 자신감을 제고하는 데 반드시 필요한 요인이다. 때문에 PST의 긍정적인 성과를 최대화하기 위해서는 PST를 다른 사회적 및 행동적 기술훈련과 조합할 필요가 생기곤 한다(Goldfried & D'Zurilla, 1969; McFall, 1982; Sarason, 1981; Wrubel, Benner, & Lazarus, 1981).

위의 정의에 따르면, 사회적 문제해결기술은 성공적인 사회생활에 매우 중요한 기술이다. 아울러 PST는 사회기술 훈련의 한 형태가 된다. 과거의 사회기술 훈련 프로그램은 대부분 상황-구체적 행동기술 향상에 역점을 두었다(Bellack, 1979). 그러나 그 후 사회기술이라는 개념은 인지기술까지를 포함하는 개념으로 확대되었고, 최근에는 많은 연구자들이 사회기술 훈련 프로그램에다 일반적 문제해결기술 훈련까지 포함시키고 있다(Kagan, 1984; Liberman, McCann, & Wallace, 1976; McFall, 1982; Sarason, 1981; Trower, Bryant, & Argle, 1978; Sprafkin, Gershaw, & Goldstein, 1980).

문제해결과정의 수준별 요인

우리는 사회적 문제해결을 특정 문제에 대해 일정한 해결책을 발견해 내는 인지-행동적 과정으로 정의하였다. 이 과정에 관여하는 요인들은 세 가지 수준 또는 단계로 나누어 볼 수 있다. 세 가지 수준 중 하나인 초인지 수준(metacognitive level)에 속하는 대표적 요인으로는 정향반응(orienting responses)이 꼽히는데, 정향반응은 동기형성에 관여한다. 그다음의 수행 수준(performance level)은 문제를 효과적으로 해결하는 데 필요한 여러 가지 문제해결기술로 구성된다. 이들 문제해결기술을 배우고 익히는 능력과 그 해결책을 실행하는 능력에 관여하는 기본적 인지기능은 수행 수준보다 낮은 수준에서 작용하는 것으로 간주된다.

정향반응

정향반응이란 사람들이 특정 문제상황에 처음 직면했을 때 즉각적으로 나타나는 인지-정서적 반응을 일컫는다. 이러한 정향반응은 문제를 인식하거나 또는 무시해 버리는 주의성 경향성과 비교적 안정적인 인지-정서형 스키마(예: 신념, 평가법)에 따라 결정된다. 여기서 말하는 인지-정서형 스키마는 일상생활의 문제에 대한 자신의 느낌 및 신념으로 구성되어 있기도 하고, 그런 문제를 해결하는 능력에 대한 자신의 느낌과 생각으로 구성되어 있을 수도 있다. 이러한 일반화된 반응 경향성은 일차적으로 개인이 과거에 겪은 문제해결 경험을 근거로 구축된다. 따라서 정향반응은 그 반응과 관련된 변인의 특성에 따라 문제해결을 촉진시키는 긍정적 정서와 접근 경향성으로 나타날 수도 있고, 문제해결을 억제하고 중단시키는 부정적 정서와 회피 경향성으로 나타날 수도 있다. 그러나 문제를 효과적으로 해결하는 데 필요한 기술은 이들 변인에는 포함되지 않는다.

문제해결기술

문제해결기술은 특정 문제를 성공적으로 해결하기 위해 반드시 수행되어야만 하는 일군의 목표 지향적 기능을 일컫는다. 각각의 기능은 문제를 해결해 나가는 과정에서 고유한 목적 또는 역할을 수행한다. 문제의 정의 및 공식화, 해결책 생성, 결정 또는 선택, 해결책 실행 및 해결성과에 대한 평가 등이 이러한 기능에 포함된다(D'Zurilla & Goldfried, 1971). 문제해결과정에서 수행되는 이들 일련의 기능을 '행동의 연쇄'로 간주하기도 한다. 이 연쇄를 구성하는 각 기능이 성공적으로 완수되면, 그 기능이 강화되고 결국에는 모든 기능이 강화되어 문제의 해결책 발견이라는 성과를 낳게 된다는 뜻이다. 이러한 문제해결기술에 대한 자세한 논의는 다음 장에서 제공될 것이다.

기본적 인지능력

기본적 인지능력은 위에서 소개한 문제해결기술을 습득하고 수행하는 일을 담당하는 구체적인 능력 또는 기능을 일컫는다. 문제를 효과적으로 해결하는 데 가장 중요한 기본 능력이 어떤 능력인지는 아직까지 입증되지 않았다. 하지만 Spivack 등(1976)이 거론한 인지기능, 즉 인과적 사고(사고와 행동 및 느낌이 사회적 환경에서 벌어진 이전 사건에 대한 반응이라는 사실을 이해하는 능력), 결과적 사고(행동이 자신이나 타인에게 미칠 영향력을 예측하는 능력), 대안적 사고(문제에 대해 여러 가지 해결책을 생성해 내는 능력), 수단–목적 사고(목적 달성에 필요한 수단을 고안해 내는 능력), 관점 전환(다른 사람의 입장에서 상황을 지각하는 능력) 등의 기능이 중요한 기본적 인지능력에 포함될 가능성이 높다. 여기서 말하는 대안적 사고력이 흔히들 말하는 창의적 사고력 및 상상력과 관련된 능력일 것이다(Guilford, 1977;

Osborn, 1963; Parnes, 1962).

이들 인지능력은 Guilford(1967, 1968)의 지능-구조(Structure-of-Intellect) 모형에서도 발견될 가능성이 높다. 이 모형은 (1) 내용(정보의 주요 유형), (2) 결과(정보가 구조화되고 조직화된 방식), (3) 조작(지적 과정)이라는 세 가지 차원으로 구성되어 있다. 그리고 내용에 해당하는 정보의 유형은 다섯 가지(시각적, 청각적, 상징적, 어문적, 행동적), 정보가 조직된 방식에 해당하는 결과는 여섯 가지(단위, 유목, 관계, 체계, 변환, 함축), 인지기능에 해당하는 조작은 다섯 종류(기억, 인식, 수렴적 사고, 확산적 사고, 평가)로 분류되어 있다. 이들 세 가지 차원을 교차시켜 생성되는 입체적 구조는 모두 150(5×6×5=150)개의 토막으로 나뉘는데, 이들 토막은 각각 구체적인 한 가지 능력을 나타낸다. 전통적 IQ 검사에서 측정되는 능력에는 이 모형에서 말하는 기억력(정보의 저장과 인출), 인식능력(아는 것과 이해하는 것), 수렴적 사고(하나의 정답이나 결론을 찾는 것) 및 평가(정보의 비교와 판단)가 포함된다. 확산적 사고(다양한 아이디어나 해결책을 폭넓게 탐색하는 것)는 전통적 IQ 검사에는 들어 있지 않고, 전통적 IQ 점수와는 상관도 없다. 하지만 확산적 사고력은 창의성을 결정하는 중요한 요인으로, 유창성(많은 수의 아이디어를 생각해 내는 능력)과 융통성(다양한 유형의 아이디어를 생각해 내는 능력) 그리고 독창성(신기하고 비범한 아이디어를 만들어 내는 능력)으로 구성되어 있다.

Guilford(1977)는 사회적 문제해결능력과 창의성 사이의 공통점을 강조하였다. 그의 지능-구조 문제해결(Structure-of-Intellect Problem Solving: SIPS) 모형에는 다섯 가지 인지기능(조작)을 모두 포함시켰지만, 특히 확산적 사고를 강조하였다. 내용 차원에서 사회적 문제해결과 관련이 가장 큰 능력으로는 의미성 범주(어문적, 유의미한 정보)와 관련된 능력, 그리고 행동성 범주(개인-사회적 정보)와 관련된 능력이 꼽힌다. Guilford는 사회적 문제해결에서 중요한 많은 능력(예: 정보처리 능력, 대안적 사고력)을 특히 행동성 범주에 포함시켰다. 기억이라는 인지능력이 중요한 것은 문제해결에 필요한 정보의 저장과 인출을 담당하기 때문이다. 인식능력은 문제가 있다는 것을 깨닫는 일(즉, 함의에 대한 인식)과 문제의 본질을 이해하는 일(즉, 관계 및 체계에 대한 인식)을 담당한다. 수렴적 사고와 확산적 사고는 모두 해결책 생성에 관여하는데, 확산적 사고가 특히 중요한 것은 그것이 유창성, 융통성, 독창성을 강조하기 때문이다. 또한 결과 차원의 변형능력(정보나 아이디어를 개선시키고 발전시키는 능력)과 관련된 능력도 양질의 해결책을 많이 만들어 내는 데 중요한 것으로 간주되고 있다. 마지막으로, 평가라고 하는 조작은 해결책을 비교하고 판단하거나 해결책의 성과를 평가하기 위해 필요한 기능이다.

정상집단과 임상집단을 막론하고, 위에서 소개한 기본 능력 중 어떤 능력이 사회적 문제해결 수행에서 발견되는 개인차를 가장 잘 설명할 수 있는지를 결정하기 위해서는 더 많은 연구가 필요하다. Guilford의 모형에서 소개된 능력을 측정하기 위해 개발된 검사들이 이러한 연구에 많은 도움을 줄 것으로 기대된다(Guilford, 1967, 1977; Parnes & Noller, 1973). 그리고 인지심리학 및 사회인지 분야에서 사회적 정보처리에 관여하는 매개변인(parameters)을 연구하기 위해 최근에 개발한 방법론 역시 이러한 기본 능력을 찾아내고 평가하는 데 도움이 될 것이다(Bodenhausen, Macrae, & Hugenberg, 2003; Leighton & Sternberg, 2003; Morris, Bellack, & Tenhula, 2004).

임상집단 중에서 특히 정신분열증 환자들은 효과적인 사회적 문제해결에 필요한 기본 인지능력을 겸비하지 못한 집단으로 간주된다. Cohen과 동료들(Braver, Barch, & Cohen, 1999; Morris et al., 2004)이 제안한 정신분열증 환자의 인지적 역기능 모형을 참고한다면, 이들의 기본적 인지능력 결함에 관한 연구에 많은 도움을 받을 수 있을 것이다. 이 모형에 따르면, 정신분열증의 핵심적 신경인지적 결함은 사고와 행동에 적절한 통제를 가하지 못하는 데서 시작된다. 사고와 행동이 적절하게 제어되지 않기 때문에 문제해결과 같은 과제수행에 손상이 유발된다고 주장한다. 이들의 주장에 따르면, 누구든 적절한 자극에만 주의를 집중하고, 부적절한 자극은 무시하며, 정보를 조작하고, 적절한 기억에 접속하며, 적절한 행동을 선택할 수 있기 위해서는 적절한 정신적 맥락(mental context)을 보존해야 한다. 정신적 맥락이란 과제수행에 적절한 정보, 즉 효과적 과제수행에 관여하는 신경통로만을 선별적으로 활성화시키는 과제-관련 정보를 일컫는다. Braver 등에 따르면, 이러한 맥락 정보가 활성화된 기억에 가용하고 가용하지 않고는 전전두피질에서 작용하는 신경전달물질 중 하나인 도파민(DA)의 작용으로 조절된다. 또한 그들은 정신분열증 병리의 근원이 바로 이 도파민계의 장애에 있고, 도파민계의 장애 때문에 시의적절한 맥락정보가 효과적으로 유지되지 못하여 나타나는 것이 정신분열증이라고 주장한다. 그러므로 사회적 문제해결에 관한 이 책의 모형에 따르면, 정신분열증 환자의 사회적 문제해결능력을 향상시키기 위해서는 신경인지적 결함까지 다루어야 하는데, 이 결함을 다루기 위해서는 행동개입은 물론 약물개입도 요구될 수 있다(이 문제에 관한 더 자세한 논의는 Morris 등(2004) 참조).

사회적 문제해결과 지능 간의 관계

많은 연구에서 전통적 IQ 검사와 학업 적성검사를 이용하여 실생활의 문제해결능력과 일반적 지능 간의 관계를 검토하였다. 이들 연구는 한결같이 일반적 지능과 일상생활의 문제해결능력 간에는 상관이 없거나 있어도 매우 낮을 뿐이라는 결과를 보고하였다(Cantor & Kihlstrom, 1987; Epstein & Meier, 1989; Heppner & Petersen, 1982; Spivack et al., 1976; Sternberg & Wagner, 1986; Sternberg, Wagner, Williams, & Horvath, 1995 참조). Guilford의 확산적 사고력도 IQ 검사점수와는 상관이 낮은 것으로 밝혀졌다(Guilford, 1977). 그렇지만 Guilford에 따르면, 확산적 사고력과 IQ 간에는 흥미로운 관련성도 발견된다. 즉, IQ가 낮은 사람은 확산적 사고력도 낮지만, IQ가 높다고 해서 반드시 확산적 사고력도 높은 것은 아니었다. IQ가 확산적 사고력의 한계를 설정하지만 IQ가 높다고 해서 높은 확산적 사고력이 보증되지는 않는다는 뜻이다. Guilford의 주장처럼 만일 확산적 사고력이 사회적 문제해결에 중요하다면, IQ와 사회적 문제해결능력 간의 관계도 IQ와 지능 간의 관계와 비슷할 것이라는 예측이 가능해진다. 사실 정신지체아의 경우는 일반적 지능도 낮을 뿐 아니라 사회 적응력도 낮은 데 반해, IQ가 높은 사람들의 사회 적응력은 천차만별이라는 관찰결과는 이러한 예측과 일치하는 셈이다.

사회적 문제해결의 훈련

훈련 프로그램의 초점은 위에서 소개한 세 가지 수준 중 어느 수준의 결함이 가장 심각한지에 따라 한 가지 수준에만 맞출 수도 있고 세 가지 수준 모두에 맞출 수도 있다. 청소년이나 성인 집단을 위한 지금까지의 프로그램은 대부분 주로 정향반응 수준과 문제해결 기술 수준에 초점을 맞추었다. 그 이유는 두 가지다. 그 하나는 대부분의 청소년 및 성인은 가장 하위 수준에 속하는 기본 인지능력을 이미 갖추고 있다고 가정했기 때문이다. 다른 하나는 사회적 문제해결에서 가장 중요한 이들 기본 인지능력에 대한 지식이 부족했기 때문이다. 기본 인지능력에 관해 더 많은 것을 알게 되고 이 능력을 평가하고 증진시키는 적절한 방법이 개발되면, 새로이 개발된 방법을 훈련 프로그램에 포함시킴으로써, 기본 인지능력이 심하게 손상된 정신분열증 환자에게도 적용할 수 있는 그런 프로그램으로까지 확장시킬 수 있을 것이다.

요 약

사회적 문제해결이란 일상생활 문제에 대한 해결책을 모색하기 위해 자기-주도적으로 전개되는 인지-정서-행동 과정을 일컫는다. 문제란 효과적인 행동을 필요로 하는데도 당장 그러한 행동을 할 수 없는 생활장면으로 정의된다. 해결책이란 장면-구체적인 대처행동 또는 행동패턴으로, 문제해결과정의 결과로 산출된다. 효과적인 해결책이란 문제장면 또는 문제장면에 대한 반응을 바꾸어 놓음으로써 그 장면이 더 이상 문제로 인식되지 않게 하고, 동시에 긍정적인 결과(이득)는 최대화하고 부정적인 결과(비용)는 최소화하는 그런 해결책을 의미한다. 문제해결이라는 개념과 해결책 실행이라는 개념은 구별되어야 한다. 전자는 효과적인 해결책을 찾는 과정이고 후자는 그런 해결책을 실제 문제장면에 적용하는 과정이다. 이 두 과정은 관련이 낮은 서로 다른 기술로 구성되어 있다.

사회적 문제해결과정에 개입하는 여러 변인을 세 가지 수준으로 나누어 기술하기도 한다. 정향반응은 초인지 수준에 포함되는 변인으로 동기형성의 기능을 수행한다. 문제해결기술은 수행 수준에 속하는 변인으로 문제를 효과적으로 해결하는 데(즉, 효과적인 해결책 발견에) 필수적 변인으로 작용한다. 기본 인지능력은 수행 수준보다 하위 수준에 속하는 변인으로 문제해결기술을 습득하고 실행하는 데 결정적인 역할을 담당한다. 사회적 문제해결에서 가장 중요한 기본 인지능력은 Guilford(1967, 1968)의 확산적 사고력일 것이다. 확산적 사고력은 창의력을 결정하는 중요한 요인이기도 하다. 사회적 문제해결능력과 전통적인 IQ 점수와의 상관관계는 낮은 것으로 밝혀져 있다. 그러나 IQ가 사회적 문제해결능력의 상한선을 결정할 가능성도 있다. 지금까지의 훈련 프로그램은 주로 정향반응과 문제해결기술에 역점을 두었다. 사회적 문제해결에 핵심적인 기본 인지능력에 관해 더 많은 것을 알게 되면, 이러한 능력을 평가하고 향상시키는 방법을 개발하여 기존의 훈련 프로그램에 포함시킬 수 있다면, 기본 인지능력에 심각한 결함을 가진 정신분열증 환자에게도 효과가 있는 프로그램을 제작할 수 있을 것이다.

제 3 장

사회적 문제해결의 5차원 모형

여러 문헌에 보고된 PST 프로그램 중 대부분은 D'Zurilla와 Goldfried(1971)가 개발하고, 나중에 D'Zurilla와 Nezu(1982, 1990, 1999; A. M. Nezu & D'Zurilla, 1989)가 수정 확장시킨 사회적 문제해결 모형에 그 기초를 두고 있다. 이 모형은 최근에 D'Zurilla, Nezu와 Maydeu-Olivares(2002; Maydeu-Olivares, 1995, 1996)의 연구결과를 기초로 더욱 수정되어 사회적 문제해결의 5차원 모형으로 다시 태어났다.

원래의 사회적 문제해결 모형

원래의 모형에서는 실제 생활에서 벌어지는 문제해결의 성과가 대부분 문제수용태도(problem orientation)와 문제해결기술(problem solving skills)이라는 두 가지 과정에 따라 결정된다고 가정했었다. 후에 D'Zurilla와 Nezu(1999)는 문제해결기술을 문제해결자체(problem-solving proper)로 지칭하기도 했으며, 최근 들어서는 문제해결방식(problem-solving style)으로 부르기도 한다(D'Zurilla et al., 2002; D'Zurilla, Nezu, & Maydeu-Olivares, 2004). 문제수용태도는 2장에서 소개한 정향반응에 해당하는 초인지 과정으로, 일상생활에서 만나는 문제와 그런 문제를 해결하는 자신의 능력을 스스로 어떻게 받아들이는지를 나타낸다. 즉, 일상문제와 자신의 문제해결 능력에 대한 자신의 태도를 일컫는다고 보면 된다. 문제수용태도의 일차적 기능은 문제해결에 필요한 동기를 형성하는 일이다. 문제해결에 이용되는 기술은 문제수용태도에 포함되지 않는다. 한편, 문제해결기술은 사람들이 일상생활에서 겪는 문제를 이해하고 효과적인 해결책 또는 대처방식을 찾는 일에 관여하는 인지적 활동과 행동적 활동을 일컫는다.

문제수용태도

원래의 모형에 따르면, 긍정적(건설적) 문제수용태도는 긍정적인 정서와 접근 경향성을 유발하고, 문제해결에 필요한 행동을 준비시키며, 마음의 초점을 건설적인 문제해결활동에 유지시키고, 불확실성과 좌절에 대한 인내와 노력과 끈기를 극대화한다. 이와 대조적으로 부정적(역기능적) 문제수용태도는 부정적인 정서와 회피 경향성을 유발하고, 파괴적인 걱정을 증가시키며, 불확실성이나 좌절에 대한 인내와 노력과 끈기를 감소시킨다.

이 모형에서는 문제수용태도를 '문제인정' '문제귀인' '문제평가' '통제감' '투자'의 다섯 가지 주요 변인으로 구성된 개념으로 간주한다. 문제인정(problem recognition)은 일상생활을 하는 동안 일어나는 문제를 부정하거나 무시하지 않고 문제로 받아들이려는 경향성 또는 마음가짐을 의미한다. 문제인정이 중요한 이유는 그것에 따라 상이한 문제수용태도가 활성화되고 문제해결기술이 적용될 기회가 마련되기 때문이다. 문제귀인(problem attribution)은 일상생활에서 발생하는 문제의 근본 원인에 대한 신념을 일컫는다. 적극적 문제귀인은 문제란 누구에게나 발생하기 마련이고 살다 보면 그냥 만나게 되는 그런 일일 뿐이라는 믿음을 일컫고, 소극적 문제귀인은 문제란 우둔함이나 무능 또는 심리적 혼란 때문에 생기는 사건이라는 믿음을 일컫는다. 문제평가(problem appraisal)는 Lazarus의 '일차적 평가'란 개념(Lazarus & Folkman, 1984)에 기초한 것으로, 당면 문제가 당사자의 개인적 · 사회적 · 신체적 행복에 얼마나 중요한지에 대한 당사자의 판단을 일컫는다. 문제를 도전(즉, 더 큰 득을 얻기 위해 극복해야 할 일)이나 성장의 기회(즉, 완성, 성취 등의 기회)로 판단하는 것은 긍정적 문제평가에 해당하고, 문제를 위협적 상황이나 행복에 해를 끼칠 상황으로 판단하는 것은 부정적 문제평가에 해당한다.

Bandura(1997)의 '자기-효능감'과 '성과-기대'라는 개념에 근거를 둔 통제감(perceived control)은 '문제해결 효능감' 그리고 '문제해결 성과기대감'이라는 두 가지 요소로 구성되어 있다. 전자는 자신의 문제해결능력에 대한 일반적 신념을 일컫고, 후자는 해결 가능한 것이 삶의 문제라는 일반적 믿음을 일컫는다. 투자(time/effort commitment) 또한 두 가지 요소로 구성되어 있다. 하나는 특정 문제를 성공적으로 해결하는 데 걸릴 시간을 정확하게 추정할 가능성이고, 또 하나는 문제해결에 소요될 시간과 노력을 기꺼이 투자할 가능성이다. 이 변인이 중요한 이유는 삶에서 겪게 되는 많은 문제는 어렵고 복잡하여 좌절과 불확실성을 견뎌 낼 수 있는 노력과 인내와 끈기를 필요로 하기 때문이다.

문제해결기술

사회적 문제해결 모형의 주축이 되는 네 가지 문제해결기술은 다음과 같다. (1) 문제의 정의 및 공식화, (2) 해결책 생성, (3) 해결책 선정, (4) 해결책 실행 및 확인이다. 이들 네 가지 기술은 특정 문제를 성공적으로 해결하기 위해 수행되어야만 하는 일련의 목표-지향적 과제와도 같다. 즉, 각 과제가 문제해결과정에 기여하는 목적 혹은 기능이 특유하다는 뜻이다. 문제의 정의 및 공식화(problem definition and formulation: PDF)는 문제에 관한 정보와 사실을 수집하여 문제의 본질을 명백히 하고(즉, 요구되는 것, 장해물, 갈등이 무엇인지를 찾아내고), 현실적인 문제해결 목표를 설정하는 기능을 수행한다. 해결책 생성(generation of alternative solutions: GOA)의 목적은 가능한 한 많은 해결책을 만들어 냄으로써 그중에 가장 좋은 해결책이 들어 있을 가능성을 최대화하는 데 있다. 가능한 한 많은 해결책을 생성하기 위해 다다익선의 원칙, 판단보류의 원칙, 그리고 다양성의 원칙이 이용된다. 다다익선의 원칙을 적용한다는 것은 될 수 있는 대로 많은 수의 해결책을 만들어 본다는 뜻이다. 판단보류의 원칙을 적용한다는 것은, 예컨대 다다익선의 원칙에 따라 가능한 한 많은 해결책을 생성한 후, 해결책 선정의 단계에서 본격적인 평가가 이루어질 때까지 해결책에 대한 어떠한 평가도 하지 않는다는 뜻이다. 다양성의 원칙을 적용한다는 것은 해결책 생성과정에 생성된 해결책의 종류가 최대로 다양하게 되도록 노력한다는 뜻이다.

해결책 선정(decision making)의 목적은 생성된 해결책을 평가하여(즉, 비교한 후 판단하여) 당면 문제상황에 실행할 수 있는 최선의 해결책을 선택하는 데 있다. 현재의 모형에서는 긍정적 성과는 최대로 확대하고 부정적 성과는 최소로 줄이면서 정해진 문제해결의 목표를 달성할 가능성이 가장 높은 해결책을 최선의 해결책으로 간주한다. 마지막으로, 해결책 실행 및 확인(solution implementation and verification: SIV)의 기능은 해결책 선정 단계에서 선택된 해결책을 실제의 문제장면에 적용한 후, 그 결과로 거두게 되는 성과를 평가하여 그 해결책의 효용성을 확인하는 일이다.

이러한 이론적 모형을 근거로, D'Zurilla와 Nezu(1990)는 사회적 문제해결능력 검사(Social Problem-Solving Inventory: SPSI)를 개발하였다. 이 검사도구는 문제수용태도 척도(Problem Orientation

Scale: POS)와 문제해결기술 척도(Problem Solving Skill Scale: PSSS)라는 두 가지 척도로 구성되어 있다. 각 척도의 문항은 피검자의 건설적인 문제해결 특성 및 역기능적인 문제해결 특성(인지적, 정서적, 행동적 특성)을 찾아낼 수 있도록 고안되었다. 이 모형에서는 문제수용태도와 문제해결기술이 상호 관련은 있지만 서로 다른 기술이라고 가정한다. POS 문항별 점수가 POS 총점과는 비교적 상관이 높은 데 반해 PSSS 총점과는 상관이 낮고, 그 반대로 PSSS 문항별 점수는 PSSS 총점과는 비교적 상관이 높은 데 반해 POS 총점과는 상관이 낮다는 사실은 이 가정이 타당함을 지지하는 증거라 할 것이다(D'Zurilla & Nezu, 1990).

개정된 사회적 문제해결 모형

여러 해가 지난 후 Maydeu-Olivares와 D'Zurilla(1995, 1996)는 대규모의 젊은 성인집단을 대상으로 실시된 SPSI 결과를 기초로 탐색적 요인분석 및 확인적 요소분석을 수행하였고, 위에서 소개한 원래의 모형(즉, 문제수용태도와 문제해결기술을 두 가지 축으로 간주한 모형)의 타당성이 확고하지 않음을 발견하였다. 대신 문제수용태도를 두 가지 차원으로 나누고 문제해결 스타일을 세 가지 차원으로 나누어, 모두 다섯 가지 요인으로 구성되는 5-요인 모형이 더 적절하다는 것을 알게 되었다. 문제수용태도는 긍정적 수용태도와 부정적 수용태도로 나누었고 문제해결 스타일은 합리적 문제해결(즉, 효과적인 문제해결기술), 충동적 스타일 그리고 회피형 스타일로 나누었다. 긍정적 문제수용태도와 합리적 문제해결은 건설적 또는 촉진성 요인인 데 반해, 부정적 수용태도와 충동적 스타일 및 회피형 스타일은 역기능성 또는 억제성 요인임을 알 수 있다. 예상했겠지만, 이들 두 가지 건설적 요인은 서로 간에 정적상관을 보였고 역기능성 차원과는 부적상관을 보였다. 그리고 세 가지 역기능성 변인은 서로 간에 정적상관을 보였지만 두 가지 건설적 차원과는 부적상관을 보였다(D'Zurilla et al., 2002). 이제, 이들 문제해결의 각 차원을 보다 구체적으로 살펴보기로 하자.

문제수용태도

긍정적 문제수용태도란 문제해결과정에 대한 건설적인 마음가짐으로, 그런 마음가짐은 일반적으로 다음과 같은 경향성으로 구성된다. (1) 문제를 도전으로 평가한다. 즉, 문제를 이득의 기회나 성장의 기회로 간주한다. (2) 문제는 해결될 수 있는 것이라고 믿는다. 즉, 낙천적이다. (3) 자신의 문제해결능력을 믿는다. 즉, 문제해결 효능감이 높다. (4) 문제를 성공적으로 해결하기 위해서는 시간과 노력을 투자해야 한다고 믿는다. 그리고 (5) 문제를 회피하기보다는 문제해결을 위한 활동을 신속히 착수한다. 이와는 대조적으로, 부정적 문제수용태도는 역기능성이고 억제성 마음가짐으로, (1) 문제를 심리적, 사회적 또는 경제적 행복을 위협하는 사건으로 간주하고, (2) 자신의 문제해결능력을 스스로 의심하며(즉, 문제해결 효능감이 낮으며), (3) 문제를 만나면 쉽게 좌절하고 혼란을 겪는(즉, 좌절에 대한 인내심이 낮은) 경향성을 가진다.

문제해결 스타일

합리적 문제해결(rational problem solving)이란 건설적인 문제해결 스타일로, 문제해결기술을 합리적이고 신중하게 그리고 조직적으로 운용하는 스타일을 일컫는다. 원래의 모형에서 소개되었듯이, 주요 문제해결기술에는 문제의 정의 및 공식화, 해결책 생성, 해결책 선정, 그리고 해결책 실행 및 확인이라는 4가지가 있다. 문제의 정의 및 공식화란 문제에 관한 구체적이고 사실적 정보를 가능한 한 많이 수집하여, 문제상황에서 요구되는 것이 무엇이며 장해물은 무엇인지를 파악하고, 문제해결의 목표(예: 상황을 호전시키기, 상황을 수용하기, 또는 정서적 고통을 최소화하기)를 현실적으로 설정하는 등 문제를 명확하게 이해하려는 노력을 일컫는다. 해결책 생성 단계에서는 문제해결의 목표에 초점을 맞추어, 기존의 해결책과 새로운 해결책을 포함하여 가능한 한 많은 상이한 해결책을 찾아내려는 노력이 전개된다. 해결책 선정 단계에서는 생성된 여러 가지 해결책 각각에서 예상되는 성과를 비교분석하여 가장 효과적인 해결책 또는 최선의 해결책을 선택한다. 마지막 단계인 해결책 실행 및 확인 단계에서는 선택된 해결책을 실제의 문제상황에서 실행한 후 그 효과를 확인한다(이들 네 가지 문제해결기술에 대한 보다 상세한 설명은 8장을 참조하기 바람).

충동적 스타일(impulsive/carelessness style)이란 역기능성 문제해결 패턴으로, 문제해결전략과 기법을 적극적으로 적용하려고는 하지만 이러한 시도의 폭이 좁을 뿐 아니라 충동적이며, 경솔하고, 일을 서두르다 완전하지 않은 상태에서 끝내 버리는 것이 특징이다. 충동적 문제해결 스타일을 가진 사람은 대개 소수의 대안만 고려하며, 흔히 처음 떠오르는 대안(해결책)을 선택하는 충동적인 경향을 보인다. 또한 해결책과 그 결과에 대해 신중하게 고려하지 않고 해결성과에 관한 감시도 경솔하고 부적절하게 끝낸다.

회피형 스타일(avoidance style) 역시 역기능성 문제해결 패턴으로, 문제해결을 미루거나 수동적이고 비활동적이며 의존적인 것이 특징이다. 회피형 문제해결자는 문제에 직면하기보다 회피하는 것을 선호하고 가능한 한 문제해결을 미루며, 문제가 저절로 해결되기를 기다리기도 하고, 문제해결의 책임을 다른 사람에게 돌리는 경향이 있다.

사회적 문제해결능력 검사-개정판(SPSI-R; D'Zurilla et al., 2002)에서는 사회적 문제해결능력을 구성하는 이들 다섯 가지 차원을 측정한다. 이에 대해서는 4장에서 구체적으로 설명될 것이다. 이 5-차원 모형은 청소년(Sadowski, Moore, & Kelley, 1994)뿐 아니라 젊은 성인들(D'Zurilla et al., 2002)을 대상으로 한 연구에서도 그 타당성이 확인되었다. 그리고 SPSI-R의 번역본을 이용하여 스페인(Maydeu-Olivares, Rodríquez-Fornells, Gómez-Benito, & D'Zurilla, 2000), 독일(Graf, 2003), 중국(Siu & Shek, 2005)의 성인을 대상으로 한 연구에서도 이 모형의 타당성이 거듭 입증되었다.

[그림 3-1]은 개정된 모형을 근거로 가상적 사회적 문제해결과정을 그림으로 그려 본 것이다. 그림에서 알 수 있듯이, 문제해결성과

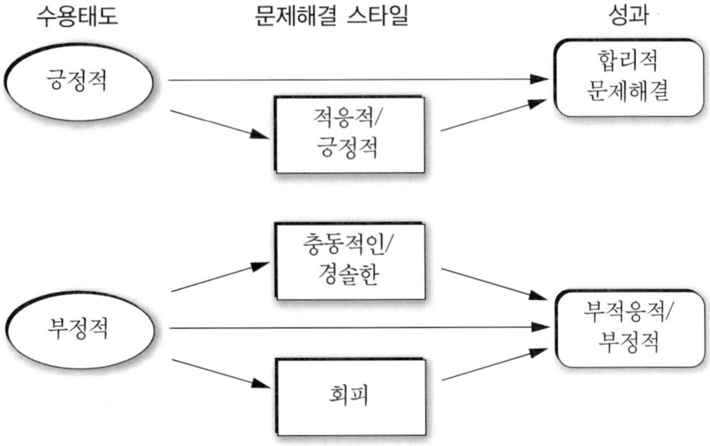

[그림 3-1] 사회적 문제해결의 5-차원 모형을 기초로 사회적 문제해결 과정을 도식적으로 표현한 그림

는 문제수용태도와 문제해결 스타일이라고 하는 두 가지 요인에 따라 결정되는 것으로 가정하였다. 또한 이 그림은 개정된 모형을 구성하는 문제수용태도 두 가지와 문제해결 스타일 세 가지를 보여 주고 있다. 그림을 보면, 긍정적 문제수용태도와 부정적 문제수용태도는 각각 문제해결의 성과에 직접적으로 영향을 미치기도 하며, 문제해결 스타일을 통해 간접적으로 영향을 미치기도 한다는 것을 알 수 있다. 긍정적인 문제수용태도가 합리적인 문제해결(즉, 효과적인 문제해결기술을 체계적으로 적용하는 일)을 촉진시키고, 그에 따라 긍정적인 성과가 생산될 가능성을 높이는 과정을 건설적 또는 효과적인 문제해결과정으로 묘사해 놓았다.

[그림 3-1]을 보면, 역기능성 혹은 비효과적인 문제해결과정은

부정적 문제수용태도가 충동적 문제해결 스타일이나 회피형 문제해결 스타일을 촉발하여, 문제해결성과가 부정적으로 나타나게 되는 과정으로 묘사되어 있다. 따라서 개정판 사회적 문제해결 모형에서는, 부정적인 문제수용태도와 충동적 스타일 및 회피형 스타일의 점수는 높고 긍정적 문제수용태도와 합리적 문제해결 점수는 낮은 사람들은 부정적 혹은 부적응성 성과를 생산할 가능성이 높다고 예측한다. 이와는 반대로, 긍정적 문제수용태도 점수와 합리적 문제해결 점수는 높고 부정적 문제수용태도와 충동적 스타일 및 회피형 스타일 점수가 낮은 사람들은 긍정적 또는 적응성 성과를 창출할 가능성이 높을 것으로 예상된다. 이 모형에서 묘사한 효과적인 문제해결과정이 PST의 규범모형으로 작용할 것이다(8장 참조).

[그림 3-1]에 그려진 요인들 간 관계를 지지하는 증거는 실험 및 상관 연구를 통해 확보되었다. 아래에서는 이와 관련된 실험연구 몇 가지를 소개하고, 상관연구에 관한 논의는 7장에서 다루기로 한다.

모형의 요소에 관한 경험적 평가

사회적 문제해결 모형을 구성하는 여러 요인(요소 또는 단계)에 대한 평가가 실험을 통해 이루어졌다. 이들 연구에서는 특정 요인을 훈련시킨 후 그 훈련이 문제해결수행에 미치는 효과를 측정하였다. 이들 실험에서는 긍정적 문제수용태도와 합리적 문제해결기술 네 가지 중 세 가지—문제의 정의 및 공식화, 해결책 생성, 해결책 선정—요인이 검토되었다. 대부분 연구의 참여자는 일반 대학생들이었다. 그러나 한 연구에서는 우울증으로 고생하는 대학생들과 그렇지 않은 대학생들이 모두 포함되었고, 다른 연구는 퇴원한 정신과 환자에 초점을 맞추었으며, 또 다른 연구는 알코올 중독 입원환자에 초점을 맞추었다.

Cormier, Otani 및 Cormier(1986)의 연구는 긍정적 문제수용태도를 평가하였다. 피험자에게는 여러 가지 사회적 문제를 다양한 해결책과 함께 제시하고, 각 문제에 대한 해결책 중에서 최선의 해결책을 선택해 보라고 주문하였다. 그 결과 긍정적 문제수용태도에 관한 훈련을 받은 피험자들의 수행 수준이 통제집단 피험자들의 수행 수준보다 유의하게 높은 것으로 밝혀졌다. 또한 문제수용태도와 관련된 변인 중 하나인 자기-효능감이라는 변인이 대처수행에 미치는 효과를 강력하게 지지하는 연구(Bandura, 1997)도 있다. 이 연구에 따르면, 사람들은 자신의 대처능력을 넘어선다고 판단되는 과제는 피하지만, 성공적으로 관리할 수 있다고 판단되는 활동에는 기꺼이 나서는 것으로 드러났다. Heppner와 동료들(Heppner, 1988; Heppner & Petersen, 1982) 또한 문제해결 자신감이나 통제감 같은 문제수용태도와 관련된 변인들이 문제해결수행에 긍정적인 영향을 미친다는 연구결과를 보고하였다.

문제의 정의 및 공식화(PDF) 훈련의 효험을 밝힌 연구도 여럿 있다. 한 연구에서는 구체적인 PDF 훈련을 받은 피험자들이 훈련을 받지 않은 피험자들보다 해결책 선정과제에서 유의하게 높은 수행을 보이는 것으로 드러났다(A. M. Nezu & D'Zurilla, 1981a). 문제해결과제를 이용한 다른 연구에서는 PDF를 훈련받은 피험자들이 훈련을 받지 않은 통제집단에 비해 효과적인 해결책을 더 많이 만들어

낸다는 것을 발견하였다(A. M. Nezu & D'Zurilla, 1981b). 문제해결 과정에서 PDF의 중요성은 Cormier 등(1986)의 연구에서도 밝혀졌다. 이 연구에서는 PDF가 포함된 문제해결기술 훈련을 받은 피험자들은 1개월 후의 추적 연구에서 PDF가 포함되지 않은 문제해결기술 훈련을 받은 피험자들에 비해 유의하게 나은 해결책을 선택하는 것으로 밝혀졌다. 이러한 결과는 Nezu와 D'Zurilla(1981b)의 연구 결과와 일치하며, 아울러 훈련효과의 지속성에 대한 추가적인 증거를 제공하는 셈이다.

해결책 생성 단계에서 이용되는 원칙들의 유효성을 조사한 연구도 더러 있다. Brilhart와 Jochem(1964)은 다다익선의 원리와 판단보류의 원리 및 다양성의 원리를 강조하는 브레인스토밍 기법을 교육받은 집단이 좋은 아이디어를 만들어 보라는 지시만 받은 집단보다 양질의 해결책을 더 많이 만들어 낸다는 것을 발견하였다. D'Zurilla와 Nezu(1980)는 다다익선의 원리를 훈련받은 피험자들이 훈련을 받지 않은 통제집단보다 효과적인 해결책을 더 많이 만들어 내는 것을 발견하였다. 이러한 결과는 그 후에 실시된 Nezu와 D'Zurilla(1981b), 그리고 A. M. Nezu와 Ronan(1987)의 연구에서도 반복 관찰되었다. Nezu와 Ronan의 연구는 우울하지 않은 대학생들뿐 아니라 우울한 대학생들한테서도 훈련효과를 발견하였다. 빗자루나 옷걸이의 새로운 사용법을 찾아내고 새로운 상품의 상표명을 고안하는 등의 창의적 문제해결에 초점을 맞춘 연구도 더러 있다. 브레인스토밍 교육의 효과는 Meadow, Parnes 및 Reese(1959), Parnes와 Meadow (1959), 그리고 Weisskopf-Joelson와 Eliseo(1961)에서 확보되었고 판단보류 원칙의 효과는 Bayless(1967), Parloff와 Handlon(1964)의 연구를 통해 확보되었다.

다음 네 편의 연구는 해결책 선정 단계에 대한 훈련효과를 지지하는 결과를 보고하였다. A. M. Nezu와 D'Zurilla(1979)는 해결책 선정 훈련의 효과를 검토하기 위해, 피험자들에게 사회적인 문제에 대한 여러 가지 해결책을 제시하고 그중에서 최선의 해결책을 선택해야 하는 과제를 수행하게 하였다. 실험집단은 일정한 해결책 선정 훈련을 받았고, 통제집단은 아무런 훈련을 받지 않았으며, 비교집단은 해결책 선정의 기대효용 모형만을 공부하였다. 그 결과 실험집단의 피험자들이 통제집단과 비교집단의 피험자들에 비해 보다 효과적인 해결책을 선택한 것으로 드러났다. 그리고 이러한 결과는 후에 A. M. Nezu와 D'Zurilla(1981a) 그리고 A. M. Nezu와 Ronan(1987)의 연구에서 반복 관찰되었다. 후자의 연구는 우울한 대학생과 우울하지 않은 대학생 모두에서 유의한 효과를 발견하였다. 해결책 선정의 역할을 지지하는 결과는 Cormier 등(1986)도 보고하였다. Cormier와 동료들은 피험자들에게 문제해결에 이용된 자신의 행동을 상세하게 기술하여 보고하게 하였다. 훈련 1개월 후의 추적 평가에서 피험자의 보고를 분석한 결과, 해결책 선정 단계를 포함시킨 훈련을 받은 피험자들이 그 단계를 포함시키지 않은 훈련을 받은 피험자들보다 훨씬 많은 문제해결행동을 기술하는 것으로 드러났다.

긍정적 문제수용태도, 문제의 정의 및 공식화, 그리고 해결책 선정 각각이 문제해결에 미치는 효과를 지지하는 증거 외에도, Cormier와 동료들(1986)의 연구는 이들 세 가지 단계 모두와 해결책 생성단계를 조합한 훈련의 효과도 평가하였다. 그들은 훈련받지 않은 통제집단과 비교하여, 훈련받은 피험자들이 사후검사와 1개월 후의 추적조사에서 유의하게 나은 해결책을 선택하며 더 효과적인 문제해결 행동을 기술한다는 것을 밝혀냈다.

퇴원 후 관리 프로그램에 등록된 7명의 만성 정신과 환자에 초점을 맞춘 연구에서, Hansen, St. Lawrence 및 Christoff(1985)는 다음과 같은 문제해결기술을 훈련시키고 그 효과를 평가하였다. 이 연구에서 평가된 문제해결기술은 (1) 문제인식(문제를 구체적으로 진술하기), (2) 목표정의(원하는 목표를 구체적으로 진술하기), (3) 해결책 평가(해결책이 가져올 구체적인 득실 진술하기), (4) 대안 평가(최소 두 가지 해결책에 대한 구체적인 이득 그리고/또는 비용 진술하기), 그리고 (5) 최선의 해결책 선택(제안된 여러 해결책 중에서 하나를 선택하기)이었다.

훈련은 매주 2회씩 집단으로 진행되었다. 훈련방식은 피험자가 각 기술을 획득할 때까지 그 기술만을 집중적으로 훈련시킨 후 다음 기술을 하나씩 훈련시키는 식으로 진행되었다. 각 훈련회기가 끝난 다음에는 기술획득의 정도와 해결책의 효과를 평가하였다. 이 평가에는 가상의 문제상황 네 가지와 습득한 기술의 일반화 평가에 필요한 문제상황 네 가지가 이용되었다. 사회적 타당성 평가에서는 환자들의 문제해결능력과 지역사회에 살고 있는 정상인 20명의 문제해결능력을 비교하였다. 훈련과 평가에 사용된 모든 문제상황은 환자가 지역사회에서 직면할 가능성이 높고 또 환자와 프로그램 진행요원 모두가 문제가 된다고 보고한 실제의 상황과 비슷한 상황이었다.

그 결과 피험자들이 훈련받은 기술은 신속하게 향상되었고, 새로운 문제상황에까지 빠르게 일반화되는 것으로 드러났다. 또한 훈련과정이 경과하면서 문제해결의 효과성(즉, 전문가가 평가한 해결책의 효과성)도 유의하게 향상되었는데, 해결책 평가 단계의 훈련에서 가장 큰 향상을 보였다. 사회적 타당성 평가의 경우, 훈련 전의 환자집단은 기준집단에 비해 문제해결 효과성에 유의한 결함을 보였다. 하지만 대안 평가단계의 훈련에 이르러서는 환자집단의 문제해결 효과성이 기준집단의 효과성과 동등한 수준으로 향상되어 있었다.

이와 유사한 연구에서 Kelly, Scott, Prue 및 Rychtarik(1985)은 알코올 중독 입원환자 5명에게 문제의 정의 및 공식화, 해결책 생성, 그리고 해결책 선정과 관련된 기술을 훈련시켰다. 그 결과 세 가지 기술 모두가 유의하게 향상된 것으로 밝혀졌다. 그러나 음주와 관련된 개별적인 문제를 적용한 수행검사에서는 기술향상과 일치하는 향상이 발견되지 않았다.

위의 연구에서 보고된 부정적인 결과는 대학생을 대상으로 연구한 A. M. Nezu와 D'Zurilla(1981a, 1981b)의 긍정적 결과 및 A. M. Nezu와 Ronan(1987)의 긍정적 결과, 그리고 퇴원 후 통원치료를 받는 만성 정신과 환자를 대상으로 연구한 Hansen 등(1985)의 긍정적 연구결과와 상충된다. Kelly 등(1985)이 보고한 비공식적 관찰결과는 이러한 상충되는 결과가 관찰된 이유를 암시하고 있다. 문제해결 검사에서는 피험자들에게 여러 가지 해결책을 생성해 낸 후 그 중에서 최선의 해결책을 선택하라고 지시한다. 그런데 알코올 중독 환자의 경우, 효과적인 해결책을 생성하고서도 그런 효과적인 해결책을 선택하지 못한다는 것이 발견된 것이다. 효과적인 해결책을 선택하지 못하는 이유는 그런 해결책에 대한 부정적인 신념 또는 강력한 주장을 해야 하는 장면에서 받게 될 스트레스를 피하려는 욕구 때문인 것으로 드러났다. 이러한 결과는 부정적인 인지와 정서가, 특히 임상집단의 문제해결에 해롭게 작용한다는 견해, 그리고 이러한 파괴적 요인을 평가하고 통제하는 절차를 PST 프로그램에 포함시켜야 한다는 견해를 지지하고 있다. 사회적 문제해결 모형에서는 바로 이런 문제를 다루기 위해 긍정적 문제수용태도에 대한 교육단계를 포함시켰고, 이 단계는 임상집단을 위한 PST 프로그램에서 가장 중요한 요소가 되었다(Heppener & Anderson, 1985; A. M. Nezu & Perri, 1989).

해결책 실행 및 성과 확인 단계를 구체적으로 검토한 실험연구는 아직 없다. 하지만 피험자의 어떤 행동수정 절차가 성공적이었는지를 알기 위해서는 성과에 대한 객관적 평가가 필수적이라는 점은 누구도 부정할 수 없는 명백한 사실이다. 그러므로 행동평가에서 자기-감시 및 자기-평가 사용이 효과적임을 지지하는 증거는 해결책 실행 및 성과 확인의 유효성을 지지하는 증거로 사용될 수도 있다(Barlow, Haynes, & Nelson, 1984; Cone & Hawkins, 1977).

결론적으로, 사회적 문제해결 모형의 한 축인 합리적 문제해결과정에 속하는 네 가지 문제해결기술 중 3가지와 두 번째 축인 문제수용태도의 긍정적 문제수용태도가 효과적 문제해결에 미치는 효과성은 경험적 지지를 받고 있다. 이 모형을 구성하는 모든 요소가 문제해결의 효과를 향상시키는 일에 기여하는 것으로 드러난 것이다. 가장 강력한 증거는 문제의 정의 및 공식화에서 발견되었는데, 이는 해결책 생성과 해결책 선정의 단계를 시작하기 전에, 문제를 주의 깊게 정의하고 공식화하는 일이 반드시 필요하다는 점을 다시 한 번 강조한다고 하겠다.

요 약

사회적 문제해결 모형을 소개하였다. 이 모형은 상호 독립적인 측면이 많은 두 가지 요소—문제수용태도와 문제해결기술—로 구성되어 있다. 문제수용태도는 문제해결과정에 대한 초인지 과정으로, 자신의 문제해결능력에 대한 인식과 일상생활에서 발생하는 문제에 대한 의식 및 평가를 반영한다. 이 과정의 일차적 기능은 문제해결에 필요한 동기를 형성하는 역할이다. 이에 반해 문제해결기술은 인지적 활동과 행동적 활동, 즉 문제를 이해하고 효과적인 해결책 또는 대처방식을 찾아내려는 노력을 일컫는다. 사회적 문제해결 모형의 이 두 가지 구성요소를 측정하기 위해 사회적 문제해결능력 검사(Social-Problem Solving Inventory: SPSI)라는 자기보고식 검사도구가 개발되었다.

원래의 사회적 문제해결 모형은 SPSI를 사용하여 수집된 자료를 기초로 실시된 요인분석 결과에 따라 수정되었다. 수정된 모형은 문제수용태도를 두 가지 차원으로 나누고 문제해결 스타일을 세 가지로 나누어 모두 다섯 가지 차원으로 구성된 5차원 모형이 되었다. 긍정적 문제수용태도와 부정적 문제수용태도가 문제수용태도의 두 가지 차원이고, 합리적 문제해결(즉, 효과적인 문제해결기술)과 충동적 스타일 및 회피형 스타일이 세 가지의 문제해결 스타일에 해당한다. 이 모형은 젊은 성인을 대상으로 수행한 연구에서 청소년, 스페인 성인, 독일 성인 그리고 중국 성인을 대상으로 수행한 연구를 통해 그 타당성이 확인되었다. 이 모형에 따르면, 긍정적 문제수용태도 점수와 합리적 문제해결 점수는 높고, 부정적 문제수용태도 점수와 충동적 스타일 점수 및 회피형 스타일 점수가 낮은 사람은 문제해결의 성과가 긍정적일 가능성이 높아진다. 이에 반해 부정적 문제수용태도 점수와 충동적 스타일 점수 및 회피형 스타일 점수는 높고, 긍정적 문제수용태도 점수와 합리적 문제해결 점수가 낮은 사람은 문제해결의 성과가 부정적일 가능성이 높아진다. 실험연구결과는 이러한 예측을 지지하는 것으로 밝혀졌다.

제 4 장

사회적 문제해결능력 측정

이 장에서는 사회적 문제해결 및 PST에 관한 연구에서 그리고 임상 장면에서 사용되어 온 사회적 문제해결능력 측정방법 및 측정도구를 논의한다. 가장 널리 알려지고 두드러진 측정법을 소개하기 전에 먼저 과정 측정법과 성과 측정법 간의 차이점 그리고 어문적 측정법과 관찰식 측정법의 차이점부터 논의하기로 한다.

과정 측정 대 성과 측정

문제해결능력을 측정하는 방법을 크게 두 가지, (1) 과정 측정법

(process measures)과 (2) 성과 측정법(outcome measures)으로 구분할 필요가 있다. 과정 측정법은 구체적인 문제에 대한 해결책 발견을 촉진하거나 억제하는 인지적 활동 및 행동적 활동(예: 평가, 신념, 기술)을 직접 평가하는 데 반해, 성과 측정법은 이러한 해결책의 질을 평가한다. 그러므로 과정 측정법은 사람들이 가진 사회적 문제해결능력의 구체적인 장단점을 평가하기 위해 사용되는 반면, 성과 측정법은 문제해결의 성과, 즉 해결책 실행을 통해 얻은 결과를 평가하는 데 사용되거나 문제해결기술을 일정한 문제에 적용하는 능력을 평가하는 데 사용된다. 성과 측정치는 사회적 문제해결능력의 전반적 지표를 나타낸다고 볼 수 있다. 하지만 과정 측정치와는 달리, 이 지표는 사회적 문제해결능력을 구성하는 요소능력에 대한 정보는 아무것도 제공하지 못한다.

과정 측정에는 질문지와 과정수행검사가 이용된다. 여기서 말하는 질문지(inventory)란 문제해결태도와 문제해결전략 및 기법의 긍정(촉진)적 측면과 부정(억제)적 측면을 모두 탐색하는 총괄적인 질문지를 일컫는다. 어떤 질문지는 피검자가 자신의 문제해결기술을 실제 장면에 적용하는 빈도뿐 아니라 이들 기법을 적용하는 방식(예: 효율적으로, 조직적으로, 충동적으로, 경솔하게 등)까지 측정한다. 대부분의 질문지는 리커트형 문항으로 구성된 지필검사다. 그러나 구조화된 면담, 녹음, 컴퓨터를 이용하는 방법 등 다른 형태가 이용될 수도 있다.

질문지의 주된 단점은 피검자의 문제해결기술을 실제로 검사하지 못한다는 것이다. 다시 말해, 질문지로는 피검자가 자신의 문제해결기술을 구체적인 문제장면에 적용하는 능력을 평가하지 못한다. 한편, 과정수행검사는 피검자가 자신의 문제해결기술을 특정 문제상황에 적용하는 과정을 평가하기 위해 고안된 것이다. 과정수행검사는 특정한 기술이나 능력(예: 문제의 인식, 문제의 정의 및 공식화, 해결책 생성, 해결책 선정)을 요구하는 과제를 제시한다. 그리고는 이들 각 과제에 대한 수행 수준을 평가 또는 판단하여, 그 특정 영역에 대한 그 사람의 능력으로 간주한다(D'Zurlla & Nezu, 1980; A. M. Nezu & D'Zurilla, 1979, 1981a, 1981b; Spivack et al., 1976 참조). 수행검사가 질문지보다 실생활의 문제해결행동과 더 비슷한 행동을 요구하기 때문에, 그 외적 타당도가 질문지의 외적 타당도보다 더 클 것으로 예상된다. 그러나 아직까지는 이 주제에 대한 충분한 연구가 이루어지지 않고 있다.

성과 측정은 모두 수행검사에 속한다. 그러나 문제해결과정의 특정 요소를 검사하는 대신, 피검자에게 문제를 제시하고 그것을 해결하도록 한다. 그리고는 해결한 결과의 질을 평가하기 때문에 전반적인 문제해결능력을 평정한다고 해야 할 것이다. 대부분의 성과 측정법에서는 가상적인 문제가 이용되지만, 피검자가 당면한 실질적 문제에 대한 해결을 평가하기도 한다(Camp, Doherty, Moody-Thomas, & Denney, 1989; Marx, Williams, & Claridge, 1992; Schotte & Clum, 1987). 검사에 실제 문제가 이용될 때는 해결책을 실행에 옮기기 전이나 후에 그 해결책을 말 혹은 글로 보고하게 할 수도 있고, 자연적인 환경, 가상적인 상황, 또는 역할놀이 문제해결 장면을 설정하여 해결책 실행과정을 직접 관찰할 수도 있다.

과정과 성과를 별개로 평가하는 대신, 어떤 성과 측정도구는 한두 가지 과정변인을 함께 측정할 수 있도록 고안되어 있기 때문에, 피검자의 문제해결능력에 관한 더 많은 정보를 제공하기도 한다(Donahoe et al., 1990; Getter & Nowinski, 1981; Goddard & McFall, 1992; C. M. Nezu, Nezu, & Arean, 1991; Plienis et al., 1987; Sayers & Bellack, 1995; Schotte & Clum, 1987). 예를 들어, 문제에 대한 해결책을 내놓으라고 지시하기 전에 가능한 한 많은 해결책을 만들어 보라고 주문함으로써, 피검자의 문제해결기술 중 하나인 해결책 생성능력을 측정할 수가 있다. 대부분의 과정변인은 인지 과정(예: 의사결정)이기 때문에, 문제를 해결하는 동안에 전개되는 이들 인지 과정을 평가하는 방법으로 Meichenbaum 등(1982)이 소개한 "생각 말하기"(think aloud) 혹은 Davison, Robins 및 Johnson(1983)이 개발한 "모의상황에서의 사고명료화"(Articulated Thoughts during Simulated Situations) 기법이 주로 이용된다.

문제해결성과를 평가할 때는 질적 채점과 양적 채점이라는 두 가지 채점방식이 이용된다. 양적 채점에서는 문제해결에 중요하게 관련된 변인을 확정한 후 그 변인이 이용된 빈도를 계산한다. 예컨대, 수단-목적 문제해결 절차(MEPS; Platt & Spivack, 1975; Spivack, Shure, & Platt, 1985)에서는 '적절한 수단'(문제해결자로 하여금 목표상태에 가까이 접근하도록 하는 각각의 단계), '장애물'(목표성취를 방해하는 것), '시간'(문제해결에는 시간이 소요된다는 사실 또는 적당한 타이밍은 효과적인 문제해결에 중요한 요소라는 사실을 인정한 횟수) 등을 기초로 양적 점수를 계산한다. 한편, 질적 채점은 피검자의 전반적

해결책을 '효율성' '적절성' '능동성' '수동성' '회피성' 등의 차원으로 분류하거나 평정하는 일로 구성된다(Fischler & Kendall, 1988; Freedman, Rosenthal, Donahoe, Schlundt, & McFall, 1978; Getter & Nowinski, 1981; Linehan, Camper, Chiles, Strosahl, & Shearin, 1987; Marx et al., 1992).

일부 연구자들은 양적 채점만으로는 문제해결능력에서 나는 사람들 간 차이를 구분할 수 있을 만큼의 충분한 정보를 수집할 수 없다고 주장한다. Fischler와 Kendall(1988)은 질적 점수(즉, 사회적 적절성 평정치)에서는 초등학생들의 적응능력에 따라 달라지는 경향을 발견하였지만, 양적 점수에서는 그러한 관련성을 발견하지 못하였다. Marx 등(1992)의 연구에서도 우울증 환자와 비우울증 환자를 구분시켜 주는 것은 질적 점수(즉, 유효성의 평정치)뿐인 것으로 밝혀졌다. 그러나 이 문제에 관한 더 많은 연구가 완료될 때까지 현재의 연구자들에게 권하고 싶은 최선의 방법은 자료 분석에 두 가지 유형의 점수를 모두 활용하는 방법이라 할 것이다.

해결책의 효과성을 평정할 때는 평정자 간 신뢰도 검토가 상식이라는 사실을 알고 있으면서도, 흔히들 타당도에 관한 고려는 인색한 편이다. 그러나 신뢰도가 높다고 타당도까지 보장되는 것은 아니라는 사실을 명심해야 한다. 특히, 특정 환경에 대한 대처활동을 평가하는 기준에 익숙하지 않은 '자격 미달의' 평정자들이 평정을 할 때는 그 타당도가 심각한 위협을 받을 것이다. 자격을 갖춘 평정자란 특정 장면에서 전개된 대처행동에 대한 평가를 자주 수행하는 전문가(예: 감독자, 교사, 상담자)를 일컫는다. 이 밖에 표적 집단의 구성원

중에서도 집단 내의 등급, 동료의 평정, 추천장, 그리고 사회적 문제해결능력 검사점수 등의 준거를 기초로 '유능한'으로 판단된 적이 있는 사람도 자격을 갖춘 평정자로 꼽힌다.

불행하게도, Marsiske와 Willis(1995)의 연구는 일부 문제해결성과 검사의 구성타당도에 대해 심각한 의문을 제기하고 있다. 이들은 세 가지 성과검사 결과에 대한 확인 요인분석을 실시함으로써 이들 검사가 동일한 구성개념을 측정하는지를 검증하였다. 이들이 검토한 세 가지 검사는 EPSI-일상문제해결능력 검사(Everyday Problem Solving Inventory; Cornelius & Caspi, 1987), EPT-일상문제 검사(Everyday Problem Test; Willis & Marsiske, 1993) 그리고 PPT-실용적 문제 검사(Practical Problem Test; Denndy & Pearce, 1989)였다. 그 결과 이 세 가지 검사는 서로 간에 상관이 거의 없는 것으로 드러났으며, 공변량도 5% 미만이었다. 이러한 결과를 기초로 그들은 이 검사들이 서로 다른 능력을 측정한다고 결론지었다.

이 검사들 중 어느 것도 특정 사회적 문제해결 모형을 기초로 구축된 것이 아니었기 때문에 이러한 결과가 나타난 것은 놀라운 일이 아니라고 말하고 싶다. 적어도 검사문항을 구성하고 선택할 때는 '문제' '문제해결' 그리고 '해결책'이라는 용어의 상호관련성을 명백하게 정의한 후, 그 정의를 근거로 문항을 구축하고 선택해야만 한다. 이 장의 앞부분에서 우리는 문제를 정의할 때, 적절한 대처반응이 요구되는데도 당장에 그런 반응을 할 수 없는 일상의 조건이라고 정의하였다. 이처럼 문제란 문제해결이라는 활동을 촉발할 기회로 작용하며, 여기서 말하는 문제해결은 효과적인 대처반응(또는 해결책)을 발견하기 위해 전개되는 합리적 인지-행동의 과정을 의미한다. 이렇게 확보된 대처반응은 문제해결과정의 산물이기 때문에, 우리는 그 대처반응을 문제해결능력의 지표로 간주할 수 있는 것이다. 그러나 검사문항 중 일부가 친숙한 스트레스 상황을 다루고 있어서, 과거 경험을 기초로 그 문제상황에 대처할 수 있는 반응을 쉽게 만들어낼 수가 있다면, 이런 검사문항은 피검자의 사회적 문제해결능력을 측정한다기보다는 그 사람의 기억능력, 즉 기억으로부터 과거의 대처반응을 인출하는 능력을 측정한다는 비판을 면할 수 없을 것이다(Burns & D'Zurilla, 1999; Logan, 1988 참조). 사회적 문제해결능력 측정도구의 구성타당도를 높이는 일에 도움이 되는 참고사항 및 지침은 D'Zurilla와 Maydeu-Olivares(1995)를 참고하기 바란다.

어문적 측정 대 관찰식 측정

여기서 말하는 어문적 측정법이란 자기-보고식 측정법으로, 주로 지필검사나 면담형식으로 진행되며 피검자의 구두반응 또는 서면반응에 초점을 맞춘 검사라고 생각하면 된다. 이에 반해, 관찰식 측정법은 자연환경이나 가상환경 또는 역할놀이 장면에서 벌어지는 실제의 문제해결활동에 초점을 맞춘 검사다. 이 두 가지 방법은 성과평가와 과정평가 모두에 이용될 수 있다. 그러나 각각의 접근은 그 자체의 장단점을 가진다.

문제해결능력에 대한 어문적 평가에는 다음 두 가지 주된 장점이 있다. (1) 다양한 문제상황에 걸쳐 많은 피검자들의 문제해결능력을 최저의 비용으로 가장 실용적이고 능률적으로 측정할 수 있다. (2) 문제해결의 전체 과정 중 주요 부분을 차지하는 내현적(covert) 문제해결과정을 직접적으로 그리고 포괄적으로 평가할 수 있는 유일한 방법이다.

어문적 평가의 단점은 타당도를 확보하기가 어렵다는 점이다. 이는 모든 자기-보고식 측정법이 갖는 공통된 단점으로, 의도적 왜곡, 기대효과, 반응 경향성, 망각, 편파적 인출, 그리고 오해 등이 검사의 타당도를 위협하는 요소로 작용한다. 어문적 측정의 외적 타당도 역시 제한적일 수 있다. 왜냐하면 실제의 문제상황이 아닌 검사 속 문제상황에서는 정서, 동기, 자기-효능감과 같은 변인이 문제해결활동에 영향을 미칠 가능성이 낮기 때문이다. 위에서 언급한 타당도에 대한 위협 중 일부는 질문지법에만 적용될 뿐 수행검사에는 적용되지 않는다는 사실을 명심하기 바란다. 수행검사는 피검자의 과거 수행 수준보다는 현재 문제해결능력(혹은 해결책 선정, 해결책 생성 등)에 역점을 두기 때문에, 수행검사에서는 망각이나 편파적 인출이 일어날 수 없다.

어문적 평가의 단점 때문에, 일부 연구자들은 사회적 문제해결능력을 평가할 때는 주로 관찰법을 이용해야 한다고 주장하였다(Butler & Meichenbaum, 1981; Krasnor & Rubin, 1981; Tisdelle & St. Lawrence, 1986). 관찰법이 어문적 평가법이 갖는 결점을 대부분 피해 갈 수 있는 것은 사실이다. 하지만 이 접근법도 그 자체의 결점을 안고 있다. 무엇보다도 이 접근법은 비용이 많이 들고 비능률적이며 시간 낭비가 크다. 또한 타당도도 다음과 같은 심각한 위협을 받고 있다. 첫째, 상황-구체적 대처반응의 모양이나 질만 가지고는 그것이 공식적 문제해결과정의 산물인지, 아니면 정서적 처리나 자동적 처리와 같은 직관적 정보처리과정의 산물인지를 결정할 수가 없다(Burns & D'Zurilla, 1999). 그러므로 관찰자가 실생활이나 역할 놀이 상황에 대한 피검자의 외현적 대처반응을 기록하고 판단할 때는 이들 상황이 그 피검자에게 실제로 문제가 되고 또 그 대처반응, 즉 문제해결활동을 유발했다는 사실을 확증할 수 있어야 한다. 그렇지 않고는 측정하려고 하는 문제해결능력을 측정했다고 장담할 수 없기 때문이다. 관찰법의 타당도를 위협하는 두 번째 요인은 문제해결의 성과가 문제해결자의 해결책 실행기술(예: 주장기술)에 따라 달라질 수 있다는 데 있다. 바꾸어 말해, 실제로는 좋은 해결책인데도 그 해결책을 실행하는 기술이 부족해서 성과가 좋지 않을 수 있다는 뜻이다. 이런 일이 벌어지면, 성과 측정치의 타당도는 낮아질 수밖에 없다.

어문적 방법과 관찰법은 상호 배타적인 방법이 아니기 때문에 가장 유용하고 타당한 평가 방법은 이 두 가지 접근법을 통합하는 방법일 것이다. 예를 들어, 관심대상 집단에게 중요한 문제로 작용하는 결정적 상황이 무엇인지 그 정체를 파악하는 데는 면담이나 질문지 같은 어문적 방법을 사용하고, 이러한 문제상황에서 피검자의 외현적 문제해결능력을 평가할 때는 관찰법을 이용하는 방식을 취할 수 있을 것이다. 그리고 문제를 해결하는 동안이나 그 직후에는 다른 어문적 방법(예: '생각 말하기'를 녹음하는 방법, 질문지)으로 내현적 문제해결과정을 평가한 후, 그 결과를 관찰결과와 관련지을 수 있을 것이다.

앞에서 설명한 접근법보다 더 비용-효율적일 수 있는 다른 통합법으로 자기-관찰 혹은 자기-감시법(self-monitoring)을 꼽을 수 있다(Barlow et al., 1984). 이 방법은 실생활에서 자신에게 가장 심각한 문젯거리가 무엇인지, 그에 대해 자신은 어떻게 반응했는지를 찾아서 관찰하고 기록하는 방법이다. 이 접근법의 주된 매력은 어문적 방법과 관찰법의 주요 단점(예: 기억의 왜곡, 방심, 높은 비용, 불편함)을 피하는 동시에 주된 장점(예: 효율성, 특이성, 비용-효율성, 행동의 즉각적 기록)은 살린다는 데 있다. 자기-감시법 중 PST 실행에 유용한 것으로 밝혀진 방법이 문제해결 자기-감시법(Problem-Solving Self-Monitoring: PSSM)인데, 이 방법은 다음과 같은 A-B-C-D형식을 취하고 있다.

A: 문제　이 단계에서 당사자는 문제상황과 관련된 적절한 사실을 모두 기록한다. 이 문제상황에서 자기가 성취하고자 하는 목적도 기록한다. 그리고는 목표성취를 방해하는 장해물을 찾아낸다.

B: 정서　여기서는 문제상황에서 발생한 모든 감정과 느낌을 기술하고, 정서적 고통의 강도를 평정한다.

C: 해결책　이 단계에서는 그 문제상황에 어떻게 대처하려 했는지를 기록한다. ① 문제상황을 바꾸기 위해 그리고/혹은 ② 그 상황에 대한 자신의 정서적 반응을 변화시킬 목적으로 사

용된 모든 생각과 단어 및 활동 등을 그 기록에 포함시킨다.

D: 성과 해결책을 실행한 후에는 ① 문제상황, ② 자신의 정서가 개선된 정도를 평정한다. 아울러 총체적인 해결성과에 대한 자신의 만족도도 평정한다.

문제의 정의 및 공식화(예: 관련된 사실과 정보를 확보하는 일, 문제해결활동을 통해 성취하고자 하는 목표와 장해물을 파악하는 일)에 대한 평가 이외에, PSSM을 수정하면 다른 과정변인들을 평가하는 데도 이용할 수 있다. 예를 들어, 위에서 소개한 단계 중 'A' (문제)에서는 문제에 대해 당사자에게 저절로 떠오르는 생각을 기록하게 함으로써 당사자의 문제수용태도와 관련된 변인(예: 지각된 위험, 자기-효능감에 대한 기대, 성과에 대한 기대)을 파악하고, 'C' (해결책)에서는 여러 가지 해결책을 가능한 한 많이 만들어 보라고 지시함으로써 그 사람의 해결책 생성능력을 평가할 수 있을 것이다. 그리고는 자신이 생성해 낸 여러 해결책을 평가하여 그중에서 최선의 해결책을 선택해 보라고 주문함으로써, 그 사람의 해결책 선정능력까지 평가할 수도 있을 것이다(PSSM에 대한 보다 상세한 설명은 부록을 참조하기 바람).

주요 사회적 문제해결능력 측정도구

사회적 문제해결과 PST에 관한 연구에서는 사회적 문제해결능력을 측정하기 위해 여러 가지 도구를 이용하고 있다. 다음에서는 이들 검사도구 중 가장 많은 연구 자료를 생산한 네 가지 도구만 소개하기로 한다.

문제해결 검사

문제해결 검사(Problem-Solving Inventory: PSI; Heppner & Petersen, 1982)는 35문항의 리커트형 질문지로 구성된 검사다. 이 검사는 피검자가 자신의 문제해결행동 및 태도를 어떻게 지각하는지를 측정한다(Heppner, 1988). 이 검사의 문항은 D'Zurilla와 Goldfried (1971)의 사회적 문제해결 모형 원판에서 가정하는 5단계—문제수용태도, 문제의 정의 및 공식화, 해결책 생성, 해결책 선정 및 확인—에 맞추어 제작한 50문항 중에서 추출된 것들이다. Heppner와 Petersen(1982)은 PSI로 수집된 자료를 요인분석해 보았지만, D'Zurilla와 Goldfried의 모형을 구성하는 다섯 가지 요인을 포착하지 못하였다. 그 대신 '문제해결 자신감' (11문항), '접근-회피 스타일' (16문항), '자제력' (5문항)이라고 하는 세 가지 요인이 포착되었다. '문제해결 자신감' 이란 문제해결활동이 전개되는 동안에 피검자가 갖는 자기-확신을 일컫고, '접근-회피 스타일' 은 문제해결활동을 감행(접근)하거나 회피하는 일반적 경향성을 일컫는다. 그리고 '자제력' 은 문제를 해결하는 동안 피검자가 자신의 감정과 행동을 통제할 수 있는 능력이다(Heppner, 1988). 가장 보편적으로 사용되는 PSI 측정치는 총점으로, 사회적 문제해결능력의 전반적 지표로 이용된다. 그러나 세 가지 요인에 해당하는 세 가지 하위검사점수를 사용하기도 한다. PSI의 점수가 높을수록 문제해결능력은 낮아진다는 점을 유념할 필요가 있다. PSI의 신뢰도와 타당도에 대한 경험적 증거는 Heppner(1988), 그리고 Heppner와 Petersen(1982)이 보고하였다.

안타깝게도, Heppner와 Petersen(1982)이 찾아낸 PSI의 세 가지 요인은 일반적인 의미의 사회적 문제해결을 묘사할 뿐, 검사문항 제작의 이론적 기초였던 사회적 문제해결 모형을 구성하는 요인들과는 어떠한 연관도 없다. 그러나 PSI를 통해 수집한 증거와 사회적 문제해결 이론을 관련짓기 위한 시도로, Nezu와 Perri(1989) 그리고 Elliott, Sherwin, Harkins와 Marmarosh(1995)는 PSI의 하위검사인 '문제해결 자신감' 검사와 '자제력' 검사는 사회적 문제해결 모형의 '문제수용태도' 를 측정하고, '접근-회피 스타일' 검사는 '문제해결 기술' 을 측정한다고 주장하였다. 사실 PSI의 결과도 이들 이론적 구성개념을 기초로 예측한 결과와 일치하는 것으로 드러났다. 그러므로 이 연구자들이 PSI를 이용하여 수집한 최근의 연구(7장 참조)에서는 '문제해결 자신감' 과 '자제력' 을 '문제수용태도' 로 해석하고, '접근-회피 스타일' 을 '문제해결기술' 로 해석하였다.

사회적 문제해결 검사

D'Zurilla와 Nezu(1990)의 사회적 문제해결 검사(Social Problem-Solving Inventory: SPSI)는 70문항의 리커트형 척도로 구성되어 있다. 이 검사도 D'Zurilla와 Goldfried(1971)의 사회적 문제해결 모형을 기초로 제작되었으며, 후에 D'Zurilla와 Nezu(1982, 1990)가 확장시키고 정교화하였다. 이 모형은 (1) 문제수용태도와 (2) 문제

해결자체—문제해결기술의 적용—이라는 두 가지 주요 요소로 구성되어 있다. 문제수용태도는 문제해결과정의 동기적 측면으로 인지, 정서, 행동(접근-회피) 변인으로 구성된다. 이 모형에서 강조하는 주요 문제해결기술은 (1) 문제의 정의 및 공식화, (2) 해결책 생성, (3) 해결책 선정, (4) 해결책 실행 및 확인으로 구성된다. 이러한 일반적 모형을 기초로, D'Zurilla와 Nezu는 30문항으로 구성된 '문제수용태도' 검사와, 40문항으로 구성된 '문제해결기술' 검사를 제작하였다. 문제수용태도를 측정하는 30문항 중 1/3(10문항)은 각각 인지적 측면, 정서적 측면, 그리고 행동적 측면을 측정하는 문항이었고 문제해결기술을 측정하는 40문항 중 1/4(10문항)은 각각 '문제의 정의 및 공식화' '해결책 생성' '해결책 선정' 그리고 '해결책 실행 및 확인'을 측정하는 문항이었다. 따라서 이 검사는 각 10문항씩으로 구성된 7개의 하위검사를 가진 검사라고 할 수도 있다. 채점은 전반적 문제해결능력을 나타내는 점수 1개와 주요 하위검사점수 두 가지 그리고 하위검사별 점수 7개를 따로따로 계산할 수 있도록 되어 있다. SPSI는 12학년(한국의 고등학교 3학년) 정도의 읽기능력을 보유한 사람들에게 실시할 수 있는 것으로 추정되었다(Frauenknecht, 1990). SPSI의 신뢰도와 타당도는 D'Zurilla와 Nezu(1990), D'Zurilla와 Sheedy(1991, 1992) 및 Sadowski와 Kelley(1993)의 연구에서 찾아볼 수 있다.

사회적 문제해결 검사-개정판

사회적 문제해결 검사-개정판(SPSI-R; D'Zurilla et al., 2002)은 52개의 리커트형 문항으로 구성된 검사지로, SPSI 문항을 요인분석한 결과를 기초로 수정한 도구다(Maydeu-Olivares & D'Zurilla, 1995, 1996). 이 분석결과에 따르면, SPSI는 사실상 서로 다른 두 가지—긍정적 대 부정적—차원의 문제수용태도와 세 가지—합리적 문제해결, 충동적 스타일, 회피형 스타일—차원의 문제해결자체를 측정하는 것으로 드러났다. 따라서 SPSI-R은 이들 다섯 가지 차원을 측정하는 다섯 가지 소검사로 구성되었다. 긍정적 문제수용태도 검사(5문항)는 문제를 건설적으로 받아들이는 인지적 '경향'(즉, 문제를 도전으로 지각하는 정도, 자기-효능감에 대한 인식, 긍정적 성과에 대한 기대 정도)을 다루고, 부정적 문제수용태도 검사(10문항)는 일상생활의 문제에 대한 파괴적 인지-정서적 수용태도(즉, 문제를 위협으로 지각하는 정도, 자신의 효능감을 비하하는 정도, 부정적인 성과를 기대하는 정도, 좌절하고 인내하지 못하는 정도)를 반영한다. 합리적 문제해결 검사(20문항)는 효과적인 문제해결기술을 합리적으로 신중하게, 그리고 체계적으로 적용하는 정도, 즉 문제해결 전략의 건설적인 정도를 측정한다. 충동성 검사(10문항)는 역기능적 문제해결 스타일을 반영하는 검사로, 문제해결기술을 협소하고 충동적이며 경솔하고 불완전한 방식으로 서둘러 적용하는 정도를 측정한다. 회피형 검사(7문항)는 또 다른 형태의 그릇된 문제해결 스타일을 반영하는 검사로, 문제해결 지연(문제해결을 보류함), 수동성 또는 비활동성

(문제가 저절로 해결되기를 기다림), 의존성(문제해결 책임을 타인에게 돌림)과 같은 특징을 측정한다.

합리적 문제해결 검사를 구성하는 문항은 SPSI에서 평가하는 네 가지 문제해결기술을 측정하는 네 가지 소검사(각 소검사별 5문항)로 세분된다. 요인분석으로는 이 네 가지 기술이 구별되지 않았지만, 이들 네 가지 기술 중 특정 기술의 결합이 특정 임상집단에서만 발견될 가능성이 있기 때문에, 이 가능성을 찾으려는 연구가 지속적으로 이뤄져야 할 것이다. 25문항으로 구성된 SPSI-R 단축형은 다섯 가지 주요 차원은 측정하지만, 합리적인 문제해결을 구성하는 구체적 기술은 측정하지 못한다.

SPSI-R을 이용하여 5-차원 모형을 평가한 첫 번째 연구에는 601명의 대학생이 표본으로 참여하였고, 두 번째 연구에는 323명의 대학생이 참여하였다(Maydeu-Olivares & D'Zurilla, 1996). 5-차원 모형은 이 두 평가 모두에서 그 타당성을 인정받았다. 또한 이 모형은 대규모의 중·고등학생을 대상으로 수행한 연구에서도 타당성이 확보되었다(Sadowski et al., 1994). 그리고 스페인(Maydeu-Olivares & D'Zurilla, 2000), 독일(Graf, 2003) 및 중국(Siu & Shek, 2005)에서 SPSI-R을 번역하여 이용한 연구에서도 5-차원 모형의 타당성이 확인되었다. SPSI-R의 신뢰도와 타당도에 관한 추가적 정보는 D'Zurilla 등(2002)에서 찾아볼 수 있다. 끝으로, SPSI-R은 13세 이상의 남녀에게 실시할 수 있음을 밝혀 둔다.

수단-목적 문제해결 절차

수단-목적 문제해결 절차(Means-Ends Problem-Solving Procedures: MEPS; Platt & Spivack, 1975; Spivack et al., 1985)란 '수단-목적형 사고'를 구성하는 3가지의 가상적 요소—(1) 문제해결의 목적을 달성하는 데 필요한 일련의 수단(단계)을 개념화하는 능력, (2) 목표성취를 방해할 수 있는 장애물을 예상하는 능력, (3) 성공적인 문제해결에는 시간이 소요된다는 사실과 해결책을 효과적으로 실행하는 데는 적절한 타이밍이 있다는 사실을 인식하는 능력—를 조작적으로 정의한 것이다(Spivack et al., 1985). Spivack 등(1976)에 따르면, 수단-목적형 사고는 일상생활의 대인관계에서 발생하는 문제해결에 필수적인 인지기능(능력)이다. 이런 관점에서 보면, 수단-목적 문제해결 절차(MEPS)는 과정을 측정하는 도구로 분류되어야 한다. 그러나 수단-목적형 사고의 요소는 해결책 발견과정을 반영하는 것이 아니라 해결책 자체를 나타내기 때문에, 여기서는 MEPS를 결과 측정도구 혹은 문제해결수행검사로 분류하였다.

MEPS는 면담으로 실시할 수도 있고 지필검사로 실시할 수도 있다. 피검자에게는 가상적인 대인 문제상황 또는 대인 갈등상황 열 가지를 제공한다. 이들 상황은 시작과 끝만 있는 미완성 이야기로 제공된다. 이야기의 시작은 주인공의 욕구나 목적에 대한 설명으로, 이야기의 끝은 주인공이 그 욕구를 충족시키거나 목표를 성취한다는 내용으로 되어 있다. 피검자에게는 일종의 상상력 검사라고 말해주고, 이 이야기의 중간 부분을 완성해 보라고 지시한다. 이미 지적했듯이, MEPS는 양적 채점체제를 사용하는 도구로, 적절한 수단, 장애물 그리고 시간변인에 대해 이들 각각이 사용된 빈도를 계산한다. 연구에서 가장 일반적으로 이용된 MEPS 점수는 적절한 수단의 개수였지만, Spivack 등(1985)은 이들 세 가지 측정치를 모두 합한 전체점수를 사용할 것을 권장한다. MEPS의 신뢰도와 타당도에 관한 자료는 Butler와 Meichenbaum(1981), D'Zurilla와 Maydeu-Olivares(1995), Marx 등(1992), Platt과 Spivack(1975), Schotte와 Clum(1982, 1987), 그리고 Spivack 등(1976)의 연구에서 발견된다.

기타 문제해결 측정도구

사회적 문제해결 및 PST를 연구하는 데 사용된 검사도구에는 앞서 기술된 네 가지 이외에도 여러 가지가 더 있다. 이들 도구 중 일부는 특정 문제(예: 당뇨병 관련 문제) 또는 특정 집단(예: 당뇨병 환자, 정신분열증 환자)에 초점을 맞추어 고안되었다. 안타깝게도, 이들 검사도구의 대부분은 이론적인 근거와 검사의 구성과정에 관한 정보를 제공하지 않고 있고 또 심리측정과 관련된 자료도 거의 제공하지 않고 있다. 아래에서는 가장 유망한 검사도구 몇 가지를 간단히 소개함으로써, 연구수행에 필요한 적절하고 유용한 도구를 찾는 데 도움을 제공하고자 하였다.

부정적 문제수용태도 질문지(Negative Problem Orientation

Questionnaire: NPOQ; Robichaud & Dugas, 2005a, 2005b)는 12문항으로 구성된 프랑스어 판 NPOQ(Gosselin, Pelletier, & Ladouceur, 2000, 2001)를 영문으로 번역한 검사다. 이 검사는 부정적 문제수용태도를 측정하기 위해 고안된 것으로, SPSI-R의 부정적 문제수용태도 검사(NPO-10문항)와 비슷하다. 하지만 NPO로 측정하는 부정적 문제수용태도는 인지-정서적 요소인 데 반해, NPOQ는 지각된 위협, 자기-효능감, 부정적 결과에 대한 예상 같은 인지적 요소만을 측정한다. 이러한 인지적 속성 이외에 NPO가 측정하는 구성개념에는 좌절에 대한 인내심 부족 또는 일상의 문제에 부닥쳤을 때 쉽게 절망하고 우울해지는 경향성 같은 정서적 요소가 포함되어 있다. NPO 검사처럼 영문판 NPOQ도 하나의 요인만을 측정하며, 내적 일관성이 높고, 검사-재검사 신뢰도(5주 간격)도 높은 것으로 드러났다. NPOQ 점수는 NPO(단축판) 점수와 상관이 매우 높으며, 이들 각 검사는 우울 및 불안 같은 준거변인과의 상관계수에서도 서로 비슷한 것으로 밝혀졌다(Robichaud & Dugas, 2005a, 2005b).

청소년 사회적 문제해결 검사(Social Problem-Solving Inventory for Adolescents: SPSI-A; Frauenknecht & Black, 1995)는 SPSI(D'Zurilla & Nezu, 1990)를 수정하여 중학생 이상의 청소년에게 실시할 수 있도록 제작한 것으로, 70문항으로 구성된 검사다. 이 도구는 문제수용태도 검사, 문제해결기술 검사, 자동적 처리 검사라고 하는 세 가지 주요 하위검사로 구성되어 있다. 문제수용태도 검사와 문제해결기술 검사는 SPSI 문항들을 중학생 이상의 청소년들에게 사용할 수 있도록 쉽게 바꾸어 쓴 것이다. 문제수용태도 검사는 세 가지 소검사(인지, 정서, 행동)로 세분되며, 문제해결기술 검사는 네 가지 소검사(문제의 정의, 해결책 생성, 결과 예측, 실행/평가/재조직)로 세분된다. 자동적 처리 검사는 문제해결에 이용되는 비공식적 방법을 평가하기 위해 SPSI 원판에 추가시킨 것으로, 과거의 문제상황에서 성공적이었던 대처전략을 생각해 내는 능력을 측정한다. SPSI-A의 신뢰도와 타당도에 관한 자료는 Frauenknecht와 Black(1995)의 연구에서 발견된다.

수정된 문제해결 검사(Modified Problem-Solving Inventory: MPSI; Maydeu-Olivares & D'Zurilla, 1997)는 PSI(Heppner & Petersen, 1982)를 16문항으로 단축시킨 축소판으로, 사회적 문제해결이론과 요인분석결과를 통합하여 찾아낸 두 개의 하위검사로 구성되어 있다. 하나는 '문제해결 자기-효능감 검사' (7문항)이고 다른 하나는 '문제해결기술 검사' (9문항)다. 원래의 PSI는 경험적 자료를 기초로 제작되었을 뿐 사회적 문제해결이론과는 뚜렷한 연관성이 없었다(Heppner & Petersen, 1982). 이 때문에 Maydeu-Olivares와 D'Zurilla(1997)는 원래의 PSI 문항 중에서 사회적 문제해결 모형에서 말하는 문제해결능력을 측정하는 문항을 골라내기 위해 PSI의 내용을 철저하게 분석했다. 그 결과 PSI의 16문항에서 (1) 문제해결 자기-효능감(즉, 문제를 효과적으로 해결할 수 있다는 신념), (2) 문제해결기술(즉, 문제의 정의 및 공식화, 해결책 생성 등)이라고 하는 두 가지 구성개념을 도출할 수 있었다. 그리고는 이들 16문항에 대한 확인 요인분석을 통해 이들 두 가지 구성개념을 지지하는 결과를 확보하였다. 이렇게 확정된 '문제해결 자기-효능감 검사'는 원판의 '문제해결 자신감' 검사와 상관이 매우 높고, '문제해결기술 검사'는 원판의 '접근-회피' 검사와 상관이 매우 높은 것으로 드러났다. 그 밖에도 이 두 검사는 낙천성, 비관성, 무기력 같은 준거변인과도 상관이 높은 것으로 밝혀졌다. 이 새로운 검사의 장점은 문항 수는 적은데도 신뢰도는 줄어들지 않았다는 점, 사회적 문제해결이론과 더욱더 밀접하게 관련되었다는 점, 점수체계가 더욱 직관적—점수가 높을수록 문제해결능력 또한 높다—이라는 점을 꼽을 수 있다. '문제해결 자기-효능감 검사'와 '문제해결기술 검사'의 측정 속성에 대한 구체적인 자료는 Maydeu-Olivares와 D'Zurilla(1997)의 논문에서 찾을 수 있다.

주관적 처리양식 검사(Perceived Modes of Processing Inventory: PMPI; Burns & D'Zurilla, 1999)는 32문항의 리커트형 자기-보고식 검사로 구성되어 있다. 이 검사는 12문항으로 구성된 '합리적 처리' 검사, 10문항으로 구성된 '정서적 처리' 검사, 그리고 10문항으로 구성된 '자동적 처리' 검사로 세분된다. 이 도구는 원래 스트레스 상황이나 대처 상황에서 전개되는 두 가지 정보처리 양식을 평가하기 위해 고안되었다. '합리적 처리'와 '경험적 처리'라고 하는 이 두 가지 정보처리 양식은 Epstein(1994)의 '인지적-경험적 자기-이론'(Cognitive-Experiential Self-Theory)에 기초한 개념이다. 그러나 탐색요인 분석 및 확인요인 분석 결과, 이 도구는 합리적 처리, 정서적 처리, 그리고 자동적 처리라고 하는 세 가지 양식을 측정하는 것으로 밝혀졌다. 합리적 처리 점수가 높은 사람은 대처방식을 강구할 때 논리적 추리, 창의적 사고, 그리고 효과적 문제해결기술 활용에 시간과 노력을 투자하는 것으로 보고되었다. 정서적 처리 점수가 높은 사람은 대처방식을 결정할 때 자신의 감정, 정서, 예감 및 직관을 주로 활용하는 것으로 보고되었다. 그리고 자동적 처리 점수가 높은 사람은 과거의 유사한 상황에서 효과적으로 이용되었던 대처반응을 기억해 냄으로써 대처에 대한 결정을 신속하고 효율적으로 내린다고 보고되었다. 합리적 처리 검사에서 측정하는 구성개념은 SPSI-R에서 측정하는 합리적 문제해결이라는 구성개념과 흡사하며, 이 두 검사 간의 상관계수는 .70이다. PMPI의 신뢰도와 타당도를 지지하는 추가적 증거는 Burns와 D'Zurilla(1999)에서 찾아볼 수 있다.

대인 문제해결 평가 검사(Interpersonal Problem-Solving Assessment Technique: IPSAT; Getter & Nowinski, 1981)는 대학생들의 대인 문제해결능력을 평가하기 위해 설계된 과정/결과 검사로, 이론을 근거로 제작된 문항 46개로 구성되어 있다. IPSAT의 문항과 채점체제는 Rotter(Rotter, Chance, & Phares, 1972)의 사회학습이론과 주장행동에 관한 연구에 근거를 두고 있으며, 검사형식은 반-구조화된 지필검사를 사용한다. 피검자에게는 (1) 현재 자신이 문제상황에 처해 있다고 상상하고, (2) 그 문제상황을 헤쳐 나갈 여러 가지 방법(해결책)을 기록한 다음, (3) 실제로 어느 해결책을 실행에 옮길 것인지를 결정하라고 지시한다. 그러므로 문제해결의 결과에 대한 평가 이외에도, IPSAT는 해결책 생성과 해결책 선정이라는 두 가지 과정도 평가하는 셈이다. 선택된 해결책은 효과적, 회피적, 부적절, 의존적, 그리고 채점불가라는 질적 범주로 분류된다. 준거에 대한 자세한 사항은 채점요강에 제시되어 있다. IPSAT의 신뢰도와 타당도는 Getter와 Nowinski(1981)의 연구에서 찾아볼 수 있다.

청소년 문제 검사(Adolescent Problems Inventory: API; Freedman et al., 1978)는 경험을 기초로 제작된 문제해결수행검사다. 남자 청소년들의 개인적 문제나 대인 문제해결능력을 평가하기 위해 설계된 문항 44개로 구성되어 있다. 검사문항은 Goldfried와 D'Zurilla (1969)의 행동-분석 모형을 근거로 제작되었으며, 각 문항은 녹음테이프로 제시된다. 피검자에게는 문항에 제시된 상황이 자신이 처해 있는 실제 상황이라고 가정하고, 그때 자신이 하게 될 말이나 행동을 또 다른 녹음기에다 녹음하라고 지시한다. 검사점수는 평정요강에 명시된 준거에 따라 독립적인 평정자들이 채점한다. API의 신뢰도와 타당도에 대한 자료는 Freedman 등(1978), Hains와 Herman(1989), 그리고 Simonian, Tarnowski 및 Gibbs(1991)에서 발견된다.

결정, 평가, 활동 검사(Inventory of Decisions, Evaluations, and Actions: IDEA; Goddard & McFall, 1992)는 여대생의 이성(hetero-sexual) 문제해결을 평가하기 위해 설계된 수행검사로, 경험을 기초로 제작된 40문항으로 구성되어 있다. 이 검사문항은 Goldfried와 D'Zurilla(1969)의 행동-분석 모형의 수정판을 근거로 고안되었다.

문제의 표적영역은 여대생들이 흔히 경험하는 이성 문제상황이었다. IDEA의 지시문, 실시방식 및 채점체제는 근본적으로 API에서 사용된 것들과 동일하다. IDEA의 신뢰도와 타당도에 관한 것은 Goddard와 McFall(1992)의 연구에서 발견된다.

문제해결과제(Problem-Solving Task; C. M. Nezu et al., 1991)는 성인 정신지체자의 대인관계 문제해결과정 및 성과를 측정하기 위해 제작되었다. 피검자에게는 목표(예: 친구 사귀기)가 진술된 대인관계 문제상황을 인터뷰 형식으로 제시한다. 그리고는 성과관련 변인(즉, 해결책의 질) 및 여러 가지 과정관련 변인(예: 해결책 생성 능력, 결과 예상 능력)을 평가하도록 고안된 일련의 질문을 던지고 그에 대한 반응을 수집한다. 평정자 간 신뢰도(r=0.83)와 검사-재검사 신뢰도(r=0.79) 모두 비교적 안정적이다. 또한 문제해결과제는 문제해결훈련의 효과에 민감한 것으로 밝혀졌다(C. M. Nezu et al., 1991).

자기-보고식 당뇨 문제해결 검사(Diabetes Problem Solving Scale-Self Report: DPSS-SR; Hill-Briggs et al., 2005)는 30문항으로 구성된 자기-보고식 질문지로, 성인 당뇨환자들이 자기-관리에서 부딪히는 문제에 어떻게 접근하고 관리하는지를 평가하기 위해 설계되었다. 이 검사는 긍정적 동기(2문항), 부정적 동기(5문항), 효과적 문제해결(6문항), 충동적 문제해결(2문항), 회피형 문제해결(3문항), 긍정적 전이/학습(6문항) 및 부정적 전이/학습(6문항)이라고 하는 7개의 하위검사로 구성되었다. 처음 5개의 하위검사는 SPSI-R로 측정된 5차원적 사회적 문제해결 모형에 근거를 두고 있고, 나머지 2개는 과거의 문제상황에서 얻는 경험의 결과가 새로운 문제해결에 나타나는 긍정적 전이와 부정적 전이를 평가한다. 하위검사 각각의 점수도 계산할 수 있고 총점을 계산할 수도 있다. 점수가 높을수록 자신이 보는 자신의 문제해결능력이 높다는 것을 반영한다. DPSS-SR의 내적 일관성은 높으며, SPSI-R의 단축형과의 상관이 상당히 높은 것으로 보아 구인타당도 역시 높은 편이다. 준거관련 타당도의 경우, 아프리카계 미국인 2종 당뇨환자를 대상으로 실시한 검사에서 DPSS-SR 점수가 높을수록 약물 복용지시를 잘 지키는 편이며, 혈당 감시 빈도도 높고, 글리세믹 조절도 더 잘하는 것으로 밝혀졌다.

사회적 문제해결평가 검사(Social Problem-Solving Assessment Battery: SPSAB; Sayers & Bellack, 1995)는 만성 정신과 환자의 대인 문제해결을 평가하도록 설계된 검사로, 세 가지 요소로 구성되어 있다. 첫 번째 요소인 역할연기 검사(Role Play Test: RPT)는 대인갈등을 대화를 통해 해소하는 능력을 측정한다. 그리고 두 번째 요소인 반응생성 검사(Response Generation Test: RGT)는 대인관계 문제를 정의하여 현실적이고 적절한 해결책을 고안해 내는 능력을 측정하며, 세 번째 요소인 반응평가 검사(Response Evaluation Test: RET)는 대인관계 문제해결에 효과적인 해결책과 비효과적인 해결책을 변별하는 능력을 측정한다. 정신분열병 환자 및 양극성 장애 환자의 수행수준이 이들 세 가지 검사 모두에서 일반인보다 저조하였다는 사실은 SPSAB의 타당도를 지지한다(Bellack, Sayers, Musers, & Bennett, 1994).

요 약

사회적 문제해결을 측정하기 위한 방법을 고려할 때는 먼저, 측정방법을 과정 측정법과 성과 측정법으로 나누어 볼 필요가 있다. 과정 측정법은 피검자의 문제해결태도 및 기술에서 발견되는 강약을 평가하는 데 반해, 성과 측정법은 문제해결의 성과 또는 특정 문제에다 자신의 문제해결기술을 적용하는 능력을 평가한다. 문제해결을 측정하는 도구 중에는 하나의 검사로 과정과 성과 둘 다를 평가하는 것도 있다. 또 사회적 문제해결 측정법을 어문적 측정법과 관찰식 측정법으로 나누어 볼 수도 있다. 어문적 측정법은 자기-보고식 검사로, 질문지나 면담을 통해 피검자의 어문적 반응을 수집하는 데 역점을 둔다. 이에 비해 관찰식 측정법은 자연적 환경 혹은 가상적 문제상황에서 피검자가 실제로 문제를 해결하는 행동을 관찰하는 데 초점을 맞춘다. 각각의 측정법은 나름대로의 장단점을 가진다. 대부분의 성과 측정에서 공통적으로 발견되는 주요 단점은 이들 검사가 사회적 문제해결 이론의 주요 구성개념인 '문제' '문제해결' '해결책' 등에 대한 구체적인 정의를 기초로 고안된 검사가 아니라는 점이다. 신뢰도와 타당도가 비교적 높은 검사도구 중 현재 가장 널리 이용되는 사회적 문제해결 검사와 전망이 양호한 검사도구 일부를 소개하였다.

제 5 장

사회적 문제해결에서 정서의 역할

일상생활 문제를 해결할 때는 정서가 중요한 역할을 수행한다. 정서적 각성이 사회적 문제해결에 미치는 영향은 많은 연구자들이 논의하여 왔다(George, 1974; Janis, 1982; Janis & Mann, 1977; Mandler, 1982; Mechanic, 1970, 1974; Snyder, Bruck, & Sapin, 1962; Staats, 1975). 그런데도 이 주제에 대한 경험적 연구는 아직까지 거의 수행되지 않고 있다. 사회적 문제해결이론이 설득력을 갖기 위해서는 실생활의 문제해결에 미치는 정서의 영향을 설명할 수 있어야 하고, 또한 문제해결훈련 프로그램(PST)에는 훈련의 효과를 극대화할 수 있도록 정서를 활용하고 통제하는 방법을 포함시켜야만 한다.

정서적 각성의 근원

사회적 문제해결에서 정서적 각성을 야기하는 주요 근원에는 다음 세 가지가 있다. (1) 객관적 문제상황, (2) 문제수용태도, (3) 문제해결 스타일, 즉 문제의 해결책을 찾고자 시도하는 과정이다. 이들이 유발하는 정서적 반응은 긍정적일 수도 있고 부정적일 수도 있다. 긍정적 정서는 수행을 촉진시키는 데 반해, 부정적 정서는 수행을 저지하거나 방해한다.

객관적 문제상황

객관적인 문제상황은 문제해결에 필요한 활동을 자극함과 동시에 자연적인(학습되지 않은) 정서반응 혹은 학습된 정서반응을 유발하기도 한다. 자연적인 정서반응은 거의 모든 사람들이 싫어하는 조건 또는 좋아하는 조건에서 발생하는 반응으로, 그러한 조건에서 학습을 통해 습득된 경험과는 독립적으로 전개된다. 대개의 문제상황에는 다음과 같은 자연적 혐오조건 중 하나 이상의 조건이 포함되어 있다.

- 신체의 항상성을 위협하는 해롭거나 고통스러운 자극. 예컨대, 다양한 병균과 강렬한 물리적 자극–소음, 더위, 추위, 압력(Selye, 1983)
- 갈등. 예컨대, 요구의 경합, 내적 갈등(Epstein, 1982; Janis &

Mann, 1977; Phillips, 1978)

- 좌절 또는 목표달성을 방해하는 장애물(Mather, 1970)
- 관습적인 강화인의 상실 또는 박탈(Mowrer, 1960)
- 혐오성 사건에 대한 통제력 상실 및 예측 불가(Hamberger & Lohr, 1984)
- 애매모호함(Wrubel et al., 1981)
- 자신의 지식으로는 이해할 수 없는 복잡함이나 새로움(Hunt, 1963; McClelland & Clark, 1966)

다음은 이러한 상황을 보여 주는 두 가지 실례다.

독신인 Jane은 자신의 애완동물인 앵무새를 매우 사랑했다. 그녀는 앵무새에게 먹이를 주고, 노랫소리를 듣고, 어깨 위에 앵무새를 올려놓고 아파트 주변을 걷는 것을 좋아했다. 어느 날 아침 앵무새에게 먹이를 주러 간 Jane은 앵무새가 죽어 있는 것을 발견했고, 그 순간 몹시 당황했다(관습적 강화인의 상실). 며칠 후에는 죽은 새의 이미지가 그녀의 마음에 떠오르고 앵무새에 대한 생각을 멈출 수가 없게 되자, 더욱 혼란스러운 느낌이 들었다(혐오성 사건에 대한 통제력 상실). 특히 앵무새의 이미지가 시도 때도 없이 갑자기 나타났다 사라지곤 하여 그녀를 더욱 혼란스럽게 했다(혐오성 사건에 대한 예측 불가).

Jim은 회계학과를 졸업하고, 작은 금융회사에 취직을 했다. 그는 매우 야심적인 인물이어서 자신의 출세를 빨리 앞당기고 싶어 했고, 6개월 후에는 더욱 좋은 일자리를 얻기 위해 일류 금융회사에 지원했다. 면접을 보기 전에는 자신의 업무에 대한 설명이 매우 불명확했기 때문에 Jim은 다소 불안했다(애매모호함). 더욱 구체적인 설명을 들은 후, 자신이 그 업무를 수행하는 데 필요한 특정 기술이 부족하다는 것을 알고는 더욱 불안해졌다(목표달성을 방해하는 장애물). 면접을 하는 동안 그 분야에서의 경험 부족 때문에 몇 가지 질문에 충분한 대답을 하지 못했고, 그 때문에 그는 더더욱 불안해졌다(자신의 지식으로는 이해할 수 없는 복잡함이나 새로움). 그 직장에 떨어진 이후에는 아내가 현재 직장에 몇 년간 더 머무르라고 그를 설득했지만, Jim은 계속해서 새로운 직장을 구하기를 원했기 때문에 아내와 잦은 말다툼을 하였다(갈등).

학습된 정서반응은 문제상황의 자극 중에서 과거에 정서적 사건과 결합된 적이 있거나 정서적 경험과 결합된 적이 있는 자극에서 유발될 수 있다. 학습된 정서반응은 과거의 학습경험에서 발생하는 개인차 때문에 사람과 상황에 따라 그 주관적 경험(긍정적 대 부정적) 및 강도에서 매우 큰 차이를 보일 수 있다. 예를 들어, 부정적 평가는 과거에 심한 처벌과 결합되는 경우가 많기 때문에 부정적 평가를 내포하는 문제상황은 과도한 불안을 야기할 수 있다. 다음 예를 생각해 보자.

Mary의 룸메이트 Beth는 Mary가 아파트를 청소할 차례인데도 청소하는 일을 잊어버리곤 한다는 이유를 들어 그녀를 종종 비난한다. Mary는 Beth의 부정적 평가가 부당하다고 믿고 있다. 하지만 과거에 부모로부터 심한 신체적 처벌을 경험했던 Mary에게 그러한 비난은 과도한 불안을 유발하곤 한다. 극심한 불안 때문에 Mary는 이 문제에 직면하기를 두려워하며, 가능한 한 밖에서 오랜 시간을 보내면서 Beth를 피하려 한다.

비록 객관적 문제상황에서 유발되는 정서는 흔히 부정적이거나 불쾌할지라도(예: 불안, 분노, 우울), 많은 문제상황은 학습을 통해 긍정적 정서와 결합된, 그래서 긍정적 정서를 일으키는 자극 및 활동을 내포하고 있다. 예를 들어, 어떤 문제상황은 사랑하는 가족, 절친한 친구, 유쾌한 사회활동, 만족스러운 업무활동, 스포츠 이벤트 및 즐거운 여가활동 등의 맥락에서 발생할 수도 있다. 만약 이러한 자극들로 유발되는 긍정적 정서가 충분히 강하면, 이들 긍정적 정서는 그 상황에서 일어나는 부정적 정서를 감소시키거나 최소화하거나 무시하는 데 도움이 될 수 있다.

문제수용태도

문제수용태도는 문제의 지각(문제의 인식)에서 시작하여 문제귀인, 문제평가, 통제 가능성 및 시간/노력의 투자 등으로 구성된 일반적 변인들의 집합으로 소개되었었다. 문제의 인식은 특정 문제상황에 대한 효과적인 대처반응을 알지 못하는 상태로 정의된다. 이러한 상태는 대부분의 사람들에게 혐오감이나 피하고 싶은 느낌을 유발한다. 불확실성이나 욕구 좌절에 대한 인내심이 낮을 경우, 즉 불확실성이나 좌절은 견뎌 낼 수 없는 것이라는 잘못된 신념을 가지고 있을 경우(Chang & D'Zurilla, 1996a 참조), 문제의 인식은 더 큰 불안을 일으킬 가능성이 높다. 문제수용태도를 결정하는 다른 변인(예: 문제귀인, 문제평가)의 본질에 따라, 일반적 문제수용태도는 긍정적 정서나 부정적 정서 또는 이들 두 가지 정서 모두를 일으킬 수 있다. 구체적으로, 문제를 삶의 일부로 받아들이고, 문제를 이득을 얻을 수 있는 도전이나 기회로 인식하며, 문제를 해결할 능력도 있고, 또 그 문제를 효과적으로 해결할 수 있다고 믿으며, 문제를 해결하는 데는 시간과 노력이 필요하다는 사실을 인정하고, 문제가 해결될 때까지 불확실성과 좌절을 참아 낼 수 있는 사람들에게는 문제도 긍정적인 정서를 유발할 가능성이 높다. 이와는 반대로, 문제를 스스로의 탓으로 돌리고, 행복에 대한 위협으로 인식하며, 해결책을 끌어내는 자신의 능력을 의심하고, 문제가 해결될 수 없을 것이라고 믿으며, 문제를 빠르고 쉽게 해결하는 사람이 유능한 사람이라고 믿고, 불확실성과 좌절을 참아 내지 못하는 사람들에게는 문제에 따른 정서가 부정적일 가능성이 높다. 다음의 두 가지 예를 생각해 보자.

영업소 소장이 John에게 다음 달에는 판매고를 50% 이상 증가시키지 않으면 안 된다고 경고했다. John은 어떻게 이 목표를 달성해야 할지를 당장은 모르고 있었지만, 주어진 문제를 희망과 자신감을 가지고 수용했다. 이러한 긍정적인 감정은 일상생활에서 벌어지는 문제에 대한 John의 사고방식과 문제해결능력에 대한 자신의 신념에서 유발된 것이다. 문제를 자신의 탓으로 돌리고, 스스로가 무능하다거나 미숙하다고 생각하는 대신, John은 이와 같은 문제를 정상적이고 피할 수 없는 삶의 일부일 뿐이라고 생각한 것이다. 더욱이 그는 이런 문제를 새로운 것을 배우고 스스로를 발전시킬 수 있는 도전 또는 기회로 간주한다. 문제를 회피하고 해결하려고 하지 않기보다는 실패하더라도 도전해보는 것이 더 낫다고 믿는다. John은 또한 모든 문제는 해결될 수 있고, 노력만 충분히 한다면 해결책을 찾아낼 수 있는 능력을 자신이 가지고 있다고 믿는다. 그는 문제를 해결하기 위해서는 시간과 노력을 투자하고 인내할 줄 알아야 한다는 것도 알고 있다. 또한 그는 스스로의 힘으로 문제를 해결하는 것을 중시하기 때문에 문제가 해결될 때까지 기꺼이 좌절감과 불확실성을 견뎌 낼 수 있을 것이다.

Bob 또한 영업소 소장으로부터 다음 달에 판매고를 50% 증가시켜야만 한다는 주문을 받았다. John처럼 Bob도 어떻게 이 목표를 성취할지를 모르고 있었다. 그러나 John과는 달리 Bob은 문제에 대해 불안, 자기-불신 및 절망감을 가지고 접근했다. 이러한 부정적 감정 역시 실생활의 문제를 대하는 Bob의 사고방식과 자신의 문제해결능력에 대한 믿음 때문에 생긴 결과다. Bob은 문제를 자신의 탓으로 돌렸고, 자신은 성공적인 영업사원이 될 능력이나 자질을 갖추지 못했다고 생각했다. 문제를 이득이나 승진의 기회로 간주하는 대신, 자신의 행복을 위협하는 요인으로 받아들였다. 그는 자신의 문제해결능력을 불신했고, 문제에는 해결책이 존재한다는 것조차도 믿지 않았다. 그는 문제를 빠르고 큰 어려움 없이 해결할 수 있어야만 유능한 사람이라고 생각했다. 더욱이 그는 좌절감과 불확실성을 견뎌 낼 수 없다고 생각했다. 그 결과 그는 해결책을 쉽게 찾지 못할 때는 금방 포기해 버리고, 그 일을 그만두고 다른 일을 찾으려고 한다.

문제해결 스타일

3장에서 소개했듯이, 문제해결 스타일은 사람들이 특정 문제의 해결책을 찾기 위해 노력하는 과정에서 나타난다. 가장 건설적인 문제해결 스타일은 합리적 문제해결 스타일인데, 합리적 문제해결 스타일은 (1) 문제의 정의 및 공식화, (2) 해결책 생성, (3) 해결책 선정(해결책을 판단하고 비교하며 선택하는 일), (4) 해결책 실행 및 확인

(문제해결책을 실행하여 얻은 성과에 대한 평가)의 네 가지 문제해결기능을 신중하고 조직적이고 효과적으로 적용하는 방식을 일컫는다. 이들 각 기능은 구체적인 목표를 가진 과제로서, 문제해결과정에서 특유의 목적 또는 기능을 수행한다. 이 과제를 수행하는 동안, 각자의 기능 수준과 기능을 얼마나 효과적으로 이행했는지에 따라 긍정적 정서가 유발될 수도 있고 부정적 정서가 일어날 수도 있다. 문제해결기능을 신중하고 효과적이고 시의 적절하게 적용하면(즉, 합리적 문제해결 스타일이면), 문제해결의 성과가 긍정적일 가능성이 높고, 이는 다시 긍정적인 정서를 일으킬 가능성을 높인다. 반면 충동적(즉, 부적절한 문제해결기술 적용)이거나 회피형(예: 문제해결을 미루고 회피하기) 같은 역기능적 문제해결 스타일은 부정적 성과를 생성할 가능성이 높고, 이는 다시 좌절감과 부정적 정서를 유발하는 경향이 강하다.

문제해결의 성패에 따라 유발되는 정서적 효과 외에도, 위에서 언급한 네 가지 과제 각각을 수행하는 동안 또 다른 정서적 반응이 일어날 수도 있다. 문제를 정의하고 공식화할 때는 인지적 왜곡이 일어나 심리적인 고통(예: 피해 혹은 상실에 대한 과장된 평가)을 유발할 수도 있다. 해결책을 생성할 때는 특정 해결책과 결합된 과거의 정서적 경험이 재현될 수도 있다. 해결책 선정을 하는 동안에는 각 해결책에 대한 긍정적 혹은 부정적 결과를 예상해 봐야 하기 때문에, 각 해결책에 대한 예상에 따라 긍정적이거나 부정적인 정서가 유발될 수도 있다. 해결책을 실행하고 그 결과를 검증하는 동안에는, 특정 해결책의 수행이 그 해결책과 결합된 과거의 정서적 경험에 기초한 정서반응을 이끌어 낼 수도 있다.

정서가 문제해결에 미치는 영향

위에 기술된 세 가지 근원에서 유발된 정서는 그 정서의 주관적인 특질(긍정적 대 부정적), 강도, 지속기간, 그리고 그 정서를 건설적으로 통제할 수 있는 문제해결자의 능력에 따라 문제해결을 촉진할 수도 있고 방해할 수도 있다. 구체적으로, 이러한 정서는 (1) 문제의 인식, (2) 문제해결 동기, (3) 목표설정, (4) 해결책 선호도, (5) 해결성과의 평가, (6) 미래 문제해결행동의 가능성, (7) 문제해결활동의 효율성에 영향을 미칠 수 있다.

문제의 인식

문제상황에서 유발된 정서반응일지라도, 그 정서반응을 자기와 환경과의 상호작용을 감시하는 데 필요한 단서로 사용하고 또 그 정서반응을 일으킨 문제상황을 정확하게 파악하기 위한 단서로 사용한다면, 그러한 정서반응도 문제해결을 촉진시킬 수 있다. 반대로, 부정적인 정서를 일으키는 생활장면을 분석하지 않고 자신이 겪는 부정적인 정서만을 걱정한다면, 문제를 '상황적인 문제'(예: 부부문제, 직장문제)가 아닌 '정서적인 문제'로 잘못 분류할 수 있고, 그 결과 효과적인 문제해결이 방해를 받을 수도 있다.

문제해결 동기

문제상황과 문제수용태도에서 야기된 정서반응도 그 본질과 강도에 따라 접근 또는 회피 동기를 유발할 수 있다. 긍정적인 정서, 그리고 경미하거나 보통 정도의 부정적인 정서는 문제장면을 정면으로 공략하는 정공법을 사용하도록 유도할 가능성이 크다. 이에 반해, 강한 부정적 정서는 문제를 부정하거나, 시간이 지날 때까지 문제해결을 미루거나, 문제가 스스로 해결되기를 기다리거나, 다른 사람에게 문제해결의 책임을 돌리는 등 문제해결을 회피하도록 유도할 가능성이 크다. 또한 문제를 해결해 가는 동안 투자하는 노력의 양, 끈기, 그리고 좌절과 불확실성에 대한 인내의 정도는 이들 정서뿐 아니라 네 가지 문제해결과제(예: 문제의 정의 및 공식화, 해결책의 생성 등)로 새로이 유발되는 정서에 따라서도 달라질 가능성이 높다.

목표설정

실제의 문제상황과 문제수용태도에서 유발된 정서는 문제를 정의하고 공식화할 때 설정되는 문제해결 목표에도 영향을 미칠 가능성이 크다. 강한 부정적 정서 때문에 문제중심으로 설정된 목표의 성취가 위협을 받게 되면, 이러한 파괴적인 정서를 줄이거나 통제하는 것을 첫 번째 목표로 설정할 수도 있다. 또한 문제상황이 변할 수 없는 것으로 인식되거나 또는 단지 일부만 변할 수 있는 것으로 인식될 경우는 그 문제상황에서 유발된 정서를 제거하거나, 최소화하거나, 통제하거나, 아니면 견뎌 내는 것이 가장 현실적이고 가치 있는 문제해결 목표로 설정될 수도 있다.

해결책 선호도

특정 해결책과 결합된 정서, 그리고 예상되는 결과와 결합된 정서는 그 해결책에 대한 선호도와 해결책의 선택에 중요한 영향력을 행사할 수 있다. 8장에 가면, 해결책을 비교하여 그 장단점을 판단하는 데 고려되어야 할 중요한 준거로 정서적 만족(즉, 기대하는 정서적 결과)이 꼽힌다는 사실을 확인할 것이다. 사람들은 긍정적 정서를 최대화하는 해결책보다 부정적 정서를 피하거나 최소화하는 해결책을 선호하는 경향이 있다(Kahnemann & Tversky, 1979; Tversky & Kahnemann, 1981).

해결성과의 평가

해결책 실행에 따른 정서적 반응은 문제해결의 성과를 평가할 때 반드시 고려되어야 할 중요한 준거다. 해결책 이행에 따른 정서가 긍정적이면 문제해결의 성과를 '만족' 으로 판단하게 하고, 문제해결과정을 종결짓도록 할 수도 있다. 반면에, 부정적인 정서는 '불만족' 이란 판단을 내리게 하여, 더 좋은 해결책을 찾기 위해 '잘못된 것이 무엇이었는지를 찾는 작업' 또는 '문제해결과정을 처음부터 다시 반복하는 작업' 을 시도하게 할 수도 있다.

미래 문제해결행동의 가능성

Mowrer(1960)의 학습이론에 따르면, 미래의 문제해결행동은 네 가지 문제해결성과에 따라 야기되는 네 가지 정서에 따라 달라질 수 있다. 첫째, 바람직한 일이 일어나면 희망을 갖게 될 것이고, 둘째, 해롭거나 바람직하지 못한 일에서 벗어나거나 피하면 안도감을 느낄 것이며, 셋째, 바람직하지 못한 일이 일어나면 불안할 것이고, 넷째, 바람직한 일이 일어나지 않거나 사라지면 실망을 느낄 것이다. 희망과 안도는 미래의 문제해결행동을 강화하는 데 반해, 불안과 실망은 미래의 문제해결행동을 약화시킬 가능성이 크다.

문제해결활동의 효율성

세 가지 원천에서 야기된 정서적 각성 모두가 통합되면, 문제해결 전 과정에 걸쳐 수행의 효율성에 막대한 영향력을 행사하게 된다. 정서적 각성과 관련된 변인으로 문제해결활동의 효율성과 직결된 변인들의 정체가 아직까지는 분명하게 확립되지는 않았다. 하지만 정서적 각성의 주관적 특질, 강도, 그리고 지속기간이 그러한 주요 변인에 포함될 가능성이 크다. 일반적으로, 긍정적인 정서는 수행을 촉진시키는 반면, 부정적인 정서는 수행을 방해한다. 그러나 정서가 수행에 미치는 영향은 각성의 강도에 따라 크게 달라질 수 있다. 사회적 문제해결에 Yerkes-Dodson 법칙(Yerkes & Dodson, 1908)을 적용하면, 정서적 각성과 수행의 효율성 간에는 역 'U' 자형 관계가 확립될 것이다. 각성이 매우 낮을 때는 수행의 효율성도 낮지만, 각성 수준이 높아짐에 따라 수행 또한 향상되다가, 각성 수준이 너무 높아지면 수행은 오히려 떨어지게 된다는 뜻이다. 각성의 강도는 정서적 경험의 주관적 질에도 영향을 미칠 수 있다. 각성이 최적 수준을 넘어서면 부정적인 정서를 경험하게 될 가능성이 높다. 하지만 각성이 최적 수준 이하인 경우는 문제상황의 단서에 대한 해석과 평가에 따라 긍정적 경험이 유발될 수도 있고 부정적인 경험이 유발될 수도 있다.

역 'U' 자형 모형의 상식적 설득력은 매우 크지만, 그 모형의 보편성에 관해서는 강한 의문이 제기되기도 했다(Hockey & Hamilton, 1983; Mandler, 1982). Hockey와 Hamilton(1983)에 따르면, 이 모형에서 긍정적 효과에 관한 부분은 일반적인 지지를 받고 있지만, '지나친' 각성의 부정적인 효과는 명백한 직접적 지지를 받지 못하는 편이다. 연구결과가 서로 상치되는 한 가지 원인으로 각성 수준에 대한 측정법이 매우 다양했다는 점을 꼽을 수 있다. 심지어 Lacey(1967)는 각성에 대한 단일 개념으로 쓸 만한 것은 하나도 없다고까지 주장했다. 또 다른 설명으로 Easterbrook(1959)의 단서활용 가설(cue utilization hypothesis)과 관련된 설명을 들 수 있을 것이다. 이 가설에 따르면, 정서적 각성 수준이 높아질수록 주의의 폭이 좁아져 주의를 받게 되는 단서의 수가 줄어든다. Easterbrook은 어떤 경우는 제한된 주의가 수행을 향상시킬 수도 있다고 지적하였다. 예를 들어, 주의를 받지 못하는 단서들이 어차피 과제와는 부적절한 단서들일 때는 각성이 적절한 단서에만 집중되어 수행이 향상될 수도 있다는 뜻이다. 그러나 대부분의 문제에서처럼, 폭넓은 단서에 주의를 기울여야 하는 복잡한 과제의 경우는 제한된 주의가 수행의 효율성을 더욱 감소시킬 것이라는 예측이 그의 주장이다.

스트레스하에서 과제를 수행하는 사람들은 자신의 자율적 활동과 과제의 위협적 측면 및 과장성 평가 등 과제와 별로 관계가 없는 일에 많은 주의를 기울인다(Mandler, 1982; Sarason, 1980). Sarason은 이러한 위협적인 해석 및 평가를 "자기-몰입형 사고"라고 명명하고, 이런 사고에다 일을 파국으로 몰아가는 행동, 자기비난, 비생산적 걱정, 무기력한 생각 등을 포함시켰다. 스트레스하에서 벌어지는 주의력 협소화에 관한 여러 연구를 고찰한 후, Mandler(1982)는 스트레스는 주의의 용량을 감소시키고 중심단서—그 스트레스 상황에서 가장 주의를 끌었던 단서—에다 주의를 집중시킨다고 결론지었다. 앞서 언급한 과제-무관 단서들도 스트레스하에서 문제를 해결하는 사람들에게는 중심단서가 되곤 하는데, 그 이유는 그 단서들이 위협적이라서 자신의 안녕에 매우 중요할 것으로 판단되기 때문이다(Baddeley, 1972). 그러나 만약 표적과제가 중심과제로 인식되면, 스트레스하에서도 문제해결능력은 크게 향상될 수 있다.

심한 스트레스 때문에 사고과정이 협소해졌다고 하자. 그러면 해결책 생성 과정과 해결책 선정 과정에서는 오로지 명확한 해결책 및 성과만을 고려하게 될 것이고, 그 결과 가용한 해결책의 가지 수 및 성과의 범위가 크게 줄어들어, 결국에는 해결책 선택의 폭이 크게 위축될 것이다(Mandler, 1982). 유사한 맥락에서 Janis(1982, 1983)도 심한 스트레스는 인지적 결함을 초래할 가능성이 높다고 지적하면서, 그런 결함으로 소수의 해결책만 고려하기, 장기적인 효과를 간과하기, 비효율적 정보수집, 기대되는 성과에 대한 잘못된 평가, 결정 규칙의 지나친 단순화 등을 포함시켰다.

Janis와 Mann(1977)은 심한 스트레스하에서 야기될 수 있는 두 가지 비적응적 의사결정 양상으로 방어적 회피와 지나친 경계를 꼽았다. 그들이 말하는 방어적 회피란 결정을 미루거나 결정의 책임을 다른 사람에게 떠넘기려고 하는 행동이나 시도를 일컫는다. 그리고 지나친 경계란 일종의 공황상태로, 미친 듯이 해결책을 탐색하고, 여러 대안(해결책) 사이에서 좌충우돌하며, 즉석에서 고안해 낸 손쉬운 해결책에 충동적으로 매달리는 등의 행동을 일컫는다.

지금까지의 논의에서는 정서적 각성의 강도와 그 특질(예: 쾌/불쾌, 긍정적/부정적 정서)이 문제해결활동 및 그 성과에 미치는 효과를 집중적으로 다루었다. 이러한 효과를 유발할 수 있는 또 다른 변인으로 정서적 스트레스가 지속되는 기간을 꼽을 수 있다. 장기적으로 지속되는 정서적 스트레스는 힘든 일상문제가 자주 발생하기 때문에, 또는 문제에 대한 정서적 과민성 때문에, 또는 문제를 효과적으로 해결하지 못하는 무능력 때문에 야기된 결과로서, 빈번한 처벌(즉, 혐오성 성과, 보상의 상실) 및 통제력 상실을 초래한다.

어려운 문제에 반복적으로 부대끼거나 장기적으로 노출되면, 그 결과는 수행활동에 어떤 영향을 미칠까? 이 문제에 대한 충분한 연구는 아직 이루어지지 않았지만, Hans Selye(1983)가 수행한 스트레스 연구에서 우리는 몇 가지 중요한 단서를 얻을 수 있다. 동물과 인간을 대상으로 한 연구에서, Selye는 스트레스-인(stressor)에 지속적으로 노출된 유기체에서는 불특정 양상의 생화학 반응이 일어난다는 것을 발견했다. 일반적 적응 증후군(GAS)이라 불리는 이 불특정 반응양상은 (1) 경고반응, (2) 저항, (3) 소진이라는 세 단계로 변화한다. 경고반응은 유기체가 스스로를 조절할 수밖에 없는 상황에서 발생하는 최초의 반응이다. 이 반응은 충격과 반격이라는 두 국면을 거쳐 전개되는데, 충격 단계에서는 빈맥, 근육긴장 상실, 체온저하, 그리고 혈압저하 등의 신체적 반응이 일어나고, 반격 단계에서는 혈압상승, 부신피질의 확장, 코르티코이드 호르몬 분비 증가 등 신체적 방어반응이 일어난다.

Selye에 따르면, 대부분의 급성 스트레스 질환은 이 두 국면의 경고반응에 해당한다. 이 반응은 자율신경계의 지나친 각성 및 심한 부정적 정서와 관련된 것으로 보인다. 때문에 수행활동의 효율성을 감소시키고 또 다른 문제나 스트레스-인에 대한 취약성을 증가시키며, 부정적인 신체 증상을 야기하거나 악화시키는 것 같다. 스트레스-인에 지속적으로 노출되면, 신체의 호르몬 방어기제가 경고반응 단계에서 저항 단계로 바뀐다. 이때는 신체적 증상이 호전되거나 소멸하는 등 스트레스-인에 대한 적응이 충분히 이루어진 단계라 할 수 있다. 이 단계에서는 자율신경계의 각성 수준이 다소 감소하는 것처럼 보인다. 하지만 여전히 정상 범위보다는 높은 상태로 지속된다. 정서적 경험은 여전히 부정적이지만 덜 불쾌한 편이다. 따라서 이 단계에서는 수행의 효율성이 향상될 수도 있다. 그러나 아직도 유기체는 스트레스-인이나 새로운 문제발생에 매우 취약한 상태에 있기 때문에 이러한 효율성의 향상을 기대하는 것은 무리한 일일 수 있다.

만약 스트레스-인이 매우 강하고 또 장기적으로 지속되면, 종국에는 비축된 호르몬이 모두 고갈되어 유기체는 소진 단계로 접어들게 된다. 이때는 신체적 증상이 다시 나타나서 원래의 스트레스-인이나 새로운 스트레스-인에 저항할 능력을 잃게 된다. 이 단계에서는 각성 수준이 떨어지고 아울러 피로감을 느끼게 되며 '무감동' 이나 '우울' 과 같은 정서를 경험할 가능성이 높아져, 결국에는 수행의 효율성도 떨어진다. 이 단계에서 배우는 임상적 교훈은 분명한 것 같다. 즉, 우울증을 호소하는 내담자가 문제를 효과적으로 해결하지 못한 경험이 있으면, 그 우울증은 단순히 보상의 부족이나 부정적인 자기 평가의 결과가 아니라, 오래 지속된 정서적인 스트레스에서 야기된 결과일 수 있다는 뜻이다. 물론 이 상황은 스트레스 저항 호르몬의 결핍과 함께할 수도 있고 함께하지 않을 수도 있다.

지나친 정서적 고통 또는 장기적 정서적 고통이 문제해결을 방해하는 요인으로 밝혀지면, PST 프로그램에는 다양한 스트레스-관리법 및 불안-관리법에 대한 훈련을 포함시켜야 한다(A. M. Nezu, Nezu, & Lombardo, 2003, 2004 참조). 이때 유용하게 사용될 수 있는 기법에는 인지 재구조화 기법(Beck et al., 1979; Ellis & Dryden, 1997; Goldfried, Decenteceo, & Weinberg, 1974), 자기-교시법(Janis, 1983; Meichenbaum & Cameron, 1983) 및 이완/둔감법(Bernstein & Borkovec, 1973; Woolfolk & Lehrer, 1984) 등이 있다. 위협을 합리적으로 평가하게 하는 인지 재구조화 기법은 비합리적인 신념과 위협에 대한 과장된 평가로 초래된 불안을 감소시키는 데 도움이 된다. 자기-교시법은 문제해결을 촉진시키는 과제관련 단서와 신념 그리고 기대에 주의를 집중하는 방법을 가르쳐 준다. 마지막으로, 이완/둔감법은 효과적인 문제해결을 위해 최적의 각성 수준을 유지하도록 돕는다. 이러한 기법들은 점진적 근육이완, 명상, 필요에 따른 휴식시간 활용, 그리고 긴장된 조건하에서 마음속으로 문제를 해결해 보는 심상시연 등을 사용할 수도 있다. 후자의 기법은 사람들을 문제해결상황에 둔감해지도록 하거나 그런 문제상황에 대한 적극적인 대처기술로서의 이완기법을 연습하는 데 이용될 수도 있다.

요 약

실생활에서 전개되는 문제해결에는 정서적 요인이 매우 중요한 역할을 수행한다. 사회적 문제해결에서 정서적 각성을 유발하는 근원에는 (1) 객관적인 문제상황, (2) 문제수용태도, (3) 문제해결 스타일 즉, 문제해결기능을 적용하는 과정 등 세 가지가 있다. 이 세 가지 근원에서 유발되는 정서반응은 주관적인 느낌(긍정적 대 부정적), 강도, 지속기간, 그리고 자신의 정서를 건설적으로 사용하고 통제하는 문제해결자의 능력에 따라 문제해결과정을 촉진할 수도 방해할 수도 있다. 구체적으로, 정서적 변인은 (1) 문제의 인식, (2) 문제를 해결하려는 동기, (3) 목표설정, (4) 해결책에 대한 선호도, (5) 해결성과에 대한 평가, (6) 미래 문제해결행동의 가능성, 그리고 (7) 문제해결활동의 효율성에 영향을 미친다.

정서반응에 대한 자각과 통제는 문제를 효과적이고도 효율적으로 해결하는 데 매우 중요하게 작용한다. 지나친 정서적 고통 또는 장기화된 정서적 고통이 문제해결의 방해 요인으로 밝혀지면, 문제해결훈련 프로그램에서는 스트레스와 불안을 관리하는 다양한 기법을 가르쳐야만 한다. 이때 이용될 수 있는 중요한 기법으로는 인지 재구조화 기법(위협에 대한 재평가, 잘못된 생각을 바로잡기), 자기-교시법(자기-지향적 대처, 긍정적 자기진술) 그리고 이완/둔감법 등을 꼽을 수 있다.

제 6 장

관계/문제해결식 스트레스 모형

문제해결요법(또는 문제해결식 치료법: PST)에서는 '정신병리'를 비효과적이고 비적응적인 대처행동 및 그 결과로 간주한다. 다시 말해, 일상사에서 만나는 스트레스성 문제를 성공적으로 해결할 능력을 갖추지 못한 사람이 그런 문제를 해결하기 위해 적절치 못한 시도를 하다가, 결국에는 불안, 우울, 울화, 신체적 증상 그리고 또 다른 문제창출과 같은 부정적 영향을 초래하게 되는 조건을 정신병리라고 가정한다(D'Zurilla & Goldfried, 1971). 기본 가정이 이렇기 때문에 PST 이론은 두 가지 개념적 모형 위에 구축되었다고 할 수 있는데, 그 하나는 사회적 문제해결 모형이고 다른 하나는 관계/문제해결식 스트레스 모형이다. 사회적 문제해결 모형은 이미 2장과 3장에서 소개하였다. 이 장에서는 관계/문제해결식 스트레스 모형을 소개할 것이다.

관계/문제해결식 스트레스 모형에서는 사회적 문제해결능력이 일반적 대처전략이라는 핵심 역할을 수행한다고 가정한다. 즉, 적응성 대처능력을 향상시키고 심리-신체적 상태를 호전시킴으로써, 일상생활의 스트레스가 심리-신체적 행복에 미치는 부정적 영향을 완화 또는 예방하는 역할(일반적 대처전략의 역할)을 수행하는 것이 사회적 문제해결능력(D'Zurilla, 1986, 1990; A. M. Nezu, 1987; A. M. Nezu & D'Zurilla, 1989; A. M. Nezu & Ronan, 1985)이라는 뜻이다. 이 모형은 스트레스에 대한 Richard Lazarus의 관계 모형(Lazarus, 1981, 1999; Lazarus & Folkman, 1984)을 이 책에서 소개한 사회적 문제해결 모형과 통합시킨 모형이다. 이 통합이 가능했던 것은 스트레스 관계 이론에서 말하는 '스트레스' '인지적 평가' 및 '대처'와 같은 주요 개념이 사회적 문제해결이론에서 말하는 '문제' '문제해결' 및 '해결'이라는 개념과 중복되는 부분이 많기 때문이다.

Lazarus의 관계 모형

Lazarus의 관계 모형은 인간을 환경자극에 수동적으로 반응하는 피동적인 유기체로 보지 않고, 환경과의 상호작용을 통해 생각하고 활동하며 문제를 해결해 가는 능동적 유기체로 간주한다. 관계 모형에서는 스트레스를 환경만의 특성이라고 생각하지 않고 특정인의 개인적 특성일 뿐이라고도 생각하지 않는다. 이 모형은 당사자와 환경 간의 상호작용 속에서 환경의 요구가 당사자가 가진 자원보다 크기 때문에 그 사람이 자신의 행복이 위협받고 있다고 인식하는 그러한 특별한 유형의 개인-환경 관계에서 스트레스가 발생한다고 간주한다(Lazarus & Folkman, 1989). 또한 Lazarus 외에도 Joseph McGrath(1970, 1976), Wolfgang Schönpflug와 Peter Schulz (Schönpflug, 1983; Schulz & Schönpflug, 1982) 등 많은 스트레스 이론가들이 이 관계형 스트레스 모형을 수용하고 있다.

Lazarus에 따르면, 스트레스 반응의 질과 강도는 스트레스 상황에 처한 사람의 (1) 인지적 평가와 (2) 대처라는 두 가지 주요 과정에 따라 결정된다. 인지적 평가(cognitive appraisal)란 환경에서 직면하게 되는 스트레스에다 '의미', 즉 개인적 중요성을 부여하는 과정을 일컫는다. 이러한 인지적 평가는 일차적 평가와 이차적 평가로 나뉜다. 일차적 평가는 환경 속에서 겪게 되는 스트레스가 자신의 신체적, 사회적 또는 심리적 행복에 실질적으로나 잠재적으로 미칠 영향이 얼마나 심각한지를 결정하는 과정을 일컫고, 이차적 평가란 특정 스트레스성 상황에 비추어 자신이 가진 대처자원과 선택의 여지를 분석해 보는 과정을 일컫는다. 이 두 가지 평가는 모두 스트레스 반응의 주관적 질과 강도에 영향을 미친다. 일차적 평가도 부정적(예: 손해, 상실, 위협)이고 이차적 평가도 부정적(예: 불확실성, 통제력이 없다는 느낌)이면, 부정적인 스트레스 반응이 야기될 가능성이 크다. 그러나 일차적 평가도 긍정적(예: 스트레스 상황을 득이 될 만한 도전 혹은 기회로 인식)이고 이차적 평가도 긍정적(예: 통제할 수 있다는 생각)이면, 부정적 스트레스 영향을 예방하거나 최소화하고, 심지어는 희망이나 유쾌한 기분 같은 긍정적인 반응이 유발될 가능성이 크다. 사회적 문제해결 이론에서 말하는 문제해결과정 중 문제수용태도는 일반화된 인지적 평가와 필적하고, 문제의 정의 및 공식화는 상황-구체적 평가와 대등하다고 할 수 있다.

Lazarus의 모형에서 이용하는 대처(coping)라는 용어는 스트레스 상황의 요구와 그런 요구 때문에 생성되는 정서를 관리하는 인지적 활동 및 행동적 활동을 일컫는다. 대처에도 두 가지 유형이 있는데, 하나는 문제중심 대처이고 다른 하나는 정서중심 대처다. 문제중심 대처는 스트레스 상황을 호전시키는 방향(예: 요구되는 상황을 직면하여 변화시키고 통제하기)으로 전개되는 반면, 정서중심 대처는 스트레스 상황에서 발생하는 정서를 관리할 목적으로 전개된다. 일반적으로 스트레스 상황을 변화시킬 수 있고 또 통제할 수 있다고 판단하는 사람들은 문제중심 대처를 주로 사용하지만, 상황을 바꿀 수 없거나 통제할 수 없다고 판단하는 사람들은 정서중심 대처를 주로 사용한다(Lazarus, 1999 참조). 상황에 따라 두 가지 전략 모두 스트레스를 줄이는 효과적인 전략이 될 수 있다. 하지만 문제중심 대처가 더 유용하고 더 적절한 대처방식이라는 생각이 일반적이다. 이러한 입장을 지지하는 Bandura(1997)는 어떤 상황이든 그 상황을 변화시키거나 개선시키기 위해 사람들이 할 수 있는 일이 아무것도 없는 그런 상황은 거의 없다는 점을 주목하였다. 그러므로 특정 문제장면을 통제 불가 장면이라고 판단함으로써 생기는 정서적 충격도 그 문제상황 속에서 통제 가능한 측면을 찾아내어 그런 부분을 바꾸어 놓으려고 노력함으로써 크게 감소시킬 수 있다는 뜻이다.

Lazarus와 Folkman(1984; Folkman & Lazarus, 1980)은 문제해결을 문제중심 대처의 한 형태로 정의하였다. 이는 문제해결의 목표를 단순한 수행(performance)보다는 성숙(mastery) 또는 환경 통제에 둔다는 것을 의미한다. 이러한 관점에서 보면, 스트레스 상황이 결코 바뀔 수 없는 상황이라면 문제해결을 위한 노력은 무모하거나 득될 것이 하나도 없는 그런 활동이 된다. 다음에서 알게 되겠지만, 사회적 문제해결이론에서는 문제해결을 보다 다양한 대처전략으로 간주한다.

관계/문제해결 모형

관계/문제해결 모형은 Lazarus의 스트레스 관계 모형의 기본 가정 및 주요 속성을 그대로 답습하고 있다. 그러나 이러한 속성을 사회적 문제해결이라는 일반적인 틀에서 다루었으며, 문제해결을 확대하여 일반적 대처전략이라는 역할을 수행하게 하였다. 이 모형에서는 스트레스를 (1) 스트레스성 생활사, (2) 정서적 스트레스 반응, (3) 문제해결식 대처라고 하는 세 가지 변인의 상호관계에 따라 결정되는 것으로 간주한다.

스트레스성 생활사

스트레스성 생활사란 사람들에게 내적, 사회적 혹은 생물학적 조절을 강력하게 요구하는 일상의 경험을 일컫는다(Bloom, 1985). 대부분의 사람들에게 영향을 미치는 대표적인 스트레스성 생활사로는 주요 부정적 생활사와 일상적인 문제의 두 가지가 주로 꼽힌다. 주요 부정적 생활사(major negative life event)란 일상생활의 전반적 측면에서 광범한 조절을 요구하는 커다란 부정적 사건(예: 이혼, 사랑하는 사람의 죽음, 실직, 주요 질환)을 일컫고, 일상적인 문제(daily problem)란 보다 작고 구체적인 생활사 중에서 그 생활사가 요구하는 것을 충족시킬 여력이 부족하다고 판단되는 그런 생활사를 일컫는다. Lazarus의 모형에서는 (1) 생활사가 요구하는 것을 당사자가 충족시킬 수 없다고 판단되고 (2) 그러한 능력 부족이 당사자의 행복을 위협한다고 판단될 때 그 상황은 스트레스성 생활사가 된다. 일상적인 문제에 대한 정의와 스트레스성 상황에 대한 정의를 비교해 보면, 일상적인 문제일지라도 그것이 당사자의 행복에 영향을 미칠 수 있는 문제이면 스트레스성 상황이 된다는 것을 알 수 있다. 아울러 문제해결이 생활사의 스트레스에 대처하는 중요한 전략이 될 수 있다는 점도 알 수 있다. 일상적인 문제는 중요한 약속 장소로 가는 도중에 교통체증을 겪는 일처럼 일시적인 문제일 수도 있고, 가사 분담에 대한 배우자와의 반복되는 말다툼같이 일련의 비슷한 사건일 수도 있으며, 또 만성적인 고통이나 지루함 혹은 외로움 등 오랜 기간 지속되는 사건일 수도 있다.

이 책의 모형에서는 주요 부정적 생활사와 일상적인 문제가 서로서로 영향을 주고받는다고 가정한다. 결혼과 같은 커다란 삶의 변화나 사랑하는 사람의 상실과 같은 중대한 부정적 사건은 흔히 많은 새로운 일상적인 문제를 일으킨다. 배우자의 죽음은 외로움, 수입 감소, 가사책임의 증가 및 자녀양육과 관련된 일상적인 문제를 야기할 수 있다. 그러나 일상적인 문제는 주요 부정적 사건과는 관계없이 일상생활의 부분 부분에서 생겨날 수도 있다. 삶의 특정 영역에서 일상적인 문제가 해결되지 않고 쌓이면 결국에는 주요 부정적 사건이 터질 수 있고, 그 때문에 더 많은 일상적 문제가 발생할 수 있다. 직장에서도 일상적인 문제가 자주 발생하면 결국에는 해고(주요한 부정적인 사건)를 당하게 될 것이고, 이는 다시 생활비를 벌어야 하는 문제, 다른 직장을 찾아야 하는 문제, 새로운 주거지를 찾아야 하는 문제, 자존심 유지와 관련된 문제 등의 새로운 문제를 야기할 것이다.

일상적인 문제는 주요 부정적 생활사보다 덜 극적이지만, 자주 발생하면 그 결과는 주요 부정적 생활사보다 심리적 · 신체적 행복에 더 치명적인 영향을 미칠 수 있다(Burks & Martin, 1985; DeLongis, Coyne, Dakof, Folkman, & Lazarus, 1982; Kanner, Coyne, Schaefer, & Lazarus, 1981; A. M. Nezu, 1986a; A. M. Nezu & Ronan, 1985; Weinberger, Hiner, & Tierney, 1987). 관계/문제해결식 스트레스 모형은 일상적인 문제를 대처하는 일에 초점을 맞추었다. 그리고 주요 부정적 생활사가 생기면 다루기 쉬운 작은 문제로 쪼개어 하나씩 하나씩 해결해 나가는 전략을 취한다.

정서적 스트레스 반응

정서적 스트레스란 스트레스성 생활사에 대한 사람들의 즉각적인 정서반응을 가리킨다. 그러한 정서적 스트레스는 그 스트레스를 야기한 사건에 대한 당사자의 평가와 대처반응에 따라 수정되거나 변화된다(Lazarus, 1999). 이러한 스트레스성 정서반응에는 자율신경계의 활동과 생리적 반응, 그리고 이들 활동에 동반되는 주관적인 정서경험이 포함된다(Mandler, 1982). 정서적 스트레스 반응은 대개 불안, 울화, 실망, 우울과 같은 부정적 감정이 대부분이지만, 희망, 안심, 즐거움과 같은 긍정적인 감정일 때도 있다. 부정적 정서는 (1) 문제를 행복에 대한 위협으로 평가하고, (2) 상황을 효과적으로 관리할 수 있는 자신의 능력을 의심하고, (3) 효과적이거나 적응적 대처반응을 할 수 없을 때 두드러질 가능성이 높다. 반면, 긍정적인 정서는 (1) 스트레스 상황을 득이 될 수 있는 도전으로 평가하고, (2) 상황에 효과적으로 대처할 수 있는 능력이 있다고 믿고, (3) 손상이나 위협적인 상황을 감소시키고 그러한 상황으로 발생되는 부정적 정서를 효과적으로 다루는 대처반응을 할 수 있을 때 경험할 가능성이 높다. 부정적인 정서적 스트레스가 해로운 이유는 문제해결에 필요한 적절한 기능과 심리-신체적 행복에 부정적인 영향을 미치기 때문이다. 그러므로 대처활동의 가장 중요한 목표 중 하나는 스트레스성 문제상황에 직면했을 때 가능한 한 부정적인 정서는 최소로 줄이고 긍정적인 정서를 최대로 늘리는 일이라 할 것이다.

문제해결식 대처

관계/문제해결 모형에서 가장 중요한 세 번째 개념은 문제해결식 대처(problem-solving coping)다. 문제해결식 대처는 일반적인 사회적 문제해결이라는 틀 속에서 전개되는 모든 인지적 평가와 대처활동을 통합하는 개념이다. 문제해결식 대처전략을 이용하는 사람은 (1) 스트레스성 상황을 '해결해야 할 문제'로 간주하고, (2) 자신이 그 문제를 성공적으로 해결할 수 있다고 믿으며, (3) 다양한 대안적 '해결책'(즉, 효과적인 대처반응)을 고안해 내고, (4) 최선의 해결책을 선택하여, (5) 그 해결책을 효과적으로 실행한 후, (6) 그 성과를 세심하게 관찰하여 분석한다. 그 성과가 긍정적이면 정서적 긴장이 완화되겠지만, 부정적이면 정서적 긴장이 증가될 것이다. 부정적 성과는 문제수용태도, 문제해결기술, 해결책 실행기술 혹은 이 요인들의 복합적 결함 때문에 야기된다고 본다. 그러므로 관계/문제해결 모형에서는 문제해결식 대처를 스트레스성 생활사와 정서적 스트레스 사이에서 중요한 역할을 수행하는 매개체로서, 궁극적으로는 당사자의 심리적-신체적 행복에 영향을 미치는 중요한 요인으로 간주한다.

문제해결을 문제중심 대처의 한 형태로 간주하는 Lazarus의 견해와는 달리, 이 책에서 소개하는 모형은 문제해결을 보다 광범하고 일반적인 대처전략으로 간주한다. 따라서 여기서는 문제해결의 목표를 성숙형 목표(mastery goals)에 한정시키는 대신, 특정 문제상황의 본질과 그 상황을 어떻게 정의하고 평가하느냐에 따라 문제중심 목표가 설정될 수도 있고 정서중심 목표가 설정될 수도 있으며 또는 둘 다가 설정될 수도 있다고 본다. 문제상황 또는 그 문제상황의 주요 측면을 바꾸어 놓을 수 있고 또 통제가 가능한 것으로 평가하는 사람은 문제중심 목표를 강조할 것이다. 그러나 정서적 고통이 극히

심하면 정서중심 목표도 세울 수 있을 것이다. 이에 반해, 상황을 변화시킬 수도 없고 또 통제도 불가능하다고 평가하는 사람은 정서중심 목표를 강조하게 될 것이다. 그러나 이 두 가지 목표는 문제해결 과정의 어느 시점에서든 바뀔 수가 있다. 예컨대, 처음부터 문제중심 해결책을 찾으려고 했지만 목표를 성취하지 못하게 되면, 정서중심 목표로 추구하기 시작할 수도 있다. 어떤 목표를 설정하든, 문제해결에서 궁극적으로 기대되는 성과는 일상생활의 스트레스가 행복에 미치는 부정적 영향을 줄이고 최소화하는 일이다.

문제해결식 대처전략은, 특정 스트레스 상황에서 긍정적인 성과를 거두게 할 가능성을 증가시키는 일 외에도, 당사자의 행복에 기여할 수 있는 또 다른 여러 가지 장점을 가지고 있다. 첫째, 긍정적인 문제수용태도에는 자기-효능감(자신이 문제를 해결할 수 있다는 신념; Bandura, 1997), 낙관주의(즉, 긍정적 성과 기대; Scheier & Carver, 1985), 인내력(즉, 도전정신, 통제력, 전념; Kobasa, Maddi, & Kahn, 1980 참조) 등 스트레스 완화제로 작용하는 여러 가지 인지 변인이 포함되어 있다. 둘째, 문제해결은 다양한 스트레스 상황에 적용되는 매우 융통성 있는 대처전략으로, 보다 일반화된 스트레스 감소효과를 유발한다. 셋째, 문제해결은 선택할 수 있는 대처전략을 더 많이 제공하기 때문에 대처활동의 성과에 대한 보다 폭넓은 만족감을 유발한다. 마지막으로, 문제해결은 각자가 처한 스트레스 상황을 보다 독립적으로 대처할 수 있게 함으로써, 자제력을 증가시키고 또 더 큰 통제감을 느끼게 한다.

[그림 6-1]은 관계/문제해결식 스트레스 모형의 세 가지 주요 요

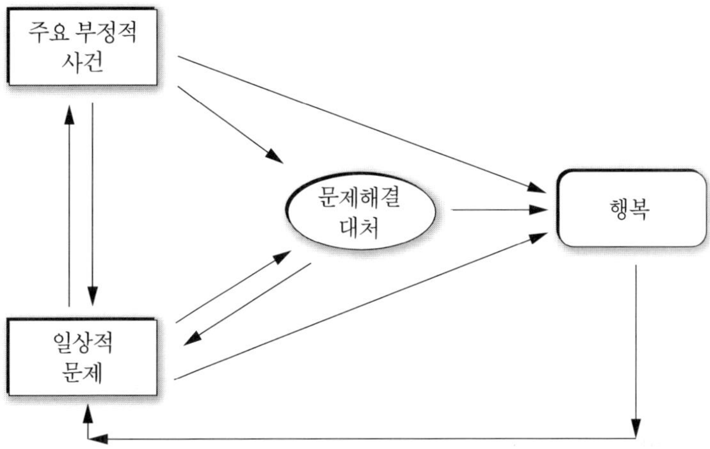

[그림 6-1] 스트레스에 대한 관계/문제해결 모형의 주요 요소들과 행복 간의 가상적 관계

소와 행복(심리적, 사회적, 신체적) 간의 가상적 관계를 요약하고 있다. 그림에서 알 수 있듯이, 주요 부정적 사건과 일상적인 문제라고 하는 두 가지 스트레스성 생활사는 서로 간에 영향을 주고받는다. 이혼과 같은 주요 부정적 사건은 당사자에게 전에는 없었던 많은 일상적인 문제(예: 경제적인 어려움, 대인관계의 어려움)를 유발한다. 거꾸로, 배우자와의 해결하지 못한 잦은 갈등 같은 일상적인 문제가 쌓이게 되면, 결국 이혼이라고 하는 주요 부정적 사건을 일으킬 수도 있다. 그림에서 알 수 있듯이, 이처럼 주요 부정적 사건과 일상적인 문제는 서로 간에 영향을 주고받을 뿐 아니라, 행복에 직접적인 영향을 미칠 수도 있고 또 문제해결식 대처를 통해 간접적인 영향을 미칠 수도 있다. 만약 문제해결식 대처가 효과적이라면 행복에 미치

는 영향은 긍정적(예: 정서적 고통이 없고, 긍정적 정서, 성취감과 통제감)일 것이다. 반면에 문제해결식 대처가 비효과적이라면 행복에 미치는 영향은 부정적(예: 불안, 분노, 우울, 심리적 및 신체적 증상)일 것이다. 다음 두 가지 조건에서는 문제해결식 대처가 비효과적일 수 있다. 첫째는 당사자에게 건설적인 문제해결태도와 기술이 부족한 경우이고, 둘째는 받고 있는 스트레스가 견뎌 낼 수 없을 정도로 지나칠 경우(예: 주요 충격적인 사건, 너무 많은 일상적인 문제)다. 이러한 조건하에서는 문제해결과정이 부정적(즉, 문제의 해결활동의 방해 또는 억제)으로 나타날 가능성이 높다.

또한 [그림 6-1]을 보면, 일상적인 문제와 문제해결식 대처는 호혜적 관계에 있음을 알 수 있다. 구체적으로, 문제해결식 대처는 일상적인 문제에 대한 해결책을 제공함으로써 행복에 간접적인 영향을 미치기도 하지만, 동시에 일상적인 문제에 직접적인 영향을 미치기도 한다(비효과적인 대처는 더 많은 문제를 야기하지만, 효과적인 대처는 일상적인 문제를 감소시킨다는 사실을 생각해 보라). 또한 스트레스성 사건과 행복 간의 관계도 역시 호혜적이다. 예를 들어, 행복의 감소는 주요 부정적 사건도 일상적인 문제도 증가시키는 반면, 행복의 증가는 스트레스성 사건의 강도와 빈도를 감소시킬 것이다.

임상적 평가

위의 논의에서 알 수 있듯이, 관계/문제해결식 스트레스 모형은 문제해결식 치료법(PST)의 이론적 근거를 제공할 뿐만 아니라, 이 모형은 치료를 시작하기 전 PST가 적절한 개입법일지를 결정하기 위해 실시되는 정서장애 및 행동장애 평가의 인지-행동적 기틀까지 제공한다. 치료 전 평가를 실시할 때, 치료사는 먼저 주요 부정적 사건, 현재의 일상적인 문제, 정서적 스트레스 반응 그리고 비적응적 대처반응의 정체를 정확하게 꼬집어 내어 파악해야만 한다. 그리고는 사회적 문제해결능력 검사(SPSI-R)와 같은 평가도구를 사용하여 문제수용태도(긍정적 및 부정적)와 문제해결 스타일(합리적 문제해결, 충동적 스타일 및 회피형 스타일)을 평가한다. 이 평가를 기초로, 다음과 같은 목표 중 하나 이상을 성취하기 위해 PST를 적용하게 된다.

- 긍정적 문제수용태도 향상
- 부정적 문제수용태도 감소
- 합리적 문제해결 스타일 향상(예: 문제해결기술의 효과적 적용)
- 충동적 문제해결 스타일 감소
- 회피형 문제해결 스타일 예방
- 해결책 실행기술을 향상

설정된 목표를 성공적으로 성취하게 되면, 상황 대처능력과 일반적 자신감 및 심리-신체적 행복감이 향상될 것이고, 이는 다시 당사자의 개인적-사회적 기능에 미치는 스트레스의 부정적 효과, 예컨대 비적응적이고 자멸적인 대처행동, 지나친 정신적 고통, 부정적 신체적 증상 등을 예방 내지 감소시킬 것으로 기대된다.

관계/문제해결 모형에 대한 경험적 지지

관계/문제해결 모형의 주요 가정은 지난 20여 년 동안 실시된 사회적 문제해결능력과 적응 간의 관계를 검토한 수많은 연구에서 지지되었다. 이들 중 대표적 연구의 일부는 다음 장에서 소개할 것이다. 모든 연구가 사회적 문제해결능력이 적응에 중요한 역할을 수행한다는 가정을 지지했지만, 관계/문제해결적 모형을 가장 강력하게 지지하는 연구는 문제해결이 스트레스성 일상사와 당사자의 개인적-사회적 기능 간의 관계를 중재한다는 사실, 즉 문제해결이 당사자의 심리적 건강 및 적응기능에 미치는 스트레스의 부정적 영향을 약화시킨다는 사실을 입증한 연구라 할 것이다. 아래에서는 이들 연구만을 간략히 설명하기로 한다.

Folkman과 Lazarus(1988)는 지역사회에 살고 있는 중년층과 노년층을 대상으로 정서를 중재하는 요인으로서의 대처전략을 연구하였다. 그들은 6개월 동안 한 달에 한 번씩 이 주민들과 면담하였다. 면담의 주된 내용은 지난 한 주 동안 일어났던 일 중에서 가장 스트레스를 많이 주는 상황에 어떻게 대처했는지에 관한 것이었다. 이 면담을 통해 스트레스가 시작되었을 때, 스트레스를 받는 동안, 그리고 스트레스가 끝났을 때의 정서가 평가되었다. 그 결과 두 표본집단 모두에서 작은 부정적 정서와 큰 긍정적 정서를 일관성 있게 유발한 유일한 대처전략은 계획적 문제해결전략인 것으로 드러났다. 이러한 결과를 두고, Folkman과 Lazarus는 문제해결능력이 스트레스 상황의 정서에 미치는 영향은 직접적인 면도 있고 또 간접적인 면도 있다고 해석하였다. 그들이 생각한 직접적인 효과는 고통의 원인인 문제를 해결하려고 시도할 때 좋은 느낌을 가지게 되는 것이며, 간접적인 효과는 문제가 효과적으로 해결되면 문제상황이 개선되어 긍정적 정서가 유발되는 것이었다.

A. M. Nezu와 동료들은 주요 부정적 생활사가 심리적 안녕에 미치는 부정적 효과를 완화할 수 있는 요인으로 사회적 문제해결능력을 꼽고, 다중 회귀분석법을 이용하여 역할을 여러 차례 평가하였다. 그중 대학생들의 우울증을 종속변인으로 측정한 연구에서 A. M. Nezu, Nezu, Saraydarian, Kalmar 및 Ronan(1986)은 주요 부정적 생활사와 문제해결능력 간에 유의한 상호작용 효과를 발견하였다. 이 효과는 우울과 주요 부정적 생활사 간의 관계가 문제해결능력에 따라 달라진다는 의미를 갖는다. 구체적으로, 주요 부정적 생활사와 우울 간의 관계가 문제해결능력이 큰 학생들보다 문제해결능력이 작은 학생들에게서 더 밀접한 것으로 드러났다. 이러한 결과는 주요 우울증 진단을 받은 피검자를 대상으로 한 A. M. Nezu, Perri, Nezu 및 Mahoney(1987)의 연구에서도 반복 관찰되었다. 대학생 중심의 또 다른 연구에서, Nezu(1986b)는 사회적 문제해결능력이 클수록 주요 부정적 생활사가 상태 및 특성 불안에 미치는 영향도 크게 완화시킨다는 사실을 발견하였다. 암 환자를 중심으로 한 연구에서는 사회적 문제해결능력이 암과 관련된 스트레스의 부정적 효과를 완화시킨다는 사실도 밝혀냈다(Nezu, Nezu, Faddis, DelliCarpini, & Houts, 1995). 구체적으로, 암-관련 스트레스가 비슷할 경우, 사회

적 문제해결능력이 낮은 피험자들은 사회적 문제해결능력이 높은 피험자들보다 더 높은 수준의 우울과 불안을 보고하였다.

위에서 소개한 연구는 사실상 모두 횡단적 연구이기 때문에, 문제해결능력이 정서에 영향을 미쳤다기보다는 정서적 고통이 문제해결능력에 영향을 미쳤다는 반대의 주장을 완전히 배제할 수 없는 형편이다. 그래서 Nezu와 Ronan(1988)은 대학생을 대상으로 검사시기 1에서의 우울수준을 통계적으로 통제하면서 검사시기 2에서의 우울증상을 예측하기 위한 또 다른 연구를 수행하였다. 그 결과 주요 부정적 생활사가 이후의 우울증상에 미치는 부정적 영향력이 사회적 문제해결능력이 높을수록 완화되는 것으로 확인되었다.

또 다른 두 편의 연구에서는 일상적인 문제와 심리적 고통 간의 관계를 조절하는 요인으로서의 사회적 문제해결능력을 검토하였다. 이들 중 경로-분석법(path-analytic methods)을 사용한 Nezu와 Ronan(1985)의 연구는 대학생을 대상으로 주요 부정적 생활사, 일상적인 문제, 문제해결능력, 그리고 우울증상으로 구성된 모형을 검증하였다. 그 결과 (1) 주요 부정적 생활사는 일상적인 문제의 수를 증가시켰고, (2) 일상적인 문제가 많아질수록 우울도 심해졌으며, (3) 문제해결능력이 일상적인 문제와 우울 간의 관계를 중재하는 것으로 드러났다. 바꾸어 말하면, 일상적인 문제와 우울증상 간의 상관정도 중 일부는 문제해결능력으로 설명된다는 뜻이다. 이 결과는 우울증 환자를 대상으로 실시한 A. M. Nezu, Perri 및 Nezu(1987)의 후속 연구에서도 반복 관찰되었다.

Kant, D'Zurilla 및 Maydeu-Olivares(1997)는 중년층과 노년층

을 대상으로 일상적인 문제와 불안 및 우울 간의 관계를 중재하는 사회적 문제해결능력의 역할을 검증하였다. 두 표본 모두에서 유의한 중재효과가 기록되었는데, 이는 문제해결능력이 일상적인 문제와 두 가지 정서적 고통 간의 상관을 약화시킨다는 의미를 갖는다. 일상적 문제와 우울 간의 상관 중 대략 20%, 일상적인 문제와 불안 간의 상관 중 대략 34%가 사회적 문제해결능력으로 설명되었다. 전체적으로, 일상적인 문제와 사회적 문제해결능력으로 구성된 예측 모형(prediction model)은 두 집단 모두에서 우울의 변산성 중 50%와 불안의 변산성 중 50%를 설명하였다.

최근 대학생을 대상으로 실시한 연구에서 Londahl, Tverskoy 및 D'Zurilla(2005)는 대학생들이 느끼는 대인-갈등과 불안 간 관계에 개입하는 대인-문제해결능력의 역할을 검토하였다. 대인관계 문제해결능력을 측정할 때는 사회적 문제해결능력 검사-개정판 단축형(SPSI-R:S; D'Zurilla et al., 2002)을 수정하여 사용하였다. SPSI-R:S에 대한 수정은 일반적인 문제가 아닌 대인관계 갈등(즉, 관계를 맺고 있는 두 사람 사이의 불일치 혹은 언쟁)에 초점을 맞추었다. 그 결과 사랑하는 사람들 사이의 갈등과 그에 따른 불안과의 관계에는 부정적 문제수용태도가 깊이 개입하고 있는 것으로 밝혀졌다. 구체적으로, 부정적 문제수용태도 점수가 낮을수록 갈등과 불안 간의 관련성이 약해지는 것으로 드러났던 것이다.

요 약

문제해결요법(또는 문제해결식 치료법: PST)의 이론은 두 가지 관념적 모형을 기초로 하여 설정되었다. 하나는 사회적 문제해결 모형이고 다른 하나는 관계/문제해결식 스트레스 모형이다. 사회적 문제해결 모형은 2장과 3장에서 소개하였고 이 장에서는 관계/문제해결식 스트레스 모형을 소개하였다. 관계/문제해결식 스트레스 모형은 Lazarus의 관계성 스트레스 모형과 사회적 문제해결 모형을 통합한 것이다. 이 모형에서는 스트레스가 다음 세 가지 변인의 상호작용으로 결정된다고 간주한다. (1) 주요 부정적 생활사와 일상적인 문제 등으로 구성되는 스트레스성 생활사, (2) 정서적 스트레스 반응, (3) 문제해결식 대처다. 이 모형은 문제해결식 대처가 스트레스성 생활사와 당사자의 개인-사회적 기능 간 관계에서 매개요인으로 작용할 뿐 아니라 심리적 건강과 적응에 미치는 스트레스의 부정적 효과를 조절하는 요인으로까지 작용한다고 가정한다. 이 장의 마지막 부분에서는 이러한 가정을 지지하는 경험적 연구결과를 소개하였다. 요컨대, 관계/문제해결식 스트레스 모형은 PST가 스트레스성 일상사와 부정적인 인지적 평가 및 대처기술 결함으로 야기되고 악화되는 심리장애 및 행동장애를 치료하는 데 효과적인 스트레스 관리 전략 및 임상개입법이 될 것이라고 주장한다.

제 7 장

사회적 문제해결과 적응

문제해결요법(또는 문제해결식 치료법: PST) 이론에 따르면, 사회적 문제해결은 상황에 적절한 대처능력 및 행동역량을 향상시키는 전반적 대처과정이다. 이 과정은 스트레스성 일상사가 당사자의 심리적 · 신체적 행복에 미치는 부정적 영향을 완화하며 예방한다. 만약 이들 가정이 옳다면, 사회적 문제해결능력은 광범위한 적응적 및 비적응적 반응과 관련이 있어야 한다. 이 장에서는 사회적 문제해결능력과 적절한 대처기능 및 행복과의 관계를 검토한 연구를 개관하기로 한다. 이 개관의 목적은 문제해결능력과 관련된 성과의 범위가 광범하다는 사실을 독자들에게 알리는 데 있다.

상황적 대처와 행동역량

문제해결능력을 측정하기 위해 문제해결 검사(PSI; Heppner & Peterson, 1982)를 사용한 Larson, Piersel, Imao 및 Allen(1990)은 문제해결이 효과적일수록 문제에 적극적으로 뛰어드는 문제-관여형 대처전략을 더 많이 사용하는 반면, 문제를 회피하려는 철회성 대처행동은 덜 사용한다는 것을 발견하였다(PSI에 대한 설명은 4장 참조). MacNair와 Elliott(1992)는 PSI의 '문제해결 자신감' 척도로 측정된 긍정적 문제수용태도와 '접근-회피 스타일' 척도로 측정된 문제해결기술은 문제중심 대처전략 사용과 관련되어 있고, 부정적 문제수용태도(즉, PSI의 '자제력' 척도)는 정서중심 대처전략 사용과 관련되어 있다는 것을 발견하였다. D'Zurilla와 Chang(1995)은 '사회적 문제해결 검사-개정판'(SPSI-R; D'Zurilla et al., 2002)을 이용한 또 다른 연구에서 긍정적 문제수용태도(PPO)와 합리적 문제해결 스타일(RPS)은 적극적 문제-관여형 대처전략 사용과 관련된 데 반해, 부정적인 문제수용태도(NPO)와 충동적 스타일(ICS) 및 회피형 스타일(AS)은 철회성 대처전략 사용과 관련되었음을 발견하였다(SPSI-R과 그 다섯 가지 하위척도에 대한 설명은 4장 참조). SPSI-R의 문제수용태도 척도만을 사용한 반복 연구에서, Chang과 D'Zurilla(1996b)는 피검자의 낙천성과 긍정적 정서 특성을 통제한 후에도 긍정적 문제수용태도(PPO)는 문제-관여형 대처전략 사용을 예측한다고 밝혔다. 마지막으로, 주관적 처리양식 검사(PMPI)를 사용한 연구에서, Burns와 D'Zurilla(1999)는 스트레스성 상황에서 합리적인 문제해결 스타일(효과적인 문제해결기술의 사용을 포함하는)을 사용하는 사람일수록 보다 많은 적응성 문제-관여형 대처전략을 사용한다는 것을 발견하였다.

사회적 문제해결을 효과적으로 수행할 수 있게 되면, 상황 대처능력이 촉진될 뿐만 아니라 사회적 활동, 학업수행, 직업수행 등 전반적 수행능력도 향상될 것으로 예상된다. PSI의 '문제해결 자신감' 척도와 '접근-회피 스타일' 척도를 이용하여 문제수용태도와 문제해결기술을 측정한 Elliott, Godshall, Herrick, Witty 및 Spruell(1991)은 이 두 가지 건설적인 문제해결능력이 척수손상 환자들의 사회적 역량을 대변하는 주장행동과 관련되어 있음을 발견하였다. Burns와 D'Zurilla(1994; D'Zurilla et al., 2002에 보고됨)는 SPSI-R의 지시문을 대인관계 문제에 초점을 맞추어 수정한 후, 수정한 이 검사를 사용하여 대인관계 문제해결능력과 사회적 역량 간의 관계를 검토하였다. 그 결과 긍정적 문제수용태도(PPO)와 합리적 문제해결 스타일(RPS)은 모두 자기-보고식으로 측정된 사회적 적응력, 그리고 또래-평가로 측정된 대인관계 능력과 정적 상관관계에 있다는 것을 알게 되었다. 그리고 긍정적 문제수용태도(PPO)는 외향성과도 정비례 관계에 있다는 것을 발견하였다. 반면, 부정적 문제수용태도(NPO)는 이들 세 가지 측정치 모두와 반비례 관계에 있는 것으로 드러났다. 그리고 충동적 스타일(ICS)은 사회적 적응력 및 대인관계 역량과 부적 상관관계에 있고, 회피형 스타일(AS)은 사회적 적응력 그리고 외향성과 부적 상관관계에 있는 것으로 밝혀졌다. 고등학교 상급반 학생을 대상으로 SPSI-R을 사용한 연구에서 Sadowski 등(1994)은 긍정적 문제수용태도(PPO)와 합리적 문제해결 스타일(RPS)은 모두 사회적 기술 측정치와 정적 상관관계에 있는데 반해, 부정적 문제수용태도(NPO)와 충동적 스타일(ICS) 및 회피형 스타일(AS)은 사회적 기술과 부적 상관관계에 있다는 것을 밝혀냈다.

Elliott, Godshall, Shrout와 Witty(1990)는 PSI 점수를 이용하면, 학업수행 능력이 부진하여 자기개발 과정에 등록한 대학생들의 적응성 학습 습관 및 학습 태도 활용 정도를 예측할 수 있다고 보고하였다. 그들은 또한 문제해결능력이 학생들의 학기말 평균평점(GPA)까지도 예측한다는 것을 발견하였다. 그리고 SPSI를 사용한 D'Zurilla와 Nezu(1990)의 연구에서도 문제수용태도와 문제해결기술 모두 대학생들의 학기말 평균평점과 비례하는 것으로 드러났다. D'Zurilla와 Sheedy(1991)는 학업 적성 수준을 통제한 후에는 문제해결기술만이 학년 평균평점을 예측할 수 있다는 것을 밝혀냈다. D'Zurilla 등(2002)은 SPSI로 수집된 이 자료를 SPSI-R 점수로 환산하여 재분석하고, 그리하여 위의 두 연구에서 관찰된 문제해결기술과 평균평점 사이의 유의한 상관관계는 충동적 스타일 때문에 형성되었을 가능성이 크다는 것을 알게 되었다.

사회적 문제해결능력은 양육 및 돌보기(caregiving) 능력과도 관련되어 있다는 증거가 확보되어 있다. Azar, Robinson, Hekimian 및 Twentyman(1984)은 아이들을 학대하고 소홀히 다루는 엄마들이 비교집단의 엄마들보다 문제해결기술 점수가 유의하게 낮다는 것을 발견하였다. Robinson, Drotar 및 Boutry(2001)는 성장결핍(failure to thrive: FTT)으로 진단된 유아의 어머니를 대상으로 양육 관련 상황에서의 문제해결능력을 검토하였다. 그 결과 FTT 유아의 어머니들이 생성해 낸 해결책이 비교집단 어머니들이 생성해 낸 해결책에 비해 질적으로 떨어지는 것으로 나타났다. 이 연구자들은 엄마의 제한된 문제해결능력이 아이에게 제공되는 양육, 음식, 칼로리 섭취 등에 문제를 일으켰기 때문에 FTT가 초래되었을 가능성도 크다고 결론지었다.

Elliott, Shewchuk 및 Richards(2001)는 가족 중 최근에 와서 신체적 결함을 경험하기 시작한 사람을 돌보는 돌보미에 초점을 맞춘 연구를 통해, SPSI-R의 하위척도인 충동적 스타일(ICS) 점수를 기초로 이들 돌보미가 재활 프로그램을 마치고 귀가하는 장애인을 수용할 수 있는 정도를 예측할 수 있고, 또 1년 후에 느끼게 될 압박감 점수까지도 예측할 수 있다는 것을 발견하였다.

긍정적인 심리기능

사회적 문제해결능력은 행복과 긍정적 심리기능에도 직·간접적으로 관련이 있을 것으로 예상된다. 직접적인 관련이 있을 것이라는 이유는 긍정적 문제수용태도의 많은 부분이 자제력, 낙천성, 긍정적 감정과 같은 긍정적인 심리적(인지적-정서적) 구성개념과 겹친다는 데 있다. 간접적인 관련이 있을 것이라는 이유는 사회적 문제해결능력이 적응성 대처능력과 일반적 역량을 증진시키면, 이는 다시 긍정적인 감정, 자제력, 자존감, 삶에 대한 만족 등 긍정적인 심리기능을 촉진시키게 될 것이기 때문이다. 행복은 스트레스의 부정적 결과를 완화시키는 역할을 하고 또 정신병리를 줄이거나 예방하는 역할을 하기 때문에 사회적 문제해결능력과는 상관이 높을 수밖에 없다.

PSI의 '문제해결 자신감' 척도를 사용하여 긍정적 문제수용태도를 측정한 Elliott와 동료들은 문제수용태도가 긍정적일수록 정서적 특성도 긍정적이고 또 일상적 스트레스 상황에서의 기분상태도 더 긍정적임을 발견하였다(Elliott, Herrick, MacNair, & Harkins, 1994; Elliott, Sherwin, Harkins, & Marmarosh, 1995). SPSI-R을 사용한 연구에서, Chang과 D'Zurilla(1996b)는 긍정적 문제수용태도가 긍정적 정서 특성 및 낙천성과 관련되었음을 발견하였다. SPSI와 SPSI-R을 사용한 다른 연구에서는 긍정적 문제수용태도(PPO)가 내적 통제소재와 관계있다는 것이 밝혀졌고(D'Zurilla & Nezu, 1990; D'Zurilla et al., 2002), 또 다른 연구에서는 PSI로 측정된 긍정적 문제수용태도와 문제해결기술 모두 내적 통제소재와 관계있는 것으로 드러났다(Heppner & Petersen, 1982). PSI 총점을 사용한 Heppner, Reeder 및 Larson(1983)은 사회적 문제해결능력이 자존감과도 관계가 있다는 것을 발견하였다. 이러한 결과 외에도 SPSI-R로 측정된 긍정적 문제수용태도와 합리적 문제해결능력 둘 다 자존감 및 삶의 만족도와 관계가 있는 것으로 밝혀졌다(D'Zurilla et al., 2002). 또한 PMPI로 측정된 합리적 처리 능력이 자존감 및 삶의 만족과 관계가 있다는 Burns와 D'Zurilla(1999)의 결과는 이상의 결과와 일맥상통

한다.

희망이라는 구성개념에 초점을 맞추어 중년층의 남녀를 대상으로 실시한 최근의 연구에서, Chang(2003)은 SPSI-R 총점과 삶의 만족도 간에 유의한 상관관계가 존재한다고 보고하였다. 이와 비슷한 연구에서 수집된 Chang, Sanna 및 Edwards(2003)의 결과는 삶의 만족도가 큰 사람일수록 문제해결기술을 효과적으로 사용하며, 일상문제를 해결할 때 더 세심한 주의를 기울이고, 또 문제가 발생했을 때 그 문제를 직접적으로 해결하려는 의지가 더 강하다고 암시하였다.

사회적 문제해결능력과 주관적 행복 간의 유의한 상관관계는 보다 최근에 Elliott와 동료들이 수행한 일련의 연구에서도 지지되었다. 이들의 연구는 뇌졸중 환자를 돌보는 성인 돌보미에 초점을 맞춘 연구(Grant, Elliott, Giger, & Bartolucci, 2001), 성인 당뇨병 환자에 초점을 맞춘 연구(Elliott, Shewchuk, Miller, & Richards, 2001) 그리고 대학생에 초점을 맞춘 연구(Elliott et al., 1995)로 구성되었다.

끝으로, Chang(Chang, Downey, & Salata, 2004)은 238명의 대학생을 표본으로 조사한 연구에서, SPSI-R 하위척도 점수 5개 각각과 긍정적 행복감을 측정한 점수 간에 유의한 상관관계가 존재함을 발견하였다. 일련의 회귀분석을 기초로, Chang은 이 책에서 소개한 사회적 문제해결 모형이 주관적 행복을 이해하는 데 특히 적절하다고 결론지었다. 더욱 흥미 있는 발견은 부정적 문제수용태도(NPO)가 긍정적인 심리기능을 제대로 예측하지 못한다는 것이었는데, 이는 NPO가 심리적 부적응을 예측하는 주요 인자로 널리 인식되고 있는 사실과 좋은 대조를 이룬다.

일반적인 심리적 고통

사회적 문제해결능력과 일반적인 심리적 고통 사이에는 밀접한 관계가 존재한다는 사실이 여러 조사연구를 통해 확인되었다. 예를 들어, PSI로 측정했을 때 나타나는 사회적 문제해결능력의 결함은 일반적인 심리적 증상의 강도와 비례하며(Heppner, Kampa, & Brunning, 1987), 일반적인 부적응 정도와도 비례하는 것(Heppner & Anderson, 1985)으로 밝혀졌다. 또한 Elliott와 동료들은 부정적 문제수용태도(NPO)가 일상생활에서의 부정적 정서, 그리고 스트레스성 상황에서의 부정적 정서와 관련되었을 뿐 아니라 피검자의 부정적 정서 특성과도 관련되어 있음을 발견하였다(Elliott et al., 1994). SPSI-R을 사용한 연구에서도 Chang과 D'Zurilla(1996b)는 부정적 문제수용태도를 가진 사람들은 부정적인 정서적 특성을 가졌을 가능성이 크고 또 비관적일 가능성도 크다는 사실을 발견하였다. SPSI를 사용한 D'Zurilla와 Sheedy(1991)의 연구에서는 부정적인 문제수용태도로 대학생들이 나중에 겪을 심리적 고통의 정도를 예측할 수 있었으며, 이러한 예측능력은 학생들이 겪고 있는 심리적 스트레스 수준과 각자가 보고한 일상적 문제의 빈도를 통제한 후에도 유지되는 것으로 밝혀졌다. 신체재활 현장에 근무하는 간호사를 대상으로 한 Elliott, Shewchuk, Hagglund, Rybarczyk 및 Harkins(1996)

의 연구에서는 부정적 문제수용태도가 직업적인 소진과도 관련이 높다는 것을 발견하였다.

부정적 문제수용태도(NPO)는 비관주의와도 상관이 높고 부정적 정서 특성과도 상관이 높을 것으로 밝혀졌다(Chang & D'Zurilla, 1996b; Elliott et al., 1994, 1995). 때문에 후자에 속하는 인지적-정서적 구성개념이 위의 여러 연구에서 보고된 부정적 문제수용태도와 일반적 증상의 강도 사이에 존재하는 관계를 설명할 수 있을 것이라는 생각을 해 볼 수도 있다. 일반적 증상의 강도가 부정적 문제수용태도 때문에 높아지는 것이 아니라 당사자의 비관적 사고방식 및 부정적 감정 때문에 높아지는 것일 수도 있다는 뜻이다. 그러나 이 가능성은, 비관주의와 부정적 정서 특성을 통제한 후에도 부정적 문제수용태도는 여전히 증상의 강도와 유의한 관계를 유지한다고 밝힌 Chang과 D'Zurilla(1996b)에 의해 기각되었다. 따라서 부정적 문제수용태도는 비관주의와 부정적 정서 특성과는 독립적으로 일반적 증상의 심도를 예측하는 주요 변인이라고 할 수 있다.

우울증

문제해결능력 결함이 우울증을 일으키는 핵심 요인이라는 가설이 제안되었고(A. M. Nezu, 1987), 많은 연구가 이 가설을 지지하였다. 다양한 방법으로 문제해결능력을 측정한 연구와 다양한 피험자집단을 검토한 연구에서 문제해결능력의 결함과 우울증 간에 강력한 상관관계가 발견된 것이다. 예를 들면, D'Zurilla와 Nezu(1980), A. M. Nezu와 D'Zurilla(1979, 1981a, 1981b)가 개발한 문제해결 수행검사를 이용한 연구에서 A. M. Nezu와 Ronan(1987)은 우울한 학생들은 우울하지 않은 학생들보다 가상의 대인관계 문제에 대해 덜 효과적인 해결책을 생성한다는 것을 발견하였다. 또한 우울증으로 고생하는 다른 대학생들에게 가상의 대인관계 문제에 대한 여러 가지 해결책을 제시하고, 이 중에서 가장 효과적인 해결책을 선정하게 했을 때도, 우울한 피험자들은 우울하지 않은 피험자들보다 덜 효과적인 해결책을 선택하는 것으로 드러났다.

대인관계 문제가 아닌 다른 문제의 해결능력을 측정한 연구에서 Dobson과 Dobson(1981)은 우울증에 빠진 대학생들은 그렇지 않은 학생들에 비해 문제해결능력에서 다양한 결함을 발견하였으며, 문제해결 스타일에서 전반적인 보수적 경향성을 발견하였다. Goodman, Gravitt 및 Kaslow(1995)는 동료와의 갈등관계를 묘사한 가설적인 상황 3개를 제시하고 그에 대한 해결책을 생성하도록 하여 문제해결능력을 측정한 연구에서, 우울증상이 심한 아동일수록 덜 효과적인 해결책을 내놓는다는 것을 발견하였다.

여러 연구자들은 우울증과 사회적 문제해결능력 간의 관계를 검토하기 위해 수단-목적 문제해결 절차(MEPS; Platt & Spivack, 1975)를 사용하여 문제해결수행능력을 측정하였다(MEPS에 대한 설명은 4장 참조). 예를 들면, Gotlib과 Asarnow(1979)는 개론 강좌에 등록한 대학생들 중 우울하지 않은 학생들에 비해 우울한 학생들에게서 우울-관련 문제해결능력의 결함을 발견하였다. 또한 대학교 상담센터에서 우울하지 않은 학생들과 우울증 치료를 받고 있는 우울한 학생들을 표본으로 검토했을 때도 이와 같은 결과를 발견하였다. 이 밖에도 주요 우울장애로 진단받은 성인환자를 대상으로 한 Marx, Williams 및 Claridge(1992)의 연구, 초등학생에 초점을 맞춘 Sacco와 Graves(1984)의 연구, 그리고 다양한 대학생 표본을 대상으로 실시한 Marx와 Schulze(1991)의 연구 및 A. M. Nezu와 Ronan(1988)의 연구에서도 이와 유사한 결과가 확보되었다. 그러나 Blankstein, Flett 및 Johnston(1992)은 대학생용 MEPS 점수의 경우, 우울한 대학생들과 우울하지 않은 대학생들 사이에서 차이를 발견하지 못했다. 그런데도 우울하지 않은 학생들에 비해 우울한 학생들이 스스로의 문제해결능력에 대해 더욱 부정적으로 평가하고 더욱 부정적으로 기대하는 것으로 드러났다.

문제해결능력 검사(PSI)를 사용한 여러 연구에서도 문제해결능력과 우울증 또는 부정적 정서 간의 유의한 상관관계가 확인되었다. 이들 연구에 참여한 피험자집단은 미국 대학생(예: Ellott et al., 1995; A. M. Nezu, 1985, 1986a; A. M. Nezu & Nezu, 1987; A. M. Nezu et al., 1986; A. M. Nezu & Ronan, 1985, 1988), 중국 대학생(Cheng, 2001), 프랑스 청소년(Gosselin & Marcotte, 1997), 척추손상환자(Elliott et al., 1991), 대학원생(Miner & Dowd, 1996), 임상적으로 우울한 성인(A. M. Nezu, 1986a; A. M. Nezu et al., 1987), 그리고 남아프리카 공화국 대학생(Pretorius & Diedricks, 1994) 등 실로 다채로웠다. 또한 PSI는 우울증에서의 회복력도 예측할 수 있었으며(Dixon, 2000), 문제해결능력의 결함이 우울증의 선행요건임과

동시에 우울증의 결과이기도 하다는 사실을 보여 주었다(Dixon, Heppner, Burnett, Anderson, & Wood, 1993). 다시 말하면, 문제해결능력의 결함이 우울증을 유발하는 요인으로 작용할 뿐만 아니라 우울증이 문제해결능력의 결함을 유발하기도 한다(즉, 부정적 감정은 문제해결능력을 손상시킨다.)는 뜻이다.

SPSI와 SPSI-R을 모두 사용하여 사회적 문제해결능력과 우울 혹은 부정적 정서 간의 관계를 확인한 연구도 많다. 이들 연구의 대상도 다채로워서 미국 대학생(Chang, 2002a; Chang & D'Zurilla, 1996), 성인 정신과 입원환자(D'Zurilla, Chang, Nottingham, & Faccini, 1998; Garland, Harrington, House, & Scott, 2000), 청소년 정신과 입원환자(Reinecke, DuBois, & Schultz, 2001), 가족 중 척추손상환자를 돌보는 돌보미(Elliott, Shewchuk, & Richards, 1999; Elliott et al., 2001; Elliott & Shewchuk, 2003), 알츠하이머 환자 돌보미(Rothenberg, Nezu, & Nezu, 1995), 가족 중 출혈성 심장마비환자 돌보미(Kurylo, Elliott, DeVivo, & Dreer, 2004), 여자 청소년(Frye & Goodman, 2000), 지역사회의 주민(Kant, D'Zurilla, & Maydeu-Olivares, 1997), 성인 암 환자(C.M. Nezu et al., 1999), 고등학생(Sadowski et al., 1994) 등이 연구에 참여하였다. 그러나 이들 연구 중에는 SPSI-R 하위척도 중에서 우울증 점수와 관련된 하위척도가 어느 것이냐는 점에서 서로 일치하지 않는 결과가 관찰되기도 하였다. 예를 들어, 대학생과 정신과 입원환자들을 대상으로 한 연구에서, D'Zurilla 등(1998)은 SPSI-R 하위척도 중 합리적 문제해결 스타일(RPS)을 제외한 모든 점수와 우울증 점수 간의 높은 상관관계를

두 집단 모두에서 발견하였다. 또한 McCabe, Blankstein 및 Mills (1999), 그리고 Reinecke 등(2001)도 RPS를 제외한 모든 SPSI-R 하위척도와 우울점수 간 상관관계를 발견하였다. 척추손상환자를 돌보는 가족 돌보미를 대상으로 일 년 동안 4번에 걸쳐 실시한 평가에서도 이와 비슷한 결과가 확인되었다(Elliott et al., 2001). 그러나 여자 청소년 집단의 경우는 부정적 문제수용태도(NPO), 회피형 스타일(AS) 및 충동적 스타일(ICS)에서만 우울점수와의 상관이 발견되었다(Frye & Goodman, 2000). Haaga, Fine, Terrill, Stewart 및 Beck(1995)은 대학생을 표본으로 실시한 연구에서 우울점수와 문제수용태도 간에는 상관관계를 발견하였으나 우울점수와 문제해결기술 간에는 상관관계를 발견하지 못했다. 한편, 지역사회에 거주하는 중년층을 대상으로 한 Kant 등(1997)의 조사에서는 RPS를 포함한 모든 SPSI-R 하위척도가 우울의 정도와 상관이 있는 것으로 드러났다. 성인 암 환자를 대상으로 실시한 C. M. Nezu 등(1999)의 연구 두 편에서도 이와 흡사한 결과가 관찰되었다.

불 안

우울증 연구에서와 마찬가지로, 문제해결능력과 불안과의 관계를 검토한 연구에서도 사회적 문제해결능력을 측정하는 데는 다양한 검사도구가 사용되었다. 그러나 우울관련 연구와 비교했을 때, 이들 불안에 관한 연구에서는 MEPS가 자주 사용되지 않는 것으로 나타났다(PSI뿐만 아니라). MEPS를 사용한 연구에서 Davey(1994)는 연구에 참여한 대학생들의 문제해결수행에서 불안-관련 결함을 발견하지 못했다. 그러나 걱정이 많을수록 문제해결에 대한 자신감과 자제력 점수는 낮다는 것을 발견하였다. Brodbeck과 Michelson(1987)은 문제해결수행에 관한 이 연구와는 대조적인 결과를 발표하였다. Brodbeck과 Michelson은 공황발작과 광장공포증으로 진단받은 여성집단을 중심으로 수행한 연구에서 참여자들에게 가상적인 생활문제를 제시하고 그에 대한 해결책을 만들어 내어 선택해 보라고 주문하였다. 그 결과 일반인으로 구성된 통제집단에 비해, 이 여성들은 과제수행 수준이 훨씬 저조한 것으로 드러났다.

문제해결능력과 불안/걱정 사이의 연관관계는 PSI를 사용한 연구를 통해 더욱 확고해졌다. 이들 연구의 대부분(예: Davey & Levy, 1999; A. M. Nezu, 1986d; Zebb & Beck, 1998)은 대학생을 대상으로 실시하였으나 2개의 연구는 임상집단을 대상으로 실시하였다. A. M. Nezu와 Carnevale(1987)은 베트남 참전용사를 대상으로 PSI로 측정한 사회적 문제해결능력과 일종의 불안장애로 알려진 충격후 스트레스 장애(PTSD)와의 관계를 평가하였다[역자 주: Post-Traumatic Stress Disorder를 '외상후 스트레스 장애'로 번역하고들 있으나, 여기서 말하는 'traumatic'이란 '외상'보다는 '충격적인 사건'을 뜻하기 때문에 '충격후 스트레스 장애'로 번역하는 것이 더욱 적절할 것임]. 이 연구에 참여한 용사들은 (1) PTSD로 진단받은 전투참전 용사, (2) PTSD로 진단받지는 않았지만 심각한 적응문제를 겪고 있는 전투참전 용사(AP), (3) 적응을 잘하고 있는 전투참전 용사(WA), (4) 전투경험이 거의 없거나 아예 없는 참전용사(ERA)로 구분되었다. 그 결과 PTSD 집단이 다른 세 집단에 비해 문제해결능력이 더 낮은 것으로 드러났고, 두 번째 집단인 AP 집단은 나머지 두 집단(WA 집단과 ERA 집단)에 비해 PSI 총점이 더 높은 것(문제해결능력이 저조한 것)으로 밝혀졌다.

Ladouceur, Blais, Freeston 및 Dugas(1998)는 일반 불안장애로 진단받은 환자들에 초점을 맞춘 연구에서, 이 환자들이 "걱정이 다소 많은 사람들"에 비해, 문제해결능력 검사(PSI)와 사회적 문제해결능력 검사(SPSI)로 측정된 문제수용태도가 더욱 부정적임을 발견하였다. 그러나 문제해결기술에서는 아무런 차이를 발견하지 못했다.

문제해결능력과 불안 간의 관계를 평가하기 위해 SPSI 혹은 SPSI-R을 사용한 연구도 많다. 이들 연구 중 네 편에서는 대학생(Belzer, D'Zueilla, & Maydeu-Olivares, 2002), 지역사회에 거주하는 성인(Bond, Lyle, Tappe, Seehafer, & D'Zurilla, 2002; Kants et al., 1997), 성인 암 환자(C. M. Nezu et al., 1999)가 참여했었다. 이들 참여자를 대상으로 측정한 SPSI-R의 모든 하위검사의 점수와 참여자들의 상태불안 및 특성불안 사이에서 강한 연관성이 발견되었다. 또한 Belzer 등(2002)은 SPSI-R 중 회피형 스타일(AS)과 충동적 스타일(ICS)이 걱정과 관련되었음을 발견하였다. 위계적 회귀분석을 사용한 Belzer와 D'Zurilla(1998)의 연구에서는 중재 모형을 지지하는 증거를 확보하였다. 부정적 문제수용태도가 직접적으로나 간접적으로도 불안에 영향을 미친다는 증거를 확보했다는 뜻이다. 이들이 말하는 간접적인 영향이란 부정적 문제수용태도 때문에 걱정이 커지면 그 결과로 불안이 더욱 커진다는 뜻이다.

자 살

사회적 문제해결능력은 무기력 및 자살 가능성과도 관계가 있는 것으로 밝혀졌다. 자살충동을 느껴 본 적이 있는 대학생들을 대상으로 MEPS를 이용하여 실시한 Schotte와 Clum(1982)의 연구에서는, 높은 스트레스와 저조한 문제해결능력을 조합하면 무기력과 자살충동을 예측할 수 있는 것으로 드러났다. 또 다른 연구에서 Schotte와 Clum(1987)은 MEPS의 수정판을 이용하여 자살 가능성이 높은 정신과 입원환자와 자살 가능성이 낮은 환자들을 비교하였다. 자살 가능성이 낮은 환자들에 비해 자살 가능성이 높은 환자들이 문제에 대한 해결책을 더 적게 생성하였으며, 문제해결의 결과에 대한 평가도 더욱 부정적임을 발견하였다. Linehan 등(1987)은 자살 가능성이 높은 정신과 입원환자를 대상으로 실시한 또 다른 연구에서, MEPS를 적극적 수단과 소극적 수단으로 구분(채점)해 보았다. 자살극(즉, 의도적으로 자신에게 상처를 입힘)으로 입원한 정신과 환자들은 자살충동만으로 입원한 환자들에 비해 덜 적극적인 수단을 만들어 내는 것으로 드러났다. 사회적 문제해결능력과 자살 및 자살극 간의 밀접한 연관관계는 MEPS를 사용한 또 다른 연구에서도 지지되었다 (Biggham & Power, 1998, 1999; Evans, Williams, O' Loughlin, & Howells, 1992; Hawton, Kingsbury, Steinhardt, James, & Fagg, 1999;

Pollock & Williams, 2001; Sidley, Whitaker, Calam, & Wells, 1997).

PSI 총점을 이용한 Bonner와 Rich(1988)는 우울증을 통제한 후에도 대학생들의 문제해결능력은 무기력과 관련이 있다는 것을 밝혀냈다. 또한 문제해결능력은 주요 부정적 생활사가 무기력에 미치는 부정적 영향을 둔화시킨다는 것도 발견하였다. 또한 Dixon, Heppner 및 Anderson(1991)은 PSI의 '문제해결 자신감' 척도로 측정된 문제수용태도가 긍정적일수록 대학생들의 무기력 및 자살충동이 낮다고 밝혔다. 자살행동이나 자살충동을 치료하기 위한 외래환자 프로그램에 등록한 젊은 성인들에게 PSI를 실시한 또 다른 연구에서, Dixon, Heppner 및 Rudd(1994)는 문제해결능력의 결함은 무기력을 증가시키고, 이는 다시 자살충동 빈도를 증가시킨다는 중재 모형을 지지하는 증거를 확보하였다. 또한 PSI의 문제해결 자신감 요인과, 특히 자살 가능성 간의 관련성을 밝힌 연구도 있다(Clum & Febbraro, 1994; Rudd, Rajeb, & Dahm, 1994). 그러나 Clum 등(1997)은 우울을 통제한 후에는 PSI의 문제수용태도와 자살충동 간의 상관관계가 사라진다는 것을 발견하였다. Clum과 동료들은 문제에 접근하기보다 문제를 회피하려는 경향성에 주목하면서, 자살 가능성을 예측할 수 있는 변인은 문제수용태도 관련 변인이 아니라 문제해결기술의 결함이라고 주장하였다. 이들 연구팀(Clum, Yang, & Febbraro, 1996)의 발견을 기초로 Clum 등(1997)은 문제수용태도가 자살 가능성에 미치는 영향은, 문제수용태도가 우울증에 영향을 미치고 이 우울증이 자살 가능성에 영향을 미치는 간접적인 영향이라고 주장하였다.

Sadowski와 Kelly(1993)는 SPSI를 이용한 연구에서, 자살시도 집단과 정신과 환자집단 및 정상 통제집단 청소년들을 비교하였다. 자살시도 집단의 문제해결능력이 정신과 환자집단과 정상 통제집단의 문제해결능력보다 낮았으며, 정신과 환자집단의 문제해결능력은 정상 통제집단의 문제해결능력보다 낮은 것으로 드러났다. 자료를 좀 더 구체적으로 분석한 결과, 자살시도집단과 정신과 환자집단 간의 차이는 부정적 문제수용태도가 일차적 원인인 것으로 밝혀졌다. 자살시도집단과 정신과 환자집단은 모두 정상 통제집단에 비해 문제해결기술이 부족하였지만, 서로 간에는 차이가 없는 것으로 드러났던 것이다.

SPSI-R을 사용한 D'Zurilla 등(1998)은 대학생 및 일반 정신과 입원환자의 무기력 및 자살충동과 가장 강력하게 연관된 요인은 문제수용태도이지만, 자살 가능성 때문에 입원한 환자의 경우는 문제해결의 다섯 가지 차원 모두가 이 두 변인과 밀접한 상관관계에 있다는 것을 발견하였다. Chang(1998)은 SPSI-R을 사용한 또 다른 연구에서, 인종(아시아인 대 백인)과 부적절한 완벽주의를 통제한 후에도 사회적 문제해결능력은 대학생의 자살 가능성을 예측하는 주요 변인이라고 밝혔다. 또한 Chang(2002a)은 문제해결능력의 일반적 결함이 스트레스와 자살충동 사이에서 매개변인 역할을 수행한다는 가설을 지지하는 증거를 확보하였다. Chang(2002b)은 문제해결능력 결함이 완벽주의와 자살충동 사이에서도 매개변인 역할을 담당한다는 증거도 발견하였다. Yang과 Clum(2000)은 PSI를 이용한 연구에서, 사회적 문제해결능력이 매개변인 역할을 담당한다는 가설을 지지하는 또 다른 증거를 확보하였다. 자신의 문제해결능력에 대한 자신감이 어릴 적의 스트레스와 자살행동 사이에서 중요한 매개변인으로 작용한다는 증거를 확보했던 것이다.

정신분열증

문제해결훈련 프로그램은 정신분열증을 포함한 주요 정신장애 치료에 효과적일 잠재력이 큰 개입법으로 인용되어 왔다(Faloon, 2000). 이 결론을 지지하는 연구 중에는 사회적 문제해결능력 결함과 정신병리 간의 관계를 검토한 연구도 포함된다. 예컨대, MEPS를 사용한 Platt 등의 연구에서는 청소년 정신과 환자들에게서도(Platt, Spivack, Altman, Altman, & Peizer, 1974), 성인 정신과 환자들한테서도(Platt & Spivack, 1972a, 1973) 문제해결능력의 결함을 발견하였다. 또 다른 두 편의 연구에서는 환자집단 내에서도 MEPS 수행 수준과 사회적 역량 간에 연관이 있음이 밝혀졌다. 그중 한 연구에서는 성인 정신과 환자들 중에서 MEPS의 수행 수준이 낮은 환자들은 발병 전에 이미 사회적 역량도 낮았던 것으로 밝혀졌다(Platt & Spivack, 1972b). 두 번째 연구에서는, MEPS 점수가 낮은 남성 정신과 환자들의 MMPI 프로파일이 MEPS 점수가 높은 환자들의 MMPI 프로파일에 비해 정신병리 쪽으로 기울어졌음이 확인되었다(Platt & Siegel, 1976).

사회적 문제해결능력 검사 배터리를 이용한 Bellack 등(1994)의 연구에서는 정신분열증 입원환자와 양극성 장애 입원환자, 그리고 정상인 통제집단의 문제해결수행능력을 비교하였다. 이 검사는 문제에 대한 해결책 생성능력, 해결책의 효과성 검증능력, 그리고 역할극 형태의 해결책 이행능력을 측정하기 위해 고안된 것이었다. 통제집단에 비해 두 환자집단은 세 가지 검사 모두에서 상당한 결함이 발견되었다. 하지만 두 환자집단 서로 간에는 유의한 차이가 발견되지 않았다. 이런 결과를 기초로 이 연구자들은 문제해결능력의 결함은 정신병리가 심한 환자들한테서 일반적으로 발견되는 것이지, 정신분열증 환자들한테만 존재하는 독특한 것이 아니라고 결론지었다.

정신분열증 환자와 비정신분열증 환자 간의 차이를 검토한 여러 연구(Bowen et al., 1994; Donahoe et al., 1990; Toomey, Wallace, Corrigan, Schuldberg, & Green, 1997)에서 '대인 문제해결기술 평가' (Assessment of Interpersonal Problem-Solving Skills: AIPSS; Donahoe et al., 1990)가 이용되었다. AIPSS는 다양한 사회적 문제를 담은 비디오테이프를 시청하게 하고, 피험자들로 하여금 문제를 찾아내어 해결책을 생성하게 하고, 생성된 해결책 중에서 최선의 해결책을 선정하게 한 후, 역할 놀이를 통해 그 해결책을 실행하게 한다. 위에서 인용한 세 편의 연구 모두에서 정신분열증 환자의 수행 수준이 비정신분열증 환자의 수행 수준보다 저조한 것으로 드러났으며, 이런 결과는 AIPSS 하위척도 모두에서 기록되었다. 그러나 그러한 차이가 표본집단의 연령차 때문에 생긴 차이인지 아니면, 지적 능력이 다르기 때문에 생긴 차이인지는 분명하게 밝혀지지 않았다(Morris, Bellack, & Tenhula, 2004).

중독 장애와 물질 남용

이 영역에서의 연구는 사회적 문제해결능력과 물질 오/남용과의 관계를 밝혔다. Williams와 Kleinfelter(1987)는 PSI를 사용한 연구에서, 긍정적 문제수용태도 점수가 낮은(구체적으로 '문제해결 자신감' 점수가 낮은) 대학생일수록 부정적 정서에 대처하고 책임을 회피하기 위한 수단으로 술을 더 많이 마신다는 것을 발견하였다. 또 다른 두 편의 조사에서는 문제를 효과적으로 해결하지 못하는 학생들이 문제를 효과적으로 해결하는 학생들보다 더 많은 술을 마시는 것으로 드러났다. 대학생들의 일당 알코올 소비량을 2주 동안 조사한 또 다른 연구(Godshall & Elliott, 1997)에서는 회피 경향성이 강한 학생일수록 더 많은 술을 마시는 것으로 밝혀졌다. Elliott, Johnson 및 Jackson(1997)은 긍정적 문제수용태도 점수는 낮고 부정적 문제수용태도 점수는 높은 남학생들일수록 물질 오용위험을 감수할(예: 술을 마신 뒤에도 운전하는 것) 가능성도 크다는 것을 발견하였다. MEPS를 사용한 연구에서는 성인 알코올 중독자(Nixon, Tivis, & Parsons, 1992)와 헤로인 중독자(Platt, Scura, & Hannon, 1973)들은 통제집단에 비해 문제해결능력에 결함이 큰 것으로 밝혀졌다. 또 다른 연구에서, Appel과 Kaestner(1979)는 환각제 남용 환자들을 위한 퇴원환자 재활 프로그램에 잘 참여하는 집단에 비해 잘 참여하지 않는 집단의 MEPS 수행이 덜 효과적임을 발견하였다.

Jaffee와 D'Zurilla(2006)는 최근의 연구에서, 청소년을 대상으로 성격과 약물사용 간의 관계에서 사회적 문제해결능력의 역할을 검토하였다. 이 연구는 약물 남용과 관련이 있는 변인으로 밝혀진 네 가지 성격 차원, 즉 불안 민감도, 무력감, 충동성 및 감각추구(Woicik, Conrod, & Pihl, 2002)에 초점을 맞추었다. 사회적 문제해결능력을 평가하는 데는 SPSI-R을 사용하였으며, 분석은 다섯 가지 문제해결 차원에 집중되었다. 그 결과 약물 사용(지속적인 음주와 마리화나 사용)을 예측하는 데 있어 합리적 문제해결 스타일(즉, 효과적인 문제해결 기술)이 성격과는 별개의 타당도를 지니는 것으로 밝혀졌다. 또한 합리적 문제해결 스타일은 충동성과 지속적인 마리화나 사용 간의 관계뿐 아니라 무력감과 지속적인 알코올 및 마리화나 사용 간의 관계에서도 중요한 매개변인 역할을 수행하는 것으로 드러났다.

Borsoi와 Toneatto(2003)은 도박을 즐기는 사람들을 DSM-IV 분류법에 따라 증상이 없는 집단, 문제 집단, 병리적 집단으로 나눈 후, PSI를 사용하여 이들의 문제해결능력을 검토하였다. 그 결과 병리적 집단이 다른 두 집단에 비해 문제해결활동에서 자제력도 부족하고 자신감도 저조한 것으로 밝혀졌다. 문제 집단은 증상이 없는 집단에 비해 자신의 통제력을 더욱 부정적으로 평가하는 경향이 있었다. 또한 부정적 평가 점수가 병리적 집단의 DSM-IV 점수를 예측할 수 있는 중요한 예측인자인 것으로 밝혀졌다.

일탈 행동

범행 및 공격행동 같은 일탈 행동의 발달 및 지속에 작용하는 사회-인지적 요인의 역할을 구명하기 위해, 연구자들은 이들 행동과 사회적 문제해결능력 간의 관계를 살펴보았다(예: Antonowicz & Ross, 2005; Ross & Hilborn, 2005). Platt 등(1973)이 수행한 초창기 연구에서는 헤로인에 중독된 젊은 수감자들은 중독되지 않은 통제집단에 비해 MEPS에서 저조한 수행을 보인 것으로 밝혀졌다. 사회적 문제해결기술은 위험성이 높은 청소년들의 비행행동과도 관련이 있는 것으로 밝혀졌다(Leadbeater, Hellner, Allen, & Aber, 1989). Greening(1997)은 도벽 때문에 법정에서 치료를 받으라는 명령을 받고 치료에 참여한 청소년들과 일반 고등학생으로 구성된 통제집단을 비교하였다. 그 결과 통제집단에 비해 범행집단은 MEPS에 제시된 가상적 문제에 대해 덜 효과적인 해결책을 생성하는 것으로 밝혀졌고, 또한 문제해결에 소요되는 시간이 길어지는 데 대해 더 크게 짜증 내는 경향을 보였다.

Jaffe와 D'Zurilla(2003)는 SPSI-R을 사용하여 청소년의 공격행동 및 비행과 그들 및 그들 부모의 문제해결능력 간 관계를 평가하였다. 일반적으로 청소년들은 그들의 부모에 비해 문제를 덜 효과적으로 해결하는 것으로 나타났다. 청소년들의 경우, 회피형 스타일은 공격 및 비행 행동 모두와 관련된 것으로 밝혀졌다. 그리고 부정적 문제수용태도는 공격행동과 관련된 데 비해, 충동적 문제해결 스타일은 비행과 관련이 있는 것으로 밝혀졌다.

또한 McMurran, Egan, Blair 및 Richardson(2001)은 SPSI-R을 사용하여 정신장애형 범법자 52명을 대상으로 사회적 문제해결능력과 성격 간의 관계를 검토하였다. 그 결과 심한 신경증과 문제해결능력 간의 상관이 발견되었고 문제해결능력의 결함이 성격과 범행 간 관계를 중재하는 것으로 나타났다.

영국 대학생을 대상으로 실시한 조사에서도 사회적 문제해결능력의 여러 차원과 공격행동 간 관련성이 발견되었다. 구체적으로, McMurran, Blair 및 Egan(2002)은 충동성이 강할수록 문제해결능력이 저조하고, 문제해결능력이 저조할수록 공격행동이 더 심하다는 것을 발견하였다. 그러나 충동성과 문제해결능력을 함께 고려했을 때는, 충동성이 아니라 저조한 문제해결능력이 학생들의 공격행동에 더 큰 영향력을 행사하는 것으로 나타났다.

Basquill, Nezu, Nezu 및 Klein(2004)은 관련된 연구에서, 경미한 정신지체를 가진 성인을 두 집단(공격적 집단 대 비공격적 집단)으로 나누고, 그들의 귀인편향과 사회적 문제해결능력 결함을 검토하기 위해 다양한 문제상황을 묘사하는 이야기를 제시하였다. 그 결과 공격적인 집단이 비공격적인 집단에 비해 이야기 속 대인관계에서 상대방의 의도를 덜 정확하게 파악하는 것으로 나타났다. 그리고 문제해결능력에서도 공격적 집단의 결함이 더 큰 것으로 나타났으며, 문제에 대한 해결책을 생성할 때도 공격적 해결책을 더 많이 생성하는 것으로 밝혀졌다.

D'Zurilla, Chang 및 Sanna(2003)는 SPSI-R을 사용하여 대학생

들을 대상으로 자존심과 사회적 문제해결능력, 그리고 공격성 간의 관계를 검토하였다. 자존심과 사회적 문제해결능력 둘 모두 공격성과 관련이 깊은 것으로 드러났다. 그리고 사회적 문제해결능력은 자존심과 공격성 간의 관계에서 중요한 중재자 역할을 수행하는 것으로 밝혀졌다. 문제해결의 5차원을 분석한 결과, 부정적 문제수용태도의 영향력이 자존심과 공격성 간의 중재효과에서 가장 큰 몫을 차지하는 것으로 파악되었다.

C. M. Nezu, Nezu, Dudek, Peacock 및 Stoll(2005)은 아동 치한에 역점을 둔 연구에서, SPSI-R을 사용하여 여러 가지 문제해결 차원과 성적 일탈 행동을 평가했다. 자신의 일탈 행동에 대한 진술에서 생길 수 있는 왜곡을 최소화하기 위해 연구자들은 측정도구로 이용된 '다면성 성 검사' (Multiphasic Sex Inventory: MSI; Nichols & Molinder, 1984)에다 거짓척도를 포함시켰다. 이전 연구에서 거짓척도 점수가 7점 이상인 피검자는 자신의 성적 관심에 대한 정확한 정보를 제공할 가능성이 낮은 것으로 밝혀졌기 때문에, 이 연구에서도 거짓척도 점수가 7점 이상인 참여자의 자료는 분석에서 제외시켰다. 그 결과 분석대상이 투옥된 아동 치한 124명에서 68명으로 줄어들었다.

일반적으로, 준거자료와 비교했을 때 이들 성 범죄 집단은 문제해결의 두 가지 차원(부정적 문제수용태도와 충동적 스타일)에서 일반집단과 유의하게 다른 것으로 나타났다. 또한 위계적 회귀분석 결과 인구통계학적 특징 및 아동기 폭행 등의 변인을 통제한 후, 스스로 보고한 성적 변태를 설명하는 데 도움이 되는 요인은 충동적 스타일과 부정적 문제수용태도라고 하는 문제해결과정의 두 가지 차원인 것으로 드러났다. 임상전문가가 평가한 성폭력 정도를 예측하는 것에서도, 인구통계학적 특징 및 아동기 폭행 등의 변인을 통제했을 경우, SPSI-R의 회피 척도만 설명변량의 양을 증가시키는 것으로 드러났다. 합리적 문제해결 스타일과 성적 변태 간에 연관이 없는 것으로 나타난 점이 특히 주목을 끈다. 왜냐하면 이러한 결과는 부적응성 문제해결 스타일 전체를 다루지 않고, 합리적 문제해결기술에만 초점을 맞추는 치료 프로그램은 성공을 거두기가 어려울 것이라고 시사하기 때문이다(A. M. Nezu, 2004; C. M. Nezu, D'Zurilla, & Nezu, 2005).

의료 환자집단과 건강 행동

사회적 문제해결능력과 건강문제 및 건강관련 행동 간의 관계에 초점을 맞춘 연구도 더러 있다. PSI를 사용한 두 편의 연구에서는 비효과적인 문제해결자로 분류된 대학생들은 효과적인 문제해결자로 분류된 대학생들보다 더 많은 건강문제와 신체적 증상을 보고하는 것으로 드러났다(Elliott & Marmarosh, 1994; Tracey, Sherry, & Keitel, 1986). Godshall과 Elliott(1997)는 대학생을 대상으로 PSI를 사용한 또 다른 연구에서, 부정적 문제수용태도를 가진 학생들일수록 자신의 건강에 대한 인식도 부정적임을 발견하였다. 또한 이들은 덜 효과적인 문제해결기술을 가진 학생들일수록 여가활동이 덜 활발하다는 것도 밝혀냈다. SPSI-R을 사용한 Elliott 등(1997)은 대학생들의 긍정적 문제수용태도는 사고 예방과 밀접한 관계에 있는 데 반해, 회피형 문제해결 스타일은 교통사고 위험을 감수하는 경향과 밀접한 관계에 있다는 것을 발견하였다. 이들 연구자들은 합리적인 문제해결능력(효과적인 문제해결기술의 사용)이 남성의 경우는 더 많은 사고 예방과 관련이 있는 데 반해, 여성의 경우는 건강증진 행동과 관련이 크다는 것도 발견하였다.

의료 환자집단을 대상으로 사회적 문제해결능력과 정서적 고통 및 건강–관련 변인 사이의 관계를 검토한 연구도 있다. 예를 들면, Elliott와 동료들은 척추손상환자를 대상으로 다양한 연구를 시도하였다. Elliott 등(1991)은 자신의 문제해결능력을 부정적으로 평가하는 환자일수록 더 심한 우울증과 더 심한 심리사회적 무능력을 토로할 가능성이 크다고 밝혔다. 또한 Herrick, Elliott 및 Crow(1994)는 척추손상환자들의 경우, 문제해결기술이 덜 효과적일수록 혈압이 높아지는 경우와 비뇨기 감염에 걸리는 경우가 더 많다는 것도 발견하였다. Elliott(1998)는 SPSI를 사용한 연구에서, 근래에 신체불구자가 된 사람들을 대상으로 의료재활 프로그램을 종료한 후의 적응상태를 스스로 보고하게 하였다. 그 결과 환자들의 문제수용태도(긍정적 문제수용태도와 부정적인 문제수용태도)와 문제해결기술(합리적 문제해결 스타일, 충동적 스타일, 그리고 회피형 스타일)은 각각 그들이 보고한 적응상태와 관련이 있다는 것을 발견하였다. 이 결과는 프로그램을 시작했을 때의 우울행동 수준을 통제한 후에도 변하지 않았다. 자료를 더 구체적으로 분석한 결과 문제수용태도가 긍정적일수록,

그리고 문제해결기술이 합리적일수록 자신이 불구가 되었다는 사실을 더 잘 수용하는 데 반해, 부정적 문제수용태도를 가진 환자와 문제해결 스타일이 충동적이고 경솔한 환자들은 모두 자신이 불구가 되었다는 사실을 수용하기 어려워하는 것으로 밝혀졌다.

성인 암 환자들을 대상으로 한 연구에서, A. M. Nezu, Nezu, Faddis, DelliCarpini 및 Houts(1995)는 SPSI-R로 측정한 문제해결능력이 낮을수록 우울 및 불안 증상이 높다는 것을 발견하였다. C. M. Nezu 등(1999)은 암 환자들의 사회적 문제해결능력과 그들의 정서적 고통 간 관련성을 밝힌 두 편의 연구를 보고하였다. 첫 번째 연구에는 최근에 암으로 진단된 환자 105명이 참여하였다. 표준 상관분석 결과, 문제를 비효과적으로 해결하는 참여자들일수록 암 관련 문제도 많을 뿐 아니라 불안 및 우울 증상도 더 심한 것으로 나타났다. 두 번째 연구에서는 64명의 유방암 환자를 대상으로 그들이 겪는 암 관련 고통과 사회적 문제해결능력 간의 예측성 관계를 검토하였다. 연구에 참여한 여성들은 유방암 수술을 성공적으로 마친 환자들이었다. 그들이 수술을 받은 시기는 연구에 참여하기 1년 전부터 13년 3개월 전까지 다양하였다. 최근에 발생한 스트레스 인의 효과를 통제하기 위해, 부정적 생활사를 다중 회귀분석에서 공변인으로 처리했다. 그 결과 SPSI-R로 측정된 사회적 문제해결능력이 심리적 고통을 예측할 수 있는 중요한 인자로 드러났다. 그러나 수술 후의 경과시간은 암 관련 고통과 관련이 없는 것으로 밝혀졌다. 종합적으로 이 두 연구는 사회적 문제해결능력과 암 관련 고통 사이에 중요한 상관관계가 존재함을 지지하는 강력한 증거를 제공한다고 할 수 있다(A. M. Nezu, Nezu, Houts, Friedman, & Faddis, 1999).

SPSI-R을 사용한 연구에서, Hill-Briggs 등(2006)은 충동적 문제해결 스타일과 회피형 문제해결 스타일 모두 타입 II 당뇨병 성인환자의 글리세믹(glycemic) 조절력과 관련이 있음을 밝혀냈다. 더 최근에 Hill-Briggs 등은 당뇨병 환자만을 위한 문제해결능력 측정도구를 개발하였다. '당뇨병 문제해결 자기-보고 척도' (Diabetes Problem-Solving Scale Self-Report: DPSS-SR)라고 하는 이 검사는 당뇨병 환자가 스스로의 병을 관리할 때 직면하게 되는 문제에 어떻게 접근하고 어떻게 관리하는지를 구체적으로 평가한다. 초기에 수집된 자료에서는 DPSS-SR로 측정된 문제해결능력이 양호할수록 약물복용 규정을 더욱 준수하고, 혈당량을 더욱 자주 감시하며, 헤모글로빈 A1c(글리세믹 조절 측정치) 수준도 더 낮은 것으로 집계되었다.

Elliott 등(2001)은 당뇨병을 앓고 있는 성인들을 대상으로 수집된 SPSI-R 점수를 군집분석하여 문제해결능력을 구분해 주는 프로파일을 만들고자 하였다. 그 결과 독특한 프로파일을 발견했는데, 이러한 군집화가 가능했던 것은 조절형태에서 나는 차이 때문인 것으로 밝혀졌다. 구체적으로, 다음과 같은 네 가지 형태의 프로파일이 확인되었다. (1) 고통과 기술부족형(예: 가장 높은 수준의 고통을 겪으며, 긍정적 수용태도는 낮고, 부정적 수용태도는 높은), (2) 비관적 좌절형(예: 두 번째 높은 고통, 두 번째 높은 긍정적 수용태도, 두 번째 높은 부정적 수용태도), (3) 자제식 관리형(예: 차등의 최적 기능, 두 가지 수용태도 모두에서 두 번째로 낮은 평균점수), 그리고 (4) 이상형(예: 최적 수준의 적응, 전반적으로 이상적인 문제해결 접근법과 일치하는 프로파일)이다. 흥미롭게도, Elliott 등은 프로파일이 이렇게 다른 것은 부정적 수용태도가 크면 적응적인 문제해결능력의 좋은 속성이 힘을 발휘하지 못할 수도 있다는 의미로 해석하였다.

Dreer, Elliott, Fletcher 및 Swanson(2005)은 시력이 낮은 사람들을 위한 재활 프로그램에 참여한 사람들을 대상으로 SPSI-R 점수와 고통, 우울, 강녕 그리고 손상과의 관계를 평가하였다. 그 결과 부정적 문제수용태도는 우울증 및 정서적 고통과 관련이 깊은 데 반해, 합리적 문제해결 척도는 삶의 만족도와 관련이 깊다는 것을 발견하였다.

연구자들은 사회적 문제해결능력과 통증의 역할도 검토하였다. 예를 들어, Elliott(1992)는 여대생들의 생리 전 통증과 생리 중 통증이 문제해결과 연관될 때는 학생들의 자제력이 감소한다는 것을 발견하였다. Witty, Heppner, Bernard 및 Thoreson(2001)은 통증 재활 프로그램에 참여한 환자들의 경우, 사회적 문제해결능력과 그들의 심리사회적 손상 및 고통이 함께 변한다는 것을 밝혀냈다. 또한 사회적 문제해결능력은 등에 경미하지만 만성적인 통증을 겪고 있는 사람들의 기능적 손상까지 예측할 수 있는 것으로 드러났다 (Shaw, Feuerstein, Haufler, Berkowitz, & Lopez, 2001; van den Hout, Vlaeyen, Heuts, Stillen, & Willen, 2001). Kerns, Rosenberg 및 Otis(2002)는 만성 통증환자 234명을 대상으로 실시한 연구에서, PSI로 측정한 문제해결 자신감이 낮을수록 고통, 우울, 무능력감이 높다는 것을 발견하였다. A. M. Nezu와 동료들은 행동 심장학 분야의 현행 연구에서, SPSI-R 총점이 흉부통증을 겪고 있는 사람들의 정서적 고통 및 통증의 심각성과 밀접한 관계에 있다는 것을 발견하였다.

요약 및 결론

이 장을 시작할 때 우리는 문제해결요법(또는 문제해결식 치료법: PST)을 떠받치는 기본 가정, 즉 사회적 문제해결능력은 중요한 일반적 대처전략의 하나로, 적응성 상황대처능력과 행동역량을 증가시키며, 이는 다시 스트레스성 일상사가 심리적 · 신체적 행복에 미치는 부정적 결과를 감소시키거나 예방한다는 가정을 다시 진술하였다. 지난 30여 년간 발표된 문헌을 고찰한 결과는 이 가정을 지지하는 것으로 밝혀졌다. 다양한 도구로 측정된 사회적 문제해결능력이 많은 영역의 적응성-부적응성 반응과 관련되어 있는 것으로 드러난 것이다. 하지만 이들 연구의 대부분이 횡단적 연구여서 사회적 문제해결능력과 적응/부적응 간의 관계가 인과관계라고는 확신할 수 없기 때문에 이들 결과를 해석할 때는 세심한 주의를 기울여야 한다. 이들 결과를 문제해결능력의 결함이 정신병리를 유발하거나 일으키는 데 일조한다는 우리의 가설을 지지하는 결과로 해석할 수도 있다. 하지만 다른 해석도 가능하다. 무엇보다도 정신병리가 문제해결능력과 그 수행에 부정적인 영향력을 행사했을 가능성을 배제할 수 없다(Mitchell & Madigan, 1984; Schotte, Cools, & Payvar, 1990: 4장 참조). 그리고 문제해결능력과 정신병리는 악순환성 인과관계로 연결되어 있다는 세 번째 해석도 가능하다(Bandura, 1977; Mitchell & Madigan, 1984; A. M. Nezu, 1987, 2004). 악순환성 인과관계 모형에서는 문제해결능력의 결함이 심리적 고통과 비적응 반응을 유발하고, 그 결과는 다시 문제해결능력 및 그 수행에 더 큰 결함을 야기한다고 본다. 이는 Dixon 등(1993)의 연구결과, 즉 문제해결능력의 결함은 우울증 유발요인으로 작용할 뿐 아니라 우울증의 결과로 발생하기도 한다는 발견과 일치한다. 또한 아직 밝혀지지 않은 다른 원인으로 유발된 심리적 고통과 증상이 문제해결능력을 저하시켰을 수도 있다. 문제해결능력의 결함과 정신병리 간 관계의 방향성이 어떠하든, PST는 여러 가지 정신장애와 심리적 문제를 치료하는 효과적인 접근법으로 밝혀지고 있다(10장 참조). 그리고 문제해결능력의 결함과 정신병리 간의 관계가 전자가 후자를 야기하는 인과관계라는 우리의 가설을 지지하는 결과가 예상형 상관연구에서 확보되고 있다(A. M. Nezu & Ronan, 1988). 예상형 상관연구에서는 연구 후의 고통과 증상을 예측하기 위해 연구 전의 심리적 고통과 증상을 통제한다. 때문에 이러한 연구에서는 종속변인(고통과 증상)이 예측변인(문제해결능력)에 영향을 미칠 가능성이 줄어든다.

이상의 문헌고찰에서 부각되는 명백한 경향을 요약하면, 첫째 사회적 문제해결능력의 결함은 정신병리의 일반적 특성임이 분명하다. 사회적 문제해결능력의 결함이 특정 유형의 비적응 행동 또는 심리적 장애에 국한되어 나타난다는 증거는 거의 없다. 사실 사회적 문제해결능력과 다른 심리사회적 변인들(예: 스트레스원의 유형, 성격 특징)과의 상호작용을 통해 다양한 유형의 정신장애와 심리적 고통이 야기될 가능성이 크다(A. M. Nezu, 2004; A. M. Nezu & D'Zurilla, 1989).

두 번째의 경향은 심리적 고통과 문제수용태도와 문제해결기술 차원 간의 관련성이 연구에 따라 다르게 나타난다는 점이다. 전반적으로 봤을 때, 여러 임상환자집단(예: 우울증 환자, PTSD를 겪는 참전용사)과 일반인 집단(예: 대학생, 지역사회 거주자)을 대상으로 여러 가지 측정도구(예: PSI, SPSI-R, MEPS)를 사용한 수많은 연구에서 사회적 문제해결 관련 변인들과 우울, 불안, 걱정과 같은 부정적 정서 사이에 매우 밀접한 관련성이 확인되었다. 특히, 부정적 문제수용태도는 다양한 집단을 대상으로, 그리고 여러 가지 도구로 문제해결능력을 특정한 연구에서 우울과 불안을 예측할 수 있는 요인으로 부상되었다. 그러나 문제해결기술에 관하여는 다소 상반된 결과가 발견되기도 하였다. SPSI-R의 '합리적 문제해결' 척도는 특히 네 가지 주요 문제해결기술—문제 정의 및 공식화, 해결책 생성, 해결책 선정 그리고 해결책 실행과 확인—과 관련된 문항으로 구성되어 있다. SPSI-R을 사용한 여러 연구에서 이들 문제해결기술과 부정적 정서 간의 관련성을 발견하였지만, 다른 여러 연구에서는 합리적 문제해결기술과 부정적 정서 사이에서 유의한 상관관계를 발견하지 못하였다. 이들 후자에 속하는 연구에만 초점을 맞추면, 문제해결의 결정적인 요인으로 합리적인 문제해결 스타일이 아니라 인지-정서적 과정(즉, 수용태도 변인)이 포함되어야 마땅할 것이다. 하지만 MEPS 혹은 수행을 기초로 문제해결능력을 측정한 연구의 대부분은 이와 다른 결과를 발견하였다. 구체적으로, 실제적인 문제해결기술의 결합이 더 심한 수준의 우울(예: Goodman et al., 1995; A. M. Nezu & Ronan, 1987) 및 불안(Brodbeck & Michelson, 1987)과 관련된 것으로 드러난 것이다. 왜 이러한 불일치가 생기는 것인가?

부정적 수용태도의 상당 부분은 일상문제를 해결하는 자신의 능력에 대한 낮은 평가가 차지한다. 따라서 특히, 해결책 생성 및 해결책 선정 등이 우울과 밀접한 관계에 있다고 밝힌 연구(예: A. M. Nezu & Ronan, 1995)를 고려할 때, 부정적 문제수용태도가 강하면서 우울하거나 불안한 사람들이 자신의 문제해결기술을 평가할 때(예: Haaga et al., 1995), 우울하지도 않고 불안하지도 않은 사람들에 비해 덜 효과적으로 판단하지 않는다면, 그것이 오히려 이상한 일일 것이다. 때문에 앞으로의 연구에서는 보다 세밀한 분석을 통해 이러한 모순을 설명할 수 있도록 해야 할 것이다. 예컨대, 우울한 사람들과 우울하지 않은 사람들 사이에서 발견되는 사회적 문제해결 능력의 차이를 평가하기 위한 연구에서는 동일한 연구에서 다양한 측정도구를 사용하여 문제해결능력을 측정한 후, 수행측정에서 나는 차이를 스스로 보고한 문제수용태도 및 합리적 문제해결 스타일에서 나는 차이(혹은 부족)와 비교할 수 있을 것이다.

세 번째 경향은 건설적 문제해결의 두 가지 차원(긍정적 문제수용태도와 효과적인 문제해결기술)은 긍정적 적응과 행복(예: 적절한 대처, 사회적 유능감, 긍정적 건강 행동, 낙천주의, 자존심, 삶에 대한 만족)을 촉진시키는 데 반해, 세 가지 역기능적 차원(부정적 문제수용태도, 충동적 문제해결 스타일 및 회피형 문제해결 스타일)은 부정적인 행동-심리적 결과(예: 부적절한 대처, 심리적 증상, 건강을 악화시키는 행동)를 더 많이 유발한다는 점이다.

결론적으로, 다양한 연구에 걸쳐 발견된 이러한 세 가지 양상(경향성)은 모두 사회적 문제해결이론에 기초한 예측과 일치한다. 그러므로 이 장에서 고찰한 연구결과는 PST의 기초이론을 강력하게 지지한다고 할 것이다.

제 2 부

문제해결훈련 지침서

제 8 장

문제해결훈련 지침서

이 장에서는 치료자와 임상 연구자를 위해 문제해결치료(PST)를 어떻게 실시하는 것이 가장 효과적인지를 소개하기로 한다. 환자의 문제(예: 우울, 불안, 건강관련 불편) 차원에서 봤을 때도, 또 실행 양식(예: 대면치료, 전화상담) 차원에서 봤을 때도 PST를 효과적으로 적용할 수 있는 범위는 매우 넓은 것으로 드러났다. 따라서 일부 분야에만 적용될 단일 훈련 지침서를 제공하는 대신, PST를 여러 개의 모듈로 나누어 소개하기로 하였다. 각 모듈은 문제해결로 성취하고자 하는 구체적 목적(예: 긍정적 문제수용태도를 향상시키고, 해결책 선정 능력을 향상시키기)에 맞추어 고안된 훈련활동 및 연습으로 구성되었다. 이렇게 함으로써 독자들 스스로 자신의 환자 또는 연구목적에 맞추어 자신만의 독특한 '지침서' 를 만들 수 있도록 하였다. 임상장면에서 실행할 모듈을 선택할 때는 반드시 당면 문제와 관련된 환자의 장단점에 관한 평가결과와 치료목표(예: 우울증상 줄이기, 처방전 준수를 방해하는 장애물 극복)에 그 근거를 두고 결정을 해야 한다. 그리고 연구장면에서는 연구의 구체적인 문제와 목적(예: PST의 전반적 효율성 평가, PST를 구성하는 특정 요소의 효율성 평가)을 기초로 단위 선택에 관한 결정이 이루어져야만 한다.

자세한 이야기를 하기 전에 중요한 경고부터 강조해야 할 것 같다. 무엇보다도 PST는 정해진 치료목표를 성취하기 위해 시행되어야 하는 치료전략을 모아 놓은 것으로 정의되어야 한다. 때문에 PST를 이 지침서에 포함된 구체적 훈련활동 및 연습으로만 간주하는 대신, '행동변화의 원리' 에 초점을 맞춘다는 생각이 강조될 것이다. 예를 들면, 환자의 부정적 문제수용태도를 바꾸어 놓는 데는 이 책에 제시된 모듈(예: '형식적' 인지 재구성 훈련, '형식적' 지정 요법, 자서전 요법, 심리교육) 외에도 여러 가지가 있을 수 있다는 점이 강조될 것이다. 다시 말해, 이 책에 제시된 모듈은 특정 치료목적(예: 문제수용태도 전환)을 달성할 수 있는 여러 방식 중 한 가지 보기에 불과하며, 이 모듈은 PST가 실행되는 방식을 대표한다기보다 여러 가지 중요한 치료의 원리(예: 문제인식능력을 향상시키기, 문제를 해결하려 하지 않고 회피하려는 경향성 줄이기)를 대표한다는 점을 강조하는 바이다. 사실 임상전문가들은 이 책에서 제공된 '처방전' 을 단순히 실행하는 것에 만족할 것이 아니라 자신의 브레인스토밍 능력을 사용하여 당면 치료의 목적에 초점을 맞춘 자신만의 치료장면을 고안해 낼 수 있어야 할 것이다. 여기서는 효과적인 PST를 구성하는 다양한 치료전략(strategies)만을 소개한다. 그러나 이들 전략을 실행하는 구체적인 전술(tactics)은 PST의 목적에 따라 여러 가지로 달라질 수 있다는 점을 강조한다. 다시 말해, 이 책에 소개된 전략을 실제 치료활동으로 옮기는 방식은 PST를 이용하는 치료목적에 따라 달라져야 한다는 것이다. 한편, 연구 및 임상경험을 근거로 볼 때 이 장에서 소개된 제안과 연습 및 활동은 모두 PST 목표를 성취하는 데 매우 효과적일 것임을 확신한다. 때문에 PST의 성과에 관심을 가진 연구자들을 위해 표준화된 PST 지침서 작성에 필요한 권고사항도 제시하였다.

환자용 지침서

이 장에서 소개된 치료자용 지침서와 함께, 일반인이 혼자서도 이용할 수 있게 한 문제해결훈련 지침서를 개발하여 『일상문제 해결하기: 행복을 증진시키는 5단계 안내서(*Solving Life's Problem: A 5-Step Guide to Enhanced Well-Being*)』(A. M. Nezu, Nezu, & D'Zurilla, 2007)라는 제목으로 출판하였다. 이 자습서의 대부분은 이 장에서 임상전문가 및 연구자를 위해 소개하는 내용과 흡사하다. 사회적 문제해결능력은 우리 각자로 하여금 우리가 처한 환경에서 더 잘 적응(adapt)하도록 돕는 것이므로, 이 자습서는 ADAPT라는 약어를 사용하여, 독자들이 아래에 소개된 문제해결의 다섯 단계를 더 쉽게 좇아갈 수 있도록 하였다.

A = 태도(Attitude) 문제를 해결하려 하기 전에 문제와 자신의 문제해결능력에 대해 긍정적이고 낙관적인 태도(예: 문제수용태도)를 취하도록 돕는다.

D = 정의(Define) 긍정적 태도를 취한 다음에는 관련 사실을 모으고 목표달성을 방해하는 장애물을 파악한 후 현실적 목표를 명시함으로써 문제를 정의하도록 한다.

A = 대안 생성(Alternatives) 정의된 문제를 바탕으로, 확인된 장애물을 극복하고 문제해결의 목표를 달성하기 위한 여러 가지 대안(해결책)을 생성하도록 한다.

P = 예상(Predict) 생성된 해결책 각각에 대해 긍정적 결말과 부정적 결말을 예상해 보게 하여, 이득은 최대로 하고 손실은 최소화하면서 문제해결의 목표를 달성할 가능성이 가장 큰 해결책을 선택하게 한다.

T = 실행(Try out) 선택된 해결책을 실생활에서 실행해 보고 스스로 그 효과를 살피도록 한다. 결과에 만족하면 문제가 해결된 것이니 스스로를 보상하게 한다. 그러나 결과에 만족하지 못하면, 다시 A단계로 돌아가서 처음부터 다시 시작하여 보다 효과적인 해결책을 찾도록 한다.

이 자습서에는 여러 개의 연습이 들어 있는데, 이 중 대부분은 이 장에서 소개된 것과 대등한 것들로 문제해결의 5단계를 성공적으로 완수할 수 있도록 고안되었다. 그리고 이들 대부분은 숙제로도 이용할 수 있는 것들이다. 이 지침서는 사용자를 염두에 두고 집필되었기 때문에 치료자나 상담자들이 문제해결이라는 개념을 환자들에게 설명하는 여러 가지 방식에 대한 예를 들어 놓았다. PST를 받는 환자건 내담자건, 또는 연구 참여자건 치료자의 처치를 받는 동안 이 자습서도 함께 사용할 것을 강력히 추천한다. 그러나 독서요법이 그 자체로서 효과적인 치료법이나 예방전략으로 간주될 때나 공식적인 치료절차에 들어가기 이전의 초기 치료단계로 간주될 때는 당사자 스스로 이 지침서를 이용하여 문제해결에서 발견되는 자신의 결함을 평가하여, 자신의 문제해결능력과 수행을 향상시킬 수 있도록 하였다. 이 지침서에는 문제해결에서 나타나는 자신의 강점과 약점을 스스로 평가하는 방법도 포함되어 있다.

중요한 임상적 고려사항

특히 인지-행동 치료법에 속하는 심리치료 혹은 상담의 지시적 방식과 마찬가지로, PST의 성공 또한 그것을 실제로 실행에 옮기는 방식에 따라 크게 달라진다. 그러므로 이 절에서는 (1) PST를 효과적으로 실행하는 데 필요한 여러 가지 교육방법 및 훈련기법을 활용하는 방식, (2) 치료관계를 향상시키는 방식, 그리고 (3) 내담자의 문제해결능력 및 기술을 평가하는 방식을 소개하기로 한다. 이 절의 마지막에 가서는 PST에서 '해야 될 것과 하지 말아야 될 것' 을 소개할 것이다.

훈련 전략

강의법 PST의 상당 부분은 심리교육적 지식교육으로 구성되어 있다. 이 교육에는 강의와 유인물이 이용된다. 강의법으로 질문과 토론을 강조하는 소크라테스식 질문법을 이용함으로써 집단 구성원들(훈련 참여자)에게 스스로 생각하고, 자신들만의 추론을 도출해 보며, 자신들만의 결론도 지어 보게 한다. 이러한 교수법이 생산적 사고의 독자적 수행능력을 촉진한다는 PST의 목표와 일치하기 때문이다.

코칭 코칭은 주로 유도질문, 암시, 지시 등 언어적 독려로 제공된다. 예를 들어, 치료자는 브레인스토밍을 처음 시작할 때 해결책 생성과정이 용이하게 전개되도록 하기 위해 말이나 암시로 구성원들을 부추길 수도 있다.

모델링 모델링에서는 가상적인 문제나 실제 문제를 해결해 나가는 과정이 글이나 말로 제공된다. 이 모델링은 치료자가 제공할 수도 있고, PST가 집단형식으로 이루어진다면 집단 구성원들이 제공할 수도 있다. 그리고 영화나 그림을 통해 제공할 수도 있고 또는 역할연기를 통해 제공할 수도 있다. 학습을 촉진시키기 위한 수단으로 가끔씩은 문제해결 원칙을 적용할 때 그릇된 방법을 적용해 보는 것도 중요하다. 그렇게 하면 참여자들이 옳고 그른 적용방식을 더 효과적으로 변별하게 될 것이다.

조형 조형은 구체적인 훈련을 실시할 때 문제해결의 과정에 맞추어 단계별로 실시하는 것으로, 각각의 새로운 단계는 앞 단계를 성공적으로 완수한 후에야 도입된다. 문제가 매우 심각하거나 복잡하면 그 문제를 위계화시키는 것이 도움이 될 수 있다. 이렇게 하면 훈련 초기에는 덜 심하거나 덜 복잡한 문제를 보기로 사용할 수 있을 것이다. 일단 환자(혹은 집단)가 일정한 문제해결기술에 익숙해지면, 그다음에는 더 어려운 문제를 공략할 수 있을 것이다.

리허설 리허설은 문제해결 연습과 숙제로 구성된다. 유인물을 이용한 연습과 숙제 외에도 역할연기, 상상연습(내면연습-covert rehearsal) 및 실제 문제장면에서의 실습 등이 포함된다. 어떤 기술이든 기술을 익히는 데는 숙제가 반드시 필요하다. 연습을 하지 않으면 실생활에서 문제해결기술을 실행하는 능력이 떨어질 것이다.

수행 피드백 수행 피드백은 문제해결 자기-감시법(PSSM; 4장과 부록 참조)이나 다른 숙제 또는 연습(『일상문제 해결하기』라는 자습서에 있는 '문제해결검사' 참조) 등을 이용하는 자기-감시나 자기-평가를 통해서도 제공되지만, 환자에게 직접 제공하는 것이 중요하다.

정적 강화 정적 강화에는 치료자의 칭찬과 다른 집단구성원들의 칭찬(치료가 집단으로 실시될 경우)이 포함된다. 실생활 문제의 성공적 해결은 자연적 강화인으로 작용할 것이다.

긍정적 치료관계 형성

훈련효과를 최대로 하려면 치료자는 참여자들과 긍정적이고 협력적인 치료관계 속에서 훈련을 실시해야 한다. 다음은 치료자들이 참여자들과의 그러한 관계를 개발하는 데 도움이 되는 몇 가지 일반적 사항을 정리한 것이다.

따뜻하고 공감적이고 진실할 것 긍정적 치료관계를 촉진시키는 치료자의 세 가지 특성은 따뜻함과 공감과 진실성이다. 친근감을 갖고, 참여자의 행복에 관심을 가졌다는 사실을 보여 주고, 참여자를 대할 때는 친절하고 공손한 미소로 따뜻하게 접대하라. 참여자가 자신의 문제나 고민을 이야기할 때는 신중하게 들어 주고, 그들의 느낌을 읽어 주고, 그들의 생각을 말로 정리해 주고, 그들의 느낌을 여러분의 얼굴에 반영함으로써 여러분이 그들을 이해하고 있다는 사실을 알려 줌으로써 공감을 표현하라. 진실함을 보여 주기 위해서는 적절할 때 자기를 노출시키고(즉, 여러분 자신의 성공적 문제해결 경험을 이야기하고), 참여자의 질문과 고민거리를 듣고도 생색을 내거나 깔보는 일 없이 솔직하고 존경하는 마음으로 그 문제나 고민의 해결책을 모색하고 답하라.

열정적이고 낙천적일 것 문제해결훈련이 효과적인 삶을 영위하는 데 중요하다는 사실을 강조함으로써, 참여자의 마음속에 최대한의 희망과 기대를 갖게 하라. 문제해결능력이 향상되면 스트레스성 일상사를 더 효과적으로 다룰 수 있게 되고, 또 정서적 · 신체적 행복에 미치는 스트레스의 부정적 결과가 줄어들 것이라고 설명하라. 참여자들이 받으려는 훈련이 문제를 잘 해결하지 못하는 사람들만을 위한 훈련이 아님을 강조하라. 이 훈련을 받으면 문제를 잘 해결하는 사람은 문제를 더욱더 잘 해결할 수 있게 되고, 교사는 보다 훌륭한 교사(예: 학생들을 보다 훌륭한 문제해결자로 키워 내는 교사)가 되며, 자신이 가진 문제해결기술(예: 직장에서 적용하는 기술)을 새로운 문제(예: 관계 개선을 요구하는 문제)에 적용하는 능력 또한 향상될 것이라는 사실을 부각시켜라.

참여를 권장할 것 훈련을 실시할 때는 참여자 각자의 적극적 가담을 최대화할 수 있는 기법을 활용하라. 참여자의 적극적 가담을 독려하는 주요 훈련기법으로 시연(rehearsal)과 숙제(homework assignment)가 자주 이용된다. 시연이란, 훈련기간 중에 가상적인 문제나 실제 문제를 치료자의 지도를 받으면서 해결해 보는 연습을 일컫는다. 또한 숙제란, 자연 환경 속에서 벌어지고 있는 현재의 문제를 해결할 때 치료자의 감독하에 문제해결기술을 적용해 보는 연습을 일컫는다. 가장 효과적인 교수법에 관한 다음의 중국 속담 하나를 되새겨 볼 만하다. "말로 하면 잊어버릴 것이고, 보여 주면 기억은 할 수 있을 것이고, 해 보게 하면 이해할 수 있을 것이다."

문제해결능력의 강점과 약점 평가

연구를 하는 경우라면 사회적 문제해결능력을 측정하는 건전한 도구로 밝혀진 SPSI-R(D'Zurilla et al., 2002)과 같은 검사를 사용하라고 권하고 싶다. 그래야만 피검자의 문제해결과정에서 나타나는 강점과 약점을 정확하게 측정할 수 있어, 처치 전에는 타당한 기저선(baseline) 측정치로 이용하고 또 처치 후에는 처치효과를 반영하는 측정치로 활용할 수 있을 것이다. 4장에서 지적했듯이 SPSI-R은 다음과 같은 5개의 주요 점수를 제공한다. 긍정적 문제수용태도, 부정적 문제수용태도, 합리적 문제해결 스타일, 충동적 문제해결 스타일 그리고 회피형 스타일이다. 영어와 스페인어로 된 검사에는 52문항으로 구성된 검사뿐 아니라 25문항으로 구성된 단축형 검사도 있다.

SPSI-R 검사는 임상장면에서도 매우 유용할 수 있다. 지침서(사용설명서)에 다양한 환자집단뿐 아니라 일반인을 대상으로 한 연령별 및 성별 규준 자료가 제공되어 있기 때문이다. 따라서 이 검사를 이용하면 각 내담자의 상대적 장점과 단점을 문제해결과정의 다섯 가지 차원별로 분석해 볼 수 있고, 또 문제해결훈련에서 어떤 모듈을 포함시켜야 하고 어떤 모듈에 역점을 두어야 할지를 결정하는 데 중요한 정보를 얻을 수 있을 것이다. 그리고 52문항으로 구성된 검사의 경우, 합리적 문제해결 스타일 척도를 다음 네 가지 하위척도로 나누어 볼 수도 있게 되어 있다. 문제의 정의 및 공식화, 해결책 생성, 해결책 선정, 그리고 해결책 실행 및 확인이다.

『일상문제 해결하기』라는 자습서에는 '문제-해결 검사'(Problem-Solving Test)가 포함되어 있다. 이 검사는 문제해결과정의 첫 단계(단계1)인 자기-평가를 피검자(환자) 혼자서 완성할 수 있도록 한 검사다. 자신의 문제해결능력을 향상시키기 위해 자습서를 따라 혼자서 이 검사를 실시하는 사람이든, 아니면 치료자의 도움을 받으면서 PST와 병행해서 이 검사를 실시하는 사람이든, 이 검사를 통해 자신의 문제해결기술을 더 잘 이해할 수 있는 값진 정보를 확보하게 될 것이다. 그러나 이 검사의 심리측정적 속성에 대해서는 아직 검증된 것이 없기 때문에 이 검사는 질적인 임상 도구(qualitative clinical tool)로만 사용되어야 한다는 점을 지적해 둔다.

4장에서 소개했던 PSSM 방법도 치료의 초기에 사용함으로써 환자가 최근에 경험한 스트레스 문제를 얼마나 성공적으로 해결했는지를 판단할 수 있다. 또한 이 방법은 면담 시 내담자의 문제해결에 대한 생각, 정서적 반응, 해결책 실행행동, 그리고 성공과 실패에 대한 자기-평정 등등에 관한 다양한 정보를 확보하는 디딤돌로 이용할 수도 있다.

끝으로, 자습서인 『일상문제 해결하기』에 실어 놓은 '문제해결 이행표' (Problem-Solving Worksheet)의 사용을 적극 권장한다. 이 서식은 문제해결과정을 스스로 감시하는 방법을 예시한 것으로, 그 전에 우리의 성과연구(예: A. M. Nezu, Nezu, Friedman, Faddis, & Houts, 1998; A. M. Nezu, Nezu, Felgoise, McClure, & Houts, 2003)에서 사용했던 '대처시도 기록' 을 근거로 작성된 것이다. 이 표는 피검자(환자)로 하여금 문제를 해결하거나 스트레스 사건에 대처할 때, 그 문제와 관련된 여러 가지 생각, 느낌, 행동 및 자기 평가를 기록하도록 한다.

PST에서 피해야 할 함정

PST에서 해야 할 것과 하지 말아야 할 것을 적은 다음 목록은 중요한 임상적 고려사항을 나열한 것이다. 그 내용은 임상장면과 연구장면에서 PST를 실시했던 우리의 경험을 정리한 것이다(A. M. Nezu et al., 1998 참조).

1. PST를 기계적인 방식으로 실행하지 말 것: PST를 실시할 때 치료적인 분위기가 배제된 기계적 방식으로 실시해서는 안 된다. 문제해결기술을 훈련할 때는 가급적이면 교육자(치료자)와 피교육자(내담자) 간 상호작용이 활발하게 이루어져야 한다.
2. PST를 내담자나 집단의 특성에 맞출 것: 훈련에 이용되는 보기나 예는 지금 훈련을 받고 있는 사람들에게 적절한 것이어야 한다. 치료자는 PST를 환자나 집단의 구체적인 요구 특성에 맞추어 적용해야 한다는 뜻이다. 당사자나 당해 집단의 적절한 인생경험을 고려하지 않은 기성의 치료법을 실시해서는 안 된다.
3. 숙제를 낼 것: 앞에서 언급했듯이, 연습은 PST의 중요한 요소다. PST를 받는 동안 훈련의 중간 중간에 가능한 많은 연습을 하도록 내담자를 독려해야 한다.
4. 치료뿐만 아니라 환자에도 초점을 맞출 것: 훈련효과를 확보하기 위해서는 PST를 정확하게 실행해야 하는 것은 당연지사이지만, 초점은 항상 환자에게 집중되도록 주의를 기울여야 한다. 환자의 감정을 한결같이 존중해 주고, 그러한 부정적 정서를 중요한 정보(즉, 문제가 존재한다는 정보)로 활용할 수 있다는 생각을 갖게 하라.
5. 피상적인 문제에 초점을 맞추지 말 것: 치료자는 자신의 문제해결기술을 이용하여 현재 논의되고 있는 문제가 실제로 내담자에게 가장 핵심적인 문제인지를 평가해야 한다. 그렇지 않으면 치료의 효과는 제한적이 될 것이다. 예컨대, 실제로는 친밀한 관계형성에 대한 두려움을 극복하는 일이 문제의 핵심인데

도 '더 많은 데이트 상대'를 만나도록 돕는 것은 피상적인 문제에 초점을 맞춘 경우라 할 것이다.

6. 해결책 실행에 초점을 맞출 것: 훈련기간 동안 내담자나 훈련집단을 격려하여 가능한 한 많은 해결책을 실행해 보도록 해야 한다. 그래야 최상의 피드백(즉, 문제해결능력에 대한 피드백)을 얻을 수 있다.
7. 문제-중심 대처방식을 문제-해결 대처방식과 동일시하지 말 것: 앞서 6장에서 기술했듯이, 문제-해결 대처방식은 스트레스 상황을 다루는 일반적 과정으로 정의된다. 문제-해결 대처방식은 문제-중심 대처방식(즉, 상황의 본질을 바꾸는 전략)과 정서-중심 대처방식(즉, 문제와 관련된 정서적 고통을 최소화하도록 조정하는 전략) 둘 다를 포함한다. 따라서 치료자는 문제상황의 본질에 따라 두 가지 대처방식 모두가 적용될 것임을 내담자에게 알릴 필요가 있다. 예를 들어, 문제장면이 변화불가로 지각되면(예: 대인문제에서 상대방이 자신의 입장을 바꾸지 않겠다고 단언하면), 그 장면이 바뀌지 않을 것이라고 인정하는 그런 대안이 보다 합리적인 해결책일 것이다.
8. 훈련과 함께 유인물을 사용할 것: 유인물은 내담자가 회기 사이사이에 익혀야 할 기술을 기억하고 연습하는 데 도움이 된다. 참여자들에게 서류파일을 구입하도록 하여 유인물을 모아 묶어 두고 필요할 때 참고할 수 있도록 하는 것이 좋다. 이러한 유인물은 표적집단에 맞추어 따로따로 작성해야 한다. 『일상문제 해결하기』라는 자습서를 만들기로 결정했던 것도 우리가 수

행한 연구(A. M. Nezu & Perri, 1989; A. M. Nezu et al., 2003; C. M. Nezu et al., 1991)에서 유인물이 매우 유용하고 효과적인 훈련도구로 밝혀졌기 때문이다.

9. 문제해결과정에서 나타나는 환자의 강점과 약점을 충분히 평가할 것: 모든 환자가 똑같다고 가정하지도 말고, PST를 모든 환자에게 동일한 방식으로 실시해서도 안 된다(임상 연구의 통제집단이 아니라면).

모 듈

다음은 PST 구성에 사용될 수 있는 모듈(modules)을 나열한 목록이다. 앞서도 여러 차례 언급하였지만, 이들 모듈 중 어느 것을 훈련 프로그램에 포함시킬 것인지는 프로그램의 본질과 목적(예: 임상용 프로그램 대 연구용 프로그램, 집단 프로그램 대 개별 프로그램, 회기의 수) 그리고 환자의 문제해결능력에 대한 포괄적인 평가결과 및 개별적 평가결과에 따라 결정된다. 상세한 PST 치료 지침서의 실례를 원한다면, 우울증 치료의 경우는 A. M. Nezu, Nezu 및 Perri(1989)를 참고하고, 암 환자를 위한 PST의 경우는 A. M. Nezu 등(1998)을 참고하기 바란다.

엄격히 통제된 성과연구에서 PST를 단독으로 사용할 경우, 최소한 모듈 1부터 13까지에 소개된 내용은 포함시켜야 할 것이다. 훈련은 초기의 도입단계를 거친 후에는 표적 모집단에 따라 다음 세 가지 중 한 가지 방식으로 진행시킬 수 있다. (1) 도입단계에 후속되는 각 회기마다 문제해결의 구체적인 차원을 하나씩 다룬다. 예컨대, 2회기에서는 문제수용태도에 대한 훈련을 실시하고, 3회기에서는 문제의 정의 및 공식화(PDF)에 대한 훈련을, 4회기에서는 해결책 생성(GOA)에 대한 훈련을 실시하는 식으로 진행한다. 이 접근을 사용한 성과연구의 예로 A. M. Nezu와 Perri(1989)의 연구 그리고 A. M. Nezu 등(2003)의 연구를 꼽을 수 있다. (2) 도입단계에 이어지는 1~2회기에 걸쳐 문제수용태도를 훈련시킨 다음, 합리적 문제해결기술 네 가지 모두를 한 회기에 다루고는 여러 회기에 걸쳐서 치료자의 지도하에 배운 것을 연습하는 식으로 진행한다. (3) 만약 특정 집단의 경우 문제수용태도에 대한 훈련이 특히 필요하다는 연구결과가 보고되어 있으면(A. M. Nezu, 2004 참조), 문제해결기술 훈련에 들어가기 전에 여러 회기를 할애하여 문제수용태도를 집중적으로 훈련시킨다.

마지막으로, 자습서 『일상문제 해결하기』를 들춰서 다양한 개념을 사용자-위주 언어로 설명한 실례를 참고하고 또 환자들에게도 치료자 지도하의 PST와 더불어 이 지침서를 읽어 볼 것을 권장하기 바란다.

모듈 1. 초기 구조화

모듈 2. 문제해결능력 평가

모듈 3. 효과적인 문제해결을 방해하는 장애물: 의식적 마음의 제한된 용량

모듈 4. 문제수용태도: 소개 및 자기-효능 신념 강화
모듈 5. 문제수용태도: 문제인식
모듈 6. 문제수용태도: 문제를 도전으로 간주하기
모듈 7. 문제수용태도: 정서의 활용 및 조절
모듈 8. 문제수용태도: 멈추고 생각하기
모듈 9. 문제의 정의 및 공식화(PDF)
모듈 10. 해결책 생성(GOA)
모듈 11. 해결책 선정(DM)
모듈 12. 해결책 실행 및 확인(SIV)
모듈 13. 지도하에 연습
모듈 14. 신속한 문제해결
모듈 15. 의사소통 기술 및 대인관계 문제해결

모듈 1. 초기 구조화

이 도입 모듈의 목적은 PST의 이론적 근거를 알려 주고 PST 전체를 훑어봄과 동시에 긍정적인 치료관계를 형성하는 데 있다. 이 모듈에서 나머지 훈련의 진행속도가 설정되어야 한다. 치료자는 이 모듈에서 제시되는 다양한 개념을 설명하려 할 때, 이 책의 2, 3, 6장과 『일상문제 해결하기』의 1, 2장을 참고하면 도움이 될 것이다. 만약 『일상문제 해결하기』를 PST 전체 꾸러미의 일부로 사용하는 경우라면, 내담자들에게도 이 자습서의 1, 2장을 읽도록 해야 할 것이다.

주요 훈련목표와 활동

긍정적 치료관계 형성(앞에서 동일한 제목으로 소개하였음)

PST의 이론적 근거와 주요 훈련목표 제시 여기서 말하는 훈련목표는 내담자들로 하여금 더 긍정적인 문제수용태도를 취하도록 도와주고, 또한 그들의 개인적–사회적 역량을 전반적으로 향상시켜 주며, 일상생활의 스트레스를 줄이고, 최소화하고, 통제하고, 예방할 수 있는 합리적 문제해결기술을 적용하는 방법을 배우도록 돕는 것이다. 이러한 일반적인 목표, 예컨대 우울증 줄이기, 대인관계 향상, 어려운 의료처방 준수하기, 강박적인 걱정 줄이기와 같은 특정 내담자의 개인적 치료목표와 직결시킬 수 있어야 한다.

치료를 받기로 한 이유에 대한 토론 내담자 개인이나 집단 구성원들을 독려하여 왜 자기들이 이 프로그램에 참여하게 되었는지를 토론하도록 한다. 이때 이용될 수 있는 훈련요령 한 가지는 참여자들로 하여금 '토론을 하라는 요구사항' 을 '해결되어야 할 문제' 로 취급하도록 하는 것이다. 다시 말해, 참여자들을 독려하여 '여기서 나는 나 자신에 관한 어떠한 것을 치료자(혹은 그룹)에게 말해야 할까?' 라는 질문을 스스로에게 던지도록 한다(즉, 문제를 진술하도록 한다.). 그리고는 눈을 감고 여러 가지의 자기소개를 상상해 보라고 한다. 그런 후 실제로 자기소개를 한 다음에는 자기소개를 해야 한다는 말을 처음 들었을 때, 여러 가지 자기소개를 상상하며 자신에 관해 무엇을 말해야 할지를 결정하려고 하는 동안, 그리고 자기소개를 실행하는 동안에 각자가 가졌던 생각이나 느낌을 발표해 보도록 한다. 이때 이들이 자신의 진솔한 생각과 느낌을 털어놓든 말든, PST 치료자는 이러한 경험을 문제의 인식, 문제수용태도와 관련된 변인들(예: 문제귀인, 문제평가), 스트레스의 본질, 그리고 구체적 문제해결기술(예: 문제의 정의 및 공식화, 해결책 생성 등) 사용 등에 관한 중요한 점들을 예시하는 구체적인 보기로 이용할 수 있을 것이다.

'스트레스' '문제' '효과적 대처' 등등의 개념 설명 내담자 개인이나 집단 구성원들에게 이들 각 개념에 대한 자신의 개인적 예를 들어 보도록 한다.

문제해결식 스트레스 모형에 대한 설명 효과적인 문제해결이 스트레스의 부정적 결과를 경감시키는 방식을 설명한다. 앞서 논의된 '치료를 받기로 한 이유에 대한 토론'을 생각하며, 스트레스가 그러한 문제와 어떻게 관련되어 있는지(예: 스트레스성 사건이 우울증을 유발할 수 있고, 스트레스 문제가 처방전 준수와 같은 효과적인 행동변화를 방해하는 주된 장애물로 작용할 수도 있다.)를 설명한다.

구체적인 PST 목적에 대한 간단한 설명 PST의 구체적인 목적을 나머지 회기의 실제 내용과 연관시킨다(즉, 이후의 훈련에서는 다음과 같은 목적을 달성하기 위해 다양한 강의와 연습 및 활동이 실시될 것이다.). (1) 긍정적인 문제수용태도 향상, (2) 부정적인 문제수용태도 감소, (3) 합리적 문제해결기술 향상, (4) 충동적 경향성 최소화, (5) 문제를 회피하는 경향 최소화

PST 훈련을 다른 기술(예: 관리기술, 스포츠, 음악) 학습과 비교 이

비교에서는 (1) 다양한 기술을 연습과 활동으로 나누어야 하는 이유와 (2) '진짜로 잘하기 위해서는' 연습을 많이 해야 한다는 점을 부각시킨다.

실시될 PST 프로그램의 실제 구성에 대한 설명 이 프로그램의 회기는 모두 몇 개인지, 각 회기는 얼마(몇 분 또는 시간) 동안 진행되는지, 어떠한 숙제가 부과될 것인지 등등에 대해 설명한다. 준수해야 할 규칙과 치료장면에서 예상되는 사항(예: 치료자와 환자의 책임)들도 아울러 설명한다.

낙천주의 권장 여러 가지 문제와 갖가지 환자집단을 대상으로 실시한 많은 프로그램에서 PST가 효과적이었음(10장 참조)을 강조한다. 그리고 내담자의 잠재적 역량과 변화 가능성을 깨닫게 한다. 이 후자의 경우에 이용될 수 있는 요령 하나는 환자들에게 자신이 자랑거리로 갖고 있는 재주(예: 악기연주나 스포츠, 예술적 능력)를 한 가지씩 말하도록 하는 것이다. 치료자는 이 결과를 이용하여 어떠한 재주든 그 재주를 익히기 위해서는 많은 시간과 노력을 투자해야 한다는 사실을 깨닫게 할 수도 있고, 또한 환자가 스스로의 역량을 깨닫게 하는 데 이용할 수도 있으며, 나중에 환자의 동기를 유발하는 데 이용할 수도 있다.

모듈 2. 문제해결능력 평가

문제해결과정에서 발견되는 참여자 각자의 강점과 약점에 대한 평가는 치료 초기(혹은 통제된 성과연구를 시작하기 이전)에 이루어져야만 한다. 이러한 평가결과를 기초로 어느 모듈이 선택되고 강조될 것인지를 결정하게 된다. 환자에게 피드백을 제공하는 것은 중요하다. 특히, 환자가 특정 강점을 가지고 있을 때는 이런 피드백이 환자의 자신감과 자기-효능감을 제고하는 데 도움을 줄 것이다.

어떤 사람이 최근에 겪은 스트레스성 문제를 다룬 방식에 관한 상세한 정보를 얻기 위해 반 구조화된 면담을 실시하는 것 외에도, 그 사람의 문제해결을 평가하기 위해, 예컨대 SPSI-R, 문제-해결 검사, PSSM 혹은 문제해결 이행표 같은 공식적인 방법을 한 가지 이상 실시할 것을 강력히 권고한다.

SPSI-R

앞서 4장에서 소개한 것과 같이, SPSI-R이란 문제수용태도의 두 가지 차원(긍정적, 부정적)과 문제해결의 세 가지 스타일(합리적 문제해결, 충동적, 회피성)에 관한 정보를 수집하기 위해 제작된 자기-보고식 문제해결 검사 도구를 일컫는다. 다양한 연령대 및 환자집단에 적용할 수 있는 준거자료가 확보되어 있기 때문에(D'Zurilla et al., 2002), 각 피검자의 점수를 그 준거치(규준)와 비교해 볼 수 있다. 이 비교결과는 환자의 강점과 약점을 결정하는 데 특히 유용한 정보가 될 수 있다. 더구나 SPSI-R은 PST 훈련효과에 민감한 것으로 밝혀져 있기 때문에, 문제해결능력의 향상 여부를 평가하는 데 필요한 건전한 심리측정도구로 이용될 수도 있다.

문제-해결 검사

이 검사는 자습서 『일상문제 해결하기』의 3장에 들어 있는 검사다. 이 안내서를 이용하는 사람들에게 스스로 이 검사를 실시하게 함으로써 자신의 문제-해결능력을 깨닫게 하였다. 이 활동에는 재미있는 면도 있고 또 자신이 갖고 있는 현재의 문제해결능력에 관해 알게 하는 교육적인 면도 있다. 이 검사는 문제해결능력 향상의 정도를 평가하는 도구로 이용될 수도 있다.

PSSM 방법

4장에 소개되었던 문제해결 자기-감시법(PSSM)은 문제해결에 관한 평가를 자기-감시 방식으로 실시한다. 이 방법은 훈련의 전 과정에 걸쳐 매일 또는 매주 참여자가 문제를 해결하기 위해 실제로 시도한 일에 관한 정보를 수집하는 도구로 이용될 수도 있고, 또 자신의 능력 향상 여부를 감시하는 도구로 이용될 수도 있다.

아래의 보기는 이혼에 따른 관계 상실이라는 문제를 겪고 있는 한 40세 여성이 훈련 초기에 만들어낸 PSSM 기록(평가는 제외됨)이다. 이 기록에 성공하지 못한 대처시도가 반영되어 있음을 주목하라.

문제

나는 진지하고 장기적인 관계에 관심이 있는 안정감 있고 존경할 만한 독신 남자를 만날 수 없었다. 내가 만나는 대부분의 남자들은 결혼을 했거나 혹은 하룻밤을 같이 보내는 것에만 관심이 있을 뿐이다. 나는 내가 다시는 한 남자와 장기적으로 지속되는 친밀한 관계를 갖게 되지 못할 것이고, 그래서 남은 여생을 혼자 살아가게 될 것이라고 믿기 시작한다.

정서

나는 대부분의 시간을 외롭고 우울하게 보내고 있다. 나는 자신감을 잃어 가고 있고 여자로서의 매력은 없다고 느끼고 있다. 나는 갈수록 더욱 불안해지며, 미래에 대한 두려움도 커지고 있음을 느낀다.

해결책

나는 '편부모 모임' 에 참석하기로 결정했다. 이 방법이 나의 불편한 심기를 최소화하는 가장 좋은 방법이고 경제적 부담도 덜 느낄 것이라고 생각했다.

성과

나는 '편부모 모임' 에도 여러 번 나가고 사회적 활동에 여러 차례 참여했다. 초기에는 약간의 불편을 느꼈다. 그러나 나는 관심이 가거나 그럴듯한 남자들을 만나지 못했다. 대부분의 시간이 지루했다. 이 경험은 나를 더욱 침울하고 우울하게 만들어 놓았다.

훈련이 진행되면서 향상되는 문제해결능력이 PSSM의 기록으로 나타날 것이다. 즉, 훈련 참여자들이 보다 나은 문제해결기술과 보다 성공적인 결과를 PSSM의 기록으로 남기게 될 것이다.

문제해결 이행표

문제해결 이행표(Problem-Solving Worksheet) 역시 문제해결에 관한 평가를 자기-감시 방식으로 실시하는 또 다른 접근법으로, 『일상문제 해결하기』 3장에 들어 있다. 이 이행표도 훈련의 전 과정에 걸쳐 매일 또는 매주 참여자가 문제를 해결하기 위해 실제로 시도한 것에 관한 정보를 수집하는 도구로 이용될 수도 있고, 또 자신의 능력 향상 여부를 감시하는 도구로 이용될 수도 있다. 근본적으로 이 이행표는 각 내담자에게 다음과 같은 정보를 제공하라고 요구한다. (1) 문제에 대한 간단한 묘사, (2) 문제해결 전, 중, 후에 일어난 생각, (3) 문제해결 전, 중, 후에 일어난 느낌, (4) 문제상황을 개선시키기 위해 실제로 실행한 행동, 그리고 (5) '문제상황을 개선시키기 위한 나의 행동에 대해 만족하는 정도는?'이라는 문항에 대한 평정치(1: 전혀 아니다~10: 매우 그렇다)다.

숙제

- 내담자로 하여금 회기와 회기 사이의 일주일 동안에 PSSM 방법 혹은 문제해결 이행표를 이용하도록 지시함으로써 자신의 문제해결활동을 스스로 관찰할 수 있게 한다. 예컨대, 다음과 같은 방식으로 숙제를 낼 수 있을 것이다. (1) 내일부터 다음 회기의 전날까지 일주일 동안 일상생활에서 발생한 모든 문제를 나열하고, (2) 가장 어렵고 심각했던 문제 2~3개를 이들 양식에 맞추어 기록해 오라.
- 그 후에 이어지는 회기 중에 이 숙제에 대한 피드백을 제공한다. 이러한 방식의 과제 제출 및 피드백 제공은 훈련 프로그램 전체에 걸쳐서 매주 규칙적으로 반복될 수 있다.

모듈 3. 효과적인 문제해결을 방해하는 장애물: 의식적 마음의 제한된 용량

인간은 동시에 여러 과제를 효과적으로 처리할 수 없음을 설명

지난 수십 년 동안 인지심리학자들의 연구에서 밝혀진 중요한 사실 중 하나는 의식적 마음이 한꺼번에 효율적으로 수행할 수 있는 활동의 양이 매우 제한되어 있다는 점이다. Levine(1988)에 따르면, 우리가 문제를 해결하는 동안 우리의 의식적 마음에서는 다음 세 가지 활동이 벌어진다. (1) 주변 환경(내부와 외부)으로부터 정보를 수집하여 해석하고, (2) 필요할 때 정보를 '전시하고'(기억해 내기), (3) 기억해 낸 정보를 조작함(예: 정보를 결합시키고 추가하거나 제거함)으로써 문제해결활동과 관련된 모든 것을 파악하려 한다.

그러나 의식적 마음의 최대 용량은 제한되어 있기 때문에 우리의 마음은 이들 세 가지 활동을 한꺼번에 효율적으로 수행할 수가 없다. 특히, 정보의 양이 많거나 정보가 매우 복잡할 경우는 더욱 그러하다. 한 가지 활동을 하게 되면 다른 활동은 방해를 받는 게 보통이다. 예를 들어, 어떤 문제에 대한 중요한 정보를 모두 기억해 내려고 애를 쓰다 보면, 어떤 상황에서는 그 노력 때문에 문제의 본질을 파악하는 데 필요한 정보조작이 제대로 이루어지지 않을 수도 있다.

PST 치료자는 훈련활동의 일환으로 위의 개념을 환자들에게 설명할 수 있어야 할 뿐 아니라, PSSM이나 문제해결 이행표 또는 이전 회기의 논의에서 환자들로부터 수집된 정보를 이용하여 이들 세 가지 원리를 예시하거나 논의할 수 있어야 한다.

문제해결과정을 향상시키는 방법

문제해결과정을 향상시키는 데 특히 유용한 세 가지 방법은 외현화, 시각화, 단순화다(Levine, 1988).

외현화 외현화(externalize)란 문제의 본질, 해결책 및 해결성과에 관한 정보를 가능한 자주, 예컨대 글로 쓰거나 관계를 나타내는 그림으로 그리는 등 외형을 갖게 하는 작업을 일컫는다. 이러한 절차를 따르면, 우리의 의식적 마음은 기억해 두었던 정보를 능동적으로 인출해야 하는 일을 하지 않아도 되기 때문에, 정보를 해석하고 이해하는 등의 다른 활동에 더욱 열중할 수 있게 된다.

시각화 시각화(visualization)는 문제를 해결하기 위해 노력하는 동안 가능한 한 자주 시각적 심상을 이용하라고 강조한다. 이 규칙을 적용하기 위해서는 문제상황의 모든 측면을 직접 관찰하고, 역할연기를 통해 여러 가지 해결책을 리허설해 보고, 다양한 해결책을 실제 문제상황에 적극적으로 시험 적용해 봐야 한다. 이러한 절차를 따르기가 어렵거나 실제로 불가능할 때는 상상력을 이용하여 문제상황을 시각화하고 해결대안을 리허설하거나 시험해 볼 수도 있을 것이다. 시각화가 어문적 정보의 이해(즉, 논리를 파악하고, 정보의 부분 부분 간 관계를 지각하는 것)뿐만 아니라 기억을 향상시키는 강력한 도구라는 것은 이미 많은 연구에서 확증된 사실이다.

단순화 단순화(simplification)는 가능한 한 문제를 '쪼개어' 보거나 단순하게 만들어 다루기 쉽도록 하는 것이다. 이 규칙을 적용하기 위해서는 가장 적절한 정보에만 초점을 맞추어야 하고, 복잡한 문제는 다루기 쉬운 작은 문제로 쪼개야 하며, 복잡하고 애매하고 추상적인 개념은 좀 더 간단하고 구체적인 말로 바꾸도록 노력해야 한다.

숙제

- 환자들에게 문제해결 자기-감시 방식을 실행할 때(즉, PSSM이나 문제해결 이행표를 작성할 때), 이 세 가지 방법을 연습해 오도록 한다.
- 이어지는 회기 중에 피드백을 제공하고 더 많은 연습을 시킨다.

모듈 4. 문제수용태도: 소개 및 자기-효능 신념 강화

문제수용태도를 소개하는 이 모듈은 자신의 문제수용태도에 초점을 맞추는 것이 중요하다는 점을 설명하고 강조한다. 자신이 겪고 있는 문제의 어느 측면에 주의를 기울이는가, 그리고 그 문제를 어떻게 예측하고, 어떻게 생각하고, 어떻게 해석하는가에 따라 그 문제에 대한 정서적 · 행동적 반응이 크게 달라진다는 점을 강조하는 것이 이 모듈의 핵심이다. 그리고 그러한 문제를 효과적으로 해결할 수 있다고 자신의 능력을 스스로 높이 평가하는 자기-효능감을 향상시키는 일 또한 이 모듈의 중요한 과제다. 이러한 개념에 대한 설명은 이 책 3장과 『일상문제 해결하기』의 4장을 참고하기 바란다. 만약 PST 훈련을 받고 있는 사람들이 『일상문제 해결하기』라는 자습서를 이용하는 경우라면, 그 지침서 4장의 관련 내용을 읽고 연습을 수행하는 일을 숙제로 제출한다. 각 유형의 문제수용태도가 가진 여러 가지 측면을 논할 때는 환자 각자에게 자기가 이들 측면 중 어느 것과 일치하는지 확인하도록 권장한다. 특히, 자기-평가 단계에서 자기의 태도를 확인한 적이 있는 경우는 그렇게 하도록 권하는 것이 더욱 바람직하다.

주요 훈련목표와 활동

문제수용태도에 대한 설명 및 논의 일상적인 문제와 그런 문제를 해결하는 자신의 능력에 대한 우리 각자의 일반적 의식과 신념 및 가정과 기대가 바로 문제수용태도라고 정의한다. 각자의 문제수용태도에 따라 그러한 문제를 처리하는 방식은 물론 그런 문제 때문에 겪게 될 스트레스의 정도까지도 크게 달라진다는 사실을 강조하라. 문제수용태도는 '일상문제에 부딪혔을 때 우리가 착용하는 안경' 이라고 소개할 수도 있다.

부정적 혹은 비적응성 문제수용태도의 측면에 대한 설명 및 토론 (이에 대한 상세한 설명은 〈표 8-1〉 참조 바람)

〈표 8-1〉 부정적 문제수용태도의 특징

1. 부정적 문제수용태도를 가진 사람들은 문제가 생기면 그 원인을 자신의 탓으로 돌리는 경향이 강하다. 따라서 그들은 자신에게 어떤 잘못이 있다고 믿는다(예: 자신을 '비정상' '무능한 사람' '어리석은 사람' '나쁜 사람' 또는 '재수없는 사람' 이라고 생각한다.).
2. 이런 사람들은 문제를 자신의 안녕에 대한 위협으로 생각하고 피하거나, 아니면 대책도 없이 즉각 공략해야 하는 것으로 인식하는 경향이 있다. 그리하여 문제를 성공적으로 해결함으로써 얻게 되는 이득은 최소화하는 대신, 문제를 제대로 해결하지 못함으로써 생길 수 있는 손실은 크게 과장한다.
3. 부정적 문제수용태도를 가진 사람들은 문제에 효과적으로 대처할 것이라는 기대 수준이 낮은 편이다. 그 이유는 문제를 해결될 수 없는 것으로 인식하기 때문이기도 하고 또 그 자신은 그 문제를 성공적으로 해결하지 못할 것이라고 믿기 때문이기도 하다. 그 결과 문제를 회피하려 하거나 다른 누군가가 해결해 주기를 바란다.

4. 이런 사람들은 유능한 사람은 많은 노력 없이도 문제를 빨리 해결할 수 있어야 한다고 믿고, 자신이 그렇게 하지 못하는 것은 자신이 무능하기 때문이라고 생각한다. 또한 이런 사람들은 스스로 노력하여 문제를 해결하는 그런 활동을 별로 중요하게 생각하지 않고, 다른 누군가에게 문제를 해결해 달라고 시키는 것을 더 좋아한다.

긍정적 혹은 적응적 문제수용태도의 측면에 대한 설명 및 토론(이에 대한 상세한 설명은 〈표 8-2〉 참조 바람)

〈표 8-2〉 긍정적 문제수용태도의 특징

1. 긍정적 문제수용태도를 가진 사람들은 일상생활 속에서 문제를 만나는 것은 지극히 당연하여 흔히 벌어지는 일이며 피할 수 없는 일이라고 인식한다. 문제란 자신에게 무언가 잘못이 있어서 생기는 그런 것이 아니라고 생각한다. 이 사람들은 문제란 총체적이고 고정적인 개인의 결함 때문에 생긴다기보다는 환경의 변화 또는 개인의 특성(예: 경험의 부족, 불확실함) 때문에 생기는 것이라고 알고 있으며, 그런 개인의 특성은 사소하고 잠정적인 것이어서 언제든지 바꿀 수 있는 것이라고 믿는다. 문제가 어떤 개인의 결함 때문에 야기된 것이라고 하더라도, 이것은 단지 그 사람이 완벽할 수 없는 인간이라는 의미 이상은 아무것도 아니라고 믿는다.
2. 이 사람들은 문제를 피해야 하는 위협으로 간주하는 대신, 문제를 '도전', 즉 자기성장이나 자기발전(예: 무언가 새로운 것을 배우고, 더 나은 것을 위해 자신의 생활을 바꾼다거나 자신에 대해 더 좋은 생각을 갖는 것)의 기회로 본다. 실패를 낭패로 보는 대신 배움의 경험으로 본다. 그리고 그들은 문제를 피하려 하는 것보다는 실패하더라도 도전해 보는 쪽이 더 낫다는 철학을 가지고 있다.
3. 이 사람들은 문제에는 반드시 해결책이 있으며, 자기 혼자서도 이 해결책을 찾을 수 있다고 믿는다. 이들은 또한 문제에 성공적으로 대처할 수 있다는 자신감이 크면 클수록 그 문제를 성공적으로 처리할 가능성도 커진다고 알고 있다.
4. 긍정적 문제수용태도를 가진 사람들은 문제를 해결하기 위해서는 시간과 노력이 투자돼야 한다는 것을 알고 있다. 그들은 문제를 충동적 반응으로 대처하지

않는다. 맨 먼저 떠오르는 충동이나 아이디어는 추리보다는 부정적 느낌에 더 큰 영향을 받는 경향이 있기 때문에 대개는 최선의 해결책이 아니라는 것도 알고 있다. 이 사람들은 스스로 노력하여 문제를 해결하는 것을 더 가치 있는 일로 생각하고, 해결책이 금방 발견되지 않더라도 끈기 있게 노력한다. 그들은 최고의 문제해결자들도 어려운 문제를 해결하려 할 때는 시간을 투자하여 생각을 한다는 것을 알고 있다. 또한 최선을 다했는데도 여전히 해결되지 않는 문제가 있다면, 현재의 형태로서는 그 문제를 해결할 수 없다는 것을 인정하고, 그 문제를 새로운 관점(예: 수용하기, 고통을 줄이기, 타협점 찾기)에서 바라보거나 도움을 청한다.

환자의 긍정적 자기-효능감 제고 시각화하는 연습을 시킨다(모듈 3에서 소개된 시각화와는 다른 것임). 이 연습은 자기는 대부분의 일상 문제를 효과적으로 해결할 수 없다고 믿는, 즉 자신의 문제해결능력을 의심하는(즉, 부정적 문제수용태도의 한 측면) 사람들에게 특히 유용하다. 이런 사람들의 경우는 시각화 기법을 이용하여 그들이 가진 자기 자신에 대한 이미지를 재구성하도록 도울 수 있다. 무력하고 비효율적인 사람이라는 이미지를 유능한 사람이라는 이미지로 바꾸는 데 도움을 줄 수 있다는 뜻이다. 이 전략을 이용하는 치료자의 목적은 환자를 도와 그들의 마음속에 성공담을 그려 보도록 함으로써 거기에서 얻을 수 있는 잠재적 강화를 대리 경험하도록 하는 데 있다.

이 기법에서는 환자들에게 눈을 감게 한 후, 현재의 문제를 성공적으로 해결했다는 것을 마음속에 그려 보게 한다. 환자가 현재로서는 그렇게 할 수가 없다고 말하더라도, 치료자는 환자에게 그런 장면을 마음속에 그려 보라고 종용해야 한다. 치료자의 지시문에는 종말상태(즉, 문제가 성공적으로 해결된 상태)를 시각화하라는 내용이 들어 있어야 한다. 치료자는 "당신이 실제로 그 문제를 어떻게 해결할 것인가 하는 것은 중요하지 않습니다. 그냥 어려운 문제가 해결되었다고만 생각하세요."라는 말을 환자에게 전해야 한다. 이 과정을 촉진시키기 위해 치료자는 "이 문제가 해결되면 당신의 삶이 어떻게 달라질 것 같습니까?" "이 문제가 해결되면 당신은 무얼 하고 계실 것 같습니까?" "이 문제가 해결되면 느낌이 어떨 것 같습니까?" "이 문제가 해결되면 자신에 대한 조금 전의 느낌에 비해 어떻게 달라진 느낌을 가질 것 같습니까?" 등등의 질문을 던질 수도 있다. 여전히 환자가 스스로 그 문제를 해결했다는 상상을 하지 못하고 있으면, 치료자는 유명한 사람이나 환자가 존경하는 사람이 그 문제나 그와 비슷한 문제를 해결했을 때 그들은 어떤 상태를 경험할 것 같은지를 상상해 보라고 할 수도 있다.

환자가 문제해결의 성공을 시각화할 수 있게 되면, 치료자는 환자가 보고하거나 경험하는 긍정적인 순간을 귀 기울여 듣고, 환자가 한 말을 환자에게 그대로 되풀이해 주어야 한다(예: "이제 마음이 놓인다." "마음이 놓이니 정말 기분 좋네!").

이 전략의 주된 목적은 자기-효능감을 갖도록 동기를 유발하는 한 가지 수단으로 사람들에게 어려운 문제를 해결했다는 긍정적 결말을 스스로 창출해 보게 하는 것이다. 그러므로 환자의 말에 주의를 기울여서 환자가 말하는 긍정적인 내용을 실제로 기록한 후 나중에 환자에게 그 말을 반복해 주는 것이 중요하다(예: "문제해결기술을 향상시켜서 당신이 얻게 되는 이득 중 하나가 인간관계를 더 잘 통제할 수 있고, 또 미래를 두려워하지도 않게 되었다는 소리로 들립니다."). 환자들에게 그들이 예상하는 긍정적 결말을 스스로 말해 보라고 요구하면, 환자들은 왜 문제해결이 자신들에게 중요한지에 대한 자신들만의 이유를 털어놓을 것이다.

모듈 5. 문제수용태도: 문제인식

이 모듈은 문제수용태도에 대한 훈련에 이어, 문제가 발생했을 때 그것을 인식하는 능력을 향상시키기 위한 모듈이다. 이 책의 3장과 『일상문제 해결하기』의 4장을 참고하기 바란다. 만약 치료자 주도하에 실시되는 PST에서 자습서를 이용하는 것이라면, 자습서 4장의 관련 내용을 읽어 오게 하는 것과 연습을 숙제로 부과하는 것이 좋다.

주요 훈련목표와 활동

문제인식이라는 개념에 대한 설명과 토론 문제를 인식하는 일은 결코 쉬운 일이 아니라는 것을 환자로 하여금 깨닫게 한다. 문제는 대개 사회적 맥락 속에 끼여 있고, 사회적 맥락에는 문제와 관련 없는 많은 일들이 포함되어 있기 때문이다. 문제와 관련된 정보는 흔히 애매하거나 모호하며 금방 손에 잡히는 그런 정보가 아니다. 또한 대부분의 문제에는 스트레스가 담겨 있기 때문에 우리는 누구나 그런 스트레스에 따른 위협과 불안으로부터 자신을 보호하기 위해 이들 문제를 회피하고 싶어 한다. 이런 행위는 사실 자기-기만 행위인 것이다. 왜냐하면 사람들은 해결되지 않은 문제에 따른 부정적 경험(즉, 정서적 고통, 비효과적 수행)을 겪게 되면, 실제 문제는 인식도 못한 채 그런 부정적 경험을 '문제'라고 지칭하는 경향이 있기 때문이다.

문제가 생겼을 때 그것을 인식하는 능력을 향상시키는 방법에 대한 설명과 토론 및 예시

1. 느낌을 문제의 존재를 알리는 단서로 이용하라. 부정적 느낌 자체를 '문제'로 일컫는 대신, 그런 느낌을 문제가 존재한다는 신호로 간주하고, 이런 느낌을 유발하는 실제 문제가 무엇인지를 파악하기 위해 노력하게 하라. 그런 노력의 일환으로 주변 환경을 관찰하고 자신의 행동을 감시하도록 한다. 일상의 문제에서 흔히 유발되는 부정적 정서로는 불안, 불확실성, 우울, 분노, 불만, 실망, 혼돈, 죄의식, 부적절감, 무력감 등이 꼽힌다. 여기서 말하는 느낌에는 정서 상태(예: '나는 슬프다.')뿐 아니라 정서 상태와 함께하는 생리적 상태(예: '온몸이 부들부들 떨린다.' '이것만 생각하면 머리가 아프다.' '말문이 막혀 말을 할 수 없다.')도 포함된다.
2. 자신의 비효과적인 행동을 문제가 존재한다는 신호로 이용하라. 부정적인 정서만으로는 문제를 정확하게 인식하기 어려울 때도 있다. 실수를 여러 차례 반복하거나 오랫동안 효과적인 반응을 수행하지 못한 후에야 문제가 있음을 알게 될 수도 있다. 환자들에게는 비효과적인 행동에 집중하여 그런 행동을 '문제'로 규정하는 대신, 그런 행동을 단서로 이용하여 자신이 해결하지 못하고 있는 실제의 문제(개인적 요인과 환경적 요인 모두)가 무엇인지를 찾아보라고 지시한다.
3. 문제의 단서로 작용하는 생각을 활용하라. 부정적 정서 및 비효과적인 행동 외에도 문제가 있음을 말해 주는 생각도 있다.

다음과 같은 생각이 들면 문제가 존재한다는 신호로 간주하라. '저번 시험에서 만점을 받았어야 했는데, 이제 의과대학 진학은 다 틀렸어.' '이 달에는 청구서가 너무 많은 것 같은데! 아, 머리 아프니까 당분간 잊어버리자.' 'Sally가 들어줄지는 몰라도 Sally에게 결혼하자고 말해야겠어. 내 감정이 그러하니까 나는 그것을 따라야 해.'

4. 문제 체크리스트를 활용하라. 일단 부정적 느낌, 비효과적인 행동, 그리고 특정 생각을 단서로 문제를 찾으려는 활동이 전개되면, 구체적인 문제를 꼬집어 내는 도구로 체크리스트를 활용할 수 있다. 업무와 관련된 문제 확인에 이용될 수 있는 체크리스트의 보기와 일반적인 문제 확인에 이용될 수 있는 체크리스트의 보기가 〈표 8-3〉과 〈표 8-4〉에 각각 하나씩 제시되어 있다. 문제인식 훈련에 사용되는 총괄적 문제 체크리스트로는 'Mooney 문제 체크리스트' (Mooney & Gordon, 1950)를 꼽을 수 있다. 집단의 특성에 따라 다른 체크리스트가 있을 수도 있으며, 집단 구성원 대다수가 경험했을 수 있는 공통적인 문제응답은 새로운 체크리스트를 개발할 수도 있다. 예를 들어, 〈표 8-5〉는 암 환자를 대상으로 실시한 우리의 연구(A. M. Nezu et al., 1998; A. M. Nezu et al., 2003)에서 따온 목록이다. 만약 훈련이 집단으로 실시될 경우는 구성원 각자로 하여금 현재 자신이 경험하고 있는 문제 중 적어도 하나를 이 체크리스트에서 찾아내도록 하는 것이 좋다. 그렇게 함으로써 집단 구성원들은 다른 사람들도 비슷한 어려움을 겪고 있다는 것을

알아차릴 수 있고, 그런 자각을 통해 위안을 얻을 것이기 때문이다.

〈표 8-3〉 업무와 관련된 문제 체크리스트

일자리 찾는 문제?	다른 사람들과의 잦은 논쟁?
업무수행의 자율성 부족?	상충되는 업무과제?
구직 인터뷰 문제?	업무권한 부족/자기주장의 기회 부족?
진급 기회 제한?	책임이 과중?
부적절한 업무수행?	책임이 과소?
장기적 결근 또는 지각?	인정받지 못한다?
안전하지 못한 실습?	자신의 업무에 영향을 미치는 의사결정에 참여할 수 없다?
상사와의 의사소통 문제?	
업무과다?	작업환경이 혐오스럽고 건강에 안 좋다?
업무과소?	부적절한 급여 및 수당?
일이 너무 쉽다?	일을 자꾸 미룬다?
부하 직원과의 의사소통 문제?	업무가 안정적이지 않다?
일이 너무 어렵거나 복잡하다?	비생산적 회의?
해야 할 일이 분명하지 않다?	출퇴근 문제?
동료들과 관계가 좋지 않다?	시간 낭비?
업무의 목표가 애매하다?	너무 잦은 출장?

〈표 8-4〉 일반적 문제 체크리스트

직업이나 경력 문제?	부모나 다른 친척과의 문제?
마약 문제?	이웃과 관련된 문제?
결혼 문제?	지역사회와 관련된 문제?
시간 관리 문제?	사회적 관계의 결여?
아이들과의 관계 문제?	환경과 관련된 문제?
자기수련에 관한 문제?	대인 갈등?
자존심 결여문제?	제품이나 서비스에 관한 문제?
학업문제?	성적인 문제?
정서문제?	수면 문제?
일과 가족을 사이에 둔 갈등?	전문적 서비스 관련 문제?
윤리적 번민?	재정적인 문제?
종교적 문제?	질병이나 불구 문제?
학업과 가족을 사이에 둔 갈등?	사회/정부 서비스와 관련된 문제?
법적인 문제?	운동부족?
여가활동의 부족?	체중문제?
주택 및 가정 관리 문제?	세상사에 관한 문제?
운송문제?	음주문제?

〈표 8-5〉 암과 관련된 문제 체크리스트

신체적 문제	건강관리 팀과의 상호작용
• 걷기가 불편하다. • 집안일 하는 것이 힘들다. • 여가활동에 참여할 수 없다. • 체중이 줄었다. • 일을 하기가 어렵다. • 많은 고통이 있다.	• 원하는 정보를 얻을 수가 없다. • 의료팀과의 의사소통이 되지 않은 것 같다. • 내 마음대로 할 수 없는 것이 싫다. • 질문하는 것이 짜증난다. • 의사와 단 몇 분 이야기하기 위해 이렇게 오래 기다려야 한다는 것에 몹시 화가 난다. • 나는 환자일 뿐 사람이라고 느껴지지 않는다.
심리적 고통	**성문제**
• 내 몸매가 부끄럽다. • 그전보다 걱정이 훨씬 많다. • 바르게 생각하지 못하는 것 같다. • 결정을 내리는 데 어려움이 있다. • 친구들과 이야기하기가 어렵다. • 대부분의 친구들이 나를 피한다. • 언제나 슬프다. • 수면에 문제가 있다.	• 성에 대한 관심을 잃었다. • 성이 어렵다. • 파트너가 나와의 성관계를 더 이상 원 • 하지 않는다. • 스스로 매력이 없다고 느낀다. • 지금은 성이 매우 고통스럽다. • 남편에게 수술 자국을 보여 줄 수가 없다.
결혼 및 가족	
• 근래에 와서 대화를 많이 하지 못한다. • 우리 둘 사이에 정이 메말라 있다. • 나의 가족은 나를 혼자 내버려 두지 않는다. • 가족 내 역할에 변화가 있다.	

숙제

- 참여자들에게 다양한 체크리스트를 살펴보도록 하여, 자신들이 현재 경험하고 있는 문제가 어떤 문제인지를 알아차리게 한다.
- 참여자에게 문제를 해결하기 위해 감행한 자신의 시도를 계속

하여 스스로 감시하도록 한다(즉, PSSM 혹은 문제해결 이행표를 작성하게 한다.); 자신의 느낌과 생각과 행동에 관심을 집중하여 문제의 존재를 느낌이나 생각이나 행동이 없는지를 점검하게 한다.

모듈 6. 문제수용태도: 문제를 도전으로 간주하기

이 모듈은 내담자들이 긍정적 문제수용태도를 취하도록 돕기 위해 고안된 모듈 중 하나다. 구체적으로, 이 모듈은 내담자로 하여금 일상생활에서 생기는 문제를 위협, 갈등, 좌절 또는 혼란으로 간주하는 대신 성장, 완숙 또는 성취를 위한 기회나 도전으로 간주하도록 돕기 위해 고안되었다. 이 책의 3장과 『일상문제 해결하기』의 4장을 참고하기 바란다. 만약 치료자 주도하의 PST에서 이 자습서를 사용하는 경우라면, 자습서 4장의 관련 내용을 읽어 오게 하는 것과 연습을 숙제로 부과하는 것이 좋다.

주요 훈련활동

참여자에게는 문제를 겪으면서 잃을 실보다는 얻을 득을 생각하도록 한다 환자에게 (1) 최근에 경험한 정상적인 또는 보통의 문제(비정상 또는 일탈을 뜻하지 않는 문제)를 모두 생각해 내어 문제목록을 작성하게 한다. 그리고 (2) 문제들 중에서 무언가 가치 있는 것을 배우거나 어떤 면에서 자기발전을 위한 기회나 도전으로 간주할 수 있는 문제를 모두 생각해 내어 역시 문제목록을 작성하라고 지시한다.

만일 내담자들이 보통의 문제와 도전을 생각해 내는 일을 제대로 수행하지 못하면, PST 치료자는 모델이 되어 가상의 문제들을 만들어 보거나, 아니면 여러 가지 문제 체크리스트 또는 PSSM/문제해결 이행표에 기록된 내용을 토대로 문제들을 만들어 볼 수도 있다. 이 연습을 다소 수정하여 구성원들에게 문제 체크리스트를 나누어 주고, 그중에서 보통의 문제와 도전을 찾아내라고 주문할 수도 있다 (모듈 5 참조).

환자를 '반대 역할연기'에 끌어들인다 만일 환자가 부정적인 혼잣말을 계속하면, PST 과정 중에 '반대역할연기'를 사용하는 것이 도움이 될 수 있다. 이 기법은 Beck(1967)과 Ellis(Ellis & Dryden, 1997)가 개발한 여러 가지 인지치료전략을 근거로 개발된 것으로, 환자들이 자신의 비적응성 신념과 외부자극에 대한 왜곡된 지각을 스스로 바로잡는 일을 돕기 위한 기법이다(A. M. Nezu et al., 1998 참조). 이 기법을 연습할 때는 역할연기의 모양새를 취하여, PST 상담자가 일상의 문제에 대한 모든 비적응성 태도와 비합리적 태도를 가진 사람의 역할을 맡는다. 이러한 태도가 어떤 것인지는 〈표 8-6〉에 예시되어 있다. 이러한 부정적 문제수용태도를 지닌 사람으로 변신한 치료자는 이제 환자들이 토로하는 그릇되고 비적응적이며 역기능성 진술을 비판하는 것이 아니라 그런 진술을 옹호하는 이유를 대거나 주장을 펼친다. 이렇게 하다 보면 오히려 환자가 긍정적 문제수용태도의 여러 측면들을 말로 표현하기 시작한다. 누구든 문제에 대한 보다 적절한 신념을 찾아내어 그러한 태도(신념)의 타당성을 입증하게 하는 이런 과정을 거치다 보면, 스스로 그런 긍정적

〈표 8-6〉 역기능성 태도

1. 나와 비슷한 문제를 가진 사람은 거의 없다(심리적으로 취약한 사람이 아니라면). ____________ 을(를) 처리하는 데 어려움을 겪는 사람은 아무도 없다.
2. 내가 겪는 모든 문제는 전적으로 나 때문에 생긴 문제들이다.
3. 문제가 발생하면 피하는 것이 상책이다. 대부분의 문제는 저절로 사라진다.
4. 맨 먼저 떠오르는 해결책이 최선의 해결책이다. 반드시 이런 본능에 따라 움직여야 한다.
5. 모든 문제에는 완벽한 정답이 있다. 시간이 아무리 오래 걸리더라도 이런 완벽한 해결책을 찾기 위해 노력해야 한다.
6. 내가 지금 겪고 있는 문제와 똑같은 문제를 경험한 사람만이 나를 도울 수 있다. 그런 사람이 아니면 누구도 나를 도울 수 없다.
7. 사람은 바뀌지 않는다. 지금의 나가 곧 미래의 나일 것이 확실하다. 나이 든 개에게 새로운 재주를 가르칠 수는 없다.
8. 보통 사람은 대부분의 일상문제를 스스로 해결할 수 없다.

인 태도를 갖게 된다는 것이 이 기법의 기본 가정이다. 이 전략은 집단에도 쉽게 적용될 수 있는 전략이다. 집단에서는 구성원 각자로 하여금 부정적 태도와 긍정적 태도를 가진 사람의 역할을 번갈아 가며 말아 보게 한다.

숙제

- 여러 가지 문제 체크리스트를 자세히 살펴보도록 지시하여, 자신이 현재 경험하고 있는 문제가 어떤 문제인지를 깨닫게 한다.
- 참여자에게 문제를 해결하기 위해 감행한 자신의 시도를 계속하여 스스로 감시하도록 한다(즉, PSSM 혹은 문제해결 이행표를 작성하게 한다.); 자신의 느낌과 생각과 행동에 관심을 집중하여 문제의 존재를 신호하는 느낌, 생각 또는 행동이 없는지를 점검

하게 한다.

모듈 7. 문제수용태도: 정서의 활용 및 조절

이 모듈의 주요 목적은 문제해결과정에 관여하는 정서의 역할을 논의함과 동시에, 환자들에게 (1) 문제해결이 촉진되도록 정서를 활용하는 방법과 (2) 파괴적인 정서를 조절하는 방법을 가르치는 데 있다. 이 책 5장과 『일상문제 해결하기』의 4장을 참고하기 바란다. 만약 치료자 지도하의 PST에서 이 자습서를 이용하는 경우라면, 그 지침서 4장의 관련 내용을 읽고 연습을 수행하는 일을 숙제로 제출한다.

주요 훈련활동

문제해결에 관여하는 정서의 역할에 대한 설명과 토론 부정적 정서는 그러한 정서 상태에서 전개되는 문제해결의 효율성을 억제할 수 있다는 점을 강조하라(즉, 높은 수준의 정서적 각성은 과제와 관련이 없는 단서, 즉 비생산적인 걱정, 부정적 자기-판단, 위협적인 문제평가 및 혼란스런 생리반응 등에 주의를 분산시키기 때문에 수행의 효율성을 감소시킬 가능성이 높다.). 반대로 긍정적 정서(예: 희망, 안심)는 문제를 도전으로 지각할 때 야기되는 정서이기 때문에 문제해결의 효율성을 촉진시킬 가능성이 높다.

문제해결의 효율성을 촉진하는 정서 활용법에 대한 설명과 토론 다음은 문제를 성공적으로 해결하기 위한 노력의 일환으로 자신의 정서반응을 활용하는 방식이다.

1. 정서반응을 문제인식을 위한 단서로 사용한다. 부정적 정서반응을 경험할 때는 그러한 정서반응의 원인이 될 수 있는 문제상황을 찾아내려고 노력한다.
2. 문제해결을 위한 동기유발제로 사용한다. 앞서 논의되었던 문제해결에 대한 긍정적 인지구조 또는 수용태도(예: 문제를 위협이 아닌 도전으로 간주하는 태도)를 가지려고 노력한다.
3. 문제해결의 목표로 사용한다. 긍정적 정서(예: 자기가 가치 있는 존재라는 느낌, 성적 만족)의 확장 또는 부정적 정서(예: 불안, 분노)의 감퇴를 문제해결의 목표로 설정하는 것이 적절할 때도 많다. 예를 들어, 스트레스 상황이 비교적 고정적인 상황(예: 치매로 고생하는 부모님을 모셔야 하는 상황)이어서 쉽게 바뀔 것 같지 않을 경우의 유일한 현실적 문제해결 목표는 그런 현실을 받아들이고, 정서적 고통을 최소화하거나 자긍심을 유지하고 제고하는 일이라 할 것이다.
4. 해결책 선정 단계에서 해결결과를 예상할 때 고려되어야 할 성과로 사용한다. 해결책을 평가할 때는 반드시 각각의 해결책이 정서적 평안에 미칠 것으로 예상되는 효과를 평가준거의 하나로 고려해야 한다.
5. 해결책을 실행한 다음 그 성과를 평가하는 준거로 이용한다. 예상되는 느낌이 아니라 문제해결 후에 실제로 경험하는 느낌도 그 문제를 해결하기 위한 활동의 성과를 평가할 때 고려되어야 하는 중요한 준거다.
6. 효과적인 문제해결행동의 강화제로 사용한다. 효과적 문제해

결원칙을 조심해서 적용하면 문제해결활동의 성공적 수행이 촉진되고, 이는 다시 긍정적 정서반응(예: 희망, 안심)을 야기하게 된다. 그리고 이러한 긍정적인 정서경험은 효과적인 문제해결행동을 강화하는 보상으로 작용한다.

건설적 사고의 ABC 모형을 통해 방해성 정서를 조절하는 방법 이 전략의 이론적 근거를 설명할 때는 혼잣말로 중얼거리는 사람들의 생각, 상황에 대한 사람들의 기대, 그리고 세상이 어떻게 돌아가는지에 대한 사람들의 이해에 초점을 맞추어야 한다. 환자들에게 이론적 근거를 설명할 때는 인지와 정서 간의 연관성에 관한 다른 인지치료법(Beck, Rush, Shaw, & Emory, 1979; Beck, 1995)의 설명을 이용할 수도 있다. 그래서 여기서는 '건설적 사고의 ABC 모형' 을 환자들에게 제시하면서, 주어진 상황에 대한 사고방식이 그 사람의 정서 상태에 미치는 직접적 영향력을 설명하기로 한다. '건설적 사고의 ABC 모형' 에 따르면, 특정 사건에 대한 사람들의 내적 반응을 A는 실제 사건(Activating events), B는 A에 관한 그 사람의 신념(Belief), 그리고 C는 정서적 결과(Emotional consequences)로 분해된다.

그런 후 치료자는 정서적 반응을 야기하는 신념과 태도를 환자 각자에게 찾아내도록 하여 이 전략을 개별화한다. 이때 현재의 힘든 경험을 보기로 이용하면, 불쾌한 정서를 일으키기 쉬운 비건설적인 또는 부정적인 '혼잣말' 이나 사고를 어렵지 않게 진단해 낼 수 있을 것이다. 이러한 부정적 혼잣말이나 사고에는 (1) 강렬한 평가성 단어(예: "…해야만 한다." "…여야만 한다."), (2) 생사와 관련 없는 상황에서의 파국적 표현(예: "너무 화가 나서 돌아버리겠다." "내가 그렇게 이기적이었다는 게 믿기지 않는다."), 그리고 (3) 과장된 일반화(예: "이 세상에 그 누구도 이해할 수 없다.") 등이 포함된다.

환자들에게 자신의 혼잣말을 살펴보도록 지시한다. 그리하여 치료자는 환자와 함께 건설적이고 현실적인 진술(예: "…했으면 좋겠다." "…더 좋아했을 것이다.")과 비적응성 표현(예: "어리석게도… 하지 못했다." "…했어야만 했는데.")을 분리하는 작업을 한다. 환자가 부정적인 혼잣말을 하지 않도록 하기 위해 다음과 같은 방법을 가르칠 수 있을 것이다.

- 현실적인 진술문을 가지고 부정적 혼잣말에 반하는 주장을 편다.
- "…해야만 한다."와 같은 표현에는 "왜 그래야만 하는데?"라는 말로 반박한다.
- 파국적인 용어에 대한 의문을 제기하고, 문제상황의 실질적 손해를 사정한다.
- 과장된 일반화를 반박한다.
- 도전적이고 긍정적인 자기-진술(〈표 8-7〉 참조)을 사용한다.

PST 치료자는 이들 기법 중 대부분을 모듈 6에서 소개한 '반대 역할연기'와 같은 방식으로 활용할 수 있을 것이다.

〈표 8-7〉 긍정적 혼잣말

나도 이 문제는 풀 수 있다.
괜찮아! 서글픈 느낌이 들지만 이런 상황에서는 누구나 서글프게 마련인걸 뭐!
바람의 방향은 바꿀 수 없지만 돛을 조정할 수 있다.
모든 사람의 마음에 들도록 할 필요는 없다.
나는 두려움을 자신감으로 바꿀 수 있다.
나라고 즐거워 못 할 이유가 없잖아!
아무리 힘든 일이라도 끝은 있게 마련이다.
노력하면 나도 할 수 있다.
필요하면 인제든지 ___________ 의 도움을 받을 수 있다.
일단 시작만 하면 일은 쉬워진다.
긴장만 풀면 잘할 수 있어.
이 정도는 충분히 감당할 수 있지!
나는 두려움을 극복할 수 있다.
빗나가지만 않으면 돼.
걱정 같은 건 아예 하지도 않아.
기도를 하면 도움이 되지.
나는 나 자신이 자랑스럽다.
나도 현상유지는 충분히 할 수 있다.

스트레스 관리전략으로 방해성 정서를 조절하는 방법 장애물로 작용하는 방해성 정서를 조절하는 효과적인 전략에는 이완훈련법, 호흡법, 자율감정법, 유도 심상법 그리고 명상법이 포함된다(이러한 유형의 정서중심 대처전략을 소개하는 자습서를 원하면, Gramling & Auerbach, 1998; A. M. Nezu et al., 2005 참조). 정서적 각성을 줄이는 그 밖의 전략으로는 오락, 운동, 여가활동(예: 영화, 독서), 취미생활, 기도 등을 꼽을 수 있다.

숙제

- PSSM 방법 혹은 '문제-해결 검사' 이행표를 사용하여 환자들로 하여금 ABC 접근법을 실행에 옮겨 보도록 함으로써 정서적 반응에 대한 이해를 높이고 그러한 반응의 적절성 또는 역기능성을 판단할 수 있게 하라.
- 환자들로 하여금 부정적 사고를 저지하는 다양한 방법을 연습하도록 격려하라.

모듈 8. 문제수용태도: 멈추고 생각하기

문제가 존재한다는 단서에 더 민감해지면, 문제를 회피해 버리는 사람들도 있고 대책 없이 문제를 즉각적으로 해결하려는 사람들도 있다. 특히, 좋은 느낌이 빨리 오길 바랄 때(예: 공포나 슬픔을 줄이기) 그런 일이 벌어진다. 이 모듈의 목적은 이러한 두 가지 반응이 자동적으로 전개되는 것을 억제하기 위해 고안된 '멈추고 생각하기' 라는 전략을 익히도록 하는 데 있다. 이 책의 3장과 『일상문제 해결하기』의 4장을 참고하기 바란다. 만약 치료자 주도하의 PST에서 이 자습서를 사용하는 경우라면, 자습서 4장의 관련 내용을 읽어 오게 하는 것과 연습을 숙제로 부과하는 것이 좋다.

주요 훈련활동

충동적 문제해결 스타일과 회피형 문제해결 스타일에 대한 설명 및 토론 이들 두 유형의 스타일을 자신의 스타일과 비교하는 토론을 주선한다. 토론의 초점은 이 두 유형의 행동으로 야기될 부정적 결과에 맞춘다.

멈추고 생각하기 기법 교육 문제에 부딪히거나 부정적 느낌을 가질 때마다 '정지' 라는 교통 표지판이나 '빨간 신호등' 을 상상하며, '멈추고 생각하기' 라는 말을 혼잣말로 중얼거리도록 내담자들을 교육시킨다. "삼사일언(三思一言)" 과 같은 널리 알려진 말을 이용하면 도움이 될 것이다. 이 전략의 목적은 문제가 무엇인지도 모르면서 또 가능한 여러 가지 해결책을 따져 보기도 전에 문제를 해결하겠다는 충동적 행동을 하지 않도록 하는 데 있음을 명심하기 바란다. 많은 사람들이 스트레스 상황에서 '투쟁 또는 도피' 라는 이론에 친숙해지면서, 어떤 환자는 "투쟁, 도피 또는 생각" 이라는 문구를 만들어 내기도 하였다. 다시 말해, 스트레스성 문제상황에서 우리 인간이 선택할 수 있는 것이 세 가지 있는데, 그 세 가지가 곧 투쟁, 도피, 생각이란 뜻이다. 이 문구는 환자들로 하여금 부정적 감정의 소용돌이에 빠지기 전에 '멈추는 법' 을 배우고 또 문제의 본질을 이해하기 위해 '생각하는 법' 을 배우는 것이 얼마나 중요한지를 깨닫게 하는 데 꽤나 도움이 되는 것으로 알려져 있다. 또한 이 기법을 익히면, 문제를 회피하는 경향도 '멈출' 수 있고 또 충동적이고 부주의하게 행동하는 경향성도 '멈출' 수 있다.

숙제

- '멈추고 생각하기' 라는 문구를 나타내는 유인물이나 포스터(예: 빨간 신호등 또는 '정지' 표지판)를 만들어 주거나 환자들 스스로 만들도록 한다.

- 집에서는 눈에 잘 띄는 곳에 그 포스터를 붙여 놓도록 한다(예: 냉장고, 침실 거울).
- '멈추고 생각하기'를 떠올릴 수 있는 카드를 만들어 가지고 다니도록 한다.
- 스트레스 상황에서 시각화하고는 곧바로 커다란 '빨간 정지판'을 마음속에 그려 보는 일을 반복해서 연습하도록 한다.

모듈 9. 문제의 정의 및 공식화

문제의 정의 및 공식화(PDF)는 네 가지 합리적 문제해결기술 중 첫 번째 기술이다. PDF를 훈련시키는 중요한 목적은 문제의 본질을 더 잘 이해하고 현실적 목표를 설정할 수 있는 내담자의 능력을 제고하는 데 있다. 문제를 해결하기 위한 노력의 성패가 바로 이 기술로 결정된다고 봐도 과언이 아닐 것이다. 문제에 대한 정확한 이해 없이 성취하고자 하는 목표를 정확하게 알지 못한 채 해결책을 생성하고, 해결책을 선택하고, 해결책을 이행한들 문제가 성공적으로 해결될 가능성은 희박하다. 오래전에 John Dewey가 말한 것처럼, 문제를 정확하게 정의하고 나면 그 문제의 절반은 이미 해결된 것이나 다름없다. 이 책 3장과 『일상문제 해결하기』라는 자습서의 5장을 참고하도록 한다. 만약 치료자 주도하에 실시되는 PST에서 이 자습서를 병용하는 경우라면, 자습서 5장의 관련 내용을 읽어 오게 하는 것과 연습을 숙제로 부과하는 것이 좋다.

문제해결과정을 도로 건설용 지도 개발과정으로 개념화하면 훈련에 도움이 된다. 그러면 문제해결자가 여행자 또는 탐험가가 된다.

따라서 문제해결자(또는 여행자)가 맨 먼저 해야 할 일이 문제해결의 목표(또는 여행의 목적지)를 정하는 일이 된다. 두 지점을 잇는 가장 짧은 길은 직선이다. 그러나 걸어서 가든, 기차나 비행기 혹은 자동차를 이용하든 직선을 따라 가는 여행은 현실적으로 거의 불가능하다. 그러므로 문제를 정의하는 일의 일부는 목적 달성에 방해가 되는 여러 가지 장해물을 찾아내는 일이다. 그러한 장해물을 파악한 후에야 문제해결자는 그런 장해물을 극복할 수단을 찾아내거나 고안해 낼 수 있다. 이러한 비유를 이용하면, PDF에 포함된 다양한 개념과 목적을 설명하는 데 필요한 맥락이 설정될 것이다.

목적 및 주요 훈련활동

1. 문제에 관한 적절하고 사실적인 정보 수집
2. 문제의 본질 이해
3. 현실적인 문제해결 목표 설정
4. 개인적-사회적 행복을 위한 문제의 중요성 재평가

정보수집

문제에 관한 정보는 즉각적으로 손에 잡히지 않는 경우가 대부분이다. 이 때문에 문제의 정의가 제대로 이루어지지 않기도 한다. 문제의 정의 및 공식화에서 문제상황과 관련된 적절하고 사실적인 정보를 수집해야 한다고 강조하는 것도 바로 이런 이유 때문이다. 정보를 수집하는 과제를 수행할 때는 다음과 같은 유형의 질문을 이용하는 것이 효과적이다.

1. 관련된 사람이 누구인가?
2. 무슨 일이 일어나서(또는 일어나지 않아서) 귀찮은가?
3. 어디에서 일어난 일인가?
4. 언제 일어난 일인가?
5. 왜 그런 일이 일어났는가?(즉, 문제의 원인/이유로 알려진 것이 무엇인가?)
6. 상황에 대해 나는 어떻게 반응하고 있는가?(즉, 어떻게 행동하고 생각하며 느끼고 있는가?)

모듈 3에서 소개한 단순화 규칙에 맞추어, 위의 질문에 답이 되는 정보를 가능한 한 구체적인 용어로 기술하도록 지도한다. 그래야만 적절한 정보와 적절하지 못한 정보를 구분하기 쉽고, 또 객관적 사실을 근거가 부족한 가정이나 추론 및 해석으로부터 분리하기도 용이하기 때문이다. 예를 들어, 여러분이 찾고 있는 정보가 다른 사람의 행동에 관한 것이라면, 그 정보는 그 사람이 실제로 한 말이나 실행한 행동이어야 한다. "John은 너무 게으르다."라는 식으로 일반적이고 모호하게 표현하는 대신, "John은 출근 도장을 찍은 후에도 한 시간이 지날 때까지 일을 시작하지 않는다."로 기술하는 것이 John의 문제행동에 대한 구체적인 묘사라고 할 수 있다. 후자의 진술이 John의 문제행동을 더 정확하게 이해할 수 있게 한다.

이 과제를 용이하게 하는 또 다른 전략은 모듈 3에서 소개한 외현화 규칙에 따라 가능한 한 많은 정보를 기록으로 남기는 습관을 기르도록 하는 것이다.

사실과 가정을 구분하는 능력을 제고하기 위한 수단으로, 다소 모호한 사진이나 그림(예: 잡지의 광고에서 제품에 대한 설명을 삭제한 그림 또는 사진, 임상 전문가 사무실의 그림 등)을 준비한 후, 그것을 자극으로 사용하여 토론을 유도하는 방법을 권장한다. 내담자에게는 약 1분간의 시간을 주고 그 준비된 물체나 그림을 집중적으로 관찰하게 한 후 그 결과를 보고하라고 지시한다. 치료자나 환자 모두 나중에 있을 토론을 위해 이러한 관찰결과를 기록으로 남기는 것이 좋다. 내담자가 관찰결과에 대한 설명– 흔히 부정확한 평가, 왜곡, 추론 등이 포함된 설명–을 마친 후, 치료자는 일상적 문제해결활동에서 사실과 가정을 구분해야 하는 이유와 그런 구분을 하는 연습이 필요한 근거를 설명해 준다. 이 설명이 끝나는 즉시 치료자는 내담자를 지도하여 기록해 둔 관찰결과를 다시 살펴보면서 사실적 정보를 자기의 의견이나 판단 또는 추론과 구분하는 훈련을 실시한다. 즉, 그 그림 속에 실제로 들어 있는 것과 내담자가 그림 속에 들어 있었다고 가정한 것을 분류하는 작업을 실시한다.

문제와 관련된 적절한 정보에는 환경과 관련된 정보(예: 과제의 요구, 다른 사람의 행동과 기대), 당사자 개인과 관련된 정보(즉, 자신의 생각, 목표, 느낌, 신체적 감각, 행동 그리고 문제와의 관계), 이 두 요인 간의 상호작용과 관련된 정보가 포함된다. 이들 세 가지 정보를 찾아내는 데 유용한 시각화 기법(모듈 3 참조) 중 하나가 심상 역할-연기법(imaginal role-play technique)인데, 다음은 이 기법을 환자들에게 적용하는 하나의 예다.

눈을 감고, 계속 재발하는 문제의 한 장면이나 현재 진행되고 있는 문제의 일부 장면에 대한 최근의 경험을 마음속으로 재구성해 보라. 먼저, 여러분 자신이 실제 그 상황을 겪고 있다(관찰자의 입장에서 보는 것이 아니라)고 가정하고, 그 일이 실제로 일어나는 것을 상상으로 경험해 보라. 그 상황을 경험하면서 스스로에게 "나는 무엇을 생각하고 있고 또 무엇을 느끼고 있는가?"라고 물어보라. 그런 다음 그 경험을 반복해 본다. 그러나 이번에는 제삼자의 입장에서 마치 그 상황을 영화나 비디오테이프로 본다고 상상하라. 슬로모션으로 작동시키고 다음과 같은 질문을 스스로에게 해 본다. "무슨 일이 일어나고 있는 거야? 저사람(들) 무슨 말하는 거야? 저 사람들 뭘 하고 있는 거야? 저 사람들 느낌은 어떨까?" 이 기법은 미래에 있을 수 있는 문제를 예상하고 짚어내는 데도 이용할 수 있다.

객관적 방법으로 정보를 수집할 수 있는 또 다른 전략은 스스로 기자나 형사가 되어 보는 것이다. 기자나 형사는 특정 사건에 관한 정보를 공평하게 수집해야 한다. 기자는 사건과 관련된 사실을 찾아내기 위해 앞에서 열거한 질문의 답을 객관적 입장에서 모색한다. 기자는 믿을 수 있는 정보원을 통해 수집한 모든 사실을 전달해야 하는 윤리적 책임을 지고 있다. 그리고 형사는 상부에 사건을 보고해야 하고, 그때 '누가' '무엇을' '언제' '어디서' '어떻게' 라는 질문에 대한 답을 객관적이고도 철저하게 제시해야 한다. 그래야만 사건현장을 조사하지 않은 본부 사람들도 그 보고서만 보고 현장에서 어떤 일이 벌어졌었는지를 상세하게 알 수 있기 때문이다. 이러한 맥락에서 보면, 우리도 스스로 그런 역할을 맡아봄으로써 문제에 관한 객관적 정보(사실)수집능력을 향상시킬 수 있을 것이다.

문제의 본질 이해하기

문제의 본질을 이해하기 위한 PDF 훈련은 다음 두 가지 과제에 초점을 맞춘다.

1. 문제를 정확하게 정의하는 일에 방해가 될 수 있는 왜곡이나 오해 교정
2. 주어진 상황이 문제가 되는 이유 확인

왜곡 및 오해 교정 문제와 관련된 중요한 사실을 확보한 후에는 그 정보를 구조화하거나 처리해 보게(즉, 해석하고 평가해 보게) 함으로써, 문제의 본질을 더 잘 이해할 수 있도록 돕는다. 경우에 따라 느낌이나 가치 같은 주관적 요인이 알게 모르게 이 과정에 개입하여 왜곡을 야기하기도 한다. 왜곡된 정보는 문제에 대한 이해를 왜곡시킬 것이고, 그 결과는 비효과적인 문제해결로 이어질 것이다.

〈표 8-8〉은 사회적 정보를 처리할 때 흔히 일어날 수 있는 왜곡의 유형 몇 가지를 정리한 것이다(Beck et al., 1979). PST 치료자는 이들 개념을 내담자에게 설명해 주고, 내담자가 정보를 처리할 때 실제로 이런 왜곡이 벌어지면 피드백도 제공해 주어야 한다.

이 단계의 훈련을 받는 동안 심각한 왜곡을 계속해서 표출하는 사람이 있으면, 모듈 6으로 되돌아가서 반대 역할-연기를 실행하게 함으로써 그러한 왜곡을 극복하도록 도와야 한다는 점을 명심하기 바란다.

〈표 8-8〉 정확한 문제정의를 방해할 수 있는 흔한 왜곡들

1. **임의적 추론** 결론을 지지하는 충분한 사실적 증거가 없는데도 결론을 짓거나 또는 대안적 해석이 가능한데도 그런 해석을 배제하지 못한 채 결론을 내리는 일. 예를 들면, 어떤 여성에게 첫 데이트 요청을 거절당한 남자는 그 여자가 자기를 싫어한다고 단정해 버린다.
2. **선택적 추상화** 어느 상황에서 특정 정보나 단서만을 취사 선택한 후 가정이나 결론을 짓고, 이 가정 및 결론과 상치되는 중요한 정보를 무시해 버리는 행위. 예를 들면, 어느 운동경기에 팀 멤버로 참가한 한 남자가 팀의 다른 여러 멤버들이 심각한 실수를 자기보다 더 많이 범했다는 사실을 무시한 채 자기의 실수 때문에 팀이 승리를 잃었다고 단정해 버린다.
3. **지나친 일반화** 한 가지 일/사건만을 기초로 특정 계층의 사람이나 상황의 일반적 특성을 규정해 버리는 일. 예를 들면, 직원이 범한 단 한 번의 실수를 보고 그 직원을 '능력이 없는 사람' 으로 단정해 버리는 사장의 경우가 이에 속한다.
4. **과장 또는 과소평가** 특정 사건이나 일의 가치, 강도 혹은 중요성을 부풀리는 왜곡이 과장이고, 과소평가는 이와 반대되는 개념으로 특정 사건/일의 가치, 강도 또는 중요성을 지나치게 낮추어 보는 왜곡을 의미한다. 과장의 예로는 파티에서 새로운 사람들을 만났을 때 생길 수 있는 위험 부담을 부풀리는 일을 들 수 있을 것이고, 과소평가의 예로는 잘 알지도 못하는 동네에서 그것도 밤중에 차를 잠그지 않고 주차하고는 아무렇지도 않다고 생각하는 일을 들 수 있을 것이다.
5. **잘못된 귀인** 이는 문제의 원인을 자신에게서(예: '나는 항상 잘못만 저질러!') 혹은 다른 사람에게서(예: '나는 잘못한 게 없는데 항상 다른 녀석들이 말썽을 일으킨다고!') 찾으려는 경향성으로 극단적인 경우를 일컫는다.

문제의 원인 파악 문제란 현재 상태와 원하는 상태 간에 괴리가 있는데, 그 괴리를 제거하기 위한 반응이 장애물 때문에 방해받고 있는 상태 또는 조건이라고 할 수 있다. 문제와 관련된 사실적 정보가 충분히 확보된 후에는 다음의 세 가지 사항을 구체적으로 명시하도록 지시한다.

1. 현재의 상황에서 받아들일 수 없는 것이 무엇인지(현재 상태),
2. 이 조건이 어떻게 변하기를 바라는지(원하는 상태),
3. 어떤 장애물 때문에 현재 상태를 원하는 상태로 바꾸는 행동을 못하는지(무엇이 이 상황을 문제로 만들고 있는가?)

변화되어야 할 조건과 그 변화를 방해하는 장애물은 모두 환경적 사건일 수도 있고, 개인적 사건일 수도 있으며, 환경적 사건과 개인적 사건 간의 상호작용일 수도 있다. 환경적 사건에는 물리적 조건, 과제의 특성, 다른 사람의 행동, 규칙, 제도, 그리고 대인관계 등 다양한 구조적 조건이 포함된다. 개인적 사건에는 당사자의 행동, 신체적 조건, 가치관, 신념, 기대 그리고 불안과 분노 같은 정서적 조건이 포함된다. 변화에 대한 요구는 환경(예: 업무의 요구 특성)에 따라 시작될 수도 있고 당사자의 개인적인 요인(즉, 자신의 목표, 가치관, 관여 정도 등)으로 비롯될 수도 있다. 대부분의 경우 변화에 대한 요구, 즉 변화의 필요성은 이들 두 가지 요인(환경적 및 개인적) 모두 때문에 발생한다.

목표달성을 방해하는 장해물에는 다음과 같은 것들이 포함된다.

- 낯섦
- 복잡성
- 목표의 상치
- 기술 부족
- 자원 부족
- 불확실성

• 정서의 곤란

실생활의 복잡한 문제가 대부분 그렇듯이, 특정 상황을 문제상황으로 만드는 데는 여러 가지 요인이 작용할 수 있다. 즉, 장애물이 많아서, 여러 가지 목표가 서로 상치되기 때문에, 또는 자원이 부족해서 문제가 생길 수도 있고, 심한 경우는 이들 요인 모두 때문에 문제가 생길 수도 있다. 때문에 문제해결과정의 이 단계에서 수행되어야 할 과제 중 일부는 큰 문제를 여러 개의 작은 문제로 나누는 일이다. 목표를 설정할 때도 상위목표와 하위목표 간에 위계관계를 구축하는 일이 중요하다. 또한 해결책 선정 단계에서 여러 가지 대안 중 최선의 해결책을 선택하는 동안이나 해결책 실행에 관한 전반적 계획을 세우는 동안에는 여러 가지 해결 아이디어를 동시에 또는 순차적으로 조합해야 하는 경우가 허다하다. 다시 말해, 해결책 실행의 전반적 과정 중 일부는 특정 하위목표를 성취하도록 설계되고, 나머지 부분은 다른 목표를 성취하기 위해 조직되기도 한다.

문제해결자를 여행자에 비유한 보기로 돌아가면, 이 단계에서 자신에게 던져야 하는 질문은 'A(즉, 지금 내가 있는 곳)에서 B(내가 가고 싶어 하는 곳)로 가려는 나를 방해하는 것이 도대체 무엇인가?'라는 질문이다. 이 장애물 파악 훈련에 이용할 보기로는 앞 단계에서 작성한 PSSM이나 문제-해결 검사 이행표에 기록된 문제를 이용할 것을 권한다.

실제 문제 포착

때때로 사람들은 기본적이거나 일차적이거나, 또는 매우 중요한 문제에 초점을 맞추지 못하고 있을 수도 있다. 어떤 경우는 지금 관심을 두고 있는 문제가 그 사람이 미처 알아차리지 못하고 있는 더 크고 더 중요한 문제의 일부에 지나지 않는 작은 문제일 수도 있다. 때문에 특정(혹은 피상적) 문제에만 초점을 맞추다 보면, 폭넓은 문제를 다루는 데 필요한 해결책을 미처 생각하지 못할 수도 있다. 또 다른 경우, 그 문제가 '인과의 사슬로 연결된 문제' 에서 실제로 더 중요한 원인 문제가 아니라 덜 중요한 결과 문제일 수도 있다. 원인이 되는 일차적 또는 근본적 문제를 먼저 풀지 않고 이차적 또는 부수적 문제만을 해결하려고 한다면, 문제가 성공적으로 해결될 가능성은 낮다. 이차적인 문제를 해결하는 데 성공을 하더라도, 아직 해결되지 않은 일차적 문제는 곧 다른 문제를 일으킬 것이기 때문이다. 따라서 일차적 또는 기본적 문제를 꼬집어 내는 기술은 매우 중요하다. 어떤 문제가 기본적 또는 일차적 문제인지를 결정하는 데 유용한 기법으로, 문제의 해결 목표를 진술한 다음 스스로에게 '왜?' 라는 질문을 던져 보는 방법이 있다. 이 물음에 대한 답에서 좀 더 폭넓고 좀 더 기본적인 문제 또는 보다 중요한 일차적 문제가 무엇인지에 관한 단서를 얻을 수 있을 것이다.

복잡한 문제 다루기

때로는 문제 전체를 한 번에 다루기가 버겁다고 느낄 때가 있을 것이다. 그런 경우엔 단순화 규칙(모듈 6)에 따라서 문제를 좀 더 다루기 쉬운 작은 문제로 쪼개고, 중요성 또는 우선순위를 기초로 일정한 순서를 정한 후, 그 순서에 따라 한 번에 하나씩 해결하는 것이

보다 효과적인 방법이 된다. 예를 들어, 인과관계로 연결된 문제의 경우에는 가능하다면 원인에 해당하는 문제를 먼저 해결하는 것이 정석이다. 만약 이 첫 번째 문제가 풀리지 않거나 풀 수 없는 것임이 확실하면, 그때는 풀 수 있는 문제인 두 번째 문제를 해결할 수밖에 없을 것이다.

목표 설정

목표 설정에서 가장 중요한 두 가지 원칙은 (1) 구체적이고 분명한 용어로 목표를 진술해야 한다는 것과, (2) 실현 가능성이 희박한 목표의 진술을 피해야 한다는 것이다. 구체적이고 분명한 용어로 목표를 진술하면 적절한 해결책을 찾는 데 도움이 되고 나중의 문제해결과정에서 전개되는 해결책 선정, 즉 여러 가지 해결책 중 하나를 선택하는 일이 용이해진다. 실현 가능성이 낮은 비현실적 목표를 설정하게 되면 해결할 수 있는 문제도 해결할 수 없는 문제가 되어 버리고, 그리하여 만족스러운 해결책을 찾을 수 없게 되어 결국에는 분노와 더 많은 스트레스를 초래하게 될 것이다.

문제해결의 일반적 목표는 현재 상태와 원하는 상태 간의 괴리를 좁히는 것이다. 그러나 문제에 따라 구체적 목표는 (1) 현재 조건에서 변화에 대한 요구나 기대를 충족시키는 일, (2) 이러한 요구 충족을 방해하는 구체적인 장애물 극복, (3) 그 요구를 줄이거나 바꾸는 일, 또는 (4) 문제상황을 바꿀 수 없는 상황으로 인정하는 일, 또는 (5) 이들 네 가지 중 두 가지 이상이 조합된 목표로 설정될 수도 있다. 목표는 "어떻게" 또는 "무엇을"로 시작하는 의문문으로 진술되어야 한다. 예를 들면, "어떻게 하면 더 많은 남자들과 만날 수 있을까?" "무엇을 하면 일할 때 방해를 받지 않을 수 있을까?" "무엇을 해야 사장의 부당한 요구를 줄일 수 있을까?" "어떻게 하면 나의 결혼이 정말로 끝났다는 것을 받아들일 수 있을까?" 등이어야 한다.

문제의 재평가

일단 문제가 명확하게 정의가 되고 나면, 애매하고 정의되지 않았던 때와는 달리 이제 문제가 더 이상 위협으로 느껴지지 않을 것이다. 그러므로 이 시점에서 문제를 다시 한 번 검토할 필요가 있다는 점을 환자들에게 알리고 그렇게 하게 할 필요가 있다. 이 재평가는 단순한 득실분석으로 진행될 수도 있다. 문제를 해결하지 않았을 때 생기는 득실과 문제를 해결한 후에 생기는 득실을 비교하도록 하는 것이다. 이때 당장의 단기적 득실만을 따질 것이 아니라 장기적 득실까지 따져야 하며, 자신에게 생기는 득실뿐 아니라 주변 사람들에게 생길 수 있는 득실도 따지게 해야 한다는 점을 명심해야 할 것이다. "잃는 것은 무엇이고 얻는 것은 무엇인가?" "내가 얻을 것은 무엇일까?" "내가 잃을 것은 무엇일까?" "이 문제를 해결하지 않고 두면 1년 후, 5년 후, 10년 후에는 각각 어떤 득실이 생길까?" "이 문제를 해결했을 때 아버지/어머니께 어떤 득이 생기고, 해결되지 않으면 그분들께 어떤 실이 생길까?" 등등의 질문을 스스로에게 던져보라. 문제가 성공적으로 풀리든 풀리지 않든 잃을 것이 거의 또는 전혀 없다면, 그런 문제는 해로운 문제가 아니다. 만약 문제를 해결하지 않았을 때보다 문제를 해결했을 때 얻게 되는 득이 훨씬 크거나 또는 잃는 손실이 훨씬 적으면, 그런 문제는 중요한 문제가 된다.

환자들에게 이러한 득실을 종이에 적게 한다면 연습에 도움이 될 것이다. 예를 들면, 종이를 좌우 두 칸으로 만들고 왼쪽 칸에는 문제를 해결하지 않았을 때 생길 수 있는 득실을 적고, 오른쪽 칸에는 목표에 도달했을 때 생길 수 있는 득실을 적도록 한다. 그런 다음 환자들에게 그 결과를 비교하게 한다. 그리고는 이 득실분석을 이용하여 그 문제가 그들의 행복에 미칠 영향력을 다시 한 번 따져 보도록 한다. 목록에 나열된 것을 이용하면, 특정 행동이 유발할 다양한 결과를 예측할 수 있는 그 사람의 능력을 평가할 수도 있다. 이 능력은 나중에 전개될 해결책 선정 단계에서 요구되는 핵심적인 능력이기도 하다.

만약 내담자가 문제를 해결했을 때 예상되는 비용 및 문제를 해결하지 않았을 때 예상되는 비용을 강조하는 경향이 있으면, 그 사람은 계속해서 문제를 '위협'으로 인식하게 될 것이다. 그런 경우엔 "위협이 어디에 있는가?" "최악의 경우에 어떤 일이 벌어질까?"와 같은 질문에 답하게 한 후, 그 답을 기초로 토론을 벌일 수도 있다. 반대로 내담자가 문제를 해결함으로써 얻게 될 이득이나 기회를 강조한다면, 그 사람은 문제를 '도전'으로 인식하고 있음이 틀림없다. 따라서 문제에 대한 위협 및 불안을 느끼지 않게 되어 결국에는 문제를 해결하고자 하는 동기가 강화될 것이다.

숙제

다음 회기를 시작하기 전에 아래 질문이 들어 있는 PDF 이행표를 완성하도록 한다.

- 무엇이 문제인가?(사실을 기술한다. 구체적이고 분명한 말을 사용해야 함을 명심하라)
- 어떻게 해서 이것이 나에게 문제가 되는가?
- 나의 목표는 무엇인가?(현실적인 목표를 제시하라)
- 어떤 것이 나의 목표달성을 방해하는 주된 장해물인가?

모듈 10. 해결책 생성

해결책 생성(GOA) 과제의 기본 아이디어는 가능한 한 많은 해결책(대처 방안)을 생각해 냄으로써, 그중에 최선의 해결책이 포함되어 있을 가능성을 최대화하자는 것이다. 이 책 3장과 『일상문제 해결하기』의 6장을 참고하도록 한다. 만약 치료자 주도하에 실시되는 PST에서 이 자습서를 병용하는 경우라면, 자습서 6장의 관련 내용을 읽어 오게 하는 것과 연습을 숙제로 부과하는 것이 좋다.

이 모듈을 학습한 후에는,

1. 창의적 해결책 생성을 방해하는 장애물을 극복할 수 있어야 하고,
2. 아이디어를 생성하기 위해 브레인스토밍을 활용할 수 있어야 하고,
3. 적절한 해결책을 생성할 수 있어야 하며,

4. 전략과 전술 둘 다를 생각해야 한다.

창의적 해결책 생성을 방해하는 요인들

창의적 해결책 생성을 방해하는 주요 장애물에는 습관과 관습이 포함된다. 일상사에서는 습관이 도움이 되는 상황도 많다. 이런 상황에는 문제해결이 요구되는 장면도 있다. 예컨대, 과거에 배웠던 문제해결방식을 비슷한 새로운 문제에도 적용할 수 있을 때는 습관이 도움이 된다. 그러나 습관은 문제해결을 어렵게 만들기도 한다. 과거에 익힌 습관을 그것이 새로운 문제상황에 적용 가능한지 또는 적절할지를 따져 보지도 않고 '자동적으로' 적용하는 경우가 그런 경우에 속한다. 때문에 GOA 훈련에서 브레인스토밍 사용법을 가르침으로써 창의적 해결책 생성을 방해하는 장애물을 극복할 수 있도록 한 것이다.

해결책 생성을 위한 브레인스토밍

브레인스토밍은 (1) 다다익선의 원칙, (2) 판단보류의 원칙, (3) 다양성의 원칙이라고 하는 세 가지의 기본 원리에 근거한 사고기법이다.

다다익선의 원칙 다다익선의 원칙이란 더 많은 해결책을 생성할수록 그 속에 양질 또는 최상의 아이디어(해결책)가 포함될 가능성이 높다는 가정을 일컫는다. 이 원칙을 적용할 수 있게 하기 위해서는 내담자에게 "이제까지 사용했던 해결책, 일상의 평범한 해결책, 또는 과거에 성공적이었던 해결책 등에만 생각을 국한시키지 말고, 가능한 한 더 많은 대안을 생각해내려고 노력하라."고 종용해야 한다. 또한 "새로운 해결책 탐색을 너무 빨리 포기해서는 안 된다. 만일 머리가 '텅 빈' 것 같고 더 이상 아이디어가 생각나지 않으면, 휴식을 취하고(문제를 금방 해결해야 하는 것이 아닌 경우) 나중에 다시 시도하라."고 가르쳐야 한다.

판단보류의 원칙 판단보류의 원칙이란 해결책(또는 아이디어)을 생성하는 단계에서는 생성된 아이디어(또는 해결책)에 대한 평가 또는 판단을 하지 말아야 양질의 해결책이 생성될 가능성이 높다는 가정이다. 해결책에 대한 평가 및 판단은 해결책 생성 이후의 단계인 해결책 선정 단계까지 미루어야 한다고 강조하라. 내담자에게 "관습, 적절성, 실용성, 가능성 혹은 유용성과 같은 평가의 잣대를 모두 버리고 상상력을 '고삐 풀린 상태'로 풀어두고, 독창적인 아이디어를 많이 그것도 여과하지 말고 생성하려고 노력해 보라. '바보 같은' 또는 '우스꽝스러운' 아이디어를 생성하느라 시간 낭비하는 것은 아닐까 하는 걱정은 버려야 한다. '우스꽝스러운' 아이디어일지라도 갈고 닦으면 매우 훌륭하고 실현성 있는 해결책, 그런 우스꽝스러운 아이디어가 없었더라면 생각도 할 수 없었던 훌륭한 해결책을 만들어 낼 수도 있다."라고 가르친다. 예를 들어, 가정에서의 책임과 직장에서의 책임 간에 생기는 갈등 때문에 고민하는 사람에게는 '가정부 고용'이란 아이디어가 그럴듯한 해결책이 아닐지도 모른다. 하지만 이 아이디어는 "일주일에 몇 시간만 다리미질할 사람을 고용한다."라는 좀 더 실용적인 아이디어를 찾아내는 단서로 작용할 수도 있다.

다양성의 원칙 다양성의 원칙은 생성된 해결책의 범위가 넓으면 넓을수록, 또는 다양하면 다양할수록 양질의 아이디어가 더 많이 발견될 것이라고 가정한다. 구체적인 해결책을 생성할 때는 일반적인 접근법 또는 한 가지 전략밖에 생각하지 못하는 상황에 빠질지도 모른다. 이런 근시안적 경향성은 다다익선의 원칙과 판단보류의 원칙이 제대로 적용될 때도 일어날 수 있다. 따라서 관점을 바꾸어 보려면, 다다익선의 원칙과 판단보류의 원칙을 적용하여 만들어진 해결책을 살펴보고, 이들 해결책 속에 나타난 상이한 전략을 모두 찾아내 보라. 근본적으로 이 작업은 생성된 해결책을 일정한 특성에 따라 여러 가지 범주로 나누어 보는 분류작업에 속한다.

이렇게 분류된 전략(범주)들 중에서 구체적인 해결책이 안 되는 전략이 있더라도 그 전략 속에 숨은 구체적인 해결책을 더 많이 생각해 내려고 노력해 보라. 그런 후 아직도 밝혀지지 않은 새로운 전략을 계속해서 찾아보고, 그 전략에 숨은 구체적인 해결책을 찾으려 노력해 보라.

적절한 해결책 생성

해결책 생성은 그 자체가 상상력과 독창성을 요구하는 창의적 과정이긴 하지만 '자유연상' 과는 다르다. 여기서는 적절한 해결책, 그러니까 목표-지향적 해결책 생성이 강조된다. 목표-지향적 해결책이란 문제해결이라는 목표를 성취하기 위한 대처반응을 일컫는다. 특정 문제에 대한 적절한 해결책은 목표를 어떻게 진술하느냐에 따라 달라진다. 그러므로 여러 가지 해결책을 생성할 때는 상이하게 진술될 수 있는 목표(예: 과제의 요구조건을 충족시키는 것 대 과제의 요구조건을 줄이는 것, 환경조건을 바꾸는 것 대 환경조건에 따라 자신의 행동을 바꾸는 것)를 생각해 봐야 한다. 진술된 목표에 따라 좀 더 적절하고 효과적일 것으로 보이는 해결책이 있을 수도 있고 없을 수도 있다. 더욱이 대부분의 복잡한 문제는 잠재적 장애물이 많기 때문에 목표도 많고 해결책도 많아야 해결된다.

문제-중심 해결책 대 정서-중심 해결책

앞에서 지적했던 것처럼, 문제해결에는 문제-중심 대처(즉, 상황 자체의 본질을 바꾸는 것을 목표로 하는 대처)와 정서-중심 대처(즉, 바꿀 수 없는 상황에 적절한 목표를 달성하려는 대처)가 모두 포함한다. 정서-중심 대처의 예로는 배우자가 이혼을 단호하게 주장하기 때문에 이혼이 불가피한 상황을 들 수 있는데, 이러한 상황에서는 '어떻게 하면 남편과 다시 사랑을 할 수 있을까?'라는 목표보다는 '어떻게 하면 이혼을 쉽게 받아들일 수 있을까?'라는 목표를 설정해야 한다(9장의 사례 2 참조). 이처럼 정서-중심 대처에 초점을 맞추었으면, 문제-중심 대처를 위한 해결책을 생성하는 것보다 정서-중심 대처를 위한 해결책(예: 용인과 참을성 증진) 생성에 몰두할 필요가 있다.

구체적 해결책 생성

생성된 해결책은 구체적인 정도 또는 수준에서 서로 다를 수 있다. 가장 일반적 수준의 해결책을 전략이라고 한다. 전략(strategy)이란 목표는 명시되어 있는데, 그 목표를 달성하기 위한 구체적인 수단은 진술되지 않았거나 진술되었다고 하더라도 일반적인 또는 애매한 용어로 진술된 것을 일컫는다. 가장 구체적 수준의 해결책은 구체적인 행동과정을 묘사하는 전술이다. 전술(tactic)이란 정해진 목표달성에 필요한 수단을 행동적 용어로 명시해 놓은 것을 일컫는다. 전략 수준의 해결책은 구체적 행동을 진술하지 않고 있기 때문에 나중에 해결책 선정 단계에서 평가하기가 어렵다. 전략 수준의 해결책은 구체적 행동의 과정이라기보다는 일군의 대처반응이기 때문에 효과성 측면에서 매우 유동적일 수 있다. 그러므로 문제해결전략을 구체적인 행동의 과정으로 나누게 되면, 해결책 선정의 과정을 촉진시킬 수 있을 뿐 아니라 더 많은 해결책을 만들 수 있게 된다. 다음의 예를 고려해 보자.

정해 놓은 귀가 시간을 무시하는 십대 딸아이를 가진 부모는 '귀가 시간을 어기면 벌을 준다.' 는 전략을 만들 수 있다. 이 전략에는, 예컨대 '체벌하기' '집안일 시키기' 혹은 '권리 제한' 과 같은 여러 가지 구체적인 해결책이 담겨 있다. 그러나 이들 구체적 해결책의 효과는 다양할 것이다. '권리 제한' 은 다소 구체적인 전략이긴 하지만, 아직도 '토요일 밤 외출금지' '하루 동안 자동차 사용금지' 와 같은 더 구체적인 과정으로 세분화될 수 있는 전략이다. 일반적으로, 해결책의 진술은 구체적일수록 좋다. 그러나 사소한 차이밖에 나지 않아서 효과나 해결책으로서의 독특성에서 차이가 별로 없는 대안을 많이 생성하는 일에 시간을 허비해서는 안 될 것이다.

해결책 생성 연습

사람들을 창의적이게 만드는 재미있는 방법 중 하나는 사람들에게 주변에서 흔히 볼 수 있는 물건이 사용될 수 있는 모든 용도를 생각해 보라고 주문하는 것이다. 예컨대, "벽돌(또는 옷걸이, 빗자루)을 가지고 할 수 있는 모든 일을 생각해 보라."고 주문할 수 있다. 이 질문에 대답을 할 때는 브레인스토밍의 세 가지 원칙을 사용하도록 지시한다. 그리고 외현화 원칙에 따라 만들어 낸 답(즉, 생성된 아이디어)을 모두 기록하도록 한다.

이러한 가설적 문제를 연습 문제로 이용하면, 내담자들이 다양한 GOA 기술을 적용하는 기회를 가질 수 있다. 이 밖의 연습 문제로는 여러 가지 PSSM, 문제해결 이행표, 또는 PDF 양식에 이미 소개된 문제 중에서 분명하게 정의된 문제를 골라서 이용할 수 있다. GOA 기술을 이러한 문제에 적용할 때는 이상에서 배운 원칙을 준수하는 것이 중요하다고 강조해야 한다.

해결책의 양과 질을 향상시키는 도구

위에서 소개한 원칙들을 사용하여 생성된 여러 가지 해결책을 하나의 목록으로 작성한 후 다음 절차를 적용해 보라. 해결책의 양과 질을 높일 수 있을 것이다.

1. 조합 목록 속의 해결책들을 훑어보면서, 이들을 조합하여 새로운 해결책을 만들 수는 없을까 하고 생각해 본다.
2. 수정과 정교화 목록 속의 해결책들을 훑어보면서 각각의 해결책을 개선하거나 정교화시켜 새로운 해결책으로 만들 수는 없

을까 하고 생각해 본다.

3. 역할 모델 일상문제를 풀기 위한 해결책을 생성할 때는, 어떤 면에서는 여러분과 비슷하지만 그런 문제를 여러분보다 잘 처리한다는 점에서는 여러분과 다른 어떤 사람의 역할을 흉내 내 볼 수도 있다. 여러분이 부딪힌 그러한 문제상황을 잘 처리하는 '영웅' 처럼 행동하는 방법을 생각해 봄으로써 그 문제상황에 대한 더 좋은 해결책을 만들어 낼 수가 있다는 뜻이다. 예를 들어, "어떻게 하면 John처럼 행동하면서도 여자들과의 만남을 좀 더 효과적으로 이끌 수 있을까?" "총장은 이 문제를 어떻게 다룰 수 있을까?" 라는 질문을 스스로에게 던져 본다.
4. 시각화 시각화의 원리를 이용하면, 효과적인 해결책을 더 쉽게 찾아낼 수도 있다. 먼저, 문제상황을 마음속에 만들어 낸 다음, 자신이 그 상황에 처하여 문제해결의 목표를 성취하려고 노력하는 모습을 상상해 보라. 그렇게 하면 여러분의 상상력이 새로운 접근법을 발견하는 데 도움을 줄 수도 있을 것이다. 또한 강제결부법(forced relationships mothed)을 적용한 시각화 기법 중 하나로 동일한 상황을 효과적으로 대처하는 '영웅' 을 상상해 보는 방법도 있다.

해결책에 관한 정보 탐색

아주 어려운 문제나 매우 중요한 문제 또는 특이한 문제의 경우, 그 해결책에 관한 정보나 충고를 책, 전문가, 전문직에 종사하는 사람 또는 적절하고 믿을 만한 다른 정보원으로부터 구해야 할 때가 있을 수 있다. 예컨대, (1) 상당한 시간을 두고 노력을 했는데도 그럴듯한 해결책을 생각해 내지 못했다거나, (2) 생성해 낸 해결책이 몇 개 되지 않는다거나, 또는 (3) 나중 해결책 선정 단계 또는 해결책 실행 단계에 이르러서야 만족할 만한 해결책이 하나도 없다는 것을 알아차리게 되었다는 것은 이러한 정보 탐색이 필요한 단서라고 할 수 있다. 그러나 이러한 정보나 충고를 탐색할 때는 충고를 받으면 그대로 따라 하겠다는 식의 의존적인 태도로 이루어져서는 안 되고, 가능한 양질의 해결책 수를 늘림으로써 선택의 폭을 넓히겠다는 식의 독립적 태도로 이루어져야 한다. 그러므로 그럴듯한 해결책에 관한 정보만 수집할 것이 아니라 각 해결책의 장단점에 관한 정보도 함께 수집해야 한다는 점을 명심하기 바란다.

창의적 해결책 생성을 방해하는 정서적 장애물

불안이나 우울 같은 견디기 힘든 느낌은 사람의 주의력과 집중력은 물론 창의적으로 생각하는 일반적 능력까지 손상시킨다. 만약 그러한 정서적인 '장애물' 때문에 대안(해결책) 생성에 어려움을 겪는 내담자가 있다면, PST 상담자는 문제수용태도에 관한 실습(예: 반대역할연기, 문제해결에 성공하는 장면에 대한 시각화)을 다시 하게 함으로써 내담자 스스로 그런 장애물을 극복할 수 있도록 도와주어야 한다. 이 밖에 이완기법이나 다른 스트레스 관리기법을 가르치는 것도 적절한 처사일 수 있다.

숙제

- 현재 여러분이 경험하고 있는 개인적으로 중요한 문제(특히, 이

미 명확하게 정의된 문제)에 대한 대안(해결책)을 생성해 보라. 이때 여러 가지 브레인스토밍 원칙을 사용하라. 생성된 해결책을 목록으로 작성하여 다음 회기에서 벌어질 토론에 이용하도록 한다.

모듈 11. 해결책 선정

합리적 문제해결과제 중 세 번째 과제인 해결책 선정(DM)의 목적은 생성된 해결책들을 평가(즉, 비교 및 판단)하여 그중에서 최선의 해결책을 선정하는 데 있다. 효과적인 해결책에 대한 정의(2장 참조)에 따르면, 최선의 해결책이란 이득은 최대화하고 대가는 최소화하면서도 문제를 성공적으로 해결할 수 있을 것 같은 그런 해결책을 일컫는다. 이 책 3장과 『일상문제 해결하기』의 7장을 참고하기 바란다. 만약 치료자 주도하에 실시되는 PST에서 이 자습서를 병용하는 경우라면, 자습서 7장의 관련 내용을 읽어 오게 하는 것과 연습을 숙제로 부과하는 것이 좋다.

효과적인 해결책 선정 과정에서는 다음과 같은 활동이 벌어진다.

- 명백하게 비효과적인 해결책 솎아 버리기
- 가능한 결말 예상하기
- 해결성과 평가하기
- 효과적인 해결책 확인 및 해결계획 개발

비효과적인 해결책 걸러내기

생성된 많은 해결책 중에서 적절성이나 효과성이 명백히 떨어지는 좋지 못한 해결책은 초기에 걸러내 버린다. 그러면 해결책 선정의 과정이 훨씬 용이하게 진행된다. 해결책 생성과정에서 적용된 유일한 준거는 현재 문제와의 관련성이었다. 때문에 브레인스토밍 중에 여러 가지 비효과적인 대안(해결책)들이 생성되었을 가능성이 매우 크다. 그러므로 걸러내기 단계에서는 각각의 해결책을 하나씩 조심스럽게 평가하려 하지 않는다. 그 대신 쓸모없을 것 같은 해결책을 대충 추려 내는 것이 이 단계의 목적이다. 여기서 말하는 '쓸모없을 것 같은' 해결책이란 감내할 수 없는 위험을 수반하는 해결책 또는 가망성이 너무 낮은 해결책을 의미한다. 수용할 수 없는 위험이란 해결의 효과를 크게 떨어뜨리는 심각한 부정적 결말을 일컫고, 낮은 가망성이란 능력 부족이나 자원의 부족 또는 다른 장애물 때문에 그 해결책이 실제로 이행될 확률이 낮음을 뜻한다.

결말 예상하기

해결책의 결말을 예상할 때는 다음 두 가지 범주를 고려하도록 가르친다. (1) 가능성 추정, (2) 가치 추정이다. 특정 해결책의 가능성 추정은 다음 두 가지 평가로 이루어진다.

1. 그 해결책이 문제해결 목표를 실제로 성취할 가능성. 즉, 이 해결책을 실행하면 정말 문제가 해결될까?
2. 문제해결자가 그 해결책을 이행할 수 있을 가능성. 즉, 내가 그 해결책을 실행에 옮길 수 있을까?

특정 해결책의 가치 추정은 그 해결책을 실행하고 난 후에 생길 것으로 기대되는 모든 긍정적인 효과(즉, 이득, 소득)와 부정적 효과(즉, 비용, 손실)에 대한 예측으로 이루어진다. 이때 고려되어야 할 효과에는 사회적 효과는 물론 개인적 효과, 그리고 단기적 효과뿐 아니라 장기적 효과까지 포함된다.

다음은 반드시 고려되어야 할 중요한 개인적 결말을 정리한 체크리스트다.

1. 정서적 행복에 미치는 효과(기쁨 대 고통)
2. 투자된 시간과 노력
3. 신체적 강녕에 미치는 효과
4. 심리적 평강에 미치는 효과(예: 우울, 불안, 자존심)
5. 경제적 안정에 미치는 효과(예: 직업의 안정)
6. 자기-고양(예: 만족감, 지식)
7. 기타 개인적 목표, 가치, 몰두에 미치는 효과

다음은 반드시 고려되어야 할 중요한 사회적 결말을 정리한 체크리스트다.

1. 중요한 주변 사람들의 개인적 혹은 사회적 행복에 미치는 효과
2. 다른 사람의 권리에 미치는 효과
3. 중요한 대인관계에 미치는 효과
4. 개인적 또는 사회적 지위평가에 미치는 효과(예: 평판, 지위, 신망)

이상의 체크리스트에서 실생활 문제의 해결은 그 문제를 해결하

는 데 어느 해결책이 실행되느냐에 따라 서로 다른 많은 효과를 초래한다는 사실이 명백해졌다. 우리가 의식하고 있는 마음의 용량은 한정되어 있기 때문에 우리는 많은 양의 정보를 동시에 다루기 어렵다. 따라서 예상되는 중요한 결과(예: 죄의식을 느낄 가능성이 크다, 부모님께 큰 상처를 입힐 것이다, 결국에는 직장을 잃을 수도 있다.)를 기록으로 남기는 것이 특히 중요하다. 이렇게 함으로써 우리는 해결책 평가를 훨씬 용이하게 할 수 있을 것이기 때문이다.

해결성과 평가

우리 마음은, 해결책을 비교하고 판단할 때 그 해결책을 실행했을 경우에 예상되는 모든 결과를 가늠할 수 있을 만큼 처리용량이 크지 못하다. 그러므로 해결책을 평가할 때는 다음 네 가지 성과준거에 초점을 맞춤으로써, 평가과제를 단순화시킬 필요가 있다.

1. 이 해결책으로 그 문제가 해결될까?
2. 내가 이 해결책을 수행할 수는 있을까?
3. 장기적, 단기적으로 나에게 미칠 전반적 효과는 무엇일까?
4. 장기적, 단기적으로 타인에게 미칠 전반적 효과는 무엇일까?

초기에 실시된 해결책 걸러 내기 이후에 남아 있는 모든 해결책에 대해, 위의 네 가지 질문을 던지고 간단한 평정척도(예: 부정 = −1, 중립 = 0, 긍정 = 1)를 이용하여 그 질문에 대한 반응을 기록하도록 한다. 위험부담이 큰 문제, 즉 해결책이 비효과적이면 심각한 결과가 야기될 수 있는 그런 문제의 경우는 좀 더 복잡한 평가체제(예: 약간 만족 = 1에서 매우 만족 = 5까지의 5점 척도)를 개발할 수도 있다. 그리고 필요한 경우는 특정 성과준거에 비중을 높이거나, 그 준거의 최하점을 높게 설정함으로써 그 준거를 강조할 수도 있다. 예를 들면, 만일 주어진 문제의 경우 정서적 행복이 특히 중요하다고 판단되면, 그 준거에 대한 평정에서 '+' 값을 받지 못한 모든 해결책을 평가대상에서 제외시켜 버리는 식이다. 또한 문제상황에 따라 새로운 성과준거를 추가할 수도 있고 이미 소개한 성과준거를 삭제할 수도 있다. 예를 들면, 어떤 상황에서는 경비가 특히 중요한 준거가 될 수도 있다(예: 세탁기가 고장 났을 때 어떻게 할 것인지). 이런 경우는 이 준거를 개인에 미치는 전반적 효과의 일부로 생각할 것이 아니라, 별도의 준거를 설정하여 따로 고려할 수도 있다. 평가체제가 어떠하든, 성과평가에서 중요한 것은 득실분석의 절차를 체계적으로 만들어야 한다는 점이다. 그러나 문제가 극히 복잡하지 않은 한, 위에서 소개한 간단한 척도(즉, −1에서 +1까지)를 이용하여 해결책 선정의 과정을 간편하게 하는 것이 더욱 바람직하다.

다양한 해결책 및 이들에 대한 평정치는 외현화의 원칙에 따라, 반드시 기록으로 남기도록 하라. 대안을 비교하는 과제를 단순하게 하려면, 〈표 8-9〉에 제시된 것과 같은 양식(자습서 『일상문제 해결하기』의 7장에 실어 놓은 '해결책 선정 이행표' 도 보라)을 이용하여 이들 내용을 요약할 수 있다. 〈표 8-9〉에는 "어떻게 하면 배우자로 하여금 결혼에 대해 좀 더 진지하게 이야기하도록 할 수 있을까?"라는 문제에 대한 그럴듯한 해결책들이 나열되어 있다. 이 표에서는 평정치를 의도적으로 기록하지 않았는데, 그 이유는 이런 문제를 겪고 있는

〈표 8-9〉 해결책 선정 이행표

해결책	문제해결	실행가능성	개인적 효과	사회적 효과
1. 그에게 돈을 준다.				
2. 식사 중에 그에게 말을 건다.				
3. 그에게 e-mail을 보낸다.				
4. 편지를 보낸다.				
5. 녹음한 메시지를 남긴다.				
6. 잊어버린다.				
7. 고함을 지른다.				
8. 친구에게 부탁한다.				
9. 통신원을 고용한다.				

사람에 따라, 그리고 이 문제에 관련된 다른 사람의 형편에 따라 그 값(평정치)이 크게 달라질 것이라는 점을 강조하기 위함이었다.

해결책에 대한 예상과 평가의 어려움

실제로 적용해 보기 전에 특정 해결책의 구체적인 결과를 예상하고 평가한다는 것은 결코 쉬운 일이 아니며, 특히 정서나 느낌과 같은 주관적 결과에 대해서는 더욱 그렇다. 이런 경우에 도움이 될 수 있는 방법으로는 행동시연과 심상시연의 시각화 기법을 들 수 있다. 행동시연 혹은 역할연기(PST 상담자와 함께 또는 집단 PST일 경우 다른 집단 구성원과 함께)는 특히 대인관계 문제(예: 상대방의 공격적인 행동에 대처하기)에 유용한 방법이다. 행동시연이 곤란한 상황일 때는 구성원에게 심상시연을 해 보라고 권할 수도 있다. 심상시연은 여러 가지 대응방법을 마음속으로 실험해 보는 방법이다. 이 두 가지 시연방법 모두 구성원으로 하여금 여러 가지 해결책의 사회적 및 정서적 효과를 찾아내고 평가하는 일에 도움을 줄 수 있을 것이다. 결과에 대한 내담자의 경험능력을 향상시키고자 할 때는 모듈 4의 시각화 연습에 사용된 질문 중에서 유사한 유형의 질문을 골라 쓸 수도 있을 것이다.

효과적인 해결책 확인 및 해결계획 개발

가용한 해결책들에 대한 체계적인 평가를 마친 다음에는 스스로에게(또는 내담자에게) 다음 세 가지 질문을 답하게 한다.

1. 해결 가능한 문제인가?(즉, '만족할 만한 해결책이 있는가?')
2. 실행할 해결책이나 해결책들을 선택하기 위해 정보가 더 필요한 것은 아닌가?
3. 어떤 해결책 또는 해결책의 조합을 실행에 옮겨야 할까?

만약 첫 번째 질문에 대한 반응이 부정적이고, 두 번째 질문에 대한 반응이 '그렇다'로 결정되면, '문제의 정의 및 공식화' 단계로 되돌아가서 더 많은 정보를 수집하고 문제를 해결될 수 있는 문제(예: 수용을 강조하는 목표, 감정 조절, 개인적 성장에 초점을 맞춘 문제)로 재정의해야 한다. 그러나 만일 첫 번째 질문의 답이 긍정적이고 두 번째 질문의 답은 부정적이라면, 세 번째 질문으로 넘어가 해결책을 실행하기 위한 전반적인 해결계획을 세우도록 한다.

해결책 실행계획은, 긍정적 결과는 극대화하고 부정적 효과는 최소화하면서 문제는 만족스럽게 해결해야 한다는 일반적인 목표와 일치해야 한다. 해결계획은 간단할 수도 있고 복잡할 수도 있다. 선택된 해결책이 하나뿐이거나 실행과정이 하나뿐인 해결책이 선택되면, 해결계획은 간단할 것이다. 단 하나의 해결책만으로도 만족스러운 성과가 예상되는 경우는 간단한 계획만으로도 충분할 수 있다. 복잡한 해결계획에는 해결책 조합과 유관계획이라는 두 가지 유형의 계획이 있다. 해결책 조합이란 두 가지 이상의 해결책을 선택하여 동시에 실행하려는 계획이다. 이러한 해결계획은 어떤 해결책 하나만 이행했을 때보다 두 개 이상의 해결책을 동시에 실행했을 때 그 효용성이 더욱 클 것으로 판단될 때 이용된다. 앞에서도 언급했듯이, 일상생활의 많은 문제는 매우 복잡하기 때문에 여러 다양한 장애물을 극복해야만 해결되는 경우가 대부분이다. 그러므로 구체적인 전술을 여러 가지 찾아내어 이들을 조합하여 하나의 해결계획을 세우는 것이 바람직할 때가 많다. 유관계획에서는 두 가지 이상의 해결책을 선택하여 이들을 동시에 실행하지 않고 조건부로 실행한다. 예컨대, 해결책 A를 먼저 실행한 후에도 문제가 해결되지 않으면 해결책 B를 실행하고, 그래도 문제가 해결되지 않으면 이번엔 해결책 C를 실행하는 식의 문제해결계획을 유관계획이라 한다.

또 다른 형태의 유관계획은 A라고 하는 특정 실행과정을 먼저 이행한 후, 그 성과에 따라 B 또는 C라고 하는 실행과정을 이행하는 방식을 취한다. 유관계획은 어떤 단일 해결책의 성과나 해결책 조합의 성과가 너무 불확실하여 맨 먼저 실행한 해결책이 만족스러운 결과를 야기하지 못하는 경우, 시간을 절약하기 위한 대비책이 필요할 때에 유용한 계획이다. 일단 해결계획이 마련되면, 해결책을 실행에 옮기기 직전의 마지막 단계는 이 계획이 정확하게 언제, 어디서, 어떻게 실행될 것인지를 자세하게 기록하는 과제로 마무리된다.

숙제

- 〈표 8-9〉에 포함된 준거를 사용하여 앞 단계에서 만들어 놓은 실생활 문제에 대한 해결책들을 평가해 보라(혹은 『일상문제 해결하기』의 '해결책 선정 이행표'를 완성해 보라).

모듈 12. 해결책 실행 및 확인

합리적 문제해결의 마지막 과제인 해결책 실행 및 확인(SIV) 과정의 목적은 선택된 해결책을 실행한 후 그 성과를 평가하고 그 해결책의 유용성을 확인하는 데 있다. 이 단계에 오면 문제는 적어도 상징적으로는 해결된 셈이다. 하지만 해결계획의 실제 효과는 아직 확인되지 않은 상태다. 어떤 해결책의 실제 효과를 확인하는 유일한 방법은 해결계획을 실행한 후, 그 성과를 객관적으로 평가해 보는 방법밖에 없다. 이 책 3장과 『일상문제 해결하기』의 8장을 참고하기 바란다. 만약 치료자 주도하에 실시되는 PST에서 이 자습서를 병용하는 경우라면, 자습서 8장의 관련 내용을 읽어 오게 하는 것과 연습을 숙제로 부과하는 것이 좋다.

SIV 과정은 다음 네 가지 요소로 구성된다.

1. 해결책 실행
2. 자기-감시
3. 자기-평가

4. 자기-강화

해결책 실행

해결책 실행이란 해결계획을 실행에 옮기는 것을 의미한다. 문제해결능력 외에도 많은 요인들이 해결책을 성공적으로 실행하는 데 영향을 미친다는 사실을 유념하기 바란다. 예상하지 못했던 환경적 장애물(예: 문제상황의 악화, 자원의 고갈)을 만날 수도 있고 또 개인적 장애물(예: 정서적 억압, 능력이나 기술의 부족)을 만날 수도 있다. 특정 해결책에 대한 주변으로부터의 보상을 과대 추정했다는 사실을 뒤늦게 깨달을 수도 있으며, 그 결과 해결계획을 완료하려는 동기가 줄어들 수도 있다. 이러한 장애물 때문에 효과적인 해결책 실행이 불가능해지면, 문제해결자는 (1) 문제해결과정의 전 단계로 되돌아가 좀 더 효과적으로 실행될 수 있는 다른 대안을 찾을 수도 있고, 또는 (2) 새로 등장한 이들 장애물을 극복하는 데 초점을 맞출 수도 있다.

이 시점에서 장애물을 경험하는 사람들이나 수행기술이나 불안관리 기술에 심각한 결함을 경험하는 사람들이 있으면, 그들에게 구체적인 대처수행기술 및 각성-중심 대처법(예: 이완훈련, 명상)을 훈련시킬 필요가 있다. 이 시점은 앞에서 사용했던(모듈 11) 행동시연 및 심상시연 기법을 사용하기에도 적절한 시점이라 할 수도 있다. 그러나 이 훈련을 진행할 때는 성과평가에 초점을 맞추어 진행할 것이 아니라, 기술향상 및 불안감소라는 목적을 달성하는 데 필요한 대처반응의 반복적 리허설에 초점을 맞추어 진행해야 한다. 그리고 PST 치료자는 스스로 모델이 되어 해결책 수행 시 전개되는 사고과정을 시범으로 보여 줄 수도 있다. 물론 이 시범은 생각-말하기(think-aloud)로 진행될 것이며, 실제 말로 표현되는 것은 이 과정에서 따라야 할 여러 가지 단계에 대한 생각과 새로운 장애물을 극복하기 위한 전략에 대한 생각이 될 것이다(예: "우선 목표부터 진술한다. 그런 후 내 힘으로 이 문제를 해결했을 때 일어날 긍정적 성과를 생각해 봐야 하겠지? 이제 숨을 크게 들이쉰 다음, 해결계획을 행동으로 옮겨야 할 때가 된 것 같군. 상사에게 이야기를 할 때는 불안해질 수도 있으므로 그를 만나기 직전에 말할 것을 미리 연습할 필요가 있지. 그리고 말을 할 때도 억지로라도 차분하게 말을 해야 한다는 걸 잊지 말아야지. 그래야 덜 불안해질 테니까……." 등등). 끝으로, 외현화 원칙을 준수한다는 마음으로, PST 상담자와 내담자는 이 해결책이 실행될 구체적인 방식을 명시하는 사용 설명서를 작성하도록 한다.

만약 해결계획을 행동으로 옮기는 일을 주저하는 사람이 있으면, 다음과 같은 연습을 사용할 수 있다. 먼저, 참여자들에게 주어진 문제가 해결되지 않았을 때 어떤 결과가 유발될 것 같은지에 대한 브레인스토밍을 해 보라고 지시한다. 이 과제를 수행하는 동안에도 참여자들에게는 지금까지 익힌 브레인스토밍 기술과 해결책 선정 기술을 사용하고 또 해결되지 않은 문제가 야기할 수 있는 개인적, 사회적, 단기적, 장기적 결과까지를 생각해야 한다고 주지시킨다. 이때 PST 상담자는 참여자에게 이렇게 생성된 결과는 주어진 문제가 해결되지 않았을 때 예상되는 실질적 효과를 나타내는 것이지, 비현실적이고 부정적으로 왜곡된 결과를 나타내는 것이 아니라는 점을 깨닫도록 해야 한다. 해결되지 않은 문제에서 야기되는 이 결과를 목록으로 만들게 하는 주된 목적은 주어진 문제가 해결되었을 때 얻게 될 이득 및 정신적 안정감에 비해, 그 문제가 해결되지 않았을 때 겪게 될 위험 및 비용이 얼마나 큰지를 부각시켜 그 사실을 내담자 스스로 깨닫게 하는 데 있다. 그러므로 다음 단계에서는 그 문제를 해결했을 때 예상되는 결과를 내담자 스스로 정리하게 한 다음, 문제를 해결하지 않았을 때 예상되는 결과와 비교하게 한다. 즉, 득실을 분석하게 한다. 그런 후 문제를 해결하려고 노력할 것인지, 아니면 포기할 것인지를 결정하도록 한다.

자기-감시

자기-감시는 해결책 수행 및 그 성과를 기록하는 행위와 스스로를 관찰하는 행위 모두를 일컫는다. 해결성과에 대한 평가가 정확하고 타당하게 이루어질 수 있도록 수행을 기록하고 측정하는 방법에는 여러 가지가 있다. 특정 문제를 위한 해결계획 수행을 기록하고 측정하는 최적의 방법은 평가대상, 즉 대처행동 또는 수행의 유형에 따라 달라진다. 다음은 공통으로 애용되는 측정치들이다.

1. 반응빈도　단순히 반응 횟수를 헤아릴 수도 있다. 예를 들어, 담배꽁초의 개수, 교실에서 아이가 제자리를 떠나는 횟수, 순서에 맞지 않게 말하는 횟수, 십대 딸이 귀가시간을 어긴 횟수, 데이트를 요구한 횟수 등이 이 측정치에 포함된다.
2. 반응지속 시간　특정 반응을 완수하는 데 걸리는 시간을 기록할 수도 있다. 예를 들어, 리포트를 끝내는 데 걸리는 시간, 책을 읽은 시간, 매일 운동을 하는 시간, 출퇴근에 소요되는 시

간, 하루 중 잠을 자는 시간 등이 이 측정치에 포함된다.

3. 반응시간　특정 사건 또는 일이 발생한 순간부터 그에 대한 반응이 시작된 순간까지의 시간간격을 기록할 수도 있다. 예를 들어, 수업에 몇 분이나 늦는지, 정해진 귀가시간보다 몇 시간이나 늦게 귀가하는지, 저녁식사 시간보다 몇 분이나 늦게 식탁에 나오는지, 일을 맡은 후 완료하는 데 걸리는 시간 등이 이 측정치에 포함된다.
4. 반응강도　불안의 정도, 두통의 강도 및 심각성, 우울의 정도, 성욕의 강도, 특정 행동과 결합된 기쁨 또는 만족의 정도 등을 평정할 수도 있다. 이러한 평정치의 측정에는 간단한 척도(예: 1=아주 약함, 5=아주 강함을 나타내는 5점 척도)가 흔히 이용된다.
5. 반응의 결과　행동 그 자체를 측정하는 것이 아니고 행동의 부산물 또는 효과를 측정할 수도 있다. 예를 들어, 데이트가 받아들여진 횟수, 시간당 포장한 박스의 개수, 판매한 상품의 개수, 책 읽기를 마친 장수, 체포당한 횟수, 해결된 문제의 개수 등이 포함된다.

자기-평가, 자기-보상 그리고 수정보완

해결계획 수행이 완료되거나, 또는 해결계획 실행에 관한 기록이 상당 기간 지속되어 진척을 평가하는 데 충분한 자료가 확보되면, 내담자(문제해결자)로 하여금 해결성과를 평가하도록 해야 한다. 이 평가에는 해결책 선정 단계에서 해결책을 평가할 때 사용했던 것과 비슷한 성과준거와 평정절차를 사용해야 한다. 이 평가의 근본 과제는 문제해결자가 다음 질문에 답을 찾는 것과 같다.

1. 이 해결책으로 그 문제가 해결되었는가?
2. 장기적, 단기적으로 나 자신에게 나타날 전반적 효과는 무엇인가?
3. 장기적, 단기적으로 타인에게 나타날 전반적 효과는 무엇인가?

실제의 성과와 해결책 선정 시점에서 예상했던 성과와 비교했을 때 '만족스러운' 으로 판정되면, '해결책 실행 및 확인' 단계의 마지막 절차인 '자기-강화' 에 들어갈 수 있다. 스스로에게 '일을 잘 한데 대한' 칭찬의 말을 건넴으로써 스스로를 강화하라는 뜻이다. 간단히 "축하해, 정말 잘했어!" 와 같은 긍정적인 자기-표현이 될 수도 있고, 또 즐길 수 있는 여가활동을 즐기거나 사고 싶었던 물건을 구입하는 등 좀 더 실질적인 보상을 줄 수도 있다. 긍정적인 해결성과는 자기-강화의 기회를 제공하는 것 외에도 그 자체로 매우 강력한 강화인으로 작용할 것이기 때문에, 사람들은 더 큰 자신감과 성숙감을 느낄 것이다.

그러나 실제의 해결성과와 기대했던 성과 간의 차이가 커서 해결성과가 '만족스럽지 못한' 으로 판정된 때는, 수정보완의 절차를 밟아야 한다. 즉, 문제해결자는 문제해결과정으로 되돌아가 좀 더 효과적인 해결계획을 수립하기 위해 어느 부분을 수정하고 보완해야 하는지를 결정해야 한다. 즉, '해결계획은 적절하게 실행되었는가?' '해결책은 충분히 생성되었는가?' '중요한 결과를 모두 확인했는가?' '목표가 현실적이었는가?' 등등에 대한 답을 모색해야 한다. 만약 해결계획을 여러 차례 시도한 후에도 성공하지 못한다면, 그 문제를 해결하기 위한 독자적 노력은 더 이상 무의미하다는 점을 인정해야 한다. 그리고는 그 문제를 새로운 문제로 다시 정의하거나 또는 그 문제에 대해 더 많은 지식을 가진 누군가의 도움을 청할 수도 있을 것이다. 바로 이때가 PST 상담자가 내담자에게 중요한 피드백을 제공해 주고 또 용기를 북돋아 주느라 바빠야 할 바로 그런 시기인 것이다.

숙제

- 실생활 문제를 위한 해결계획을 실행해 보라.
- 성과를 감시하고 기대했던 결과와 실제 결과를 비교해 보라.
- 자기-강화를 실행에 옮겨 보라.

모듈 13. 지도하에 연습

PST의 이 단계는 치료자의 지도하에 연습이 진행되는 단계다. 이 단계의 훈련 목적은 전문성과 학습한 것을 다른 시기 및 다른 문제 장면에 적용할 수 있는 능력을 제고하는 데 있다. 치료자는 특히 이 훈련에 많은 시간과 노력을 투입해야 한다는 것을 강력히 권장한다.

이 시점에 오면, 지금까지 소개한 12개의 모듈 모두를 이행하였든, 아니면 개인별 치료계획에 맞추어 이들 중 일부 모듈만을 이행하였든, 이 책의 모형에 근거한 전반적 훈련은 완료된다. 따라서 치료자의 지도하에 실시되는 이 연습의 대부분은 '모든 것을 종합하여' 실생활의 문제를 해결하는 데 할애되어야 한다. 이미 언급했듯이, 이 회기 동안에 벌어지는 일과 숙제는 PST 상담자의 지도와 안내를 받아서 진행된다. 이때 치료자는 문제해결능력을 유지하고 일반화를 향상시키는 방안으로 다음과 같은 일을 해야만 한다.

1. 긍정적 강화 및 교정-피드백을 계속해서 제공한다.
2. 일상의 문제에 좀 더 효과적으로 대처하는 내담자의 능력 향상을 인정함으로써 문제수용태도에서 발견되는 긍정적 사고를 강화한다.
3. 내담자로 하여금 문제해결식 접근법이 적용될 수 있는 다양한 실생활의 문제, 예컨대 각자의 개인적 문제, 대인관계 문제, 결혼 또는 가족 문제, 지역사회 문제 등에 관심을 가지도록 한다.
4. 문제해결식 접근법을 방해하는 장애물 또는 구체적인 해결책 실행을 방해하는 장애물을 예상해 보고, 문제해결식 접근법을 이용하여 그런 장애물을 극복하는 전략을 마련하게 한다.

만약 이 시점에서도 수행상의 결함이 계속해서 발견되면, PST 상담자는 보완에 필요한 진단을 통해 다시 연습해야 할 모듈이 어떤 모듈인지를 결정해야 한다. 혹 초기 개별화된 평가에서 치료에 대한 판단이 잘못되어 치료에 포함시키지 않은 모듈이 있다면, 그중 어떤 모듈을 지금 실시해야 할 것인지를 결정할 수도 있을 것이다.

모듈 14. 신속한 문제해결

실제 생활에서는 재빠른 결정과 즉각적 행동을 요구하는 예상치 못한 문제가 자주 발생한다. 이런 문제의 경우는 지금까지 우리가 배운 조심스럽고 신중한 문제해결의 과정을 그대로는 적용할 수가 없다. 그러나 문제를 해결하는 데 사용할 수 있는 시간이 1분밖에 없을지라도, 우리가 배운 여러 가지 문제해결의 기본 원리는 여전히 효과적인 문제해결에 도움이 된다. 이 모듈은 신속한 문제해결 모형을 소개하기 위한 모듈이다.

신속한 문제해결 모형

다음은 신속하면서도 효과적인 해결반응을 요하는 문제에 직면한 사람들이 따라야 할 절차를 소개하고 있다.

단계 1. 스스로에게 다음과 같이 말하라.

(a) "숨을 깊게 들이마시고 마음을 가라앉혀라."
(b) "하늘이 무너져도 솟아날 구멍은 있다."
(c) "이 문제를 도전으로 생각하라."
(d) "나도 이 정도의 문제는 충분히 처리할 수 있다."
(e) "멈추어 생각하라."

단계 2. 자신에게 다음과 같은 질문을 던진다.

(a) "무엇이 문제인가?"('현재 상태'와 '바라는 상태' 간의 괴리를 진술한다.)
(b) "내가 달성하고 싶은 것이 무엇인가?"(목표를 진술한다.)
(c) "나는 왜 이 목표를 달성하려고 하는가?"(필요할 경우, 목표를 확대한다.)

단계 3. 해결책을 한 가지만 만들어 보라. 그런 후 다른 해결책을 적어도 두 개나 세 개 이상 더 생각해 보라.

단계 4. 해결책을 평가할 가장 중요한 준거를 만들어라(적어도 두 개나 세 개. 예: "목표달성을 가능하게 할까?" "다른 사람들에게는 어떤 영향을 미칠까?" "얼마나 많은 시간과 노력이 들어갈까?" 등등의 중요한 준거를 생각해 내라.).

(a) 최선으로 보이는 해결책을 재빨리 선정한다.

(b) 이 해결책을 향상시킬 방법을 한두 가지 신속하게 생각해 본다.

단계 5. 해결책을 실행하고 아래의 질문을 던진다.

(a) 성과에 만족하는가?

(b) 만족하지 않으면, 시간이 허락하는 대로 차선의 해결책을 실행해 본다.

이 모형을 3분 이내에 적용할 수 없으면, 단계 2의 c 및 단계 4의 b를 생략해서 시간을 더 줄일 수 있다. 시간 제약이 심한 경우는 이 두 단계를 생략하고라도 이 모형을 따르는 것이 문제해결의 효과를 높일 수 있는 방법이 될 것이다.

모듈 15. 의사소통 기술 및 대인관계 문제해결

이 모듈에서는 특히 대인 갈등해소에 어려움이 많은 커플을 위해 고안된 문제해결훈련을 개략적으로 소개한다. 이 모듈에서 소개하는 훈련절차는 Behavioral Marital Therapy와 Integrated Couples Therapy(Cordova & Mirgain, 2004를 참조)를 기초로 개발되었다.

A. 협력적 문제수용태도 개발

1. 두 사람 모두가 갈등(즉, 논쟁이나 불화)에 대한 책임도 인정하고 해결책 모색을 위한 책임도 수용해야 한다.
2. 두 사람은 (누가 옳고 그른지를 입증하려 하거나 옳고 바른 해결책을 찾으려 하는 것이 아니라) 서로가 수용할 수 있고 또 만족할 수 있는 그런 해결책을 모색해야 한다는 점에 의견을 같이해야 한다.
3. 협력적인 태도를 고취하기 위한 인지 재구조화가 필요할 것이다. 예를 들어, 절대성 사고(즉, '…해야만 한다.' 는 식의 사고)와 양극성 사고('나는 옳고, 너는 그르다.' 는 식의 사고) 같은 인지적 왜곡을 교정하는 일이 필요할 것이라는 뜻이다.

B. 의사소통 훈련의 기본적인 규칙(해야 할 것과 하지 말아야 할 것)

1. 마음을 열고 솔직하라.
2. 느낌을 적절하게 표현하라(즉, 공격적이 아니라 분명하게 표현한다.).
3. 상대방에게도 자기의 견해를 말할 수 있도록 충분한 시간을 주라(즉, 대화를 독점하지 마라).
4. 상대방이 자기 입장을 설명할 때는 귀 기울여 듣고 공감하려 하라.

5. 상대방이 말을 할 때 간섭하지 마라(명료화하는 질문은 제외).
6. 상대방을 비난하지 마라(즉, 이름을 부르거나 판단하거나 인신 공격을 하지 마라.).
7. 나무라거나 훈계하지 마라.
8. 고함치지 말고, 저주하지 말며, 욕하지 마라.
9. 위협하거나 강요하지 마라.
10. 상대방의 마음을 넘겨짚지도 분석하지도 마라.
11. 주제를 벗어나지 마라(한 번에 한 가지 문제만 집중하라).
12. 지나친 일반화를 하지 마라(예: '항상' '절대' 등의 용어를 사용하지 마라).
13. 파국으로 몰지 마라(즉, 끔찍하게 만들지 마라).

C. 문제해결/갈등해소 훈련

1. **문제의 정의 및 공식화** 각자는 문제 혹은 갈등에 대한 자신의 견해를 설명한다(가능한 한 구체적으로 말하도록 한다.). 듣는 사람은 상대방의 말을 경청하고 공감하려 한다(즉, 말하는 사람의 입장에서 그 사람의 느낌을 상상하려고 노력한다.). 이 단계의 목적은 두 사람 모두가 수용할 수 있는 해결책을 찾는 것이다(win-win 접근). 이 시점에서 절대성 사고(융통성이 없이 '…해야만 한다'는 식의 사고), 파국적 생각, 임의적 추론, 지나친 일반화, 그리고 양극성 사고와 같은 인지적 왜곡을 교정하기 위한 인지 재구조화가 필요할 수도 있다.
2. **해결책 생성** 다음은 흔히 발견되는 세 가지 유형의 해결책

이다.

- 양보: 한쪽이 무조건적으로 다른 쪽의 기대 혹은 요구를 들어주기로 한다. 대개 양보는 양보하는 쪽이 자신의 입장에 대해 덜 완고한 편일 때 일어난다. 그리고 양보는 시간이 지남에 따라 겪게 되는 갈등을 두고 양쪽이 절반씩 나누어 양보할 때만 효과적으로 작용한다.
- 타협: 타협은 반드시 50 대 50이어야 할 필요도 없고, 또 양쪽의 중간에서 만나야 할 필요도 없다. 양쪽 모두가 기꺼이 받아들이겠다면 어떤 것이든 성공적인 타협이 되는 것이다.
- 거래: 거래란 협상을 통해 주고받는 것을 말한다. 즉, 커플의 한쪽이 상대방의 요구를 들어주는 조건으로 상대방으로부터 일정한 보상을 받기로 약속한다(예: 상대방이 저지른 실수를 문제 삼지 않기로 하고, 내 잘못을 용서받는다.).

3. 해결책 선정 해결책 선정의 주요 준거는 (1) 두 사람 모두에게 최대한의 이득(긍정적 결과)과 (2) 두 사람 모두에게 최소한의 비용(부정적 효과)이다. 좋은 해결책은 두 사람 모두에게 최대의 만족을 주면서 고통은 최소로 줄여 주는 그런 해결책이어야 한다는 뜻이다.
4. 해결책 실행 및 확인

① 해결책은 각자가 이행하기로 약속한 행동의 변화를 구체적인 용어로 명시한 것이다.

② 서로 해결책을 실행한다.

③ 서로 성과를 감시한다.

④ 약속을 지킨 것에 대해 서로를 칭찬으로 강화한다.

⑤ 필요에 따라 반복하거나 수정보완한다.

D. 수용과 인내 고취

두 사람 모두가 특정 해결책에 동의를 하지 못하고 있으면, 치료자는 두 사람에게 상대방의 행동을 수용하고 인내할 수 있도록 도와주어야 한다. 수용과 인내는 공감 훈련과 인지 재구조화 훈련을 통해 고취시킬 수 있다. 인지 재구조화 훈련의 목적은 절대성 사고(즉, '…하는 것이 좋다.'를 '…해야만 한다.'로 바꾸어 버리는 경향성)를 줄이고 파국화를 면하는 데 있다. 인지 재구조화 훈련에서는 커플관계의 경우, 옳은 것을 추구하는 것(즉, 자기 생각대로 하는 것)보다 행복을 추구하는 것이 훨씬 중요할 때가 많다는 신념을 두 사람 모두에게 심어 주도록 한다.

제 9 장

사례 예시

앞 장에서는 PST가 여러 가지 방법으로 적용될 수 있다는 것을 보여 주었다. 치료는 일반적으로 PST의 전반적 틀 내에서 수행되어야 하고, 다른 치료절차는 이 훈련 프로그램이 진행되는 동안 필요에 따라 적절한 시점에서 적용되어야 한다고 강조하였다. 이 일반적 접근법을 사용할 때는 치료의 목표를 부적응 행동과 심리적 고통을 줄이는 것뿐 아니라 문제해결능력을 향상시킴으로써 적응기능에서 더욱 긍정적 변화를 유발하며 미래의 심리적 문제를 예방할 수 있도록 하는 데 두어야 한다.

이 장에서는 보다 포괄적이고 개별화된 치료 프로그램—일반화된 불안, 우울 그리고 암으로 고생하는 임상환자를 위한 프로그램—

에 PST를 적용한 임상사례 세 가지를 소개한다. 이들 각 프로그램에서 설정된 PST의 목표는 환자에게 좀 더 적응적인 문제해결 스타일을 개발하게 하고, 문제해결을 효과적이고 독립적으로 수행하게 함으로써 스트레스의 부정적 결과와 부적응 행동을 감소시키는 것이었다.

사례 1: 일반화된 불안

S는 36세 된 주부이며, 시간제로 근무하는 미술 교사였다. 그녀는 은행의 부사장인 남편과 결혼한 지 8년이 되던 해에 치료를 받으러 왔으며, 슬하에는 6세 된 아들이 있다. 첫 남편과는 이혼하고 두 번째 결혼생활을 하고 있는 중이었다. S는 잡화상에서 물건을 훔치다가 체포된 후 치료를 받기 위해 치료자를 찾아오게 되었다. 그녀는 단지 립스틱 하나만 훔쳤으나, 가게 관리인은 그녀가 물건을 구입한 후 반환하는 경우가 빈번했기 때문에 그녀가 그 가게에서 물건을 자주 훔친다고 의심하였다. 관리인은 그녀가 물건을 살 때 똑같은 물건을 하나 훔친 후 그중 하나를 물건을 산 영수증을 이용하여 환불받는다고 주장했다. S는 이러한 주장을 부인하였다. 도둑질은 그때가 처음이었으며, 지루하고 할 일이 별로 없었기 때문에 가게에 자주 구경을 오다 보니 물건을 구입하게 되었을 뿐이라는 것이었다. 그러다 보니 어떤 때는 구입한 물건이 실제로는 필요하지 않다는 것을 알게 되거나 또는 너무 많은 돈을 써 버렸다는 것을 깨달았기 때

문에 그런 물건들을 자주 환불했을 뿐이라고 주장했다.

S는 자신이 가게에서 물건을 훔친 이유를 이해하지 못하는 것 외에, 가게에서 물건을 훔친 것 자체는 큰 문제가 되지 않는다고 생각했다. 그 당시 그녀가 호소하는 주된 문제는 높은 수준의 불안과 우울, 그리고 낮은 자존감이었다. 그녀는 스스로를 묘사할 때 매우 깐깐하며, 초조하고, 조바심 많고, 우유부단하며, 겁이 많은 사람이라고 묘사했다. S는 거의 모든 일을 걱정하는(예: 음식에 들어 있는 화학물질에 대한 걱정, 그녀를 이용하려는 사람이 있을 것이라는 걱정, 건강에 대한 걱정 등) 편이라고 말했다. 그녀는 자신이 걱정을 너무 많이 하고 있다는 것도 걱정하고 있었다. 예컨대, 자신의 지나친 걱정 때문에 결국에는 자신의 건강이 훼손될지도 모른다는 걱정을 하고 있었다.

불안 이외에 S는 자신의 삶이 매우 불행하고, 지루하며, 만족스럽지 못하다고 느낀다고 보고하였고, 자신감과 자존감도 매우 낮았다. 그녀는 자신을 부적절하고 무능력하며, 자신의 삶과 정서를 통제하지 못하는 사람이라고 인식하고 있었다. 6년 전 마을 초등학교의 미술 교사직을 그만둔 이래로 자존감이 지속적으로 나빠지고 있다고 보고하였다. S는 아들을 임신한 후 바로 일을 그만두었고, 아들이 학교에 다니기 시작한 후에는 다시 일을 시작했으나 중학교에서 미술교사로 하루 45분씩만 일하는 직장밖에 구하지 못했다. S는 일하는 시간이 너무 짧을 뿐만 아니라, 예전에 초등학교 학생들을 다루던 것보다 현재 중학생들의 행동을 다루는 것이 더 어렵기 때문에 자신의 업무에도 만족하지 못하고 있었다.

치료를 위한 사전평가 단계에서는 위에서 설명한 S의 정서 및 자존감과 관련된 문제에 관한 정보와 이러한 문제들이 시간경과와 함께 악화되는 과정에 대한 정보를 수집하였다. 또한 S가 겪고 있는 현재의 생활문제와 스트레스를 확정하는 일, 문제행동과 정서반응의 결과, 문제해결과 다른 대처기술의 평가, 그리고 치료를 위한 초기 구조화에 초점을 맞춘 작업도 수행하였다. 치료를 위한 초기 구조화에서는 문제해결요법(또는 문제해결식 치료법)의 이론적 근거와 과정을 설명하였다. 문제해결에 대한 인지적 경향을 발달시키고 문제해결의 결과로 얻게 될 이득에 대한 기대를 강화하기 위함이었다. 문제해결기술 및 다른 대처기술을 평가하는 데는 자기-보고식 문제해결 측정법과 PSSM(문제해결 자기-감시법, 4장 참조)을 사용하였다. 이 외에 불안, 기분, 자존감 등에 대한 측정은 자기-보고식 평정척도를 사용하여 치료의 전 과정에 걸쳐 평가되었다. 이들 변인에 대한 평정은 0에서 10까지로 구분된 11점 척도로 평가되었다. 이들 척도에서는 10점이 가장 부정적인 측면을 나타내도록 되어 있었다. 처음 3주 동안 평가는 아침, 오후, 저녁 중에서 무선적으로 선택된 시간에 매일 한 번씩 실시되었고, 그 후에는 무선적으로 선택된 요일에 매주 한 번씩 평가되었다.

S의 치료는 28회기 동안 진행되었다. 치료에서 집중적으로 다루어진 구체적인 문제와 스트레스는 다음 다섯 가지 영역에 속하였다. (1) 어머니의 건강, (2) 아들의 행복(건강과 학교 문제), (3) 일과 다른 개인적 성취, (4) 사회적 관계, (5) 결혼생활의 영역이다. 이 다섯 가지 문제영역 외에, 치료기간 동안 발생한 또 하나의 주요 문제는 그녀의 남편이 3개월 안에 다른 주로 직장을 옮겨야 하는 일과 관

련된 문제였다.

치료를 시작하기 약 4개월 전에 S는 그녀의 어머니가 암에 걸렸다는 사실을 알게 되었다. S가 치료를 시작했을 때도 그녀 어머니의 예후는 여전히 분명하지 않았다. 그녀의 어머니가 암에 걸렸다는 사실을 알게 된 2달 후 그녀의 아들은 감기에 걸렸고 곧 폐렴으로 발전하였다. 이 두 가지 사건은 S에게는 상당한 스트레스 원으로 작용했으며, 이는 이러한 문제를 효과적으로 다루는 그녀의 능력까지 약화시켰다. 치료를 시작한 지 얼마 되지 않아, 아들이 읽기에 문제가 있어 학업수행을 제대로 이행할 수 없을 만큼 심각하다는 이야기를 아들의 담임한테 들은 후, S는 더욱 불안해졌다. 이 문제도 S는 제대로 다루지 못하고 있었다.

일과 개인적 성취에 관하여 S는 자신감과 유능감을 느낄 수 있는 의미 있는 일이나 건설적인 활동에는 전혀 참여하지 못하고 있었다. 시간제 미술 교사로 매일 짧은 시간이나마 일하는 동안에도 그녀는 자신이 학급을 효과적으로 관리하지 못한다고 생각했다. 또한 S는 가까운 친구가 없다는 이유만으로도 불행했다. 집 밖에서 벌어지는 사회활동에는 거의 참여하지 않았기 때문에 다른 사람들을 만날 기회도 거의 없었다. 그녀가 새로운 누군가를 만났던 몇 안 되는 경우도, 그녀와 헤어진 후에는 아무도 그녀를 친구로 사귀고 싶어 하지 않았다.

처음에는 자신의 남편을 아주 좋은 사람, 즉 자신의 불안과 가게에서 물건을 훔친 문제에 대해 참아 주고 이해해 주는 그런 훌륭한 사람이라고 묘사하였다. 그러나 나중에 가서는 자기 남편은 자신의 문제를 타인과 상의해서는 안 된다고 믿는 사람이라서 그녀가 가게에서 물건을 훔치는 사건이 있기 전에는 S가 치료를 받으러 가는 것을 반대한 사실을 두고 불평을 했다. 또한 자신의 남편은 한 번도 자신을 칭찬하거나 자신을 인정해 준 적이 없다는 불평도 하였다. 그녀의 남편은 그녀를 비난하고 멸시하는 일이 많았다고 말했다. 부부가 함께 보내는 시간도 거의 없었다. 남편은 직장까지의 먼 거리를 매일 통근해야 했기 때문에 퇴근 후 집에 도착하는 시간은 보통 저녁 7시 30분에서 11시 사이였고, 집에 도착한 후에도 저녁식사를 마친 후에는 곧 잠자리에 들곤 했던 것이다. 주말에도 남편은 일과 관련된 서류작업을 하면서 몇 시간씩 보내는 경우가 많았다. S가 함께 보내는 시간이 부족하다고 불평을 하면, 남편은 자신도 어쩔 수 없는 일을 두고 불평하는 것은 불평하는 사람의 잘못이라고 말하곤 하였다. 남편이 직장을 옮기는 일에 대해서도, S는 그 지역에 대해 아무것도 모르기 때문에 두려웠고, 얼마 되지 않는 짧은 기간에 마음에 드는 집을 찾을 수 있을까에 대한 걱정까지 하고 있었다.

문제해결능력 및 대처기술을 평가한 결과, S는 문제해결식 대처에서 심각한 결함이 있는 것으로 드러났다. 주요 결함은 문제수용태도와 문제의 정의 및 공식화에서 발견되었다. 그래서 S는 문제해결에 필요한 그 밖의 과제(해결책 생성, 해결책 선정 등)를 효과적으로 수행할 수가 없는 상태였다. S는 문제를 도전이나 해결되어야 할 것으로 간주하는 대신 피해야 하는 위협으로 인식하는 경향이 강했으며, 이 경향은 두려움과 불안의 원인이 되었다. 또한 그녀는 자신(또는 사랑하는 사람)의 행복에 대한 위협을 실제보다 훨씬 심각한 것으로 평가하는 경향을 가졌고, 이 때문에 그녀의 불안은 더욱 악화되었다. 그런데 이러한 그녀의 평가에 실제로 이용된 정보는 매우 빈약하였다. 그녀는 이런 문제를 자신의 탓으로 돌렸으며, 다른 중요한 요인들의 역할을 무시하였고, 그런 문제상황을 바꾸거나 그에 따른 스트레스를 줄일 수 있는 어떠한 일도 자신은 할 수가 없다는 부적절한 결론을 짓는 경향이 있었다. 이러한 그녀의 특징은 스스로를 무기력하고 자제력이 없는 사람이라는 느낌을 갖게 하였다. 예컨대, 아들의 담임선생님이 S에게 아들의 읽기문제에 관해 이야기했을 때, 그녀는 '내가 아들을 망쳤다. 나에게 문제가 없었다면 아이에게 그런 문제가 생길 리가 없지 않은가!' 라는 반응을 즉각적으로 보였다. 그리고는 아들의 문제에 관한 정보를 수집하여 문제를 합리적이고 효과적으로 해결하기 위한 대책을 고려하지는 않고, 아들의 문제를 두고 선생님에게 지나칠 정도로 사과를 하며 울어 버린 것이었다. 어느 날 S는 이웃집 여자와 만나 점심을 먹었는데, 다음날 그녀가 자신에게 아는 체하지 않은 것을 두고 자신이 무언가 말을 잘못했거나 행동을 잘못했을 것이라고 생각하면서 스스로를 비난하였다. 그녀는 거부당했다고 느꼈고 혼란스러웠으며, 문제를 더 분명하게 하거나 그 사람과 더 많은 시간을 함께 보내려는 노력은 전혀 하지 않았다.

S의 부정적 문제수용태도 때문에 유발된 불안은, 충분한 정보를 수집한 후 문제를 정확하게 이해하고 재평가하지 못하는 등의 대처기술 결함과 함께, 오해와 왜곡을 유발하여 결국에는 '가짜 문제' 를 만들어 내게 되었다. S의 두려움과 불안을 반영하는 이 가짜 문제는

실제 문제보다 더 위협적이었다. 예컨대, S는 자신이 만났던 이웃집 여자가 자신을 무시한다는 잘못된 생각을 하고 있었다. 그녀의 아들이 감기증상을 보였을 때 그녀는 아들이 다시 폐렴을 일으키는 것은 아닐까 하고 걱정하였다. 남편이 그녀에게 3개월 내에 새로운 도시로 직장을 옮긴다고 알려 주었을 때, 그녀는 그 문제를 분명하게 따져 보지도 않고 그 짧은 시간 안에 마음에 드는 집을 찾는 일은 불가능할 것이라고 생각하였다.

위에서 언급한 문제수용태도의 결함과 구체적인 문제해결기술의 부족 외에도, S는 정서-중심 대처기술도 부족하다는 것이 훈련을 받는 동안에 밝혀졌다. 정서-중심 대처기술은 효과적인 문제해결을 방해하는 인지적 · 정서적 장애물을 극복하는 데 필수적인 기술이다(6장 참조). 또한 문제해결책을 실행에 옮겨야 할 때가 되자, 특정 해결책을 효과적으로 실행하는 데 필요한 도구적 기술(예: 자기주장기술과 의사소통기술)도 상당히 부족한 것으로 밝혀졌다. 치료의 후반부에 와서는 남편도 의사소통/문제해결훈련에 함께 참여할 필요가 있다는 것이 분명해졌다. 왜냐하면 S의 남편은 S가 주도적으로 문제를 해결하려 하거나, 부부 사이의 갈등을 두고 대화를 하려 하거나 갈등을 해소하려 할 때면 강한 부정적 반응을 보이곤 했었기 때문이다. 그러나 그는 치료를 받아야 한다는 것에 대해 매우 저항적이었다.

치료의 주된 목표는 S가 좀 더 효과적인 문제해결 스타일을 개발할 수 있도록 돕는 것이었다. S는 스트레스성 문제가 있으면 그 문제를 위협이나 걱정거리로 보는 대신, 도전이나 해결되어야 할 걱정거리로 접근하는 법을 서서히 배워 갔다. 그리하여 그녀는 문제와 관련된 적절한 정보를 수집하여 문제해결식 용어로 진술할 수 있게 되었다. 다음은 그녀가 만들어 낸 문제의 진술 중 치료의 초점이 된 일부를 나열한 것이다.

1. 어떻게 하면 어머니의 암에 대한 나의 고통을 최소화할 수 있을까?
2. 어떻게 하면 어머니로 하여금 암을 가졌다는 사실에 적응하도록 도울 수 있을까? (어머니의 암과 관련된 문제를 진술한 것 중 하나)
3. 아들이 감기에 걸린 것 같다. 어떻게 하면 합병증으로 악화되는 것을 예방할 수 있을까?
4. 어떻게 하면 가족을 위한 안전하고 건강한 식단을 확보할 수 있을까?
5. 어떻게 하면 만족스럽고 생산적인 정규직 일자리를 구할 수 있을까?
6. 어떻게 하면 나 자신의 개인적 성취감을 제고할 수 있을까? (5번 문제의 보다 일반적인 진술)
7. 어떻게 하면 학생들의 반항적인 행동을 줄일 수 있을까?
8. 어떻게 하면 집에 혼자 있을 때 느끼는 지루함을 극복할 수 있을까?
9. 어떻게 하면 더 많은 사람들을 만날 수 있을까?
10. 어떻게 대화하면 만나는 사람들이 나와 함께하는 것을 즐거워하고 나와 친구가 되고 싶어 할까?

11. 어떻게 하면 남편의 칭찬을 더 자주 받고, 그를 기쁘게 하려는 나의 행동을 인정받을 수 있을까?
12. 어떻게 하면 남편이 나를 비난하고 멸시하는 일을 멈출 수 있을까?
13. 어떻게 하면 남편과 나는 더 많은 시간을 함께 보낼 수 있을까?
14. 어떻게 하면 남편과 나는 함께 보내는 시간의 질을 향상시킬 수 있을까?
15. 어떻게 하면 남편을 설득하여 결혼상담에 함께 참여하도록 할 수 있을까?

치료자는 위의 문제에 대한 해결책을 가르쳐 준 후 S를 도와 그 해결책을 효과적으로 실행할 수 있도록 하는 대신, S 스스로 해결책을 생성하고, 생성된 해결책을 평가하고, 최선의 해결책 또는 해결책의 조합을 선택하고, 선택된 해결책을 실행한 후 그 성과를 평가하는 모든 절차를 가르쳤다. S가 자신이 배운 원리를 이용해서도 더 많은 해결책을 생성할 수 없을 때는 치료자가 또 다른 해결책을 암시해 줌으로써 학습의 효과를 최대화하고, 미래에 유사한 문제를 만났을 때 수행할 대처반응의 수를 늘리고자 하였다. S에게 없는 도구적 기술(예: 자기주장기술)이 필요한 해결책을 실행할 경우는, 기술훈련법—코칭, 모델링, 행동시연, 수행-피드백, 긍정적 강화—을 이용하여 이러한 기술을 향상시키기 위한 훈련을 시키기도 했다.

위에 설명된 문제해결기술 훈련과 해결책 실행기술 훈련 이외에도, 인지적 · 정서적 장애(예: 위협에 대한 과장된 평가, 비합리적 가정, 지나친 정서적 각성 등)가 발생했을 때는 정서-중심적 대처기술을 향상시키기 위한 훈련도 실시하였다. S는 행동적 기술(예: 근육 이완)뿐만 아니라 인지적 기술(예: 인지적 재구성)을 증진시키기 위한 훈련도 받아야 했다. 예컨대, S는 위협적인 신념과 가정을 자동적으로 받아들이지 않고, 타당성을 검증한 후에 수용여부를 결정하는 법을 배웠다. 이 목적을 달성하는 데는 문제해결 접근법이 이용되었다. 이웃집 여자가 S를 아는 체하지 않았을 때, S는 자신이 무언가 말을 잘못했거나 행동을 잘못했기 때문에 이웃집 여자가 자신을 싫어하고 자신과 친구가 되기를 원하지 않는다고 가정했다. 이러한 위협적인 가정을 주저 없이 받아들이는 대신, S는 이웃집 여자의 행동에 대한 가능한 원인을 될 수 있는 한 많이 만들어 보라고 가르쳤다(예: 그녀는 그때 기분이 나빴었다, 무언가에 몰두해 있어 S를 보지 못했다, 시력이 나빠 S를 알아보지 못했다 등). 그런 다음 이들 각 대안을 지지하는 증거나 반대하는 증거(사실)를 가능한 많이 찾거나 만들어 보고 이들 중 어느 대안이 가장 그럴듯한지를 결정하게 하였다.

지나친 정서적 각성을 다스리기 위한 훈련으로는 점진적 근육 이완 훈련과 명상훈련을 실시하였다. 그리고 회기 중에 이완기술(예: 근육 이완, 심호흡)을 적용함과 동시에 문제를 어문적으로 해결하게 하는 둔감화 기법도 이용하였다.

치료를 시작한 첫 4주 동안에는 주로 평가에 초점을 맞추었는데, S의 주간 평균 불안 지수(anxiety rating)는 일률적으로 높게(8~10) 보고되었으며, 주간 평균 기분 및 자존감 지수는 일률적으로 낮게

(8~10) 기록되었다. 그다음 12주 동안 효과적인 문제해결식 대처기술을 발달시켜 감에 따라 불안 지수는 중간범위(4~7)로 떨어졌으며, 기분과 자존감 지수는 보통정도 수준(4~7)에서 다시 양호(0~ 3)해졌다. 치료를 시작한 16째 주쯤에는 S의 불안 지수가 다시 높아졌고, 기분과 자존감 지수는 양호에서 보통으로 2~3주 동안 저하되었다. 이러한 변화는 S의 남편이 3개월 내에 직장을 옮겨야 한다는 사실을 알게 되었을 때 일어났다. 그녀의 즉각적인 반응은 '우리는 그 지역에 대해 아는 게 하나도 없는데, 어떻게 3개월 안에 거처를 구한단 말인가? 그곳이 마음에 들지 않으면 어떡하지?' 였다. S는 그 문제가 가족 전체의 행복을 크게 위협할 것으로 받아들였고, 그 문제의 본질을 이해하고 명확하게 하는 데 필요한 충분한 정보를 확보하기도 전에 그 문제가 만족스럽게 해결하지 못할 것이라고 생각했기 때문에 심한 불안을 경험하고 있었다. S에게 그 상황을 '해결할 수 있는 문제' 로 간주하고 문제해결기술을 적용해 보라고 권했을 때, 그녀는 그 문제의 본질을 분명하게 하여 자신의 주된 걱정은 그곳 이웃 사람들이 건강상 문제를 가진 사람들은 아닌지, 그리고 위험한 사람들은 아닌지에 대한 걱정과 학교는 좋은 학교인지에 관한 걱정이라는 것을 확인할 수 있게 되었다. 이런 문제가 분명해지자, 그다음 2~3주 동안은 관련 정보를 수집하는 전략을 구사했고, 마침내 3개월 내에 만족스러운 집을 구하는 결과를 가져오게 되었다.

남편의 직장이동 문제에 대처하는 능력이 향상되면서 S의 평균 불안 지수가 다시 평균 이하 수준으로 감소하였으며, 기분과 자존감 지수는 양호 수준으로 되돌아왔다. 불안 지수와 기분 및 자존감 지수는 치료를 받은 그다음 몇 주 동안 이 수준을 계속 유지했는데, 이때 그녀의 가족이 이사를 가서 치료가 종결되었다. 그 당시 S는 부부문제(예: 긍정적 피드백의 부족, 함께하는 시간의 부족)를 제외한 나머지 문제는 모두 혼자서 처리할 수 있다고 생각했다. 새로운 지역에 가거든 부부상담을 받아 보라고 권하였다. 하지만 3개월 후 전화로 추적조사를 해 보았을 때, S는 남편이 아직도 부부치료에 참여하는 것을 거부하고 있다고 말하였다. 결과적으로, 부부생활에서는 만족스럽지 못한 문제가 남아 있지만, 다른 문제는 잘 처리하고 있었다.

사례 2: 우울증

C는 48세 남성으로, 고등학교 생활지도 카운슬러로 일하고 있다. 아내와는 별거한 지 대략 1년 정도 되었다. 그는 결혼한 지 26년이 되었으며, 슬하에는 20세, 22세, 24세 된 자녀 셋을 두고 있다. 다른 결혼 경험은 없다. C는 아내와 이전에 여러 번 별거한 적이 있으며, 아내는 심각한 결혼 문제가 장기간 지속되면서 별거할 것을 강력하게 주장하였다. C가 치료받기 시작했을 때 그녀는 이혼을 위한 서류를 준비 중이었다.

C는 비록 머리가 약간 벗겨졌지만 키가 크고 잘생긴 남자였다. 키는 193cm이고 몸무게는 약 100kg 정도였다. 현재 그가 겪고 있는 문제는 보통 혹은 심한 수준의 우울증, 가끔씩 느끼는 자살충동, 미래에 대한 두려움과 불안, 화를 통제하는 능력의 부족, 낮은 자존감

등이었다. C의 우울증은 주로 아내가 그를 받아들이지 않는 일과 그에 따른 자존감 손상과 관련된 것이었다. 그는 아내를 사랑하고 자신의 결혼생활이 끝나는 것을 받아들일 수 없다고 말하였다. 지난 1년 동안 아내를 돌아오도록 하기 위해 기회가 생길 때마다 그녀와 대화를 하거나 만나려고 필사적으로 노력하였으나 아내의 거절로 한 번도 성공하지 못했다. 아내는 그를 더 이상 사랑하지도 않고 화해할 생각도 없다고 단호하게 말했다. 자녀들조차도 이제 결혼생활은 끝이 났으니 새로운 삶을 시작해야 한다는 사실을 받아들이라고 아버지를 설득하려 노력했다. 그러나 그는 아내가 다른 남자와 함께 있다는 생각을 하면 참을 수 없었으며, 자신이 다른 여자를 사랑하는 일은 있을 수 없는 일이라 믿고 있었다. 그는 여생을 홀로 불행하게 보내게 될 것이라고 걱정하고 있었다. 때때로 자살에 대해 생각을 한 적은 있지만, 결코 이러한 생각을 실제 행동으로 옮길 생각은 추호도 없었다고 말했다.

C는 결혼생활에서 있었던 과거의 문제에 대한 책임을 대부분 받아들였다. 그는 문제의 대부분이 화를 통제하는 자신의 능력 부족 때문에 발생했다고 생각하였다. 차분하고 합리적인 태도로 아내와의 갈등이나 의견 차이를 좁히는 대신, 자신은 옳기 때문에 어떤 식으로도 타협하지 않았고, 위협과 언어적 학대를 사용하여 아내에게 자신의 요구를 수용하라고 강요하였다. 물리적 폭력도 빈번하였지만 그것은 물건을 던지거나 벽을 치는 행동으로 한정되어 누구도 다치는 일은 없었다. 이런 공격적 행동으로 자신의 주장을 관철시키지 못할 때는 며칠 혹은 심지어 몇 주 동안 아내와의 대화를 거부함으

로써 아내를 힘들게 했다. C는 직장이나 다른 사회적 장면에서 일어나는 대인 갈등 또는 동료들과의 의견 불일치에 대해서도 강도가 약할 뿐 공격적으로 접근하는 방식은 유사했다. 그 결과 그는 사람들과 멀어졌으며 가까이 지내는 친구도 없었다.

아내에게 한결같이 거절당한 그는 화를 통제하는 능력도 없었으며, 만족스러운 사회적 관계도 없었고, 이런 문제를 해결할 수 있는 능력도 없었기 때문에, C가 치료사를 찾았을 때 그의 자존감은 매우 낮은 상태였다. 그는 스스로를 통제할 수 있는 능력도, 자신의 현재 삶도, 미래의 삶도 통제할 능력이 없다고 인식함으로써 심한 부적절감과 무력감을 느끼고 있었다. 하지만 그에게는 자신감이 완전히 망가지지 않도록 지켜 준 중요한 자산이 하나 있었다. 그는 훌륭한 생활지도 카운슬러였으며, 그의 동료들은 그를 좋아하지 않았지만 학생들은 그를 매우 좋아했다는 사실이다.

C는 33회기 동안 치료를 받았다. 평가에는 PSI, PSSM 그리고 기분, 불안상태와 자존감에 대한 자기-보고식 측정법들이 이용되었다. 치료의 초점은 구체적인 현안 문제와 스트레스에 맞추었다. 이들 문제는 다음과 같은 6가지로 분류된다. (1) 아내와 다른 남자의 관계, (2) 직장에서의 대인 갈등과 의견 차, (3) 자신과 다른 여자와의 관계, (4) 우정, (5) 외로움, (6) 부적절감이다. 초기 평가와 구조화 단계를 거친 후, 치료의 초점을 문제해결식 대처기술훈련에 맞추었다.

초기 평가의 결과, C는 문제수용태도와 문제해결기술에 결함이 있는 것으로 밝혀졌다. 예를 들면, 그는 문제를 주로 자신의 행복에 대한 위협으로 지각하였으며, 해결되어야 할 문제로 생각하지 않았다. 정보를 수집하고, 문제를 분명히 하고, 해결대안을 생성해 보는 대신, 그는 문제, 즉 지각된 위협에 대해 충동적이고 자동적으로 반응하였다. 그것도 화를 내며 공격적인 태도로 반응하는 경우가 많았다. 행동으로 옮기기 전에 잠시 멈추어 생각을 할 때조차 그는 중요한 결과, 특히 그의 행동이 사회적 관계에서 미치는 장기적 효과를 예측하지 못하기 일쑤였다. 적절하지 못한 반응을 한 후에도 그는 부정적 결과를 전혀 인식하지 못하거나 무시해 버렸기 때문에 자신의 행동을 고칠 수 없었다.

C는 아내가 새로운 남자친구 Dave를 만나는 행동을 수용할 수 없었다. C는 아직도 아내가 돌아올 것이라는 기대를 버리지 않고 있었기 때문에, Dave를 자신의 부부관계를 위협하는 존재로 지각하였다. Dave는 교육수준이 높지 않은 육체노동자이므로, C는 Dave와 아내와의 관계가 자신의 자존감을 위협한다고까지 생각하였다. C는 이 위협에 대해 과도한 분노와 공격적 행동을 동원하여 충동적으로 반응하였다. 어느 날 C는 아들을 방문하고 집으로 돌아오다가 자기 집 밖에서 Dave를 만났다. C는 만약 자신의 아내를 다시 만난다면 가만두지 않겠다며 Dave에게 물리적 위협을 가했다. 몇 주 후 그는 '배우자 없는 부모모임' (PWOP)에서 Dave가 자신의 아내와 춤을 추는 것을 보았고, 그를 밖으로 끌고 나가 싸움을 벌였다. PWOP 직원들이 자초지종을 알아차리고는 C를 모임장소에서 쫓아내 버리는 일이 벌어지기도 했다.

치료를 받으면서 문제를 명확하게 파악하고 정의하는 것을 배우는 동안, C는 처음에는 그의 문제를 '어떻게 하면 Dave를 아내한테서 떨어져 나가게 할 수 있을까?' 로 진술하였다. 그러나 이 문제가 일차적인 문제는 아닐 가능성을 타진하는 동안, 그는 그가 진술한 문제가 '어떻게 하면 아내를 돌아오게 할 수 있을까?' 라고 하는 보다 중요한 문제의 이차적인 문제라는 것을 깨닫게 되었다. 이 문제를 해결하고자 많은 노력을 했음에도 불구하고, 아직도 이 문제를 해결하지 못한 사실을 심사숙고한 후, C는 이제 이 문제를 해결할 수 없는 것으로 받아들여야 하고, 새로운 관계를 시작해야 한다는 것을 깨닫게 되었다. 그에게는 비록 어려운 단계이긴 했지만, C는 Dave에 대한 문제를 '어떻게 하면 Dave를 향한 나의 분노와 공격적 행동을 통제할 수 있을까?' 로 재정의하였다. 이 새로운 문제의 해결책 중 하나는 "나와 아내와의 관계는 완전히 끝났다. Dave와 아내는 서로가 원한다면 얼마든지 서로 만날 권리가 있다."라는 말을 되뇌는 것이었다. C에게는 인지-중심 대처전략을 가르쳐 주고, Dave와 아내의 관계가 자신을 부적절한 사람으로 만든다는 위협적인 가정을 다스리도록 하였다. 이 문제에 대한 두 번째 해결책은 아내와 함께 있는 Dave를 만날 가능성이 있는 장소에는 될 수 있으면 가지 않는 것이었다. 이 해결책과 관련된 유관계획은 아내와 함께 있는 Dave를 우연히 만나게 되면, 친절하게(친절하면서 동시에 공격적일 수는 없으니까) 행동한 후, 가능한 빨리 그곳을 떠나는 것이다.

위의 해결책 덕분에 목숨을 건진 적도 있다. 어느 날 C는 또 다른 PWOP 댄스모임에서 Dave와 아내를 만났다. Dave는 C와 싸웠던 이전의 사건 때문에 친구를 세 명 불러 댄스장 밖에 대기시켜 두고,

C가 댄스장 밖으로 나가면 폭행해서 더 이상 자신을 괴롭히지 못하게 할 작정이었다. 댄스가 자정에야 끝나기 때문에 이 남자들은 근처 술집에서 기다리고 있었다. 그러나 C는 해결책을 실행하고자 저녁 10시 30분에 댄스장을 떠났다. C를 폭행하기 위해 기다리고 있던 남자들은 술집에서 맥주를 마시고 있었기 때문에 그가 떠나는 것을 보지 못했다. 결국 C의 해결책이 거의 당할 뻔한 폭행을 피할 수 있게 해 준 셈이다.

직장에서의 대인 갈등과 의견 차이가 생길 경우도, C는 이들 문제를 자신의 자존감을 위협하는 것으로 받아들이는 경향이 있었으며, 대응을 할 때도 충동적으로 화를 내며 공격적으로 반응하였다. 이러한 상황에서 전개되는 문제에 대한 그의 평가는 여러 가지 왜곡되었거나 비합리적인 신념을 기초로 이루어졌다. 그는 모든 논쟁이나 갈등에는 '옳은' 또는 '그른' 이라는 두 가지 측면만 있을 뿐이라고 믿었다. 그리고 그는 어떤 문제에서건 자기는 항상 옳은 쪽에 있기 때문에, 다른 사람들은 모두 그른 쪽에 있다고 믿고 있었다. 또한 그는 그른 편에 서 있으면서 옳은 쪽을 인정하려 하지 않는 사람은 멍청하고 무능한 사람이기 때문에 존경할 가치가 없다고 믿었다. C는 자신이 틀렸다거나 무능한 사람으로 지각되는 것을 원치 않았기 때문에, 누군가가 자신의 견해에 도전하거나 자신의 주장에 동의하지 않으면 강한 위협을 느끼곤 했다는 것이 분명해졌다.

분노를 감소시키고, 충동적이거나 공격적인 반응을 피하고, 합리적인 문제해결을 위한 생각을 할 시간을 만들기 위해, C는 위에서 설명한 그의 비합리적 가정을 바로잡는 합리적 재구조화 기법을 익혔다. 예컨대, 그는 두 사람이 서로 다른 견해(즉, 다른 평가기준)를 가지고 있어도 둘 중 하나가 반드시 틀린 것은 아니라는 것을 배웠다. 그는 또한 사람들은 경우에 따라 실수를 할 수도 있으며 특정한 경우는 틀릴 수도 있는데, 그렇다고 해서 그 사람들이 반드시 멍청하거나 무능한 사람들은 아니라는 것도 배웠다.

일단 자신의 충동적, 공격적인 반응을 억제할 수 있게 되고 또 문제를 정의/공식화하는 데, 그리고 해결책을 만들어 보는 데 시간을 투자할 수 있게 되자, C는 대인관계에서의 논쟁이나 의견 차이를 다루는 데 필요한 보다 적절한 자기주장 전략을 생성하기 시작했다. 그리고 모든 언쟁이나 논쟁에서 반드시 자신이 이겨야 하는 법은 없다는 사실을 이해하게 되자, 타협, 거래(즉, 하나를 양보하고 하나를 받아내는 일), 또는 희생(즉, 다른 사람의 요구를 받아들이는 일) 등을 알력해소 전략으로 고려할 수 있게 되었다. 어떤 갈등상황(예: 예기치 않은 대립)에서는 재빨리 생각하고 신속하게 행동해야 하기 때문에, C는 신속한 문제해결과정도 배웠다. 구체적으로, 예기치 못한 대립이 생겼을 경우, 행동하기 전에 적어도 몇 분 동안 생각할 시간을 갖기 위해서는 그 사건의 초기에 어떻게 반응하는지를 배웠다(예를 들면, "이 일에 대해 당장은 말씀을 드릴 수 없네요. 어디에 가 계실 겁니까? 잠시 후에 찾아뵙겠습니다." "당장은 무어라 말씀드려야 할지 모르겠습니다. 잠시 생각해 본 후에 말씀드리면 안 될까요?" "당장은 그것에 대한 확신을 할 수가 없네요. 잠시 생각해 본 후에 말씀드리겠습니다.").

여자와의 관계에 관한 문제의 경우, 처음에는 C 자신이 사랑하고 자신을 사랑해 주는 그런 여자를 만날 것이라는 희망을 거의 갖지 않았다. 앞의 내용에서 알 수 있듯이, 그는 아내가 돌아오기를 계속해서 바라고 있었다. 때문에 치료를 받기 시작했을 때는 여자를 만나기 위한 노력이나 시간을 전혀 투자하지 않았다. 그러나 새로운 관계를 가져야 하고 그렇게 하는 것이 바람직하다는 사실을 인정한 후에는 문제해결식 훈련의 초점을 다음과 같은 문제에 집중시켰다. '어디에 가면 여자를 만날 수 있을까?' '어떻게 하면 여자들에게 내가 여자를 만나고 싶어 한다는 것을 알릴 수 있을까?' '어떻게 하면 처음 보는 여자에게 접근하여 말을 붙일 수 있을까?' '어떻게 하면 여자들에게 호감을 살 수 있을까?' ' 성적인 접촉은 언제 어떻게 해야 하는 것일까?' '어떤 유형의 여자가 나를 최고로 만족시켜 줄까?' C는 곧 이러한 문제에 대한 다양한 해결책을 생성하고 실행하는 데 능숙해졌다. 예컨대, 그는 PWOP 모임, 교회와 관련된 활동, 일과 관련된 활동(예: 세미나, 컨퍼런스, 워크숍)에서 마음에 드는 여자를 만나는 것이 더 좋겠다고 결정하였다. 그는 독신자들이 드나드는 술집이나 신문에 광고를 내는 것은 좋아하지 않았다. 그는 자신을 매력적으로 보이기 위해 새 옷을 구입했으며, 친구들과 친척들에게 자신은 독신이고 친구를 사귀고 싶다고 사람들에게 알리도록 부탁하였다. 해결책 생성 훈련을 하는 동안 C가 반응을 하지 못하거나 좋은 해결책을 많이 내놓지 못할 경우는 치료자가 대안을 암시하기도 했다. 그러나 이러한 도움은 별로 필요하지 않았다. 해결책의 실행효과를 최대화하기 위해서도 몇 가지 도구적 기술(예: 의사소통과 대화기술)을 훈련할 필요가 있었다. 그러나 대부분의 경우에서, C는 모든 대안을 신중하게 고려하고 그중에 가장 좋은 해결책을 결정하면, 대개는 그 해결책을 효과적으로 실행할 수 있었다. 그는 곧 여자를 만났으며, 자주 데이트를 하게 되었다.

C는 친하게 지내는 사람이 몇몇 있기는 했으나, 가까운 친구가 없다는 것을 불행하게 생각하였다. 따라서 화를 통제하는 문제를 해결하기 위한 훈련 이외에, 특정 개인과의 관계를 좀 더 친밀한 관계로 발전시키기 위한 다른 긍정적 전략에 초점을 맞춘 훈련도 받았다. C가 만들어 낸 해결전략 중에는 친절하게 인사하기, 좋은 경청자 되기, 공감 표현하기, 확신과 지지해 주기, 긍정적 감정 표현하기, 긍정적인 피드백 주기, 도와주기, 사람들과 함께하는 활동에 더 자주 참석하기 등 여러 가지 해결책이 포함되었다. 이러한 전략을 구사하는 데 필요한 특정 도구적 기술을 훈련할 필요는 거의 없었다. 필요한 기술의 대부분은 C가 하는 반응의 범위 내에 있었고, 대개는 자신이 주업으로 하는 상담활동에 적용되고 있었다. 치료 프로그램에서 제공한 것은 이러한 기술을 그의 일상적 사회적 관계에 일반화시키도록 도운 것뿐이었다.

C는 자신의 아파트에서 많은 시간을 홀로 보냈기 때문에 치료 초기에는 자주 외로움을 느꼈다. 그는 자신의 삶에서 긍정적 강화를 거의 경험하지 못했기 때문에 자신은 이 사회에 부적절한 존재라는 느낌을 갖기도 했다. 이러한 느낌 때문에 우울증이 악화되고, 우울증의 악화는 다시 효과적인 문제해결을 방해하였다. 따라서 일단 부정적인 감정/느낌의 원인이 되는 문제를 해결하면, 이러한 부정적인 느낌도 줄어들 것으로 예상되었다. 하지만 그 대신 이러한 느낌을 직접적으로 해결되어야 할 문제로 간주하고 치료의 초점을 이 문

제에 집중시키면, C의 우울증을 즉각적으로 완화시킬 수 있고 나중에 가서 그 원인이 되는 문제를 해결하는 데도 도움이 될 것이라는 생각도 들었다. 우리는 이 두 번째 생각을 따르기로 하였다. 그의 정서적 문제는 다음과 같이 진술되었다. '어떻게 하면 외로움에서 벗어날 수 있을까?' '어떻게 하면 기분 좋은 느낌을 가질 수 있을까?' 첫 번째 문제의 경우, 그가 외로움을 느낄 때면 몇몇 친척들과 지인들이 기꺼이 말도 걸어 주고 지지 및 이해를 제공하겠다고 나섰다. 그러나 그는 친척과 친구들에게 너무 폐를 끼치고 싶지 않았으므로 다양한 다른 전략을 생각하기도 했다. 그중에서 특히 효과적인 전략은 시내를 벗어나 시골길을 장시간 드라이브하는 것이었다.

부적절하다는 느낌을 해소할 방안으로 C는 다음과 같은 여러 가지 대안을 고안해 냈다. 자기가 카운슬러로서 도움을 주었던 학생들 생각하기, 시간 외 상담해 주기, 자신의 상담기술을 향상시키기 위한 교육과 워크숍 참석하기, 친구 돕기, 새로운 취미 개발하기, 학교 행정직원이 되는 데 필요한 절차 밟기 등이다. 이러한 전략의 실행은 치료 초기에 느꼈던 외로움과 부적절감을 해소시키는 데 도움이 된 것으로 확인되었다.

치료가 계속되면서 문제해결식 대처능력의 향상을 관찰할 수 있었고, 이러한 발전은 기분, 자존감, 불안에 대한 C의 자기-평정 결과에서도 나타났다. 치료를 받기 시작한 첫 7주 동안에는 평균적으로 매주 높은 수준의 불안과 낮은 기분 및 자존감을 보였다. 8주째에는 불안 지수가 보통으로 감소하였다. 그 2주 후에는 기분과 자존감 지수도 보통 수준으로 향상되었다. 25회기가 되자 불안수준은 중하로 떨어졌고 기분과 자존감 지수는 양호한 수준으로 호전되었다. 이러한 평정치가 몇 주 동안 유지되자 C는 자신의 현재 문제를 혼자서도 잘 대처할 수 있다고 느꼈다. 그래서 치료를 점차 줄여 가다 종결시켰다. 치료가 끝나기 몇 주 전에 C는 아내와 이혼을 했는데, 그는 그 일도 잘 처리하였다. 종결한 지 6개월 후에 전화로 추적조사를 한 결과, C는 잘 지내고 있었다. 그는 더 이상 우울하지 않았다. 불안수준도 중하 정도였다. 자존감은 매우 높은 수준이었고 여자들로부터 긍정적 피드백을 자주 받고 있었다. 데이트는 자주 하는 편이지만, 아직까지 사랑하는 사람은 없었다. 그러나 그는 언젠가 다시 사랑에 빠져 결혼을 할 것이라는 확신을 가지고 있었다.

사례 3: 암에 대한 대처

L은 35세 여성으로 큰 소프트웨어 회사의 사무장이었다. 그녀가 상담실을 처음 방문했을 때는 이혼한 지 2년이 조금 더 지났을 때였다. 그녀에게는 Karen이라는 9세 된 딸이 있었다. 그녀는 전남편이 동료와 불륜을 저질러 이혼하게 되었다. L과 전남편 John은 고등학교시절 연인으로 지냈으며 졸업 후 곧장 결혼을 했다. L은 John이 회계학 전공으로 대학을 졸업할 때까지 그의 학비를 대기 위해 일을 해야 했고, 자신도 2년제 대학에서 학위를 받았다. John은 L에게 자기가 이혼을 요구한 이유는 성적으로 그리고 성격적으로 서로 맞지 않기 때문이라고 말했다. 그는 우리는 서로 변했고, 삶의 목표가 다

르다고 느꼈다. 비록 이혼이 힘들기는 했지만, L은 딸의 충격을 최소화하기 위해서라도 최선을 다해서 그 문제를 극복하기로 결심했다. 이혼절차는 길어지거나 그렇게 힘들지 않았고, 또 전남편이 다른 주로 이사를 갔으며, 아이의 양육비를 어김없이 보내 주었으므로 그녀는 어느 정도 다행스럽게 여겼다. 그러나 예기치 못한 한 가지 중요한 문제가 생겼다. 그녀의 사회생활에서 생긴 변화였다. 이전의 많은 친구들은 결혼한 상태로 남편이 있었기 때문에 그녀와 만나는 것을 달갑게 생각하지 않았던 것이다. 더구나 L은 아직도 남자를 믿을 수 있다는 느낌을 가지고는 있었지만, 딸 Karen에게 또 다른 이혼의 고통을 주고 싶지는 않았다.

L이 치료자를 찾은 것은 암전문의가 치료를 의뢰했기 때문이다. 그녀는 최근 유방암 초기 단계라는 진단을 받았고, 곧 수술이 끝나는 대로 화학치료를 받기로 되어 있었다. 암을 조기에 발견하여 예후는 상당히 긍정적이었지만, 그 의사는 L이 겪고 있는 심리사회적 문제 때문에 심리치료를 의뢰했던 것이다. 초기 면담에서 L은 불안한 마음과 슬픈 마음, 그리고 딸아이의 미래에 대한 걱정을 표출했다. 그녀는 특출한 의사의 치료를 받는다는 것과 예후도 좋다는 것에 위안을 느끼고는 있었으나, 암 치료의 결과에 대해서는 겁을 많이 먹고 있었다. 그녀는 대중잡지에서 유방암에 대한 다양한 논문을 읽었으며, 머리카락이 빠지는 것, 메스꺼움, 피로, 고통 및 에스트로겐의 변화와 같은 부정적인 부작용에 대해서도 잘 알고 있었다. 또한 그녀는 외동딸로 자랐기 때문에, 예컨대 자신의 유방 그리고 유방수술이 미래 자신의 성관계에 미치는 영향과 같은 성적인 문제에

대해 이야기하는 것에 큰 불편을 느꼈다. 그녀는 서둘러 재혼하고 싶은 생각은 없었지만, 언젠가는 자신과 좋은 관계를 가지면서 Karen의 양아버지가 되어 줄 사람을 만날 수 있기를 희망하였다.

그녀는 암 때문에 심한 심리적 고통을 겪고 있었지만, '문제해결식 치료' 를 받으러 온 일차적 목적은 딸에게 자신이 암에 걸렸다는 사실을 말하는 데 도움을 받기 위함이었다. 그녀는 이혼을 했기 때문에, Karen이 엄마까지 잃어버릴지도 모른다는 두려움에 떨게 될 것이라는 생각에 크게 가슴 아파하고 있었다. 이혼한 이후 이들 모녀는 더욱 가까워졌으며, 더 많은 시간을 함께 보냈고, 다른 가족 구성원과 친구들에게 의지하는 일도 적어졌다. 지금 L은 암 치료가 모든 것을 바꾸어 놓을 것이라 걱정하고 있다. Karen과 같이 있는 시간도 줄어들 것이고, Karen의 요구를 들어주는 능력도 줄어들 것이라는 그런 걱정이었다. 그녀의 상사와 동료들은 그녀를 존중하고 그녀에게 잘 대해 주는 등 직장 환경은 좋았지만, 그녀가 가깝다고 느끼는 특정한 누군가는 없었다. L은 재정적으로 안정적이기는 하였으나 저축해 둔 것은 없었다. 또한 그녀는 수술 흉터와 그것이 그녀의 성적 느낌에 미칠 영향을 걱정하고 있었다.

면담과 다양한 자기-보고식 질문지에 대한 반응을 종합해 봤을 때, L이 느끼는 우울과 불안은 보통 수준이었으며, 자살할 생각은 없었다. 그녀는 특히 딸의 미래, 그리고 암에 걸렸다는 사실을 딸에게 어떻게 말해야 할지에 관해 크게 걱정하고 있었다. 강한 고립감과 외로움을 느낀다고 말했으나, 그런 느낌에 대처하기 위해 어떤 시도를 한다는 것 자체를 두려워하였다. 이혼한 후 가까운 전문대학에 가서 야간강좌를 듣고 컴퓨터 기술이 향상되었을 뿐 아니라 다양한 자습서를 읽고 따라 하는 등등의 일 덕분에 그녀의 자존감이 상당히 향상되었다고 보고하였다. 그러나 사회적 활동이 주로 딸과의 관계에서 이루어지기 시작한다는 것을 알고, 앞으로는 친구들을 사귈 필요가 있다는 것도 깨달았다.

그녀의 문제해결능력과 태도에 대한 구체적 평가는 SPSI-R과 대처시도 이행표(8장 참조)를 통해 이루어졌다. 이들 자료들에 대한 그녀의 반응을 가지고 면담한 결과, 정서적인 문제(예: 불안, 두려움)를 회피하려는 경향이 강한 것으로 드러났다. 그러나 일과 관련된 문제는 충동적으로 해결하려는 경향이 강한 것으로 드러났다. 또한 대인관계 문제의 경우는 그 발생 원인과 상관없이 해결할 자신이 부족하다고 느꼈다. 흥미롭게도, 합리적 문제해결기술 척도에서 대부분의 반응은 이분법적 용어로 표현되었다. 예컨대, 일과 관련된 문제에 한해서만 그녀는 문제정의, 해결책 생성, 해결책 선택, 해결책 실행 모두를 효과적으로 수행할 수 있다고 믿었다. 그러나 문제가 대인관계나 정서와 관련된 것일 때는 자신이 가지고 있는 상식조차도 제대로 사용할 수 없다고 느꼈다.

이러한 초기 결과와 임상적 인상을 기초로 평가했을 때, 치료의 많은 부분은 L에게 자기가 가진 효과적인 기술을 삶의 다른 영역에서도 활용할 수 있도록 돕는 일이 되어야 하고, 암 진단과 암 치료에 대처하는 그녀의 능력을 촉진시키도록 돕는 일에 초점이 맞춰져야 한다고 판단되었다. 이러한 목적 때문에 문제해결식 치료 모형의 '공식적인' 훈련을 약간 수정하였다. 구체적으로, 문제해결의 전 과정을 설명하면서, 문제수용태도의 역할이 갖는 중요성을 강조하였다. 그녀는 합리적인 문제해결기술에 다소 익숙했기 때문에 이 영역에서의 훈련은 단축시켰다. 그러나 수용태도와 관련된 여러 요인의 경우, 그녀를 문제해결과정의 보다 긍정적인 경향에 익숙해지도록 돕는 데는 상당한 노력을 투자해야 했다. 상담이 계속되면서 L은 자신의 이혼이 딸에게 부정적인 영향을 미쳤을 것에 대한 죄책감을 털어놓았다. 그녀는 만약 자신이 더 좋은 아내기만 했더라면 더 좋은 엄마가 될 수 있었을 것이고, 그랬다면 John이 다른 여자를 찾지도 않고 바람도 피지 않았을 것이며, 결국 이혼도 하지 않았을 것이라는 생각을 가지고 있었다. 암 진단을 받았을 때 L의 죄책감은 점점 커져, Karen에게 암이 유전될지도 모른다는 생각까지 했었다. 때문에 이런 죄책감을 극복할 수 있도록 돕기 위해 상당히 많은 노력을 해야 했다.

때로는 그녀가 가진 죄책감이 Karen을 응석받이(예: 후식을 더 달라는 응석을 받아 주고, 잠자리에 드는 시간을 늦추어 주고)로 만들 뿐 아니라 과잉보호하게 만들기도 하였다. 비록 L은 그래서는 안 된다는 것을 잘 알고는 있었지만, 죄책감 때문에 어쩔 수 없다고 느꼈다. '반대역할연기' (8장 참조)는 L의 죄책감을 감소시키는 데 특히 도움을 주었고, 이혼에 대한 책임을 인정하는 일과 암을 좀 더 현실적으로 받아들이는 일을 용이하게 하였다. 또한 L은 죄책감을 느끼기 시작할 때면 '멈추고 생각하기' 기법을 이용하면 자신의 사고방식을 바꾸는 데 특히 도움이 된다는 것을 알게 되었다(8장 참조). 더욱이 그녀는 이러한 식으로 자신의 생각을 바꾸는 방법을 강화하기 위해 냉장고와 욕실거울에다 빨간 신호등이 있는 사진을 붙이기도 하였다.

죄책감을 다루기 위한 논의와 노력을 계속하는 과정에서, 그녀가 자신이 암에 걸렸다는 사실을 Karen에게 알리지 않은 이유도 바로 그 죄책감 때문이라는 것도 밝혀졌다. 또한 L은 Karen이 겁을 먹지 않도록 하고 싶었지만, Karen도 무슨 일인가가 일어났다는 것을 알아차리게 되고 그 일에 대해 엉뚱한 생각을 하면, 상황이 더 나빠질 수도 있다는 것을 마침내 수용하게 되었다. Karen에게 암에 관해 알리는 일을 용이하게 하기 위한 수단으로는 그렇게 하는 것이 중요한 이유를 브레인스토밍하여 목록을 만들어 보라고 주문하였다. 다음은 몇 번을 시도한 후에 L이 만든 목록이다.

1. Karen이 엄마가 의사를 만난다는 사실을 알게 되면, 그 일을 두고 최악의 해석을 할 수도 있다.
2. Karen이 다른 누군가를 통해 사실을 알게 되면, 매우 황당할 것이다. Karen은 엄마가 자신을 믿지 못했기 때문에 자신에게는 그 사실을 알리지 않았다고 생각할 것이다.
3. 만약 Karen이 무슨 일이 있다는 눈치는 챘지만 그것이 정확히 무슨 일인지는 모른다면, 이혼으로 생긴 문제가 더 악화될 수 있다.
4. L은 자신과 딸 사이의 관계에서 가장 중요한 것이 솔직함이라 느꼈다.
5. L은 Karen이 어떤 일이든 자신에게는 편안하게 이야기할 수 있게 되기를 원했다.

6. 이혼 이야기가 아무리 Karen을 힘들게 했더라도 Karen은 이해할 수 있을 것이다.

L에게는 이들 이유를 종이에 적어 일하러 갈 때 가지고 다니라고 지시함으로써, 결정을 피하기보다는 이러한 이유를 생각해 보도록 하였다. 일주일 후 L은 Karen에게 암에 대한 사실을 알리는 것이 중요한 과제라는 확신을 가지게 되었다. 이번에는 브레인스토밍 기법을 사용하여 Karen에게 알릴 방법을 모색하였다. 해결책 선택 도구를 사용한 결과, 장기간 휴가를 갖고 즐기는 동안에 Karen에게 알리는 것이 최선이라는 결정에 도달하였다. 그녀는 Karen이 자신에게 물어볼 수도 있는 일련의 질문과 그 질문에 대한 적절한 대답을 미리 준비해 두었다. 또한 그녀는 Karen의 반응이 자신을 황당하게 만들어 모든 일이 더 어려워질 수도 있을 것이라는 생각도 하였다. 이런 가능성을 제거하기 위해 문제를 잘게 나누어 이야기함으로써 Karen이 당혹감을 느끼지 않게 하기로 마음먹었다. 한 가지 주요 장애물은 L의 마음속에는 만약 자신이 이 이야기를 '완벽하게' 수행하지 못하면, 그것은 자신이 '나쁜 엄마' 임을 입증하는 증거라는 신념이 자리잡고 있다는 것이었다. 때문에 L은 긍정적인 수용태도를 촉진시키기 위해 만들어진 긍정적 자기-진술 목록을 가지고 다니는 것 외에도, '반대 역할연기' 를 연습해야만 했다.

미리 세워 둔 모든 계획 덕분에 L이 Karen에게 모든 것을 털어놓았을 때는 예상했던 것보다 훨씬 좋은 결과를 얻었다. Karen이 많은 질문을 했지만, 다행히도 L이 구체적이고 확실한 대답을 해 줄 수 있는 그런 질문들이었다. 사실 이전에 언급했던 것처럼, L의 암은 그 예후가 양호했기 때문에 L은 모든 것을 솔직하게 이야기할 수 있다고 느꼈고 동시에 마음도 가벼워짐을 느꼈다. 주말쯤 돼서 Karen은 암과 싸우는 엄마를 돕기 위해 아버지가 돌아올 것인지에 대해 질문을 하였다. 이 질문은 L의 머릿속에 자신이 일을 해서 John을 대학에 보냈던 기억과 John의 다른 여자에 대한 이야기를 들었을 때의 기억을 번갈아 떠오르게 하였고, 그리하여 L은 당혹스러웠고 약간은 화도 났다. 과거에는 이러한 고통을 느끼게 되면 L은 그러한 힘든 상황에 대해 생각하거나 말하는 것을 회피하고, 일과 관련된 다른 활동에만 마음을 쏟아 버렸다. 그러나 이제는 '멈추고 생각하기' 훈련 덕분에, 부정적인 감정이 강해지자 먼저 심호흡을 몇 차례 하고 난 후 Karen에게 아버지는 자신의 암 투쟁에 관여하지 않을 것이라고 차분하게 설명하였다. 이전에는 정서를 억제하도록 작용했던 것이 지금은 의미 있는 대화를 이끌어 내도록 작용했던 것이다.

그런 후 몇 주 동안 Karen은 엄마의 암에 대해 질문을 하기도 하고 간혹 울기도 하였다. 이전 같으면 L은 Karen에게 농담을 걸거나 웃기는 행동을 해서라도 울음을 멈추게 하려고 노력했을 것이다. 그런 후 다른 일에 대한 이야기를 하거나 다른 활동에 빠지도록 하여 Karen의 주의를 딴 데로 돌리려 노력했을 것이다. 문제수용태도에 대한 훈련을 받은 후에는 이러한 행동을 하지 않게 되었다. 이제 그녀는 Karen이 울면 문제가 있다는 신호로 보았으며, '멈추고 생각하기' 기법을 스스로 시도하게 된 것이다. L은 그러한 문제를 무시하는 것은 더 많은 해를 가져올 수도 있다는 것을 이해하게 되었다.

그리하여 이런 신호를 문제를 보다 적절하게 대처하기 위한 단서로 이용하였다. L은 Karen에게 어떻게 느끼는지, 왜 우는지 물어보았고, 그러한 느낌을 무시하려 하기보다는 더 잘 다스릴 수 있도록 도우려고 노력하였다. 치료를 받는 동안에는 이러한 변화를 강화하는 것과 그러한 변화가 Karen에게도 긍정적인 영향을 미친다는 것을 지적해 주는 것이 중요했다. 또한 L의 그러한 변화는 모녀간의 관계를 더 솔직하고 친밀하게 만들었고, 이러한 성과는 L에게 매우 중요한 것이었다.

L이 유방암 수술에서 회복되면서 화학치료를 받는 동안에는 피로와 메스꺼움으로 여러 회기를 빠졌다. 그러나 치료에 참여한 회기에는 자신의 신체적 이미지에 대한 걱정, 암 치료에 따른 다양한 부작용, 그리고 약간의 우울감을 다스리는 일에 치료의 초점을 두었다. 이들 각각의 문제는 문제해결 모형을 이용하여 공략하였으며, 아울러 그 지역에 있는 다양한 지지모임이나 프로그램(예: 미국 암 환자 모임)을 소개해 주었다. 성적인 문제와 조금이나마 관련된 걱정을 함께 이야기할 수 있는 다른 여성들을 만나게 되자, L은 스트레스를 별로 받지 않는 환경에서 문제를 공유하면서 질문도 할 수 있는 기회를 갖게 되었다. 그 결과 L은 올바른 관점에서 성을 바라볼 수 있게 되었고, 성이 결코 금기된 주제가 아니라고 느끼게 되었다. 그리고 지지모임에서 있었던 이야기를 치료장면으로 가져와서, 문제해결식 치료 모형의 다양한 부분을 적용하여 더 나은 결정을 내리려고 노력하기도 하였다. 특히, '문제의 정의 및 공식화' 연습은 그녀의 미래에 관한 단기적 및 장기적 목표를 좀 더 분명하게 정의할 수 있

도록 도와주었다.

미래의 목표를 달성하기 위해, L은 애인으로서가 아닌 독신으로서의 자신과 친구가 될 사람들의 사회적 연결망(network)을 결성하기로 결정했다. 지금은 아니지만, 나중에 가서는 데이트 상대나 장기적인 관계를 가질 수 있는 남자를 받아들일 수 있기를 원했다. 그녀는 문제해결 모형을 이용하여 어떻게 하면 사람들을 만나고 친구를 사귈 수 있을 것인지에 대한 다양한 대안을 생각해 냈다. 그녀가 참여하고 있는 지지자 집단과 Karen 학교의 부모-교사 모임이 '자연스런' 돌파구 역할을 해 주었다. L은 교회에서 제공하는 집 없는 사람들을 위한 식사제공 활동에 자발적으로 참여하기 시작했다. 이런 활동을 하면서, 전에 자기를 주저하게 했던 이유 중에 스스로를 별로 재미없는 사람일 것이라고 생각한 것은 부질없는 걱정이었다는 것을 깨달았다. 긍정적인 자기-진술을 반복해 읽음으로써 그녀가 이러한 걱정을 훨씬 빨리 극복할 수 있음을 알 수 있었다. 18회기가 끝나고 치료가 종결될 시점에 와서는 암 기운이 퇴색되자 L은 새로운 친구를 사귀었으며, Karen과의 관계 또한 매우 친밀하게 유지되고 있었다. 6개월 후에 이루어진 추적조사에서도 L은 여전히 잘 지내고 있었다.

요약 및 논의

일반화된 불안(S의 사례)과 우울증(C의 사례) 그리고 암(L의 사례)

이라고 하는 임상적 장애를 치료하기 위한 광범하면서도 개별화된 치료 프로그램의 일부로 PST가 적용된 세 가지 임상사례를 제시하였다. 세 가지 사례는 모두 부정적 대처방식, 즉 문제상황을 통제할 수 없는 것으로 지각하고 문제를 효과적으로 해결할 수 없다고 믿는 대처방식을 공통된 특징으로 가지고 있었다. 두 가지 사례에서는 이 부정적 대처양식이 불안, 우울, 낮은 자존감 같은 부정적 스트레스 효과와 결합되어 있었다. 세 번째 사례(L의 사례)에서는 문제가 암이라고 하는 실제로 위협적인 어려움이었다. 그러나 그녀는 삶을 위협하는 것이 아닌데도 정서적 각성을 유발하는 상황(예: 암에 대해 딸에게 말하기)은 회피하려는 경향이 있었다. 비록 S의 경우는 향상에 제한이 있었지만, PST는 좀 더 적절한 문제해결식 대처방식을 발달시키고, 문제해결수행의 효과를 증가시키며, 부정적인 스트레스 효과를 감소시키는 성공적인 접근법인 것으로 밝혀졌다.

이들 세 가지 사례 모두에서 문제해결식(문제의 해결책을 찾아내서 실행하는 식) 대처가 공통으로 강조되었지만, 정서-중심적 대처기술 훈련의 정도는 내담자에 따라 서로 달랐다. 문제수용태도에서 부정적 인지(예: 문제에 대한 과장되고 위협적인 평가), 그리고 문제의 정의 및 공식화에서 일으키는 왜곡(예: 완벽주의적 행동기준)을 바로잡기 위한 인지 재구조화 훈련은 세 사람 모두에게 필요하였다. S는 이완 및 둔감화 훈련도 받아야 했다. S는 스트레스성 문제상황에 대해 정서적으로 너무 과민했는데, 인지 재구조화와 문제해결만으로는 이 과민성을 충분히 다스릴 수 없었기 때문이다. 비록 C도 강한 정서적 반응을 보였지만, C에게는 이완 기법을 훈련시키지 않았다. 인지적 재구조화와 문제해결만으로도 C의 정서적 각성을 충분히 감소시킬 수 있었기 때문이다.

S의 사례는 문제해결식 훈련의 효과도 내담자의 사회적 환경이 내담자의 독립적 문제해결행동을 조장해 주고 또 강화해 주지 않는 상황에까지는 제대로 일반화되지 않는다는 것을 보여 주고 있다. 이러한 경우는 치료 시 내담자의 사회적 환경 속에서 내담자에게 중요한 영향을 미치는 사람들을 포함시켜, 좀 더 지지적인 환경을 만들어서 문제해결행동을 촉진시키고 강화시킬 필요가 있다. S의 경우, 남편이 그녀의 주도적 문제해결태도를 강화하기보다는 처벌하는 식이었고, 부부간 갈등을 해소하기 위한 문제해결훈련에 참여하는 것도 거부하였다.

제 10 장

성과에 관한 연구

이 장에서는 PST 치료의 성과에 관한 연구결과를 개관할 것이다. 지난 몇 년 동안 PST의 효과를 평가하기 위한 임상적 시험연구가 다양한 집단과 문제를 대상으로 이루어졌으며, 그 수도 증가하는 추세에 있다. 지면 관계상 이 고찰에서는 고찰의 범위를 줄여, 지난 20년(즉, 1985~2005년) 동안 발표된 PST 연구만 살펴볼 것이다. 이들 연구는 치료평가에 PST만을 이용하였거나, 아니면 PST를 치료-꾸러미의 주된 평가요소로 다루었고 성인을 치료의 일차적 대상으로 삼은 연구들이었다. 1985년 이전에 발표된 연구에 관심이 있으면, 이 책의 1판과 2판(D'Zurilla, 1986; D'Zurilla & Nezu, 1999), 그리고 A. M. Nezu, D'Zurilla, Zwick 및 Nezu(2004)를 참고하기 바란다. 아동 및 청소년을 위한 PST 연구를 중점적으로 다룬 연구를 찾는다면, Frauenknecht와 Black(2004)을 참고하길 바란다. 곧 분명해지겠지만, 이들 연구에서는 PST가 매우 다양한 환자집단에 적용되었으며 치료의 목표 또한 다채로웠다. 정신과 입원환자에서 자신의 사회적 역량을 향상시키고자 하는 일반인에 이르기까지 다양한 집단의 사람들이 PST 성과연구에 참여하였다. 치료의 목적도 다채로워서, PST가 임상적 치료법 또는 치료-꾸러미의 일부로 활용되기도 했으며, 유지전략 혹은 예방 프로그램으로 사용되기도 했다. 이 장에서는 이들 연구의 결과를 정신과 환자와 정신분열증 환자, 우울증, 자살, 사회 공포증, 일반화된 불안장애, 충격후 스트레스 장애, 커플문제, 부모-자녀 문제, 부모와 가족 돌보미, 일차 진료 환자, 정신지체인, 스트레스 관리, 비효과적 대처, 물질 남용, 범법자, HIV/AIDS 예방, 비만/체중 조절 그리고 의료 환자에 관한 연구로 분류하여 소개하였다.

정신과 환자 및 정신분열증 환자들

이미 7장에서도 언급했듯이, 여러 연구자들이 PST를 정신분열증과 같은 주요 정신병 환자들에게 특히 중요한 개입법이 될 것으로 확인하였다(Falloon, 2000). 예를 들어, Hansen 등(1985)은 퇴원하여 치료를 받고 있는 7명의 만성 정신과 환자에게 다섯 가지 문제해결기술—문제 확인, 목표 정의, 해결책 평가, 대안의 평가, 해결책 선택—을 훈련시켰다. 훈련의 효과는 문제해결능력과 어문적 문제해결수행을 측정하여 평가하였다. 측정에 이용된 문제상황은 환자들이 지역사회에서 부딪힐 가능성이 높은 실제 장면이었다. 그 결과 환자들의 문제해결능력과 문제해결 효율성 둘 다 크게 증진된 것으로 드러났다. 또한 이러한 능력의 향상이 훈련에 사용된 문제상황에서 낯선 상황에까지 일반화되는 것으로 밝혀졌다. 훈련을 받기 전에는 이 환자들의 문제해결 효과성이 그 지역에 거주하는 20명의 일반인 통제집단에 비해 크게 낮았었다. 그러나 훈련을 받은 후에는 환자들의 문제해결 효과성이 준거집단과 동등한 것으로 밝혀졌다.

Wallace와 Liberman(1985)은 남성 정신분열증 환자 28명을 사회기술훈련 집단 혹은 전반적 건강 치료 집단에 무선으로 배정했다. 사회기술훈련 집단에 실시된 지시적이고 구조화된 사회기술훈련은 병원이라는 사회적 장면에서 효과적으로 생활하는 데 중요한 대인관계 문제해결능력을 향상시킬 목적으로 실시되었다. 이 조건의 환자들에게는 다양한 합리적 문제해결기술(예: 해결책 생성, 해결책 선정)에 대한 훈련 이외에, 적절한 사회적 반응을 언어적/비언어적 행동으로 전달하는 기술도 가르쳤다. 전반적 건강 치료 집단의 환자들에게는 스트레스 인에 대처하는 기술을 강조하는 프로그램을 실시하였다. 이 프로그램에는 요가, 명상, 걷기 그리고 스트레스와 건강 간의 관계에 대한 집단 토의가 스트레스 대처기술로 포함되었다.

이들을 대상으로 하는 포괄적인 평가가 처치 전과 처치 후(예: 입원 치료 9주 후), 그리고 퇴원 후 지역에 거주한 24개월 동안에 실시되었다. 그 결과 사회기술훈련 집단의 환자들은 사회기술을 습득한 정도, 그리고 그 능력을 응용하는 정도와 오래 사용하는 정도에서 크게 향상된 것으로 드러났다. 또한 중요한 주변 인물들의 평가에서도 그들의 전반적인 사회적 적응력은 크게 향상된 것으로 밝혀졌다. 그리고 비교집단에 비해 재발과 재입원 횟수도 적었다.

Bradshaw(1993)의 연구에서는 정신분열증으로 진단받은 환자 14명을 대상으로 대처기술훈련 프로그램과 PST를 비교했다. 각 집단은 24주 동안 매주 1회 1시간 30분씩 만났다. 대처기술훈련 집단은 생리적 각성 관리, 인시 새구조화, 그리고 사회기술 습득에 초점을 맞추었다. 종속변인 측정에는 목표성취 척도가 이용되었는데, 목표는 처치를 받기 전에 참가자가 설정한 것이었다. 환자들이 설정한 네 가지 목표의 성취 정도는 각 환자의 관리자가 채점하였고, 채점은 처치 전과 처치 후, 그리고 처치 종료 6개월 후에 각각 한 번씩 이루어졌다. 점수는 환자 및 가족과의 면담, 그리고 초기면접에서의 평가와 진척상황에 대한 메모 등에서 수집된 정보로 결정되었다. 목표달성 능력에서는 대처기술 집단이 PST 집단보다 훨씬 나은 것으로 드러났다. 그러나 6개월 후의 추적 평가에서는 이러한 차이가 나타나지 않았다.

Marder 등(1996)은 정신분열병으로 진단된 80명의 남성 외래환자를 대상으로 PST의 주요 구성요소를 포함한 사회기술 훈련 프로그램과 집단 지지 요법을 비교하였다. 소량의 약물치료로 안정을 되찾게 한 후, 이 환자들을 둘 중 한 치료집단에 무선으로 할당하였다. 치료는 두 집단 모두 첫 6개월 동안은 매주 2회씩, 그리고 그다음 18개월 동안은 매주 1회씩 실시되었다. 그 결과 사회적 적응력을 반영하는 몇 가지 측정치에서 사회기술훈련에 참여한 집단이 통제집단보다 우월한 것으로 드러났다. 그리고 이 효과는 그 사회적 기술훈련이 적극적인 약물치료와 병행되었을 때 가장 큰 것으로 밝혀졌다.

Tarrier 등(1998)의 연구에서는 만성 정신분열병을 치료하기 위한 대규모 인지-행동치료(CBT)가 도입되었는데, 그 치료의 중요한 내용으로 문제해결훈련을 포함시켰다. 이 집중적 치료법에는 환자들 스스로 자신의 증상에 대처하는 구체적인 방법에 대한 교육과 재발률을 줄이는 전략에 대한 교육이 추가적인 내용으로 포함되었다. 이 CBT 치료법을 10주에 걸쳐 20회기로 나누어 실시한 후, 지지성 상담을 받은 통제집단과 비교하였다. 이들 두 치료 집단은 간호(routine care)도 받고 있었기 때문에, 이들 두 집단을 간호만 받는 세 번째 집단과도 비교할 수 있었다. 두 집단이 받은 치료는 외래상황 또는 환자의 집에서 실시되었다.

그 결과 지지성 상담을 받은 통제집단에 비해 CBT 처치를 받은 집단은 그들이 겪은 정신분열증 양성증상의 심도와 빈도에서 유의하게 향상된 것으로 나타났다. 그리고 증상에서 50% 이상 향상된 것으로 집계된 환자의 수가 CBT 처치를 받은 집단에서 유의하게 많은 것으로 밝혀졌다. 한편, 간호만을 받은 환자집단은 더 상태가 악화되었으며 병원에서 보낸 시간이 더 많았던 것으로 드러났다.

Liberman, Eckman 및 Marder(2001)는 PST가 실제로 정신분열증 환자의 문제해결기술에 영향을 미치는지를 확인하기 위한 연구를 수행하였다. 정신분열증으로 진단된 75명의 성인 외래환자를 두 집단에 무작위로 배정하였다. 한 집단에게는 PST 훈련을 매주 1회씩 4개월 동안 제공하였고, 또 한 집단에게는 지지성 치료를 4개월 동안 처치하였다. 훈련의 효과를 측정하는 데는 '대인 문제해결기술 평가' (Assessment of Interpersonal Problem Solving Skill: AIPSS) 가 이용되었다. 심리측정학적으로 건전한 면담 및 역할연기 도구로 알려진 AIPSS는 비디오로 녹화된 13개의 삽화(장면)로 구성되었는데, 그중 10개가 대인 문제를 다루고 있다. 피검자에게는 일련의 질문을 제시하고 삽화 속 주인공의 입장에서 그 질문에 답을 하도록 한다. 제시된 질문은 문제해결의 각 단계와 관련된 질문이었는데, 예를 들면, "저 장면에서 문제가 있었습니까?"(문제인식), 그리고 "만약 여러분이 저 상황에 처했다면 어떻게 하시겠습니까?"(해결책 생성)와 같은 질문이었다.

그 결과 문제인식 능력에서는 두 집단 모두가 처치 후에 향상된 것으로 나타났으나, AIPSS로 측정된 문제해결의 모든 다른 차원(즉, 해결책 생성, 해결책 선정, 역할연기 기술, 전반적인 역할연기 수행)에서는 PST 집단이 크게 향상된 것으로 밝혀졌다. 문제해결훈련에 이용된 문제상황(실제 시나리오)이 AIPSS에 포함된 상황과 달랐기 때문에, Liberman 등(2001)은 4개월 동안 실시된 PST가 많은 영역에 일반화되는 성과를 창출하였다고 결론지었다.

Glynn 등(2002)은 사회기술훈련의 효과를 일상생활에 일반화시킬 방안을 모색하기 위해 임상-기초 기술훈련 프로그램과 이와 비슷한 프로그램에다 실생활에 적용해 보는 일반화 회기를 추가한 프로그램을 비교하였다. 이 두 가지 프로그램은 세 가지의 주요 기술훈련으로 구성되었는데, 그중 하나가 사회적 문제해결기술훈련이고, 나머지 둘은 약물관리훈련과 효과적인 생활기술훈련이었다. 치료 후 효과를 비교한 결과, 응용기회를 추가로 제공한 프로그램의 효과가 도구성 역할 기능, 사회적 관계 그리고 전반적인 적응에서 유의하게 높은 것으로 밝혀졌다. 그리고 이 프로그램으로 훈련받은 집단의 사회적 기능이 좀 더 증진되었을 뿐 아니라 정신적인 문제의 발생빈도도 낮아지는 것으로 나타났다.

우울증

A. M. Nezu와 동료들(A. M. Nezu, 1987; A. M. Nezu et al., 1989)이 개발한 주요 우울장애 모형은 문제해결능력의 결함을 우울증의 원인으로 간주한다. 이 가설을 지지나 하듯, 많은 연구에서 비효과적인 문제해결기술과 우울증 간의 높은 상관관계를 지적했다(이에 관한 문헌고찰은 A. M. Nezu, Wilkins, & Nezu, 2004 참조). 또한 문제해결능력이 스트레스와 우울증 간의 인과 관계에서 매개변인으로 작용한다는 사실이 입증되기도 했다(A. M. Nezu, 2004). 이러한 이유 때문에 많은 연구에서 PST가 우울증 치료에 미치는 효과를 평가하였다.

A. M. Nezu(1986d)는 성인 단극성 우울증에 초점을 맞춘 성과연구에서, 우울증 외래환자 26명을 세 조건—PST 조건, 문제-중심치료(PFT) 조건, 대기자 통제조건(WLC)—에 무선 배치하였다. 치료를 받은 두 집단은 8주 동안 매주 1시간 30분에서 2시간 정도의 집단

치료를 받았다. 문제-중심 치료(PFT) 조건의 환자들에게는 문제해결을 목표로 환자들이 당면하고 있는 현재의 생활문제를 논의하였지만, 문제해결기술에 대한 체계적인 훈련은 제공하지 않았다.

평가는 사전, 사후 그리고 6개월 후의 추적 평가로 실시되었다. Beck의 우울 척도(BDI)와 MMPI의 우울 척도로 측정된 결과를 기초로 전통적 통계분석과 임상적 중요성 분석을 실시하였다. 그 결과 PST 집단의 우울증은 크게 감소하였으며, 이 효과는 6개월 후의 추적조사에서도 유지된 것으로 확인되었다. 또한 PST 조건에서 기록된 우울증 호전 정도는 PFT 조건과 WLC 조건에서 기록된 호전 정도보다 유의하게 높았다. PFT 조건보다 PST 조건의 효력이 우수한 것은 6개월 후의 추적 평가에서도 관찰되었다. 또 다른 결과에서는 PST 조건에 참여한 환자들의 문제해결 효과성이 다른 두 집단에 비해 유의하게 향상된 것으로 드러났으며, 통제소재의 지향이 외부에서 내부로 변한 정도도 유의하게 높은 것으로 나타났다. 이러한 향상은 6개월 후의 추적조사에서도 유지되었다. 전체적으로, 이러한 결과는 PST가 문제해결능력을 증가시키고 개인적 통제력을 강화시켜 준다는 A. M. Nezu 등(A. M. Nezu, 1987; A. M. Nezu et al., 1989)의 우울장애 모형의 기본 가정을 지지한다고 하겠다.

A. M. Nezu와 Perri(1989)가 수행한 후속 연구의 목적은 (1) A. M. Nezu(1986d)의 연구에 대한 부분적인 반복과 (2) 우울증 치료에 문제수용태도가 기여하는 정도를 평가하는 것이었다. 이 목적을 달성하기 위해 다음과 같은 분해 연구 전략이 이용되었다. 연구 진단준거(Research Diagnostic Criteria: RDC)에서 주요 우울장애로 진단

받은 환자를 PST 집단, 단축형 PST(APST) 집단, 대기자 집단(WLC)에 무선 배치하였다. BDI 이외에도 Hamilton의 Hamilton 우울척도(Hamilton Rating Scale for Depression: HRSD) 그리고 독립적 임상 평정자의 평정치를 우울증 측정치로 이용하였다. 두 처치집단은 회기당 2시간씩 총 10회기로 구성된 집단치료 프로그램에 노출되었다. 이 두 처치조건의 훈련 프로그램은 두 명의 치료자가 번갈아 가며 한 회기씩 교대로 진행함으로써 잠재적인 치료자 효과를 균등화하였다. PST 조건의 피험자들은 문제해결 모형을 구성하는 문제수용태도와 합리적 문제해결기술을 모두 훈련받았고, APST 참가자들은 문제수용태도에 대한 훈련을 제외했다는 점 외에는 PST 조건에서 동일한 훈련을 받았으며, WLC 조건의 피험자들은 나중에 프로그램에 참여할 수 있을 때까지 기다려야만 했다. 이런 식으로 문제수용태도를 나머지 문제해결기술과 분해함으로써 문제수용태도가 긍정적 성과에 기여하는 정도만을 별도로 측정할 수 있었다.

BDI와 HRSD로 측정된 우울 정도에 대한 처치 전-후 분석결과, PST 집단의 처치 후 우울 정도가 두 가지 측정치 모두에서 APST 집단 및 WLC 집단에 비해 유의하게 낮은 것으로 드러났다. 그리고 APST 집단이 보고한 처치 후 우울점수는 WLC 집단이 보고한 우울점수보다 유의하게 낮았다. 그리고 우울증의 감소는 문제해결능력의 증가와 유의한 상관관계를 보였다. 또한 치료를 받은 피험자(즉, PST와 APST 참여자) 중에서 처치 후 점수가 역기능 집단(즉, 치료받지 않은 피험자 또는 WLC 참여자)의 평균치보다 2표준편차 이상 높은 사람들을 회복된 사람으로 정의하여 임상적 효용성을 분석한 결과,

이 연구의 집단 간 차이는 임상적으로도 의미 있는 차이인 것으로 밝혀졌다. 구체적으로, 이 분석에서는 PST 조건의 피험자 중 85% 이상, APST 조건의 참가자 중 50%, 그리고 WLC 피험자 중에서는 9%만이 BDI로 측정한 우울 정도에서 임상적으로 의미 있는 경감을 경험하였다. HRSD 측정치에서는 이 백분율이 각각 79%, 50%, 그리고 9%로 나타났다.

6개월 후의 추적평가에서도 두 집단 모두 처치 후 측정치와 추적 측정치 사이에 유의한 차이는 나타나지 않았다. 두 처치조건에서 기록된 치료효과가 치료 종결 6개월 후에도 유지되었다는 뜻이다. 전반적으로 봤을 때, 이 모든 결과는 PST가 주요 우울증 치료에 효험이 있다는 주장을 지지하며, 또한 문제수용태도에 대한 훈련을 PST에 포함시키는 것이 중요하다고 강변한다고 하겠다.

이 연구의 속편으로 Arean 등(1993)은 A. M. Nezu(1989)의 우울증 치료 모형을 장노년 집단에 적용해 보았다. 연세가 55세 이상 된 참여자 75명을 PST 조건, 회상 치료(Reminiscence Therapy: RT) 조건, 대기자 통제조건(WLC) 중 하나에 무선으로 배치하였다. PST 조건과 RT 조건의 치료는 집단으로 진행되었다. 두 가지 치료법 모두에 익숙한 세 명의 치료자 중 한 명이 집단지도자 역할을 맡았다. 각 집단은 12주 동안 매주 한 번 만났으며, 치료는 회기당 1시간 30분씩 진행되었다. PST 집단은 A. M. Nezu 등(1989)의 치료요강에 소개된 PST 모형에 따라 훈련을 받았다. RT 집단은 긍정적 및 부정적 일상사를 새로운 관점에서 바라보고 만족감을 얻기 위해 자신의 인생사를 재검토하는 일을 수행하였다. 정신역동적 체제에 기초를 두고 있는 이 치료법은 노인들의 우울증 치료에 효험이 있다는 경험적 지지를 받은 적도 있다.

전반적인 결과에서는 WLC 집단에 비해 두 치료 집단의 처치 후 우울증이 세 가지 측정치 모두에서 유의하게 낮은 것으로 밝혀졌다. 그리고 PST와 RT 조건에서 기록된 처치 후 효과는 처치가 끝난 3개월 후까지 지속되었다. 그러나 PST 집단의 우울증은 처치 후 측정치 세 가지 중 두 가지(즉, HRSD와 GDS)에서 RT 집단보다 유의하게 낮은 것으로 드러났다. 또한 처치 후에 주요 우울증 진단 준거에서 벗어난 참여자의 백분율도 RT 집단 40%와 WLC 집단 10%에 비해 PST 집단은 88%로 집계되었다.

노인 우울 집단에 초점을 맞춘 Lopez와 Mermelstein(1995)의 연구는 노인 재활성과를 증진시키기 위해 설계된 인지-행동 프로그램을 평가하였다. 대처기술 전략에 대한 부가적 훈련(예: 유쾌한 사건을 늘리는 훈련, 이완 훈련)이 제공되기는 했지만, 그들이 실시한 프로그램의 주된 요소는 PST였다. 이 처치 프로그램은 병원에서 시행되었기 때문에, 윤리적인 문제에 따라 엄격하게 통제된 실험(예: 처치 대 비처치 통제)은 할 수가 없었다. 그러나 이 프로그램을 수료한 환자 중 정도가 심한 환자 21명을 중심으로 치료성과를 분석한 Lopez와 Mermelstein(1995)은 자기들의 인지-행동치료가 환자들의 우울증을 유의하게 감소시켰다고 보고하였다.

Alexopoulos, Raue 및 Arean(2003)은 주요 우울증 환자이면서 관리기능(예: 자의적 개시, 지속적 주의집중, 반응 억제)에 장애를 가진 노인들(평균 연령 74세)을 대상으로 PST와 지지치료(ST)를 비교하였다. 치료는 12주에 걸쳐 실시되었다. 그 결과 우울 퇴치, 우울증상 감소, 전반적 장애 감퇴에서 PST가 ST보다 더 큰 영향력을 행사한 것으로 나타났다. 그리고 사회적 문제해결 검사(SPSI; D'Zurillar & Nezu, 1990)로 측정된 문제해결능력을 분석한 결과, 우울과 장애가 호전될 수 있었던 이유 중 상당 부분은 환자들의 문제해결기술 두 가지—해결책 생성기술과 해결책 선정기술—가 향상되었기 때문인 것으로 드러났다.

Teri, Logsdon, Uomoto 및 McCurry(1997)는 알츠하이머 환자이면서 우울증 진단을 받은 환자들을 대상으로 행동치료를 실시하고 그 효과를 보고하였다. 구체적으로, 환자-보호자 72쌍을 네 조건 중 하나에 무선으로 배치하고, 처치 전과 처치 후, 그리고 6개월 후의 검사결과를 평가하였다. 이들이 연구한 두 가지 행동치료 중 하나는 환자에게 즐거운 일이나 사건이 많아지도록 하는 데 초점을 맞추었고, 다른 하나는 보호자의 문제해결을 강조하였다. 이 두 가지 행동치료 효과를 통제조건으로 이용된 '표준 간호(standard care)' 조건과 대기자 조건의 효과와 비교한 결과, 두 가지 행동치료 모두 통제조건에 비해 우울증과 진단상태에서 유의한 향상이 기록되었다. 이러한 치료효과는 6개월 후의 추적 평가에서도 유지되었다. 그리고 이에 더하여 각 행동치료 조건에 배치된 보호자들의 우울증도 유의하게 개선되었다. 그러나 통제조건에 배치된 보호자들한테서는 그런 향상이 기록되지 않았다.

우울증 치료와 관리는 정신건강 전문가보다 일차 진료기관에서 이루어지는 경우가 많기 때문에, 지난 10년 동안 이들 집단에 대한 관심이 증가하였다(Eisenberg, 1992). 영국의 경우 Mynors-Wallis, Gath, Lloyd-Thomas 및 Tomlinson(1995)은 일차 진료집단을 대상으로 실시된 우울증 치료에서 항우울제의 효과와 PST의 효과를 비교하였다. 주요 우울증으로 고생하는 성인 91명을 PST 집단, 약물(amitriptyline) 집단 또는 위약 집단에 무선으로 배치하였다. 세 가지 처치조건에 참여한 환자들은 모두 3개월에 걸쳐 6~7회기씩, 회기당 30분에서 1시간 정도의 치료를 받았다. 치료자 역할은 정신과 의사와 PST 및 투약훈련을 받은 두 명의 치료사가 맡았다. 약물 집단과 위약 집단에서는 환자도 치료자도 모두 약의 정확한 특성에 대해서는 알지 못하였다.

HRSD 외에도 두 가지 성과 측정치—BDI와 사회적 기능 및 적응에 대한 자기-보고 측정치—가 더 이용되었다. 처치 후 6주 및 12주에 측정한 성과측정의 경우, PST 집단과 약물 집단이 두 가지 측정치 모두에서 위약 집단보다 덜 우울한 것으로 나타났다. 그러나 PST 집단과 약물 집단 간에는 유의한 차이가 발견되지 않았다. 이 발견은 우울증 치료에서 PST의 효과가 항우울제 복용 효과에 못지않다는 의미를 갖는다. 또한 이 연구는 PST가 일차 진료기관에서 적용할 수 있는 적절한 정신건강 개입법임을 암시한다.

일차 진료장면에서 이루어진 주요 우울증 치료에 초점을 맞춘 후속 연구에서, Mynors-Wallis, Gath, Day 및 Baker(2000)는 다음 네 가지 치료조건을 비교하였다. 즉, 연구 의사가 실시한 PST, 연구 간호사가 실시한 PST, 연구 의사가 제공한 항우울제(fluvoxamine 혹은 paroxetine) 복용, PST와 약물복용을 조합한 치료조건이다. 그 결과 네 가지 조건에 배치된 환자들 모두에서 12주에 걸쳐 분명한 호전이 기록되었다. 그런데 PST와 약물복용을 조합한 치료조건이라고 해서 다른 치료조건보다 효과가 큰 편은 아니었다. 그리고 PST를 시행한 치료자가 의사든 간호사든 그 효과에는 차이가 없는 것으로 드러났다.

그러나 후속 분석에서는, 이 연구에서 시행된 PST가 약물치료와 비교했을 때 환자 자신의 문제에 대한 심각성 인식에는 별다른 영향을 미치지 못했으며, 또한 자제력 향상에도 기여하지 못한 것으로 밝혀졌다. 물론 이러한 결과는 이론적 예측과는 상치된다(Mynors-Wallis, 2002). 이 연구에서는 문제해결능력을 평가할 때 'Personal Questionnaire Rapid Scaling Technique' 라는 검사 도구를 이용했는데, 이 검사는 환자들에게 3가지의 별개 문제를 명시하도록 한 후, "이 문제가 얼마나 …한가?" 라는 질문에 반응할 것을 요구한다. 반응에 이용된 척도는 일련의 형용사 쌍으로 구성되었다. 요컨대, 환자들은 10점 척도 위에다 자신이 명시한 문제의 심각성을 평정해야 했다. 자제력과 완숙감에 대한 측정은 9점 척도로 구성된 다음 두 문항으로 평정되었다. (1) "나의 삶은 내가 통제한다고 느낀다." 와 "나는 사건(일)들에 압도당하고 있는 느낌이다." (p. 1316)였다. 이 평가 방식을 면밀히 따져 보면, 이해할 수 없는 심리적 속성이 측정되었다. 따라서 Mynors-Wallis의 결론의 타당성을 수용하기가 어렵다. 또한 그는 보다 중요하게 다루어야 했던 문제해결능력의 변화에 대해서는 직접적인 언급을 하지 않았다. 끝으로, 그가 이용한 분석법에서도 위의 두 가지 질문에 대한 치료 후 측정치에서는 네 가지 치료조건 간에 아무런 차이가 발견되지 않았다. 이 마지막 결과는 이 두 가지 측정치에 반영된 것이 독립변인(치료조건)의 효과가 아니라 상태에 따라 달라지는 우울한 기분 상태임을 암시한다.

주요 우울증 치료 이외에, 일차 진료기관에서 관리되는 감정 부전증 치료 및 경미한 우울증 치료에서도 PST의 잠재적 효과에 대한 관심이 집중되었다. 예를 들어, 치료법의 효율성을 검토한 Treatment Effectiveness Project(Barrett et al., 1999)는 미국의 일차 진료기관에서 이용된 PST(PST-PC)에 대한 대규모 평가연구에 속한다. PST-PC는 환자의 증상을 확인하여 그 증상을 일상생활에서 일어나는 다양한 문제와 연관 지은 후, 그 문제를 정의하고 명료화한 다음에 구조화된 방법을 이용하여 문제를 해결하려고 노력하는 협동적 치료법이다(Hegel, Barrett, & Oxman, 2000). 이 연구는 여러 곳에서 무선적으로 임상시험을 실시하여 PST-PC와 paroxetine(일종의 신경안정제), 그리고 위약의 효과를 비교하였다. Williams 등(2000)은 이 연구결과를 보고할 때, 일차 진료기관에서 치료를 받고 있는 성인(60세 이상) 415명을 중심으로 보고하였다. PST-PC는 11주에 걸쳐 6회기 제공되었다. 파록세틴(paroxetine) 조건과 위약 조건의 환자들에게도 11주에 걸친 6회 방문을 통해 일반적 지지성 상담을 제공함과 동시에 증상과 약물 부작용을 감시하였다.

그 결과 적극적인 약물치료를 받은 환자들은 위약 조건의 환자들보다 증상이 크게 해소된 것으로 나타났다. 치료 후반부에는 PST-PC 조건 환자들의 증상이 위약 조건 환자들의 증상보다 빠른 속도로 호전되었지만, 치료 후 평가에서는 이 두 조건 간에 차이가 없는 것으로 드러났다. 경미한 우울증으로 진단받은 환자들의 경우는 위약 조건에 비해 파록세틴 조건과 PST-PC 조건에서 전반적인 정신건강이 향상된 것으로 나타났다. 그러나 이런 호전은 상태가 가장 열악한 환자 25%에서만 발견되었다. 이 결과를 기초로 Williams 등(2000)이 내린 결론은 이 환자집단의 경우는 파록세틴과 PST-PC 모두에서 어느 정도의 효과는 인정할 수 있으나, 심리사회적 치료의 효과가 더 미약하며 더 늦게 나타난다는 것이었다. 그리고 PST-PC 효과가 약물치료의 효과보다 치료장면에 따라 더 크게 변하는 것으로 드러났다.

Barrett 등(2001)도 동일한 연구의 결과를 보고하였다. 이들은 18~59세의 성인 241명의 자료에 초점을 맞추었다. 결과분석에 포함된 조사지역은 네 개 지역 중 두 곳이었다. 자료 분석결과, 세 가지 처치조건 모두에서 11주에 걸쳐 우울증상이 유의하게 감소한 것으로 드러났다. 이 효과는 치료법에 따라서도, 또 진단명에 따라서도 달라지지 않은 것으로 확인되었다. 그러나 감정 부전증의 회복률에서는 위약 조건에 비해 파록세틴 조건과 PST-PC 조건이 유의하게 높았지만, 경미한 우울증의 회복률에서는 조건 간에 차이가 나지 않았다. 이 결과는 치료의 효과가 우울증상 전반에 걸친 호전으로 나타나는 것이 아니라 회복률에서만 나타나며, 그것도 진단명에 따라 다르게 나타난다는 의미를 가진다. 이를 기초로 Barrett 등은 일반적인 임상관리('신중한 기다림')가 적절한 치료법일 수 있다고 결론지었다.

유럽의 여러 지역을 대상으로 실시된 'Outcomes of Depression

International Network' 연구(Dowrick et al., 2000)에서는 우울장애 치료법 두 가지의 효과를 평가하였다. 하나는 지역사회 장면에 실행할 수 있도록 수정된 PST였으며, 다른 하나는 우울증 예방을 목적으로 Munoz 등(1995)이 개발한 집단 심리교육 프로그램이었다. 설문조사를 통해 처음부터 452명의 참여자가 선정되었다. 핀란드, 아일랜드, 노르웨이, 스페인 그리고 영국의 9개 지역이 포함되었다. 6회기에 걸친 PST는 개별적으로 실시되었고, 집단으로 진행된 교육 프로그램은 8회기에 걸쳐 실시되었다. 그리고 이들 두 집단을 통제집단과 비교하였다. 전반적으로, 우울증 예방용 교육 프로그램보다는 PST가 더 만족스러운 것으로 나타났다. 치료 완료 6개월 후 평가에서는 이들 두 치료법 모두에서 긍정적인 효과가 관찰되었다. 즉, 통제집단에 비해 치료를 받은 사람들이 우울증 환자로 남아 있는 확률은 낮아진 반면, 정신적 · 사회적 기능에서는 향상되었다고 보고하는 확률은 높았다. 그러나 우울증상을 보고한 환자들의 비율은 다른 두 집단에 비해 PST 집단이 더 낮았다.

Lynch, Tamburrino 및 Nagel(1997)은 가정의가 경미한 우울증으로 진단한 29명의 환자들을 대상으로 PST(A. M. Nezu et al., 1989에서 소개된 대로)를 통제조건과 비교하였다. PST는 6회에 걸쳐 회기당 20분씩 전화로 실시되었다. 치료 후 수행된 평가결과, 통제집단에 비해 치료를 받은 환자들이 덜 우울해졌고, 사회적으로 정신적으로 더 건강해졌으며, 자존감도 향상된 것으로 밝혀졌다. 그러나 이 연구팀에서 또 한 집단의 경미한 우울증 환자를 대상으로 PST를 스트레스 관리법 및 통상적 치료법과 비교했을 때는 이와 상치되는 결과가 관찰되었다. 즉, 이들 세 조건 간에 아무런 차이를 밝혀내지 못했던 것이다(Lynch, Tamburrino, Nagel, & Smith, 2004). 하지만 이 연구에서는 각 조건에서 탈락률이 높았기 때문에 연구결과를 분명하게 해석하기는 어려운 형편이다. 그럼에도 불구하고, 이 연구자들은 앞서 소개한 Barrett 등(2001)의 논리와 유사한 논리에 따라 결론을 내렸다. 즉, 통상적으로 치료받은 환자들의 증상이 호전되었다는 점을 근거로, '신중한 기다림' 도 이 연구에 참여한 환자들을 치료하는 방법 중 하나일 것이라는 결론을 내렸다.

또한 PST는 일차 진료 환자들이 경험하는 노년기 우울증 치료 프로그램에서 심리치료의 일환으로 포함되기도 하였다(Unutzer et al., 2001). 이 프로그램은 심리치료와 약물(항우울제)치료를 병행하는 통합치료 프로그램이었다. IMPACT라고 하는 이 프로그램은 우울증을 전문적으로 다루는 임상가와의 만남으로 진행되었으며, 노인 일차 진료 환자들의 우울증 치료는 정신과 의사와 일차 진료 의사의 감독하에 이 임상가가 12개월 동안 진행하였다. 단계적으로 진행된 이 프로그램의 초기 치료로는 환자의 선택에 따라 약물치료나 PST-PC가 처치되었다. 초기 치료 후에 증상이 회복되지 않으면, 치료법을 뒤바꾸거나(즉, 약물치료에서 PST-PC로 혹은 그 반대로) 치료법이 수정되었다(예: 항우울 약물의 종류를 바꾼다.). 만약 환자가 치료를 거부한다면, 전기충격치료나 입원치료 또는 다른 치료방식을 권할 수도 있다. 그런데 이 연구에 이용된 단계적 치료 프로그램의 복잡성 때문에 IMPACT의 효과를 평가하기 위해 설계된 무선 통제시행으로는 PST-PC의 독립적 효과를 평가할 수가 없었다. 그러나

Unutzer 등(2002)은 전반적으로 IMPACT에 노출된 환자들이 일상적 치료를 받는 통제집단 환자들에 비해 우울증상 기저수준 및 기능손상은 유의하게 낮아지고 삶의 질은 유의하게 향상되었다는 것을 발견하였다.

자살시도와 자살충동

자살충동을 경험해 본 성인 및 청소년을 위한 치료법으로서의 PST에 대한 연구도 체계적으로 실시되었다. 예를 들어, Patsiokas와 Clum(1985)은 자살시도 때문에 수용된 정신과 입원환자들을 대상으로 PST 집단의 치료효과를 인지 재구조화 집단 및 비지시적 통제집단과 비교하였다. 참여자들은 회기당 1시간씩 진행된 개별 치료에 10회기를 참여하면서, 자살충동을 느낀 경우를 매일같이 기록하였다. 그 결과 세 집단 모두 절망감과 자살의도에서 변화를 보였다. 그러나 치료 후 평가된 절망감에서는 PST 집단과 비지시적 집단 간의 차이만 유의하였다. 그리고 PST 치료를 받은 환자들한테서만 수단-목적 문제해결과정(MEPS)으로 측정된 문제해결능력에서 향상이 발견되었다.

Lerner와 Clum(1990)은 임상적으로 심각할 정도의 자살 강박관념(자살충동)을 느끼고 있는 성인 18명을 대상으로 PST와 지지치료의 효과를 비교하였다. 각 처치집단은 회기당 1시간 30분씩 총 10회기로 구성된 치료를 2개월에 걸쳐 받았다. 지지집단의 참가자들은 적극적 경청 기법을 배웠고 자살에 관한 자신들의 경험을 나누어 가졌다. 평가를 위한 측정은 처치 전, 처치 후 그리고 3개월 후에 실시되었으며, 측정도구로는 MEPS, PSI, BDI, 절망감 척도(Hopelessness Scale) 그리고 UCLA 고독감 척도(Loneliness Scale)가 이용되었다. 그 결과 지지치료 집단에 비해 PST 집단이 치료자와 치료의 질을 유의하게 높게 평가한 것으로 드러났다. 처치 후 측정된 우울 수준도 PST 집단이 지지치료 집단보다 유의하게 낮은 것으로 나타났다. 3개월 후의 추적조사에서도 PST 조건의 참여자들은 여전히 덜 우울하였고, 또한 지지치료 집단의 참여자들에 비해 덜 고독하고 덜 절망적이었다. PST와 지지치료 둘 다 자살 강박관념을 희석시키는 효과가 있지만, 자살행동의 주된 위험 요인인 우울증과 절망감을 감소시키는 데는 PST가 더 효과적이라는 것이 이 연구자들의 결론이었다.

또 다른 연구에서는 반복적인 자살시도로 위험수위가 매우 높은 환자들을 위한 PST의 유효성을 평가하였다(Salkovskis, Atha, & Storer, 1990). 다음 기준 중 두 가지를 충족시키는 16~65세 사람들 20명이 연구에 포함되었다. 기준은 (1) 최소 두 번 이상 자살을 시도해 본 사람, (2) 항우울제를 과다 복용하는 사람, (3) 자살행동의 반복을 예측하기 위해 고안된 6점 척도에서 최소 4점 이상의 점수를 받은 사람이었다. 이러한 정보는 정신과 의사가 실시한 구조화된 면담에서 확보되었다. 참가자들은 PST 훈련을 받는 실험집단이나 표준적 병원치료(standard hospital treatment)를 받는 통제집단 중 하나에 무선으로 배치되었다. 실험집단의 참여자들에게 실시된 PST

훈련은 자살시도자를 다루어 본 경험이 있는 그 지역 정신과 간호사가 진행하였다. PST 조건에 배치된 참여자 중 8명에 대한 처치는 위기개입을 위해 입원한 24시간 동안 병원에서 시작되었다. PST 조건의 다른 4명은 각자의 집에서 처치를 받았다. 회기당 1시간씩 진행된 5회기의 처치는 자살시도 당시, 시도 1주일 후, 2주일 후, 한 달 후에 실시되었다.

처치 후 평가는 참여자의 집에서 자살시도 1주 후, 1개월 후, 3개월 후, 6개월 후 그리고 1년 후에서 실시되었다. 처치 후 평가에서는 미래의 자살시도와 관련된 생각, 계획, 태도를 측정하는 구조화된 면담이 실시되었다. 참여자들에게 자기-보고식 측정도구 세 가지—BDI와 HS 및 기분상태 프로파일—도 완성하게 하였다. 그리고 첫 번째 이루어진 처치 후 평가에서는 참여자들에게 현재 겪고 있는 당면문제를 생각해 내어 그 중요도에 따라 순서대로 나열한 목록을 작성하게 하였다. 두 가지 자기-보고식 척도로 측정된 우울증의 경우 실험집단인 PST 참여자들이 통제집단 참여자들보다 더 희망적이고, 덜 지치고, 덜 우울한 것으로 밝혀졌다. 더욱이 처치 6개월 후에 실시된 추적조사에서는 통제집단 참여자들이 실험집단(PST 조건) 참여자들보다 자살시도를 더 많이 반복한 것으로 드러났다.

McLeavey, Daly, Ludgate 및 Murray(1994)는 의도적으로 독물을 복용한 청소년 및 성인 39명에 대한 PST의 유효성을 평가했다. 참여자들은 PST 집단이나 통제집단 중 하나에 무선으로 배치되었다. 회기당 1시간씩 5회기로 구성된 처치는 자가-음독자를 다루는 경험이 풍부한 전문가가 진행하였다. 통제조건은 위기개입의 원칙을 기초로 진행되었다. 처치 후 측정된 결과에 따르면, PST 참여자들이 통제집단 참여자들에 비해 문제해결능력이 유의하게 향상되었고, 문제에 대해 좀 더 긍정적인 태도를 가졌으며, 더 높은 자존감을 가진 것으로 나타났다. 그러나 스스로 보고한 절망감 수준에서는 집단 간 차이가 유의하지 않았다. 처치 6개월 후에도 PST를 받은 사람들의 문제에 관한 태도와 자기개념이 유의하게 나은 것으로 밝혀졌다. 그러나 처치 6개월 후에도 절망감 수준에서는 유의한 차이가 발견되지 않았다.

사회 공포증

DiGiuseppe, Simon, McGowan 및 Gardner(1990)는 사회적 불안을 치료하기 위해 고안된 여러 가지 치료법의 효과를 검토하기 위해 PST, 합리적 정서치료, 자기교시 훈련 그리고 주장훈련의 치료효과를 비교하였다. 성인 79명을 4개의 처치조건과 대기자 통제조건에 무선으로 배치하였다. 모든 치료조건에서의 처치는 집단형태로 실시되었고, 매주 1시간 30분씩 10주 동안 계속되었으며, 집단지도자 역할은 각 치료법을 훈련받은 세 명의 치료자 중 한 명이 맡았다. 각 처치는 교육, 기술 습득 및 시연, 기술 다지기, 이들 각각에 대한 연속적 시연으로 구성되었다. 처치의 성과를 측정한 결과, 네 가지 치료집단 모두 처치 전에 비해 처치 후에 사회적 회피와 고통, 부정적 평가에 대한 공포 그리고 불안 행동이 유의하게 낮아진 것으로 보고하였다. 그리고 주장훈련을 제외한 모든 처치조건의 참가자들은 처치 전보다 처치 후의 일반화된 불안과 우울이 유의하게 낮다고 보고하였다. 처치 후에 사용된 어떤 측정도구에서도 적대감 수준 및 심박률의 처치집단 간 차이는 유의하지 않았다. 통제조건(WLC) 참가자들의 경우는 사회적 불안수준, 일반화된 불안수준, 우울, 그리고 행동 측정치에서 처치 전과 처치 후에 유의한 차이가 발견되지 않았다. 위에서 언급된 네 가지 인지-행동치료 프로그램의 사회적 불안 치료효과는 동등하다는 것이 이 연구의 결론이었다.

일반화된 불안장애

보다 최근에는 PST가 일반화된 불안장애(generalized anxiety disorder: GAD)를 치료하기 위한 인지-행동치료 패키지의 주요 구성요소로 포함되고 있다. 예를 들면, Ladouceur, Dugas, Freeston, Gagnon 및 Thibodeau(2000)는 불확실성에 대한 인내 부족, 걱정에 관한 잘못된 신념, 조악한 문제수용태도 그리고 인지적 회피를 치료의 표적으로 설정한 GAD 개입법을 치료를 지연시킨 통제집단과 비교하였다. 문제수용태도 훈련에서 문제해결에 영향을 미치는 걱정을 다룰 때는 환자들에게 문제에 집중한 채 세세한 것에는 주의를 기울이지 않도록 하였다. 문제해결과는 관련이 없는 상황에 대한 걱정의 경우는 걱정 그 자체의 위협을 감소시키기 위해 인지적 노출(cognitive exposure)로 치료하였다. 치료 후 평가에서는 인지-행동

치료 패키지가 통계적으로도 유의할 뿐만 아니라 임상적으로 의미 있는 변화를 초래한 것으로 드러났다. 그리고 이 효과는 6개월과 12개월의 추적 평가에서도 유지되었다. 또한 처치를 받은 환자 26명 중 20명은 더 이상 진단준거에 맞지 않는 것으로 밝혀졌다.

Dugas 등(2003)은 GAD를 치료하기 위한 표적으로 불확실성에 대한 인내 부족을 설정하고, 이를 격퇴하기 위한 개입법으로 걱정에 대한 긍정적 신념의 재평가, 인지적 노출 그리고 PST를 이용하였다. 개입은 매주 1회, 회기당 2시간씩, 14주에 걸쳐 진행되었고, 그 효과는 대기자 명단의 통제집단과 비교하였다. 이 연구의 PST에서는 수용태도 훈련과 기술훈련이 모두 포함되었다. 그 결과 인지-행동 치료법은 통제집단에 비해 모든 종속측정치(즉, GAD 증상, 불확실성에 대한 인내 부족, 불안, 우울 그리고 사회적응에 대한 자기-보고식 평정치와 임상가의 평정치)를 유의하게 개선시킨 것으로 드러났다. 또한 치료를 받은 환자들은 그 후 2년 동안의 추적과정에서도 추가적 호전을 보여 주었다.

Provencher, Dugas 및 Ladouceur(2004)는 그들의 GAD 치료법을 구성하는 두 가지 주요 요소(전략)의 개별적 효과를 결정할 요량으로 GAD 환자 18명을 대상으로 사례반복연구를 실시하였다. 환자들에게는 12회기에 걸친 인지-행동치료가 제공되었다. 치료는 각 환자의 주된 걱정이 무엇인지에 따라 맞춤식으로 조정되었다. 구체적으로, 현재의 문제에 대한 걱정을 치료하는 데는 PST가 이용되고, 가상적 상황에 대한 걱정을 치료하는 데는 인지적 노출이 이용되었다. 그 결과 이들 두 가지 개입전략 모두 모든 성과 측정치에서 통계적으로 유의한 향상을 이루어 냈으며, 환자의 73% 이상이 엄격하게 설정된 임상적 중요성 준거를 충족시킨 것으로 밝혀졌다. 치료효과는 6개월 후의 추적조사에서도 유지되었다. 두 가지 전략 모두 GAD 치료에 효력이 있다는 것이 이 연구자들의 결론이었다.

충격후 스트레스 장애

McDonagh 등(2005)이 최근에 수행한 임상시험에서는 아동기에 성폭행을 겪은 성인 여성들의 충격후 스트레스 장애(PTSD)를 치료하기 위한 임상 개입법으로서의 인지-행동치료를 평가하였다. 인지-행동치료 꾸러미에는 장기화된 노출, 실제장면 노출 그리고 인지 재구조화가 포함되었다. 그리고 그 결과는 '현재-중심치료' 그리고 대기자 통제집단과 비교되었다. 현재-중심치료에는 심리교육, 에세이 쓰기 그리고 문제해결훈련이 포함된다. 치료의 효과는 충격후 장애 및 그와 관련된 증상에 대한 여러 가지 측정치로 평가되었다. 두 가지 치료법 모두 유의한 치료효과를 산출하였다. 구체적으로, 인지-행동치료와 현재-중심치료 모두 충격후 스트레스 장애의 정도, 상태불안 그리고 충격-관련 인지구조에서 현저한 향상을 초래하였다. 통제집단에서는 이들 측정치에서 아무런 변화가 기록되지 않았다. 추적조사에서 충격후 스트레스 장애로 진단을 받지 않는 회복률에서는 인지-행동치료법이 현재-중심치료법보다 우월하였다. 그러나 이 차이는 치료를 완료한 환자나 치료 후의

'intent-to-treat' 분석에서는 발견되지 않았다. 사실 이 두 가지 치료법은 충격후 스트레스 장애의 심각도를 포함한 다른 모든 성과 측정치에서 측정시기에 관계없이 유의한 차이를 보이지 않았다. 그리고 현재-중심치료조건보다 인지-행동치료조건의 탈락률이 유의하게 높은 것으로 나타났다.

커플 문제

마음고생이 심한 커플 및 부부를 위해 많이 이용되는 인지-행동치료법에는 대개 행동-교환 기법과 의사소통/문제해결기술훈련이 포함된다(Jacobson & Margolin, 1979). 이들 두 가지 요소의 상대적 기여도를 결정하기 위한 시도로, Jacobson(1984)은 이 두 가지 전략이 포함된 치료 꾸러미의 효과를 두 가지 전략 각각의 효과와 비교하였다. Jacobson은 연구에 참여한 부부 33쌍을 (1) 행동-교환(BE) 조건, (2) 의사소통/문제해결기술훈련(CPT) 조건, (3) BE+CPT 조건, 또는 (4) 대기자 통제조건 중 하나에 무선으로 배치하였다. 치료는 12~16회기로 구성되었다. 종속 측정치로는 결혼생활에 대한 전반적 만족도, 문제 체크리스트 그리고 가정에서의 행동에 대한 배우자의 보고가 이용되었다. 처치 후 검사에서는 결혼생활에 대한 전반적 만족도를 향상시키고 현재 문제를 감소시키는 데는 세 가지 처치법 모두 동등한 효과를 산출하였다. 그런데 6개월 후의 추적조사에서는 BE 조건에 참여한 부부의 43%에서 치료효과가 역전되었다. 그러나 CPT 훈련(CPT만 받았든 BE와 함께 받았든)을 받은 모든 부부는 치료의 효과가 지속되거나 계속해서 향상되는 것으로 드러났다.

그 후의 보고에서 Jacobson과 Follette(1985)는 또 다른 부부 24쌍으로부터 수집한 자료를 제시하였다. 결혼생활 만족도의 경우 집단 간 차이가 6개월 후의 추적조사에서 나타나기 시작했다. BE 기법만을 훈련받은 부부의 결혼생활 만족도는 급속도로 악화된 데 반해, CPT나 BE+CPT를 훈련받은 부부들에게서는 그런 일이 거의 일어나지 않았다. 그리고 이들 두 조건에 참여한 부부들 중 일부는 사후검사 시부터 추적조사 시까지 계속해서 만족도가 향상된 데 반해, BE 조건에 참여한 부부 중에서는 아무도 그런 일을 경험하지 못하였다. 종합하면, 이들 연구는 의사소통 훈련과 문제해결훈련이 임상적으로 매우 중요하다고 강변한다.

Johnson과 Greenberg(1985)는 PST를 정서-중심치료(EFT) 및 대기자 통제집단과 비교하였다. 정서-중심치료(EFT)에서는 커플을 도와 부정적으로 상호작용하는 모습을 알아차리게 하고, 버림당함에 대한 두려움 및 애착에 대한 욕구와 같은 억압되었을 수도 있는 일차적 정서를 더 많이 표현하도록 독려하였다. PST와 EFT 모두 8회기로 진행되었다. 두 가지 치료법 모두 두 사람 사이의 관계를 개선시켰지만, EFT의 효과는 결혼생활 적응, 친밀감 그리고 표적 불평 개선에서 PST의 효과보다 우월하였다. 추적 평가에서도 EFT 참가자의 결혼생활 적응 점수가 PST 참가자의 점수보다 유의하게 높았다.

Kaiser, Hahlweg, Fehm-Wolfsdorf 및 Groth(1998)는 결혼한 커플을 위한 예방적 치료법으로서의 인지-행동 프로그램의 효능을 검토하였다. 참여자는 신문광고를 통해 모집하였다. 광고에는 이 프로그램이 부부문제를 치료하기 위한 것이 아니라 부부문제가 생기지 않도록 도와주는 예방 프로그램이라고 명시하였다. 이 프로그램은 의사소통 훈련, 문제해결훈련, 부부관계에 관한 기대를 명료화하기 위한 토론 그리고 성관계를 향상시키는 실습으로 구성되었다. 대기자 명단의 통제집단과 비교한 결과 치료를 받은 부부는 역할연기 과제에서 언어적으로나 비언어적으로나 더욱 긍정적인 의사소통 행동을 보였으며, 부부관계에서의 문제도 크게 감소한 것으로 드러났다. 1년 후의 추적조사에서도 프로그램에 참여한 부부들은 기저수준보다 적은 수의 문제를 보고하였다.

부모-자녀 문제

PST는 행동적 문제나 심리적 문제를 지닌 아이를 가진 부모를 돕는 데도 사용되어 왔다. Pfiffner, Jouriles, Brown, Etscheidt 및 Kelly(1990)는 반항하거나 공격적인 아이의 편모 11명을 대상으로 아이와 관련이 없는 문제를 다루는 보조 치료로서 PST의 효과를 평가하였다. 이들 편모 11명은 부모훈련 조건 또는 부모훈련+PST 조건 중 하나에 무선적으로 배치되었다. 두 조건의 어머니들은 매주 한 번에 90분씩 모두 8주 동안의 개별훈련을 받았다. 부모훈련 조건의 어머니들은 기본적인 아동관리기술(예: 긍정적 관심과 보상을 통해 적응행동을 증가시키기, 무시와 부정적 결과 제공을 통해 부적절한 행동 줄이기, 선행조건의 변화를 통한 부적절 행동 감소시키기)을 배웠다.

평가는 처치 전 검사와 처치 후 검사 및 4개월 후 추적검사를 통해 이루어졌다. 어머니들은 아이들의 행동문제와 역량 및 적절한 행동을 평가하는 Achenbach 아동행동 체크리스트를 완성하였다. 아이의 일탈행동에 관한 관찰측정은 5분 동안의 청소시간에 실시되었다. 그 결과 두 처치조건의 엄마들 모두 처치 후와 추적조사에서 행동문제의 외현화가 줄어들었다고 보고하였다. 그리고 부모훈련+PST 조건에 참여한 어머니의 가정에서는 아이들의 일탈행동이 유의하게 적게 관찰되었지만, 부모훈련만 받은 어머니의 가정에서는 그러한 변화가 없었다. 더욱이 부모훈련+PST 조건의 어머니들은 추적조사에서 부모훈련만 받은 집단의 어머니들에 비해 아이들의 행동문제를 유의하게 적게 보고하였다.

Spaccarelli, Cotler 및 Penman(1992)은 아동행동문제와 관련된 걱정 때문에 자진하여 집단 프로그램에 참여한 부모들을 대상으로 양육기술훈련에 덧붙여 실시한 PST의 효과를 평가하였다. 이들 부모 53명을 양육기술+PST 집단, 양육기술+토론 집단 또는 대기자 통제집단에 무선으로 배치하였다. 두 처치집단에게는 10시간에 걸친 양육교육 프로그램을 실시하였다. 그리고 +PST 집단에게는 6시간에 걸친 문제해결훈련이 추가로 제공되었고, +토론 집단에게는 6시간 동안의 토론이 진행되었다. 이 토론은 치료자 주도하에 벌어졌으며, 그 주제는 "그들이 학습한 기술을 실제 문제행동에 어떻게 적용할 수 있을까?" 였다. 이 토론은 주의를 다른 데로 돌려 심리적 위약효과를 유발하기 위한 것이었다.

처치 후에는 두 가지 처치조건에 참여한 부모들 모두에서 양육행동이 유의하게 향상된 것으로 드러났다. 그러나 문제해결훈련을 추가로 받은 부모들은 그렇지 않은 다른 두 집단의 부모들에 비해 자기 자녀들의 행동문제에 대한 심각성을 훨씬 약하게 보고하였다. 그리고 PST 훈련에 참여한 부모들만이 자기 아이들의 적응에 대한 태도가 크게 개선되었으며, 부모로서의 자신의 역할도 향상된 것으로 밝혀졌다. 4~6개월 후의 추적조사 결과에서는 두 조건 모두에서 치료효과는 유지된 것으로 나타났으나 조건 간 차이는 없었다. 그러나 이 마지막 결과는 추적 평가에서 파악되지 않는 사람들이 많아서 그에 대한 명백한 해석이 곤란한 형편이다.

부모와 가족 돌보미

가족 중에 환자가 있으면, 그 환자를 돌보는 사람(돌보미)이 경험하는 고통과 부담은 클 수밖에 없다. 때문에 이들 돌보미를 위한 프로그램으로서의 PST가 갖는 잠재적 효과를 평가하는 연구가 수행되기도 하였다(C. M. Nezu, Palmatier, & Nezu, 2005). 예를 들면, Gendron, Poitras, Dastoor 및 Pérodeau(1996)가 수행한 연구에서는 치매환자를 돌보는 가족 구성원들을 대상으로 집단 인지행동치료(CBT)를 실시하고 그 효과를 지지성 통제집단과 비교하였다.

CBT 집단훈련은 자기주장, 문제해결 그리고 인지 재구조화에 초점을 둔 데 반해, 지지성 통제집단에게는 정보 제공과 참가자들 간의 사회적 교제를 강조하였다. 두 프로그램 모두 8주간 진행되었다. 이 연구자들은 지지성 집단에 비해 CBT 집단에서만 훈련효과가 나타났으며, 그 효과는 더 많은 가족 구성원들에게 자신의 입장을 분명하게 주장하는 능력의 향상이었다고 보고하였다.

신체적 장애 혹은 정신적 장애를 가진 노인들을 돌보는 가족 구성원을 대상으로 수행된 Gallagher-Thompson 등(2000)의 연구에서는 PST를 즐거운 사건이 많아지도록 고안된 프로그램(생활만족 교실) 및 대기자 통제조건과 비교하였다. 비교준거는 이 두 프로그램이 참여자들의 부담감과 우울증을 줄이는 정도였다. 두 가지 처치는 모두 교실에서 벌어지는 수업의 모양새로 전개되었다. 10주 동안 매주 한 번씩 실시된 수업은 한 번에 2시간씩 진행되었다. 그 결과 통제집단에 비해 두 치료집단 모두 유의한 향상을 보였다. 두 치료집단 간에는 한 가지 외에는 별다른 차이가 발견되지 않았다. 이 특이한 성과는 우울 상태(즉, 진단상태의 변화)에서 발견된 것으로 '생활만족 교실' 이 PST에 비해 우월한 것으로 확인되었다.

Zarit, Anthony 및 Boutselis(1987)는 사회적 문제해결훈련이 포함된 치료를 제공한 두 가지 처치조건에서 돌보미로서의 부담과 정신과적 증상이 크게 향상된 경우가 있으나, 이러한 성과는 대기자 통제조건에 비해 그다지 큰 성과가 아니라고 보고하였다. 그러나 이 연구를 재분석한 결과 두 가지 치료집단 모두에서 돌보미의 고통을 줄이는 효과가 발견되었고, 이런 성과는 측정대상 분야 모두에서 기록되었다(Whitlatch, Zarit, & von Eye, 1991).

Roberts 등(1999)도 치매환자의 돌보미들을 대상으로 문제해결 기술훈련을 시켰지만, 추적 평가가 실시된 6개월과 1년 동안 그들이 겪는 고통, 환자의 질환에 대한 심리사회적 적응 그리고 돌보미로서 느끼는 부담감에서 별다른 효과를 관찰하지 못했다고 보고하였다. 그러나 대부분의 돌보미(즉, 92% 이상)는 그 상담 프로그램이 매우 도움이 되었다고 평정하였다. 그리고 기저 수준 측정에서 논리적 분석을 요하는 문제해결기술이 크게 부족한 것으로 드러났으면서도 문제해결 상담과정을 이수한 소수의 돌보미들은 1년 후 추적 검사에서 심리적 고통도 덜 느끼며 심리사회적 적응도 크게 향상되었다고 보고하였다. 이러한 복합적인 결과를 두고 볼 때, PST는 처음부터 문제해결기술이 많이 부족하고 또 심리적 고통이 심한 사람들에게 특히 효과적인 치료법일 수 있다.

Grant, Elliott, Weaver, Bartolucci 및 Giger(2002)는 뇌졸중 환자 돌보미 74명을 대상으로 PST를 모의개입 조건 및 통제조건과 비교하였다. 이 연구에서의 PST는 환자가 퇴원한 1주일 이내에 훈련받은 간호사가 가족 돌보미를 3시간 동안 방문하는 일에서 시작되었다. 그런 다음 첫 한 달 동안에는 매주 1회 그리고 둘째, 셋째 달에는 매 2주에 한 번씩 전화접촉이 12주에 걸쳐 진행되었다. 모의개입 조건에 배정된 가족 돌보미들과도 동일한 방식으로 전화접촉을 가졌다. 그러나 이들에게는 지난번 전화접촉 이후 환자에게 제공된 전문가의 의료서비스 또는 숙련된 기술자 의료서비스가 무엇이었는지를 확인해 달라는 요구만 하였다.

PST 집단과 모의개입 집단 및 통제집단을 비교한 결과 PST 훈련을 받은 돌보미들의 문제해결기술이 다른 집단에 비해 우월하였고, 준비성도 향상되었으며, 우울정도는 약화된 것으로 드러났다. 그리고 활력, 사회적 기능, 정신건강 그리고 정서적 문제와 관련된 역할 한계 등의 측정치에서도 유의한 향상을 보였다. 그러나 돌보미들이 느끼는 부담감에서는 집단 간 차이가 발견되지 않았다. 통제집단의 환자들은 시간이 경과함에 따라 건강관리 서비스에 대한 만족감이 감소한다고 보고하였다. 그러나 두 처치집단의 환자들은 그런 만족감에 변화가 없었던 것으로 보고하였다.

Wade, Wolfe, Brown 및 Pestian(2005)의 연구는 뇌에 중간 정도에서 심각한 정도까지의 손상을 입은 아동을 둔 가족 중에서 웹 기반(web-based) 가족 문제해결치료에 참여하여 예비적 효과가 있었다고 보고한 가족들을 대상으로 수행되었다. 이 웹 기반 치료법은 부모와 아동의 적응능력을 향상시킬 목적으로 고안된 프로그램이었다. 웹에 개방된 이들의 시험 프로그램에는 8명의 부모와 6명의 아동들이 참여하였다. 참여 가족들에게는 컴퓨터와 웹 카메라 그리고 초고속 인터넷 접속권한이 제공되었다. 치료는 이들 가족이 웹에 게시된 연습을 스스로 완수하는 과제와 그 후에 진행된 치료자와의 화상회의로 구성되었다. 웹에 게시된 연습은 문제해결, 의사소통, 선행 행동관리 전략을 익히는 연습이었고, 치료자와의 화상회의는 매주 1회씩 실시되었다. 사전-사후 검사 결과, 손상 관련 부담, 부모의 정신병 증상, 우울증 그리고 양육 스트레스에서 유의한 향상이 관찰되었다. 그리고 아동들이 스스로 보고한 우울증에서는 유의한 개선이 발견되지 않았지만, 장애 아동들의 반사회적 행동은 유의하게 줄어든 것으로 기록되었다.

일차 진료 환자들

PST는 일차 진료 환자 중 주요 우울증 환자와 경미한 우울증 환자 치료에 적용되기도 했지만, 일차 진료장면에 처음 오는 사람들이 겪는 또 다른 심리적 문제와 신체적 문제를 치료하는 데도 적용되고 있다. 예를 들어, Catalan, Gath, Bond, Day 및 Hall(1991)은 표준화된 정신과 면담(예: 현재 상태 검사: Present Sate Examination)에서 예후가 좋지 않은 것으로 판단된 47명의 환자들을 대상으로 일반 의료장면에서의 임상실험을 실시하였다. 근래에 시작된 정서장애를 겪고 있는 이 환자들은 실험집단과 통제집단에 무선 배치되었다. 실험집단은 정신과 전문의가 실시한 PST를 4회기에 걸쳐 받았고, 통제집단은 일반의가 제공한 처치를 받았는데, 그 처치는 심리치료, 사회적 치료, 약물치료, 이들을 조합한 것 또는 아무런 처치를 하지 않는 것 중에서 의사가 선택한 것이었다. 두 조건 모두 정신과 증상에서 유의한 향상을 이끌어 냈다. 그러나 처치의 종결 시점과 16주 후의 추적 검사에서 관찰된 향상은 PST 집단이 통제집단보다 유의하게 높았다.

Wilkinson과 Mynors-Wallis(1994)는 원인을 알 수 없는 신체증상 때문에 일차 진료장면에 의뢰된 환자 11명을 대상으로 재귀인법

(reattribution technology)과 PST를 결합한 치료법을 시험해 보았다. 이 예비실험 결과 이런 환자들에게도 PST를 제공할 수 있으며, 또 효과도 있을 것이라는 확신을 갖게 되었다. 또한 환자들은 자신들의 전반적 정신병적 상태가 크게 개선되는 것을 경험하였다.

Mynors-Wallis, Davies, Gray, Barbour 및 Gath(1997)는 후속 연구에서, 일차 진료장면에서 일으키는 정서장애를 치료하기 위해 실시되는 PST 지도자 역할을 간호사들이 수행해 낼 수 있는지 검토하였다. 정서장애를 가진 70명의 환자들을 훈련된 간호사가 이끄는 PST 집단 또는 일반의의 정상적 치료집단 중 하나에 무선적으로 배치시켰다. 정신과 증후군, 일반건강, 사회적응, 그리고 삶의 질에 관한 자기-보고식 평가와 면담 평가가 처치 전, 처치 후 8주째와 26주째에 한 번씩 실시되었다. 그 결과 일반적인 임상 성과에서는 두 집단 간에 유의한 차이가 없는 것으로 나타났다. 하지만 일을 할 수 없는 날수와 결근한 날수에서는 PST 집단이 더 적었다. 여기서 주목할 것은 비록 이 연구가 PST와 약물치료법을 비교하려는 분명한 의도에서 시작된 것은 아니었지만, 본질적으로 표준적 치료 집단의 많은 환자들은 약물(예: 항우울제)치료를 받았고 두 집단 간에는 차이가 나지 않았기 때문에, PST가 이러한 환자집단의 일부 환자들에게는 약물치료만큼이나 효과적이라는 결론을 내릴 수 있다는 점이다.

정신지체자

Castles과 Glass(1986)는 중간 정도 이하의 정신지체 성인 33명의 사회적 유능감을 향상시키기 위한 수단으로 PST, 사회기술훈련(SST) 그리고 이들 두 치료법을 조합한 기법(PST+SST)의 상대적 효력을 비교하였다. 이들 처치집단은 매주 2번씩 15회기를 만났고, 각 회기는 1시간씩 진행되었다. 그 결과 통제집난에 비해 SST 피험자들은 사회기술이 향상되었고, PST 참가자들은 문제해결능력이 향상되었으며, 이들 두 조건을 조합한 조건에서 훈련받은 피험자들은 개인 · 사회적 책임감 측정치에서도 향상을 보였다. 하지만 그 효과의 일반화는 제한적인 것으로 나타났다.

Benson, Rice 및 Miranti(1986)는 54명의 경미한 정신지체 성인들을 대상으로 집단 분노관리훈련의 효과를 평가하였다. 자제력 훈련을 기반으로 하는 네 가지 프로그램—이완훈련, 자기교시, PST, 조합 프로그램—이 비교되었다. 자기-보고식 평정, 녹화된 역할놀이 그리고 감독자 평정으로 측정된 결과는 네 가지 프로그램 모두에서 공격적인 반응이 유의하게 감소하였으며, 이 효과의 집단 간 차이는 없는 것으로 나타났다.

Tymchuk, Andron 및 Rahbar(1988)는 다중 기저선 설계를 이용한 연구에서, 정신지체 어머니 9명에게 의사결정 기술을 훈련시켰다. 이 훈련에는 아동양육 상황을 묘사한 삽화가 이용되었다. 그 결과 주어진 상황에서 필요로 하는 구체적인 의사결정 기술을 찾아내고 사용하는 능력이 유의하게 향상된 것으로 밝혀졌으며, 이 효과는 훈련받지 않은 상황에서도 기록되었다.

Foxx, Kyle, Faw 및 Bittle(1989)은 경미한 정신지체 성인들에게 문제해결기술 훈련을 시키고, 훈련효과의 사회적 타당도와 일반화를 평가하기 위해 실험조건 피험자 3명과 통제조건 참여자 3명을 비교하였다. 실험조건 피험자들은 기저선, 훈련 중, 탐사 시점 그리고 사전-사후에 훈련효과의 일반화에 대한 평가를 받았다. 그러나 통제조건 피험자들은 사전-사후 평가만 받았다. 그 결과 (1) 단서가 주어질 경우, 훈련받은 참가자들의 언어적 문제해결능력이 향상된 것으로 드러났으며, (2) 이러한 능력의 향상은 단서가 제거되었을 때도 지속되어 훈련의 효과가 일반화되었음을 보여 주었다.

C. M. Nezu와 동료들(1991)은 정신지체자 중에서 불안, 정신분열증, 적응문제, 충동통제 문제 또는 성격장애를 가진 것으로 진단된 성인 28명을 대상으로 PST와 주장훈련을 비교하였다. 피험자들은 문제해결/주장(PS-A) 조건, 주장/문제해결(A-PS) 조건 또는 대기자 통제조건(WLC) 중 하나에 무선으로 배치되었다. PS-A 조건의 참가자들은 주당 1회, 회기당 한 시간씩 5주에 걸친 PST 훈련을 마친 후, 그다음 5주 동안은 주당 1회, 회기당 한 시간씩의 주장훈련을 받았다. A-PS 조건의 피험자들은 주장훈련을 먼저 받은 후에 PST 훈련을 받았다. 주장훈련은 공격행동을 주장행동으로 바꾸어 놓는 데 중점을 두고 목소리의 강도와 질, 반응의 지연과 지속, 시선 접촉, 몸짓 그리고 청취능력과 관련된 훈련으로 구성되었다. PST는 발달장애인을 염두에 두고 Nezu 등(1989)이 수정한 치료요강을 기초로

구성되었다.

평가는 처치 전, 처치 중, 처치 후 그리고 처치 완료 3개월 후에 실시되었다. 참가자들은 현재의 심리적 증상에 대한 자기-보고식 설문지, 문제해결능력을 측정하기 위해 설계된 행동과제, 비주장적인 행동이나 공격적인 행동을 자극하기 위해 제시된 상황에서의 행동반응을 평가하는 검사, 그리고 주관적 고통을 측정하는 검사를 완성하였다. 또한 환자의 보호자는 처치 전과 후에 환자의 전반적 적응기능을 평가하였다. 처치 중에 측정된 결과에서는 두 처치조건 참여자 모두 높은 수준의 주장행동을 보였을 뿐 아니라 심리적 고통 또한 유의하게 줄어든 것으로 나타났다. 이러한 호전은 두 처치조건에서 동등하게 나타났다. 그러나 PS-A 조건에 참여한 환자들은 문제해결능력이 유의하게 향상된 데 반해, A-PS 조건에 참여한 환자들은 그런 능력향상을 보이지 않았다.

처치 중반부터 처치 종료까지의 변화를 분석한 결과 두 처치조건 참여자 모두 고통의 수준, 심리적 증상 또는 주장행동에서 추가적인 변화를 보이지 않은 것으로 나타났다. 하지만 A-PS 조건에 참여한 환자들의 문제해결능력은 처치 중반 이후에 유의하게 향상된 것으로 드러났다. 한편, 대기자 통제집단에서는 처치 중 측정치와 처치 후 측정치에서 정신과 증상과 주장행동 및 문제해결능력에 아무런 변화가 기록되지 않았다. 그리고 처치 후에 보호자들이 평가한 전반적 적응기능에서도 두 처치 집단은 유의하게 향상된 것으로 나타났고 두 집단 간에는 차이가 나지 않은 것으로 분석되었다. 그러나 통제조건 피험자들은 이 시기 동안 아무런 변화를 보이지 않았다. 3개월 후의 추적조사 결과에서는 두 실험조건의 경우 모든 측정치에서 기록된 치료의 효력이 그대로 유지되고 있는 것으로 나타났다. 그러므로 이 결과는 PST가 정신능력이 제한된 사람들을 위한 프로그램으로도 각색될 수 있다는 것, 그리고 이런 프로그램의 경우 참여자의 지적 능력이 뛰어날 필요가 없다는 것을 보여 준다고 하겠다.

Cunningham, Davis, Bremner, Dunn 및 Rzasa(1993)는 발달장애로 고생하는 청소년과 젊은 성인을 위한 합숙소에서 일하는 직원 50명을 대상으로 숙련-모델링 프로그램과 대처-모델링/PST 프로그램의 효과를 비교하였다. 각 직원은 자신이 일차적 책임을 맡고 있는 장애인을 한 명씩 지명하였고, 그 장애인의 보호자로부터 장애인을 데리고 연구에 참여해도 좋다는 동의를 받았다. 그리고 직원-장애인 50쌍을 두 가지 훈련 프로그램 또는 통제집단(WLC)에 무선으로 배치하였다. 각 훈련 프로그램은 12주간 계속되었다. 대처-모델링/PST 조건 참여자들은 녹화된 비디오 속에서 시범을 보이는 직원의 실수를 찾아내고, 그 결과와 해결책을 논의하고, 해결책을 지지하는 근거를 만들어 내는 과제를 수행했다. 숙련-모델링 프로그램 참여자들은 새로운 기술을 배울 때, 그 새로운 기술을 정확하게 수행하는 모델의 시범을 비디오를 통해 보고 배웠다. 두 훈련 프로그램에 참여한 사람들은 2시간 동안 지속되는 각 회기에서 숙제를 재검토하고, 똑같은 비디오테이프를 관찰하며, 역할놀이를 하고, 숙제를 공식화하는 일에 시간을 보냈다. 대처-모델링/PST 참여자들에 비해 숙련-모델링 참여자들은 회기에 지각하는 경우가 더 많고, 결석도 더 많이 하고, 완료한 숙제도 적었고, 회기 내에서 과제와 무관한 언어를 더 많이 사용하고, 직장에서의 성취도도 더 낮았으며, 훈련 프로그램에 대해서도 덜 만족하였다.

Loumidis와 Hill(1997)은 지적 장애를 가진 성인 29명을 대상으로 PST가 그들의 부적응 행동과 구체적인 문제해결기술에 미치는 효과를 검토하였다. 이들 중 13명은 지적 장애인을 위한 병원에, 그리고 나머지 16명은 일반 가정에 거주하고 있었다. 그리고 연령, 지적 능력 및 부적응 행동의 정도에서 이들 피험자와 동등한 사람들을 통제집단으로 포함시켰다. 문제해결기술에 대한 측정은 피험자들이 가설적 문제에 반응을 하도록 하는 구조화된 면담형식으로 실시되었다. 병원 거주 집단은 1회당 40분간 지속되는 훈련을 23회 받은 데 반해, 가정 거주 집단은 1회당 1시간씩 지속되는 훈련을 15회 받았다. 결과에서는 일반 가정에 거주하며 훈련을 받은 집단은 통제집단에 비해 제3의 평정자가 평가한 비적응 행동의 정도, 여러 가지 문제해결기술(즉, 수단-목적형 사고, 평가를 위한 점검 및 의사결정, 그리고 해결책의 유효성으로 측정된 측정치)에서 유의하게 향상된 것으로 나타났다. 그러나 병원에 거주하며 훈련받은 집단에서는 이런 효과가 관찰되지 않았다. 훈련을 받은 두 집단은 지적 장애와 비적응 행동의 정도에서 동등했지만, 병원 거주 집단은 가정 거주 집단과 통제집단보다 나이가 많았고 적응기능은 더 낮았다.

스트레스 관리

D'Zurilla와 Maschka(1988)는 PST 접근법과 사회적 지지 개입법이 스트레스 관리에 미치는 효과를 비교하는 예비연구를 실시하였다. 스트레스가 높은 중장년층의 지역 주민 27명을 PST와 지지성 커뮤니케이션 훈련(SCT) 중 하나에 무선으로 배치시켰다. 각각의 개입법은 집단형태로 실시되었고, 14주에 걸쳐 매주 1회씩, 회당 대략 1시간 30분씩 진행되었다. 지지성 커뮤니케이션 훈련(SCT)은 두 가지 형태의 지지—사회 · 정서적 도움(예: 공감적 이해, 온정)과 정보적 도움(예: 조언, 실제 정보)—를 근간으로 이루어졌다. 이 접근에서는 치료자가 참여자들에게 서로 간에 지지를 주고받는 훈련을 시켰을 뿐 아니라 이들 두 가지 형태의 지지를 제공하기도 했다. 처치 후 평가에서 PST 집단은 SCT 집단에 비해 문제해결능력, 자기-효능감, 생활 만족도에서 유의한 향상을 보였고 심리적 스트레스에서는 유의한 감소를 보인 것으로 밝혀졌다. 이 효과는 6개월 후의 추적 평가에서도 유지되었다. 그리고 개인적 문제와 심리적 증후군에 대한 측정에서도 PST 집단에서 더 이로운 결과가 관찰되었다. 더욱이 PST 집단에서 발견된 이 같은 문제해결능력의 향상은 여러 가지 성과 측정치와도 유의한 상관관계에 있는 것으로 밝혀졌는데, 이는 PST의 기초이론을 지지하는 증거이기도 하다.

대처능력 향상

PST는 전반적 대처능력을 향상시키기 위한 수단으로서의 효과도 평가되어 왔다. 예를 들면, Heppner, Baumgardner, Larson 및 Petty(1988)는 8주짜리 PST 프로그램의 효용성을 평가하는 연구를 수행하였다. 구체적으로, 40명의 대학생을 PST 집단 혹은 통제집단에 무선 배치하여 프로그램을 진행하였다. 그 결과 PST 집단에 참여한 학생들은 자신들의 전반적 문제해결능력을 높게 평가하는 것으로 밝혀졌다. 더구나 이러한 변화는 1년 후의 추적 평가에서도 지속되었다. 문제해결훈련의 효과는 애당초 문제해결능력이 뒤떨어졌던 학생들에게서 가장 크게 나타났다.

Wege와 Möller(1995)는 남아프리카의 대학생 29명을 대상으로 PST 프로그램의 효과를 평가하였다. 먼저 이들 29명 중에서 비효과적 문제해결자로 13명을 확보하였다. 이들 13명은 구체적인 문제상황에서 피검자가 만들어 낸 해결책의 질을 평가하는 문제해결능력검사에서 낮은 점수를 받은 학생들로 이들에게는 회기당 50분씩 여덟 차례의 집단 PST를 제공하였다. 이와 동시에 효과적인 문제해결자로 확인된 대학생 16명은 무처치 통제집단에 참여시켰다. 그 결과 PST에 참여한 학생들의 경우 일반적 자기-효능감이 향상되고, 자신의 문제해결능력에 대한 더 큰 확신을 갖게 되었으며, 통제소재가 좀 더 내적으로 기울어지고, 또 문제해결기술도 향상된 것으로 나타났다. 이 향상은 2개월 후의 추적조사에서도 유지되었다.

물질 남용

Carey, Carey 및 Meisler(1990)는 음주관련 문제, 물질관련 문제, 또는 대마초관련 문제로 고생하면서 아울러 기분장애, 정신분열증, 불안, 적응 또는 망상장애로도 진단받은 환자들을 대상으로 PST 효과를 검토하였다. PST 훈련에 참여한 18명은 정신적으로 병약한 약물 남용자를 위한 치료 프로그램에서 선발되었으며, 이 처치조건에 무선적으로 배치된 사람들이었다. 통제집단은 표준적 치료 프로그램에만 참여하였으나, 처치집단의 환자들은 표준적 치료 프로그램과 더불어 PST 훈련을 받았다. 이 훈련은 주당 2회, 회당 1시간씩 6주간 계속되었다. 예상했던 것과 달리, 처치 후 검사와 추수 검사에서 측정된 자기-보고식 스트레스와 문제해결능력 중 어느 것에서도 집단 간 차이가 발견되지 않았다.

Platt, Husband, Hermalin, Carter 및 Metzger(1993)는 아편관련 장애로 고생하는 사람들에게 PST를 적용하였다. 이들이 이용한 PST는 직업훈련에 중점을 두었다. 이 직업훈련은 methadone이라는 진통제 중독 환자들의 직업문제를 해결하기 위해 고안된 것이었다. D'Zurilla와 Nezu(1982)의 접근방식처럼, 이 연구에 이용된 PST 개입법도 Platt의 연구진이 개발한 모형에 기초를 둔 치료법이었다. 이 치료 과정은 문제의 인식, 해결대안 생성, 있을 법한 결과에 대한 평가, 단계적 목표 접근법 사용, 인과 관계의 이해 그리고 문제상황에서 타인의 입장 생각하기 등에 대한 훈련으로 구성되었다. 참가자들은 PST나 통제집단 중 하나에 무선적으로 배치되었다. 통제집단의 피험자들은 병원에서 표준적 methadone 치료만 받았으며, PST 피험자들은 표준적 methadone 치료 이외에 주당 1회씩 10주간의 PST 훈련도 받았다. 처치 후 검사와 6개월 후 추적 검사 모두에서, PST 참여자들의 취업률이 유의하게 향상된 것으로 나타났다. 그리고 추적 검사에서 PST 집단은 통제집단에 비해 유의하게 높은 취업률을 보였다. 공교롭게도, 12개월 후의 추적조사에서는 문제해결집단의 취업률에서 유의한 감소가 기록되었다.

범법자

유럽과 미국에서는 지난 수십년 동안 다양한 범죄자 집단을 대상으로 재범률을 줄이기 위해 프로그램이 고안되었고, 그 프로그램에는 사회적 문제해결기술 훈련이 포함되어 왔다(McMurran & McGuire, 2005). 이들 프로그램에 사회적 문제해결기술 훈련이 포함된 이유 중 일부는 사회적 문제해결능력과 성격장애와의 관계(Dreer, Jackson, & Elliott, 2005; McMurran, Egan, & Duggan, 2005)뿐만 아니라 사회적 문제해결능력과 공격성과의 밀접한 관계(Keltikangas-Järvinen, 2005)가 경험적으로 밝혀졌기 때문이다. 또한 7장에서 언급했듯이, 범법자들은 구체적인 문제해결능력에도 결함이 있다는 것이 연구를 통해 밝혀졌다(Antonowicz & Ross, 2005).

이들 프로그램 중 하나가 Ross, Fabiano 및 Ross(1986)가 개발한

'추리 그리고 재활' (Reasoning and Rehabilitation: R&R)이라는 프로그램이다. R&R 프로그램은 17개 나라와 미국의 대부분 주에 걸쳐 5만 명 이상의 범법자들에게 적용된 것으로 추산된다(Antonowicz, 2005). R&R은 범법자들에게 친사회적 행동에 필수적인 사회 인지 기술과 가치를 가르치기 위해 설계된 다면적 프로그램으로, 사회적 문제해결훈련이 포함되어 있다. 이 프로그램은 여러 해를 걸쳐 개선되어 왔다. 현재의 사용설명서(매뉴얼)에는 35회의 집단회기로 구성되고 각 회기는 약 2시간씩 진행되는 프로그램이 소개되어 있다 (Ross & Ross, 1995).

R&R이 재범률을 줄이는 효과에 대한 첫 번째 평가는 캐나다에서 수행되었고, 그 대상은 성인 남성 보호관찰 대상자 중 위험수위가 높은 집단이었다(Ross, Fabiano, & Ewles, 1988). 참여자들은 정규 보호관찰 조건, 정규 보호관찰+생활기술훈련 조건, 또는 정규 보호관찰+R&R 훈련 조건 중 하나에 무작위로 배정되었다. 프로그램 등록 후 시작된 9개월 동안의 추적조사 결과, R&R 훈련을 받은 사람 중에는 18%만이 범법행위를 한 것에 비해 생활기술훈련 집단은 48%, 정규 보호관찰만 받은 통제집단은 70%가 범법행위를 한 것으로 밝혀졌다. 그리고 R&R 참여자 중에서 수감된 사람은 아무도 없었는데, 생활기술 집단에서는 11%, 통제집단에서는 30%가 수감된 것으로 드러났다.

이 평가가 있은 후 수많은 연구에서 R&R 프로그램의 유효성을 평가하고자 하였다. Antonowicz(2005)는 시설 장면 또는 지역사회 장면에서 수행된 22개의 평가연구를 찾아낼 수 있었다. 대부분의 연구는 하나같이 R&R 프로그램이 긍정적 결과를 창출했다고 지적하였다. 그러나 이들 연구의 방법론적 엄격성에는 차이가 많았다. 그리고 이러한 성과에 공헌한 PST의 실제 기여도를 이 프로그램에 포함된 다른 치료법의 상대적 기여도와 비교하기도 어려운 형편이다.

'생각 먼저' (Think First)는 범법자를 치료하기 위한 또 다른 프로그램인데, 이 프로그램에서는 PST를 주된 개입법으로 활용한다. 이 프로그램은 문제해결훈련, 자기관리훈련, 사회적 상호작용 훈련 그리고 가치교육으로 구성되어 있다. 이 프로그램의 전반적인 목표는 범법자들에게 일련의 사회적 문제해결기술 및 관련 기술을 가르치고 익히게 하여 적용하도록 함으로써, 그들이 다시는 범행을 저지르지 않도록 하며 동시에 삶에서 겪게 되는 어려움을 관리할 수 있도록 돕는 것이었다(McGuire, 2005). 현재로서는 두 개의 프로그램이 있는데, 그중 하나는 보호관찰자를 대상으로 지역사회 장면에서 실행된 것이고 다른 하나는 투옥된 범죄자를 대상으로 감옥과 정신건강 장면에서 실행된 것이다. 첫 번째 프로그램은 4개의 사전 집단회기와 3개의 개별회기 그리고 프로그램을 소개하는 1회의 단체모임으로 진행된다. 그런 후 2시간씩 진행되는 집단회기가 22회 실시되고, 그다음에는 개인별 회기가 6회 진행된다. 두 번째 프로그램(감옥에서 실시된 프로그램)은 회기당 2시간씩 총 30회기로 진행되는 집단 프로그램으로 실시되었다.

이러한 참여자를 대상으로 수행하는 연구는 근본적 어려움(예: 범법자를 '무처치 통제조건' 에 배치하는 일은 사회적으로 용납되지 않음)을 안고 있기 때문에, '생각 먼저' 프로그램을 이용한 연구 중에서 무선적인 통제조건을 포함시킨 연구는 지역사회 장면에서 수행된 연구(즉, 보호관찰 대상자를 대상으로 한 연구)에서도 시설 장면에서 수행된 연구(즉, 수감자를 대상으로 수행한 연구)에서도 발견되지 않는다. McGuire(2005)가 지적했다시피, 이러한 접근법을 이용할 때는 보호관찰 프로그램을 이용하는 연구에서 준-실험법을 이용할 가능성이 크다. 그러한 연구의 한 예를 들면, McGuire와 Hatcher(2001)는 보호관찰 프로그램을 수료한 225명의 범법자들로부터 프로그램 수행 전과 후에 수집된 자료를 분석하여 문제, 범행태도, 충동성, 자존감, 공감능력에서 유의한 향상을 발견하였다. 이와 유사한 다른 평가연구의 결과에서도 즉각적인 평가와 추적 평가 모두에서 일반적으로 긍정적이고 고무적인 성과가 보고되고 있다. 그러나 이 프로그램의 효험이 입증되기 위해서는 아직도 방법론적으로 엄격하게 통제된 연구를 수행할 필요가 있다.

'멈추고 생각하기' (Stop & Think)는 D'Zurilla와 Nezu(1999)의 치료 모형을 성격장애로 입원한 범법자들에게 적용한 프로그램이다(McMurran & Duggan, 2005; McMurran, Fyff, McCarthy, Duggan, & Latham, 2001). 이 프로그램의 근본 가정은 성격장애가 적어도 부분적으로는 대인관계 문제해결능력의 결함과 연관된 장애라는 믿음이다(예: McMurran, Egan, Blair, & Richardson, 2001). 환자들에게는 이 중요한 문제해결전략을 가르치기 위해, 문제에 직면했을 때는 다음과 같은 여섯 가지 질문을 스스로에게 던지고 답해 보라고 지시한다. (1) 느낌이 좋지 않은가? (2) 나에게는 무엇이 문제인가? (3) 내가 원하는 것은 무엇인가? (4) 내가 선택할 수 있는 것은 무엇인가?

(5) 나의 계획은 무엇인가? (6) 나는 지금 얼마나 잘하고 있는가? '멈추고 생각하기' 프로그램은 현재 평가되고 있는 중인데, 9명의 남성 환자한테서 수집된 예비자료에서는 이 환자들의 전반적인 문제해결능력(SPSI-R로 측정됨)이 통계적으로 유의하게 향상된 것으로 밝혀졌다(McMurran et al., 2005).

성 범죄자들에게는 문제해결능력에 결함이 있다는 임상적 경험과 연구결과를 토대로(C. M. Nezu et al., 2005; C. M. Nezu, D'Zurilla, & Nezu, 2005; C. M. Nezu, Fiore, & Nezu, 인쇄 중; C. M. Nezu, Greenberg, & Nezu, 인쇄 중), C. M. Nezu, Nezu 및 동료들(2003)은 펜실베이니아 주 필라델피아에서 '인지행동치료'(Project CBT)라는 연구를 수행하였다. 성 범죄로 수감되었다 가석방된 범인들을 대상으로 실시된 이 연구에서는 PST의 성과를 평가하기 위해 참여자를 무선 배치한 통제조건을 포함시켰다. 처음부터 참여자들을 (1) 회기당 1시간 30분씩 모두 20회기에 걸쳐 진행된 집단 PST 또는 (2) 대기자 명단에 속하는 통제집단 중 하나에 무선 배치시켰다. 피험자들은 성 범죄로 수감되었다 가석방된 상태에서 어떤 형태의 상담이든 추후 상담을 받아야만 하는 사람들 중에서 무작위로 선정되었다. 필라델피아 거주자 중에서 성 범죄로 이러한 치료를 받아야 하는 범인의 수는 한정되어 있기 때문에, 성 범죄로 복역 대기 중에 있는 사람들도 피험자에 포함시켰다. 그렇게 함으로써 성 범죄자를 치료도 하지 않은 채 내버려 둔다는 주민들의 걱정도 무마시킬 수 있었다. 마지막 20회기가 끝나면, 집단 PST를 받은 범인들을 다시 치료효과 다지기 집단이나 치료를 받지 않는 집단에 무선 배치하였다. 효과 다지기 집단의 참여자들에게는 10회기에 걸쳐 문제해결기술을 좀 더 구조화되고 개별화된 방식으로 연습할 수 있도록 하였다. 이 연습에는 동료(즉, 프로그램에 참여하고 있는 다른 참가자) 한 사람과 치료자가 함께 참여하였다. 그리고 치료를 받지 않는 두 번째 집단의 참여자들에게는 같은 기간 동안 지금까지 익힌 문제해결기술을 자신들의 일상문제에 적용해 보라고만 지시하였다. 평가는 처음 시작할 때, 20주 후, 30주 후 그리고 3개월 후에 실시되었다. PST의 효과를 판가름할 결과와 추가로 진행된 10회기의 다지기 훈련이 어떤 효과를 야기할지를 밝혀 줄 최종 자료수집과 분석은 아직 완료되지 않은 상태다.

HIV/AIDS 예방

Kelly 등(1994)은 도시의 일차 건강 진료소를 찾아온 사람들 중에서 HIV 감염위험이 높은 여성(예: 성적 상대가 많은 여성, 성병에 감염된 여성, 고위험 남성 파트너와 무방비 성교를 하는 여성 등) 197명에 초점을 맞춘 연구를 수행하였다. 이 여성들을 실험집단과 통제집단에 무선으로 배치하였다. 실험집단인 인지-행동 HIV/AIDS 치료 집단에 배치된 여성들에게는 콘돔 사용 기술훈련, 성적 단호성 훈련, 문제해결훈련, 자기관리훈련 그리고 또래의 지지가 제공되었다. 비교집단에 배치된 여성들에게는 영양이나 건강식 준비 등의 주제에 대한 건강 교육이 제공되었다. 그리고 나서 3개월 후 추적 검사를 한 결과, HIV/AIDS 치료를 받은 여성들은 성 관련 커뮤니케이션과 협상 기술이 유의하게 향상된 것으로 나타났다. 또한 무방비 성행위도 유의하게 줄었고, 콘돔 사용 빈도는 전체 성행위의 26%에서 56%로 증가하였다. 비교집단의 여성들은 이런 변화를 보이지 않았다.

비만 및 체중-조절 문제

Black(1987)은 최소 개입 프로그램을 실시한 후 PST 프로그램을 실시하는 체중조절 프로그램의 효율성을 평가하였다. 참여자들은 약간의 비만기가 있는 7명의 여성이었다. 최소 개입 프로그램은 영양, 신체적 활동, 점진적 체중감소 그리고 체중 및 칼로리 감시법 등에 대한 어문적 교육으로 구성되었다. 이 개입의 기간은 피험자에 따라 6~12주에 걸쳐 진행되었다. 그 후에 실시된 PST 프로그램은 10주간에 걸쳐 모두 20회기에 회기당 2시간씩 진행되었다. 이 연구의 주요 결과는 다음과 같이 요약된다. (1) 최소 개입 프로그램에 비해 PST 프로그램에서의 체중감소가 극적으로 증가했고, (2) 최소 개입이 진행되는 동안의 체중감소는 일정하지 않았지만 PST가 진행되는 동안의 체중감소는 매우 균등하였고, (3) 6명은 3개월 후의 추적 검사에서도 체중이 감소하였고, 3명은 12개월 후의 추적 검사에서도 체중이 감소하는 등 처치 후에도 체중감소가 계속되었으며, (4) 5명의 피험자에게서는 실질적으로 의미 있는 체중감소가 기록되었고, (5) 문제해결능력이 크고 문제가 적은 사람일수록 체중감량이 더 컸다.

Black과 Threlfall(1986)은 후속 연구에서, 체중조절을 위한 '단계적 접근법'의 유효성을 평가하였다. 이 접근법은 최소 개입 프로그램으로 치료를 시작한 후 피험자의 필요에 따라 좀 더 집중적인 개입을 제공하는 절차를 따른다. 이 연구에서 집중적 개입으로 이용된 PST는 이전의 연구에서 사용된 문제해결 절차와 근본적으로 동일한 가정학습 독서치료법이었다. 연구는 26명의 약간 비만인 피험자들과 가정학습 PST 프로그램을 돕는 그들의 파트너에 중점을 두고 실시되었다. 최소 개입 프로그램이 먼저 시작되었고, 이 프로그램만으로는 피험자의 체중이 줄지 않는 경우에 PST 프로그램이 추가되었다. 26명의 피험자 중 22명에게 PST를 추가할 필요가 생겼다. 프로그램 기간은 1년이었고, 그 후 추적 검사는 3개월 후에 실시되었다.

1년 동안 진행된 프로그램이 종결되었을 때, 피험자들의 체중은 크게 줄었고 과체중 비율 또한 크게 줄었다. 그리고 이 효과는 추적 검사를 했을 때까지 유지된 것으로 밝혀졌다. 6명의 피험자는 3개월 후의 추적 검사에서 이상적인 몸무게에 도달하였고, 9명의 피험자는 신체 질량지수에서 '만족할 만한' 수준으로 향상되었다. 전반적으로 봤을 때 피험자들의 몸무게는 3개월 후의 추적 검사에서 평균 10Kg 정도 줄어들었다. 중요한 추가적 발견은 PST 프로그램을 제대로 실행한 피험자들의 체중감소가 그렇지 않은 피험자들의 체중감소보다 유의하게 컸다는 점이다.

체중감소 후의 체중유지 방법을 모색하기 위한 일련의 연구에서 Perri와 동료들(예: Perri & Nezu, 1992)은 PST를 골격으로 이용한 유지전략의 효과를 검토하였다. 예를 들어, Perri와 동료들(1987)은 두 가지 유지 프로그램—(1) 자조집단과 같은 맥락에서 문제해결식 접근법을 사용하는 또래 지지집단 프로그램과 (2) 줄어든 체중을 유지하는 데 겪는 어려움을 극복할 수 있도록 치료자가 환자들에게 문제해결전략을 활용하도록 지도하는 프로그램—의 효과를 검증하였다. 그 결과 치료자 지도 프로그램의 효과가 또래 지지집단 프로그램과 통제조건보다 우수한 것으로 나타났다. 치료자가 지도하는 문제해결과정을 유지선략에 포함시키는 것이 중요하다는 것은 Perri와 동료들(1988)의 후속 연구에서도 확인되었다. 이들 연구 덕분에 Perri와 동료들은 비만관리를 위한 지속적 관심/문제해결 모형을 개발하게 되었다. 이 모형에서는 비만을 만성적 장애, 즉 체중관련 문제의 해결에 초점을 맞춘 장기간 지속적인 치료를 해야 하는 만성적 장애로 간주한다(Perri, Nezu, & Viegener, 1992).

PST는 주로 심리적 고통을 줄이고 기능을 개선시키기 위한 일차 치료법으로만 사용되었을 뿐 아니라, 여타 행동 개입전략의 효과를 높이기 위한 보조수단으로도 활용되어 왔다. 예컨대, Perri와 동료들(2001)은 PST가 피험자들이 체중감량 프로그램을 완수하는 데 큰 도움이 될 것이라는 가설을 검증하였다. 그들은 PST를 이용하면 프로그램을 완수하는 과정에 장애물(예: 계획수립의 어려움, 숙제, 심리적 고통 등)로 작용하는 여러 가지 어려움을 피험자 스스로 극복할 수 있게 될 것이라고 믿었다. 구체적으로, 비만을 치료하기 위한 표준적 집단 행동치료 프로그램을 20주에 걸쳐 완료한 여성 80명을 다음 세 조건—더 이상 접촉하지 않는 조건(BT 조건), 재발 예방훈련 조건, PST 조건—중 하나에 무작위로 배정했다. 17개월 후에 실시된 평가결과 재발 예방훈련 조건과 BT 조건 간과, 재발 예방훈련 조건과 PST 조건 간에도 전반적 체중감량에는 차이가 없었다. 그러나 PST 조건 참여자들은 BT 조건 참여자들에 비해 체중감량효과가 유의하게 오래 지속되었다. 그리고 체중을 10% 이상 감량시키는 데 성공한 피험자의 비율도 PST 조건이 BT 조건보다 유의하게 컸다(약 35% 대 6%). 이와 같은 결과를 볼 때, PST는 다른 치료법을 완성시키는 데 큰 도움을 주는 효과적인 보조 치료법으로 이용될 수 있다는 것을 알 수 있다(A. M. Nezu & Nezu, 인쇄 중, b).

의료 환자들

PST는 다양한 조건의 의료 환자들에게도 활용되었다. 질병 및 치료(예: 암 환자의 화학치료)와 관련된 증상과 문제에 좀 더 효과적으로 대처할 수 있도록 돕기 위함이었다. PST의 목적은 질병으로부터 회복을 촉진시키고, 정서적 고통을 줄이며, 삶의 질을 높이는 데 있었다.

요통

요통(low back pain: LBP)을 호소하는 사람을 대상으로 실시한 최근의 연구에서는 이 환자들의 문제수용태도와 기능적 장애 간에 높은 상관관계가 발견되었다. 예를 들면, van den Hout, Vlaeyen,

Heuts, Stillen 및 Willen(2001)은 문제수용태도가 부정적일수록 LBP 환자들의 기능적 장애수준이 더 높다는 것을 발견하였다. 또한 Shaw, Feuerstein, Haufler, Berkowitz 및 Lopez(2001)는 SPSI-R을 사용한 연구에서, 긍정적 문제수용태도 점수는 낮고 충동적 스타일 및 회피형 스타일 점수는 높은 LBP 환자일수록 기능적 상실이 크다는 것을 발견하였다. 이러한 결과를 근거로, van den Hout, Vlaeyen, Heuts, Zijlema 및 Wijen(2003)은 PST가 요통 환자들의 업무 관련 장애를 개선시키는 데 도움이 되는지를 평가하였다. 이 연구에서 이용된 PST는 A. M. Nezu(1986c)가 우울증 치료용으로 개발한 프로토콜에 기초한 것으로, 요통 환자들을 치료하기 위한 등급화 활동요법을 보충하기 위한 2차적 요법으로 실시되었다. 그 결과 개입 후 6개월이 지나면서부터 '등급화 활동요법+문제해결훈련' (GAPS)을 받은 환자들이 '등급화 활동요법+집단교육' (GAGE)을 받은 환자들보다 통증으로 결근하는 날이 유의하게 적었다. 또한 GAPS에 참여한 환자들의 업무상태가 훨씬 양호하였다. 즉, 1년 후의 사후평가에서 이 조건에 참여한 환자들은 100% 업무에 복귀하였으며 장애연금을 받는 사람의 수도 훨씬 적었던 것으로 드러났다. 이러한 결과는 PST가 2차적 예방전략으로서 잠재력도 충분히 갖추었다는 의미를 갖는다.

고혈압

García-Vera, Labrador 및 Sanz(1997)는 본태성 고혈압을 치료하기 위해 PST를 교육 및 이완훈련과 조합해 보았다. 처치 후 평가

결과, 대기자 통제집단에 비해 처치집단의 혈압이 유의하게 떨어진 것으로 밝혀졌다. 이러한 긍정적 결과는 4개월 후의 추적 평가에서도 유지되었다. 이처럼 두 가지 이상의 요법으로 구성된 치료 꾸러미(패키지)의 효과를 평가하는 연구에서는 그 꾸러미를 구성한 개별 요법에 관한 구체적인 자료를 분리해 낼 수 없는데도, 이 성과 자료에 대한 후속 분석(García-Vera, Sanz, & Labrador, 1998)에서는 심장 수축혈압 저하와 심장이완혈압 저하 모두 문제해결능력(SPSI-R로 측정됨)의 향상과 유의한 상관관계에 있는 것으로 드러났다. 또한 문제해결능력은 전반적인 스트레스 관리요법이 혈압저하에 미치는 효과를 중재하는 것으로 밝혀졌는데, 이는 PST가 중요하고 적극적인 치료요소임을 암시하는 증거다.

두부 손상

Foxx, Martella 및 Marchand-Martella(1989)는 폐쇄형 두부 손상(closed head-injured) 환자(24~31세의 성인) 6명을 대상으로 PST에 기초한 개입법을 평가했다. 훈련은 다음 네 가지 일반적인 영역—(1) 지역사회 인식과 교통, (2) 약물, 알코올 및 마약, (3) 자신의 권리주장, (4) 응급상황, 부상 및 안전—에 초점을 맞추었다. 세 명의 환자는 기저선 평가, 문제해결훈련, 검사 그리고 훈련 전후의 일반화 평가를 받는 실험조건에 배치되었다. 나머지 세 명은 통제집단에 배치시켜 사전 · 사후평가만을 받게 하였다. 훈련을 마친 6개월 후의 결과, 실험집단 참가자들의 문제해결기술은 유사한 상황은 물론 유사하지 않은 상황에까지 일반화되는 것으로 나타난 데 반해, 통제집단은 거의 변화가 없었다. 그리고 이러한 6개월 후의 점수는 일반인 세 명으로 구성된 통제집단의 점수와 유사하였다.

관절염

DeVellis, Blalock, Hahn, DeVellis 및 Hockbaum(1987)은 관절염과 관련된 문제(예: 운동을 꾸준히 해야 하는 문제, 휴식을 적절히 취해야 하는 문제, 부목을 대고 다녀야 하는 문제)에 초점을 맞춘 PST 프로그램의 효력을 평가했다. 결과는 PST를 받은 환자들이 통제집단에 비해 문제를 보다 효과적으로 해결하는 것으로 드러났으며, 자신들의 생활양식과 관련된 문제도 더욱 성공적으로 해결하는 것으로 나타났다. 그러나 생활양식과 관련된 문제해결에서 발견된 향상은 통계적 유의수준에 근사한 정도의 차이만 보였다.

재발성 두통

Ström, Pettersson 및 Andersson(2000)의 연구에서는 재발성 두통을 치료하기 위해 PST를 이완요법과 조합하여 인터넷과 이메일을 통해 처치하고 그 효과를 검토하였다. 구체적으로, 102명의 두통 환자를 치료집단 또는 통제집단(대기자 집단) 중 한 곳에 무작위로 배정하였다. 처치는 6주에 걸쳐 제공되었고, 매주 새로운 단원을 제공함으로써 환자들이 처치에 꾸준하게 참여하도록 하였다. 사전 · 사후 분석결과, PST+이완요법이 두통 횟수를 감소시켰으며, 그 감량은 통계적으로 유의한 정도였던 것으로 드러났다. 그리고 두통이 감량한 경우의 50%는 임상적으로도 의미 있는 감량인 것으로 밝혀졌다.

이 연구의 가장 중요한 성과 중 하나는 적은 비용의 치료(즉, 인터넷과 이메일을 통한 치료)도 임상적인 효과를 거둘 수 있다는 신념일 것이다. 그러나 처치집단과 통제집단 모두에서 기록된 높은 탈락률(56%) 때문에 이 연구의 결과를 일반화하는 데는 한계가 있다.

암

연구결과에 따르면, 암 환자들의 상당수는 이 질환에 대처하고 적응하는 데 큰 어려움을 겪는 것으로 밝혀져 있다(A. M. Nezu, Nezu, Felgoise, & Zwick, 2003). 심리적 고통으로 고생하는 암 환자의 수가 많다는 사실을 감안한 연구자들은 이런 걱정을 해소하기 위한 수단으로 PST를 포함한 다양한 심리사회적 요법의 잠재적 효력을 조사해 왔다(A. M. Nezu et al., 1999).

이들 성과연구 중 일부에서는 여러 요법으로 구성된 CBT(인지행동요법) 꾸러미에다 PST를 포함시켰다. 예를 들어, Telch와 Telch (1986)는 집단용 CBT에 문제해결훈련을 포함시켰다. 이 CBT 꾸러미에는 PST 외에도 이완 및 스트레스 관리, 단호한 의사소통, 인지적 재구조화, 감정관리 그리고 즐거운 이벤트 기획에 관한 교육이 포함되었다. 이 CBT 꾸러미의 효과를 치료를 받지 않은 통제집단 및 지지적 집단치료의 효과와 비교하였다. 그 결과 CBT 꾸러미를 처치받은 환자들이 다른 두 조건의 환자들보다 유의하게 잘 대처하는 것으로 나타났다. 사실 지지적 집단치료를 받은 환자들은 향상을 거의 보이지 않았고, 아예 처치를 받지 않은 환자들은 심리적 적응에서의 전반적 악화를 경험하였다.

PST를 포함하는 또 다른 치료 꾸러미는 악성 흑색소 세포종(malignant melanoma)이라는 진단을 처음 받은 암 환자에 초점을 맞추었다(Fawzy et al., 1990). 이 암으로 고생하는 환자들을 처치집단과 무처치 통제집단에 무선 배치시켰다. 처치집단에게는 6주에 걸친 집단치료를 제공하였는데, 이 구조화된 처치에는 PST, 스트레스 관리훈련, 집단 지지 그리고 건강교육이 포함되었다. 6주의 말미에 가자 구조화된 처치를 받은 환자들은 통제집단에 비해 심리적 고통에서 감소를 보이기 시작했다. 이 차이는 6개월 후의 평가에서 더욱 두드러졌다. 그리고 5년 후에도 처치를 받은 환자들이 경험하는 불안, 우울 그리고 전반적 기분장애의 정도는 여전히 낮은 것으로 밝혀졌다(Fawzy, Fawzy, & Canada, 2001).

그리고 6주에 걸쳐 진행된 프로그램이 막바지에 접어들면서 이 프로그램에 참여한 환자들의 여포성 임파구(granular lymphocytes)의 백분율이 유의하게 증가한 것으로 밝혀졌는데, 이는 이 프로그램이 면역기능에도 긍정적 효과를 미쳤음을 암시한다. 또한 그 6개월 후의 사후평가에서도 여포성 임파구는 계속 증가하였으며, 암세포를 죽이는 자연치유 세포(natural killer cell)의 수도 증가한 것으로 드러났다. 끝으로, 이 꾸러미가 환자의 실제 건강에 미치는 효과를 검토하기 위해 설계된 연구는 아니었지만, Fawzy와 동료들(1993)은 6년 후의 사후평가에서, 이 프로그램에 참여한 환자들이 통제집단의 환자들에 비해 생존률도 높고 재발 기간도 길어지는 경향을 보인다는 것을 발견하였다. 그 후 이 개입법은 일본에서 유방암으로 고생하는 여성들에게 적용되었고, 마찬가지로 효과가 있었던 것으로 밝혀졌다(Hokasa, 1996).

Mishel과 동료들(2002)은 국부 전립선 암을 앓고 있는 134명의 백인과 105명의 아프리카계 흑인을 대상으로, 그들 스스로 불안을 관리하고 증상을 통제할 수 있도록 돕기 위해 문제해결훈련과 인지 재구조화 훈련을 조합하여 제공하였다. 참여자들은 세 개의 실험조건 중 한 곳에 무작위로 배정되었다. 실험조건 중 하나에서는 문제해결훈련과 인지 재구조화 훈련을 환자 본인에게만 제공하였고, 두 번째 조건에서는 그 훈련을 환자와 가족 중 한 명에게 제공하였으며, 통제조건인 세 번째 조건에서는 통상적인 의료요법만 제공하였다. 두 가지 실험조건에 실시된 처치는 간호사가 매주 한 번씩 8주에 걸친 전화통화로 제공하였다. 4개월 후에 실시된 평가결과 인종에 관계없이 두 가지 처치조건에 참여한 환자들은 처치를 받기 전보다 일반적으로 유의한 향상을 보였다. 사후평가를 받은 이 시기가 암 치료의 부작용이 가장 심한 시기였다는 점을 감안하면, 특히 PST를 인지 재구조화 훈련과 함께 시행한 결과가 4개월 후의 소변 횟수를 개선시켰다는 것은 주목할 만한 성과라 할 것이다.

다른 연구들에서는 PST가 치료 꾸러미의 일부가 아닌 단독으로 적용된 경우에 초점을 두었다. 예를 들면, Allen과 동료들(2002)은 유방암으로 고생하는 여성 164명을 대상으로 PST의 유효성을 평가하였다. 이 환자들은 최근에야 처음으로 화학치료를 받기 시작한 환자들이었다. PST는 대면 훈련 2회기와 전화를 이용한 훈련 4회기로 구성되었다. 12주에 걸쳐 전개된 훈련은 암 병동 간호사가 실시하였다. 이 치료 프로그램은 중년에 유방암 진단을 받은 여성들이 그들이 겪을 여러 가지 어려움을 그들이 효과적으로 극복할 수 있도록 돕기 위해 고안된 프로그램이었다. 치료효과는 환자들의 신체적 적응과 심리사회적 적응을 준거로 평가되었다. 통제조건의 환자들은 아무런 처치도 받지 않았다.

4개월 후에 실시된 평가결과, 참여자들은 일반적으로 프로그램을 시작하기 전에 비해 부당한 요구를 덜 하는 편이었고 정신건강 또한 호전된 것으로 드러났다. 8개월 후 평가에서는 처치집단과 통제집단 사이에 차이가 부상되기 시작했다. 즉, 훈련의 효과가 나타나기 시작한 것이다. 일반적으로 PST는 환자들의 기분을 향상시켰고, 일상 과제와 관련된 문제를 더 효과적으로 극복할 수 있게 해 주었다. 그리고 이 훈련을 받은 대다수의 환자들은 암과 관련된 문제, 예컨대 신체적 부작용, 결혼생활과 부부관계의 어려움 그리고 심리사회적 문제 등을 효과적으로 해소할 수 있었다. 그러나 기저선 검사에서 문제해결능력이 저조한 것으로 분류된 여성들의 경우는 뜻밖의 결과도 드러났다. 한마디로, 이 여성들은 통제집단에 비해 암 관련 문제해결에 덜 효과적이었다. 질적 분석결과 이 여성들은 단 한 번의 대면처치를 받고 난 후부터는 모든 것을 혼자서 해 나가야 한다는 생각에 압도되어 아무것도 못하는 것 같았다. 이 때문에 Allen 등(2002)은 이 연구를 통해 환자의 욕구 혹은 위험 수준에 맞추어 치료를 처방하는 것이 옳다는 주장을 펼치게 된 것을 이 연구의 중요한 성과 중 하나라고 결론지었다. 다시 말해, 처음부터 문제해결능력이 저조한 사람들에게는 그렇지 않은 사람들에 비해 좀 더 집중적인 프로그램(예: 대면 회기를 더 많이 가짐)을 제공할 필요가 있다는 뜻이다.

최근에 A. M. Nezu와 동료들(2003)은 Project Genesis(A. M. Nezu, Nezu, Friedman, Houts, & Faddis, 1997)의 결과를 보고하였다. 이 프로젝트는 성인 암 환자 132명을 대상으로 PST의 효능을 평가하는 5년-과제였다. 이 연구과제에 이용된 개입법의 기본 바탕은 주요 우울증 환자를 대상으로 수행된 이전 연구(예: A. M. Nezu et al., 1989)의 매뉴얼을 개작한 매뉴얼(A. M. Nezu, Nezu, Friedman, Faddis, & Houts, 1998)이었다. 이 연구에서는 심한 심리적 고통(예: 우울증)을 경험하고 있는 암 환자들을 다음 세 조건 중 하나에 무선배치하였다. (1) 개별적 PST를 10회기에 걸쳐 회기당 1시간 30분씩 실시한 조건, (2) 10회기에 걸쳐 회기당 1시간 30분씩의 PST를 환자와 환자가 지명한 중요한 타인(예: 배우자, 부모)에게 함께 제공한 조건, (3) 통상적인 치료만 제공한 통제조건이다. 중요한 타인이 포함된 조건을 연구에 포함시킨 목적은 사회적 지원체제(이 지원체제에서는 중요한 타인이 문제해결 코치로서의 역할을 담당한다.)를 구축하였을 때 생길 수 있는 부수적 효과를 평가하기 위함이었다.

여러 가지 자기-보고, 임상가의 평가 그리고 중요한 타인의 평가로 구성된 사후평가결과 PST가 암 환자의 정서적 고통을 줄여 주고 전반적인 삶의 질을 높여 주는 강력한 효능을 가진 것으로 밝혀졌다. 구체적으로, 처치조건의 환자들은 통제조건의 환자들에 비해 유의한 향상을 보였으며, 사후평가에서는 두 처치조건 간 차이가 없는 것으로 드러났다. 그러나 6개월 후의 추적 평가에서는 중요한 타인을 참여시킨 조건의 환자들이 혼자 참여한 조건의 환자들보다 측정된 변인의 약 절반에서 유의하게 높은 향상을 지속적으로 보였다.

이 결과는 협력할 사람을 치료에 공식적으로 포함시켰을 때의 장점을 분명하게 대변하고 있다.

Given과 동료들(2004)의 연구는 최근에 만성종양으로 진단되어 첫 화학치료를 받고 있는 성인 암 환자 237명을 대상으로 수행되었다. 참여자들은 증상관리 처치집단 또는 관습적 치료집단 중 하나에 무작위로 배정되었다. 이 연구에서 제공된 인지-행동 개입은 D'Zurilla와 Nezu(1999)의 PST 모형에 기초를 둔 것으로, 환자들과 그 보호자들에게 다양한 암 관련 문제(예: 탈모, 우울, 피로, 고통, 불면)에 효과적으로 대처하도록 하는 여러 가지 전략으로 구성되었다. 이들 전략 중 실제로 실행된 전략들은 간호사와 환자의 보호자 사이에 벌어진 논의를 토대로 선별된 것들이었다. 20주에 걸쳐 진행된 처치는 10회의 접촉(대면 상담 및 전화접촉)을 통해 제공되었다.

그 결과 처치를 받은 환자들 중에서도 처음 평가에서 증상이 심했던 환자들은 10주째에는 우울증상이 낮아졌으나 20주째에는 그렇지가 않았다. 처치 전에 이미 우울증이 심했던 환자들의 경우, 실험집단이 통제집단보다 10주째에는 더 우울했던 것으로 보고되었다. 그리고 이 개입으로 10주째에 우울증이 완화된 것은 이 개입의 직접적인 효과가 아니라 이 개입이 다른 증상에 미친 영향력 덕분에 야기된 효과인 것으로 밝혀졌다. 그러나 20주째에 와서는 우울증상을 완화시키는 치료의 주 효과가 확인되었다. 이 때문에 연구자들은 이 개입법이 우울증에 미치는 효과는 시간경과에 따라 달랐다고 결론지었다. 다시 말해, 이 개입법은 처음에는 우울과 무관한 많은 증상에 대한 관리능력을 향상시켜서 우울증을 완화시켰고, 나중에 가서야 직접적인 영향력을 행사하여 우울증을 감소시켰다는 뜻이다.

Doorenbos와 동료들(2005)은 암 환자가 암 때문에 생기는 여러 가지 어려움을 극복하는 데 기여하는 이 개입법의 영향력을 평가한 후속 연구에서, 일반적으로 10주 후가 되면 문제해결훈련에 근거한 개입을 받는 환자들이 통제집단에 비해 그러한 어려움을 훨씬 적게(통계적으로 유의한 13점이나 낮게) 경험한다고 보고하였다. 그리고 이러한 긍정적인 치료효과는 치료 기간 내내 지속되었다고 보고하였다. 참고로, 이 연구자들은 이 개입법이 암관련 증상 문제를 관리해야 하는 젊은 사람들에게 특히 도움이 된다는 결론을 지었다.

암 환자를 매일 돌보아야 하는 가족 구성원들도 참기 힘든 고통과 빈번한 문제를 경험할 수 있다. 따라서 보호자들에게 문제해결기술을 훈련시키는 일은 그들이 겪는 문제를 좀 더 효과적으로 대처하는 능력을 향상시키는 유용한 접근법이 될 수 있다(C. M. Nezu, Nezu, & Houts, 1993). 예를 들어, Toseland, Blanchard 및 McCallion(1995)의 연구에서는 암 환자의 배우자에게 제공한 개입법의 효력을 평가하였다. 이 연구에서 평가한 개입법은 지지 기술과 문제해결기술 및 대처기술에 대한 교육으로 구성되었다. 이 연구에서는 암 환자의 남편 40명과 아내 40명을 이 개입법을 처치한 조건 또는 일상적 치료 조건에 무선으로 배치하였다. 결과는 부정적이었다. 시간이 경과하는데도 처치조건에서도 통제조건에서도 보호자들에게는 아무런 변화가 일어나지 않았다. 하지만 효과가 관찰되지 않은 것은 이 연구에 참여한 사람들의 경우, 처치 이전에 이들이 겪는 고통도 크지 않았고 문제 또한 많지 않았기 때문일 수 있었다. 그래서 고통이 심한 사람들만의 결과를 분석해 본 결과 이 프로그램의 효과가 실제로 유의한 것으로 밝혀졌다. 다시 말해, 고통이 심한 보호자들 중 PST에 기초한 개입법을 훈련받은 사람들은 자신들의 어려운 문제에 대처하는 능력뿐 아니라, 신체적 기능 및 사회기능도 유의하게 향상된 것으로 드러났다. 그리고 이 하위집단의 보호자들과 관련된 암 환자들 역시 처치 후에는 우울증이 유의하게 줄어든 것으로 발견되었다. 그리고 Blanchard, Toseland 및 McCallion(1996)은 6개월 후의 추적 평가를 보고한 후속 논문에서, PST 개입훈련을 받은 배우자를 둔 환자집단은 통제집단에 비해 유의하게 낮은 우울증을 경험하게 되었다고 보고하였다.

Houts, Nezu, Nezu 및 Bucher(1996)는 암 환자 가족들의 돌보기 기술을 향상시키기 위한 프로그램으로 문제해결 모형을 기초로 제작된 프로그램을 하나 소개하였다. '가족 돌보미 과정' (prepared family caregiver course)이라고 하는 이 프로그램은 D'Zurilla와 Nezu(1982)의 PST 모형을 개작하여, 암 환자의 가족 돌보미에게 다음과 같은 정보를 제공하기 위한 수단으로 제작되었다. (1) 문제에 대한 이해, (2) 전문적 도움을 받아야 할 시기, (3) 문제를 처리하고 예방하기 위해 해야 할 일, (4) 장애물을 찾아내고 그 장애물을 극복하기 위한 계획 수립, 그리고 (5) 계획의 수행 및 조절이다. 프로그램 실시요강(매뉴얼)도 개발되었는데(Houts, Nezu, Nezu, Bucher, & Lipton, 1994; Houts et al., 1997), 이 요강에는 암 환자들이 흔히 경험하는 다양한 신체적 문제(예: 피로, 탈모, 욕구 감소)와 심리-사회적 문제(예: 우울, 불안)를 효과적으로 해결하는 데 필요한 계획 수립

요령이 담겨 있다. 이 요강은 이 프로그램에 이용된 문제해결조작을 강조하기 위해 COPE라는 약어를 사용하였는데, C = Creativity(창의성), O = Optimism(낙천주의), P = Planning(기획), E = Expert information(전문적 정보)을 나타낸다. 아직 이 프로그램을 이용한 통제된 연구는 없지만 Bucher, Houts, Nezu 및 Nezu(1999)는 이 프로그램에 대한 참가자의 만족도 및 수용성에서 긍정적으로 평가된 자료를 제공하고 있다.

Schwartz와 동료들(1997)은 근래에 유방암 진단을 받은 사람과 1촌 관계인 여성 341명을 대상으로 그들이 겪는 암-구체적 고통 및 일반적 고통에 미치는 간편 PST 개입법의 영향력을 평가하였다. 이 연구에서 조작한 개입법은 PST와 일반 건강상담(GHC)이었다. 두 개입법 모두 건강교육 전문가와 함께 2시간 동안 지속되는 개별 단일 회기로 실시되었다. 초기 분석에서는 두 개입법 모두 암-구체적 고통 및 일반적 고통을 감소시킨 것으로 나타났고 개입법 간 차이는 없었다. 하지만 PST에 참여한 사람들을 문제해결기술 연습 여부에 따라 두 집단으로 구분했을 때는 유의한 차이가 나타났다. 구체적으로, PST를 연습한 사람들은 연습을 하지 않은 사람들과 GHC 참여자들보다 암-구체적 고통의 감소가 유의하게 큰 것으로 나타났다. 기저선 교육 및 고통에서 나는 집단 간 차이를 통제한 후에도 이 결과는 바뀌지 않았다.

Audrain과 동료들(1999)은 위의 연구에 이용된 표본에다 유방암 환자를 1촌으로 둔 또 다른 여성들을 포함시켜, 총 510명의 연구대상을 확보하였다. 이들을 대상으로 수행한 연구에서 Audrain 등은

"간편 PST가 유방암 자가 검사를 규칙적으로 수행할 가능성을 높일 수 있을 것인가?"라는 질문을 던졌다. 초기 결과에서는 조건 간 차이가 발견되지 않았고, 암-구체적 고통과 처치 간의 상호작용만 확인되었다. 구체적으로, PST 조건에 참가한 여성들 중 암-구체적 고통이 높은 사람들은 암-구체적 고통이 낮은 사람들보다 유방암 자가 검사를 규칙적으로 수행한 횟수가 2배나 많았다. 통제집단에서는 그러한 효과가 관찰되지 않았다. Audrain 등은 가족 중에 유방암 환자를 둔 여성들에게 유방암 자가 검사를 규칙적으로 수행하도록 종용했을 때는 그들 중 고통이 심한 사람일수록 대처기술훈련의 득을 볼 가능성이 높다고 주장하였다.

Sahler와 동료들(2002)의 연구는 이제 막 소아암으로 진단받은 아동들의 어머니들을 대상으로 수행되었다. 해당 어머니들 92명을 PST 조건 또는 통제조건(표준적인 심리사회적 간호 조건)에 무작위로 배정하였다. 문제해결 개입은 8회기로 구성되었고, 회기당 1시간씩 개인별로 진행되었다. 이 개입법은 D'Zurilla와 Nezu(1999)의 연구를 바탕으로 이 연구의 대상에 맞게 조절한 것이었다. 처치 후 평가 결과 PST 조건의 어머니들이 통제조건의 어머니들에 비해 문제해결기술이 유의하게 향상되었고, 부정적 정서도 유의하게 낮았다. 그리고 문제해결행동에 대한 자기-보고에서 기록된 변화가 기분 점수에서 발견된 두 조건 간 차이의 40%를 설명하는 것으로 분석되었다. 또한 이 개입으로 건설적 문제해결능력이 가장 크게 향상된 것으로 나타났다. 그러나 기분에서의 호전은 역기능성 문제해결의 감소에 가장 큰 영향을 받은 것으로 나타났다.

자신들의 이전 연구를 확장한 연구에서 Sahler와 동료들(2005)은 아동 암 환자의 어머니 430명을 대상으로 PST의 효력을 다시 평가하였다. 이 어머니들 중에는 영어를 사용하는 사람도 있고 스페인어를 사용하는 사람도 있었다. 이 연구에서도 8주 동안 진행된 PST 조건을 통상적 간호만 제공한 통제조건과 비교하였다. 이전 연구의 결과가 반복되었다. 즉, PST를 받은 어머니들의 문제해결기술이 유의하게 향상되었고 부정적 정서는 유의하게 감소하였다. PST 치료효과는 사후평가에서 가장 크게 나타났으나, 3개월 후의 추적 평가에서도 여러 가지 차이가 그대로 유지되었다. 흥미 있는 것은 영어를 사용하는 어머니들보다 스페인어를 사용하는 어머니들에게서 PST 효과가 더 높게 나타난 점이다. 그리고 문제해결요법에서 가장 큰 득을 본 집단은 젊은 편모들인 것으로 나타났다.

당뇨병

문제해결능력은 만성 질환 관리에도 핵심적 요인임이 확인되었고 (Bodenheimer, Lorig, Holman, & Grumbach, 2002), 많은 성공적인 당뇨병 관리 프로그램에서도 핵심적인 요소 중 하나로 간주되고 있다(Glasgow, Toobert, Barrera, & Stryker, 2004). 예를 들면, Anderson과 동료들(1995)은 당뇨병 관리 프로그램을 평가하기 위한 무작위 통제시험을 수행하였다. 이 개입 프로그램은 당뇨 환자들의 당뇨병 관리능력을 향상시키기 위해 고안된 프로그램이었다. 참여자들에게는 목표설정 훈련, 문제해결훈련 그리고 스트레스 관리 훈련을 실시하였다. 훈련은 매주 1회씩 6주간 진행되었고, 그 결과는 대기자 명단의 통제집단과 비교되었다. 개입 프로그램에 참여한 집단은 통제집단에 비해 8개의 자기-효능감 척도 중 4개에서, 그리고 당뇨병에 대한 태도를 측정하는 척도 5개 중 2개에서 향상을 보였다. 또한 개입집단은 글리케이티드 헤모글로빈(glycated hemoglobin; 당화 혈색소-적혈구와 결합한 포도당) 수준이 유의하게 감소하였다. 프로그램에 참여한 모든 환자의 자료를 집단 내에서 분석한 결과 자기-효능감의 모든 영역에서 지속적인 향상을 보였고, 당뇨병에 대한 태도를 측정하는 척도 5개 중 2개에서 향상을 보인 한편, 혈당량도 다소 개선된 것으로 나타났다.

Glasgow와 동료들(1992)은 2종 당뇨병(Type 2 diabetes: 인슐린의 기능이 떨어져 혈당이 높아지는 당뇨병)을 가진 60세 이상의 성인들을 위한 1회기 자기관리 훈련 프로그램을 개발하였다. 이 프로그램은 참여자들의 문제해결기술과 자기-효능감을 향상시키는 데 초점을 맞추었다. 연구에서는 102명의 참여자를 즉시 훈련조건과 지연 훈련조건에 무선으로 배치시켰다. 치료 후 실시된 1차 검사결과, 훈련받은 환자집단의 칼로리 섭취량과 지방 내 칼로리 백분율이 나중에 훈련받게 될 통제집단에 비해 크게 감소한 것으로 나타났다. 자기관리 프로그램은 환자들의 체중을 감소시키고 환자들이 당뇨검사를 더 자주 받게 하는 효과까지 유발한 것으로 드러났다. 이러한 긍정적인 치료효과는 6개월 후의 추적조사에서도 그대로 유지되고 있었다.

Glasgow와 동료들(2004)은 환자들이 스스로 당뇨병을 관리할 때 겪게 되는 어려움(도전) 극복의 방식을 평가하기 위해 '당뇨문제해결검사' (Diabetes Problen-Solving Inventory: DPSI)를 개발하였다. 이들은 또한 매개(중재) 분석도 실시하였는데, 이 분석의 목적은 문제해결능력이 Mediterranean Lifestyle Program(MLP)이라고 하는 행동변화 프로그램의 성과와 관련되었는지를 결정하는 데 있었다. MLP는 2종 당뇨병을 가진 갱년기 이후의 여성, 즉 관상심장질환의 위험이 높은 여성들을 위해 개발된 프로그램으로 여러 가지 생활양식 및 행동의 변화를 표적으로 설정한 임상 개입법이다. 이 연구에 적용된 MLP 프로그램(Toobert, Glasgow, Barrera, & Bagdade, 2002)은 환자들의 다이어트, 신체적 활동, 스트레스 관리 그리고 사회적 지지를 바꾸어 놓으려 하였다. 연구에 참여한 환자들은 무선 배치법을 통해 통상적 치료를 받는 통제조건에 116명을 배치하고 MLP 프로그램에는 163명을 배치하였다. 이 논의의 관심사인 중재 분석결과 (1) MLP 집단이 통제집단보다 당뇨문제해결검사(DPSI) 점수에서 유의하게 향상되었으며, (2) DPSI 점수로 나타난 문제해결능력의 이러한 향상이 긍정적 성과(예: 자기-효능감의 변화, 칼로리 섭취량의 감소)를 유발하는 매개변인 역할을 수행한 것으로 밝혀졌다.

Katon 등(2004)의 경로 연구에서는 우울증을 지닌 당뇨병 환자들이 겪는 우울증을 줄이기 위해, 앞서 우울증에 관한 논의에서 소개한 IMPACT 프로그램을 적용해 보았다. 환자들은 경로 사례관리 방식을 훈련시킨 실험조건 또는 일반적 치료만 받는 통제조건에 무작위로 배정되었다. 그 결과 우울관련 성과(예: 시간이 지나면서 통제집단의 우울 정도에 비해 실험집단의 우울 정도가 줄어들었음)는 향상되었으나, 우울증상에 나타난 이러한 향상만으로는 당뇨병 자체를 개선시키는 성과(즉, 글리세믹 조절의 향상)를 유발하지는 못한 것으로 밝혀졌다.

요약 및 결론

이 책의 초판과 2판을 발행한 이래, PST는 다양한 환자집단과 신체적 건강 및 정신적 건강과 관련된 여러 가지 문제에 적용되어 왔고, 그 성과에 관한 연구도 양적으로 그리고 질적으로 크게 향상되었다. PST에 참여한 사람들은 병원에 입원한 정신과 환자에서 자신의 전반적 문제해결능력을 향상시키고 싶어 하는 일반인 개인 및 집단에 이르기까지 실로 다채로웠다. 특히, PST의 적용이 크게 증가한 분야는 건강심리학 혹은 행동의학 분야였다. 이 장에서 알 수 있었듯이, PST는 암, 당뇨, 요통, 관절염, 고혈압, 두통, 비만 등 실로 다양한 의료 환자 및 그들의 가족들에게 적용되었다. 또한 치료방식에서도 전통적인 방식(즉, 마주 대하는 개인치료나 집단치료)을 벗어나 인터넷과 전화를 이용한 방식도 성공적으로 적용되었다.

비록 이 개관에서 인용된 모든 연구가 PST의 유효성을 일률적으로 지지하는 것은 아니지만, 그중 대다수의 자료는 PST가 연령, 환자, 문제, 치료장면 그리고 실행 방법에 관계없이 효과적인 임상적 개입법이라고 강력하게 주장한다. 우울을 치료하는 데서는 PST가 약물치료법만큼이나 효과적이라는 결과도 확보되었고(Mynors-Wallis et al., 1995), 다양한 문제에 대한 치료효과는 다른 심리사회적 치료법의 효과와 동등하거나 우수한 것으로 밝혀졌으며(예: Arean et al., 1993; Alexopoulos et al., 2003; Lerner & Clum, 1990; A. M. Nezu, 1986c), 위약보다 더 효과적인 것으로 밝혀졌다(인용된 방대한 연구들).

이들 연구의 결과는 일반적으로 PST의 효과에 대한 강한 지지를 제공하고 있다. 그러나 PST 유효성의 본질과 범위를 보다 확실하게 이해하기 위해서는 더욱 엄격하게 통제된 연구가 필요하고, 미래의 연구자들에게 잘 통제된 연구를 수행할 수 있게 해야 한다. 그러기 위해서는 지금까지 확인된 여러 가지 방법론적 한계를 분명하게 밝힐 필요가 있다.

이 장에서 소개된 일부 연구에서 발견되는 한 가지 문제는 PST가 큰 치료 프로그램의 한 가지 전략으로 포함되어 여러 다른 전략들과 함께 적용된 경우가 잦았다는 점이다. 그러한 연구들은 PST의 효과만을 밝히려는 목적으로 수행된 것이 아니었기 때문에 이들 연구에서 PST의 구체적인 효과를 분리해 내기는 어렵다. 따라서 전체적인 치료 프로그램이 효과적이라고 밝혀진 후에는, 그 긍정적 성과에 어느 전략이 어느 정도 기여했는지를 결정하기 위한 분리 연구(Nezu & Perri, 1989 참조) 또는 매개성 요소 분석을 수행해야 한다(예: García-Vera et al., 1998; Glasgow et al., 2004).

두 번째 문제는 적절한 통제조건이 결핍된 경우가 잦았다는 점이다. 통제조건은 내적 타당도를 위협하는 다양한 여타 변인의 효과를 최소화하기 위한 무선배치 설계에서는 반드시 설정되어야 하는 필수적인 조건이다(A. M. Nezu & Nezu, 인쇄 중, a). 여타 변인이 행동

변화에 미치는 효과를 통제하는 한 가지 방법은 대기자 집단 또는 지연 처치 집단을 통제집단으로 활용하는 것이다. 이 방법은 시간이 지남에 따라 변화가 많은 우울증이나 불안 같은 장애를 다루는 연구에서는 특히 중요하다. 이와 관련된 다른 문제는 치료효과가, 예컨대 기대, 동기 또는 치료자와의 접촉과 같은, 처치와는 무관한 요인들의 효과일 가능성을 배제할 수 있는 통제조건이 없다는 점이다. 이러한 문제를 해결할 수 있는 가장 적절한 통제조건은 단순한 주의-위약 조건이 아니라, 표준적 치료법 또는 다른 유형의 치료법을 적용하여 PST와 직접 비교하는 방법일 것이다.

이 장에서 파악된 방법론적 문제 중 세 번째 문제는 일부 연구에서는 사회적 문제해결능력을 측정하지 못했다는 점이다. 그러한 측정치 없이는 훈련 프로그램이 문제해결능력을 향상시키려는 주된 목적을 실제로 달성했는지를 결정할 수가 없다. 왜냐하면 측정된 성과가 프로그램보다는 다른 요인(예: 기대)의 효과일 수도 있기 때문이다. 따라서 문제해결능력의 향상이 바랐던 변화(예: 우울, 불안, 광장공포증의 감소)와 관련된 것인지를 결정하기 위한 과정-중심 분석을 수행하는 것도 매우 중요하다. 만약 주요 우울증에 대한 PST 효과를 평가하는 연구에서 PST에 참가한 사람들의 문제해결기술이 향상되지 않았다면, 비록 이 집단의 우울증은 크게 감소되었다 할지라도 이 증상의 호전이 PST 때문에 야기된 것이라는 일반적 결론은 지지되지 않는다(A. M. Nezu, 1986c의 설계 참조). 본질적으로 PST는 임상 개입의 주된 효과가 PST를 통한 문제해결능력의 향상을 바탕으로 야기된다고 가정한다. 때문에 비록 적절한 통제조건을 갖추었다고 하더라도, 이러한 과정-중심 평가가 없으면, PST 집단과 통제집단 간 차이가 정말 문제해결능력의 향상 때문에 유발된 차이인지를 판단할 수가 없게 되고, 결국에는 PST가 효과적인 프로그램이었다는 주장을 펼칠 수 없게 된다. 그러므로 앞으로의 연구에서는 문제해결능력에 대한 측정을 반드시 포함시켜야 할 것이다.

또 다른 문제는 일부 연구에서는 적응, 정신병리 또는 부적응 행동에 대한 측정은 하지 않고 단지 문제해결 성과만을 측정했다는 점이다. 이러한 측정치를 포함시키지 않는 것 때문에 이들 연구결과의 임상적 적절성이 크게 줄어들고 말았다.

또한 이들 중 많은 연구들은 주어진 연구에서 실제로 실시된 문제해결훈련에 관한 상세한 사항을 설명하지 않았다. 일부 연구자들은 이 책에서 기술된 일반적 모형을 따랐다고 지적하였다(예: D'Zurilla & Goldfried, 1971; D'Zurilla & Nezu, 1982, 1999; A. M. Nezu et al., 1989). 다른 연구자들은 PST를 실시했다고만 언급했을 뿐 PST를 구체적으로 어떻게 실시했는지에 대한 설명도 없고, 지침서 또는 사용설명서(매뉴얼)에 따라서 실행했다는 지적도 하지 않았다. 치료를 시행할 때는 반드시 지침서를 따라야만 한다. 예를 들어, A. M. Nezu와 Perri(1989)의 연구에서 지적했듯이 문제수용태도에 대한 훈련 없이는 PST 전체 모형을 따른 훈련의 효과를 기대할 수 없다. 그런데도 일부 연구, 특히 PST의 효과를 의심하는 연구들을 주의 깊게 살펴보면, 문제수용태도에 대한 적합한 훈련을 제공하지 않았음을 알 수 있다(일차 진료에서 경미한 우울증 치료에 이용된 PST에 대한 논의를 보라.).

심리치료에 관한 대다수 연구의 일반적 특징이라고 할 수 있는 또 다른 문제는 PST 치료에 대한 질적인 통제가 부족했다는 점이다. PST 치료자들 간 차이 및 PST에 참여한 환자들 간 차이가 검토되지 않았다는 뜻이다(A. M. Nezu, & Nezu, 인쇄 중 참조). 심리사회적 개입법은 정신약리적 치료와는 달리, 실제로 개입이 정확하게 시행되었다는 확신을 하기가 어렵다. 다시 말해서, 약물이 투입되고 되지 않고를 감시하는 일(예: 구조화된 절차에 따라 투여된 약의 수를 세기)은 상대적으로 용이하다. 그러나 심리치료의 성과를 검토한 일부 연구에서는 실시되어야만 했던 것(예: PST)이 실제로 정확하게 실시되었는지를 점검하는 연구자가 거의 없다. 상세한 치료 지침서(매뉴얼)가 있으면 치료자가 준수해야 할 것이 무엇인지가 분명해진다. 하지만 처치실행에 대한 구체적인 평가가 이루어지지 않는 한, 특정 치료자의 치료절차가 연구자가 의도한 치료절차에 따라 진행되었는지는 여전히 명확하지 않을 것이다.

이와 관련된 문제로 치료자 능력도 문제가 된다(A. M. Nezu & Nezu, 2005). 비록 치료자가 주어진 개입 절차를 정확하게 따랐다고 하더라도, 치료자의 능력이나 기술에서 나는 차이(또는 같은 치료자라도 그가 맡은 환자의 차이에 따라)에 따라 치료의 효과는 달라질 수 있다. 이런 평가를 하지 않고는 어떤 연구도 치료효과의 유무에 대한 확고한 결론을 내릴 수가 없다.

그리고 일부 연구는 추적 평가에 대한 언급이 전혀 없다. 추적조사가 없으면, 처치효과의 지속성 및 일반화에 대한 의문이 해소되지 않는다. 또한 성과를 측정할 때 이용된 평가절차를 포괄적으로 보고하여 독자가 이해할 수 있도록 하는 일도 중요하다. 앞에 소개한 성인 암 환자를 대상으로 수행한 A. M. Nezu와 동료들(2003)의 연구에서는 PST에 중요한 타인(significant others)을 같이 참여시킨 것이 나중(즉, 6개월 후)에 측정한 성과 측정치에서 환자들에게 상당한 도움이 되었던 것으로 나타났다. 그러나 이러한 차이가 모든 성과 측정치에서 기록된 것은 아니며 일부 측정에서만 기록되었다. 이러한 일련의 결과를 고려할 때, 독자가 연구성과에 대한 전체 그림을 정확하게 그릴 수 있도록 하기 위해서는 포괄적인 평가절차가 반드시 보고되어야 한다.

위의 방법론적 문제들로 인한 제한점 외에도 몇몇 표적 집단에 대해서는 확고한 결론을 내릴 수가 없는 실정이다. 왜냐하면 이들 집단(예: 관절염, 두부 손상 환자)을 표본으로 설정한 성과연구의 수가 아직까지는 한정적이기 때문이다. 때문에 이들 집단에 대한 PST의 효과에 관하여 확실한 결론을 내릴 수 있기 위해서는 이들 연구결과가 반복 관찰되어야 한다.

여러 연구에서 발견된 이러한 방법론적 문제와 제한점에도 불구하고 지난 10년 동안에는 잘 통제된 많은 연구가 수행되었고, 대개는 다양한 정신건강 문제, 물질 남용 문제 그리고 일반 건강 문제를 다스리는 임상적 개입전략으로서 PST의 유효성을 인정하고 있다. 이들 증거는 PST가 즉각적인 처치효과뿐만 아니라 처치효과의 유지에도 기여한다고 말하고 있다. 그리고 여러 연구결과를 보면, 이러한 형태의 심리사회적 개입이 정신건강뿐만 아니라 일반적 건강에도 영향을 미친다는 것을 분명하게 알게 된다.

제 11 장

결론 및 미래의 연구방향

이 책에서 PST는 스트레스 및 정신병리를 예방하거나 감소시키는 임상 개입법으로 소개되었다. PST의 긍정적 효과는 여러 가지 문제상황에 대한 사람들의 대처능력을 높이고 심리적 평강을 증진시킬 뿐 아니라 문제를 대하는 태도를 긍정적으로 바꾸어 주며 문제해결능력을 향상시키는 데서 발생한다. PST를 지지하는 경험적 증거는 (1) 사회적 문제해결과 적응 간의 관계를 검토한 연구(6장과 7장 참조)와, (2) 다양한 임상적 치료를 요하는 사람들과 취약한 사람들을 대상으로 실시된 PST의 효능에 관한 연구(10장 참조)에서 확보되었다. 이 두 분야에서 수행된 연구가 엄청나게 많음에도 불구하고, PST의 이론과 효능 그리고 범위에 관한 확고한 기반을 다지기 위해서는 미래의 연구에서 고려되어야 할 문제가 아직도 많다.

사회적 문제해결능력과 적응

이 절에서는 사회적 문제해결능력과 적응능력 간의 관계에 관한 미래의 연구에서 거론되어야 할 주요 사항을 소개하기로 한다.

사회적 문제해결능력과 긍정적 기능

사회적 문제해결능력과 적응 간의 관계를 다룬 대부분의 연구는 비적응적 기능(예: 심리적 고통, 비행행동)을 강조했었다. PST 이론에 따르면, 문제해결능력이 향상되면 긍정적 기능이 향상되기 때문에 정신병리가 줄어들거나 예방되어야 한다. 따라서 이 이론의 타당성을 확보하기 위해서는 사회적 문제해결능력과 다양한 긍정적 행동 측정치 및 심리 측정치(예: 적응성 대처능력, 대인관계의 자신감, 직장의 생산성, 긍정적 정서, 희망, 낙관, 자기-존중, 삶의 만족감, 숙달 및 통제력) 사이의 정적 관계가 존재한다는 경험적 증거가 수집되어야 한다. 더욱이 사회적 문제해결능력이 긍정심리학(positive psychology; Seligman, 1999; Seligman & Csikszentmihalyi, 2000)에서 중요한 역할을 수행한다는 사실을 입증하기 위해서는 개인적 삶은 물론 사회적 삶의 질을 극대화시키는 일에도 사회적 문제해결능력이 깊숙이 관여하고 있음을 밝혀야 한다. 이들 연구는 사업이나 산업 장면, 의료장면, 공공 업무, 스포츠, 결혼 및 가족 등 삶의 다양한 장면에서 발견되는 창의성과 독창성 그리고 특출한 수행 및 성취에 그 초점을 맞추어야 할 것이다.

합리적 문제해결능력과 부정적 정서

일반적으로 합리적 문제해결능력(즉, 효과적인 문제해결기능)은 심리적 변인보다는 행동적 변인과 더 강하고 일관되게 관련된 것으로 밝혀졌다. 특히 합리적 문제해결능력과 우울이나 불안 같은 부정적 정서 상태와의 관계에 관한 연구는 일관성 있는 결과를 내놓지 못하였다. 소수의 경우를 제외하고는 SPSI-R 같은 자기-보고식 질문법을 이용한 연구 중에는 합리적 문제해결능력과 부정적 정서 상태 간에 유의한 상관관계를 보고한 연구가 없다. 이에 반해, MEPS와 그 밖의 수행-기반 측정치에서는 일부 문제해결능력(예: 대안생성능력, 의사결정능력)의 결함, 그리고 부정적 정서 상태와의 유의한 상관관계가 한결같이 발견되었다. 이러한 문제에 대한 통찰력을 확보하고 비일관성을 해결하기 위해, 미래의 연구에서는 문제해결능력을 평가하는 두 가지 측정치 모두가 하나의 연구에서 활용되어야 할 것이다.

양방형 인과 가설

사회적 문제해결이론의 주요 가정 중 하나는 '문제해결능력의 결함이 정신병리의 원인으로 작용한다.'로 진술된다. 그러나 사회적 문제해결능력과 정신병리 간의 관계를 검토한 대부분의 연구는 횡단적 연구였다. 따라서 이들 연구의 결과는 사회적 문제해결이론의 가정과는 반대로, 정신병리가 사회적 문제해결능력 및 수행에 부정적 영향을 미쳤다고 해석될 수도 있다(Mitchell & Madigan, 1984; Schotte et al., 1990). 또한 세 번째 가설도 가능하다. 사실 우리는 이 세 번째 가설을 지지하는 편인데, 이 가설은 사회적 문제해결능력과 정신병리는 양방형 인과관계에 있다는 신념이다. 따라서 이 가설에 따르면, 문제해결이 효과적이지 못하면 비적응적 상태(예: 우울증, 불안증)에 들게 되고, 이런 상태는 다시 뒤따르는 문제를 해결하기 어렵게 만들기 때문에, 결국은 비효과적 문제해결과 사회적 부적응 및 심리적 혼란은 악순환을 거듭하게 된다. 이 양방형 인과 모형(가설)은 사회적 문제해결능력과 긍정적 적응 간의 관계에도 적용될 수 있다. 즉, 효과적인 문제해결은 긍정적 기능(예: 긍정적 정서 상태, 완숙감과 통제력)을 제고하고, 이 긍정적 상태는 다시 뒤따르는 문제의 해결을 용이하게 한다는 뜻이다. 이처럼 효과적인 문제해결과 긍정적인 상태 간의 호순환이 반복되면, 결국에는 최상 또는 최적의 상태 및 평강을 향유하게 될 것이다. 이 양방형 인과 가설은 정신병리 이론 및 치료에 중요한 함의를 제공한다. 이 가설은 긍정심리학의 이론, 그리고 심리적 행동적으로 최적의 기능을 수행하도록 고안된 개입법에도 중요한 함의를 제공한다. 이 가설을 검증하기 위해 문제해결능력 및 적응변인을 반복해서 측정하여 분석하는 종단적 연구가 필요할 것이다.

기본적 인지능력

우리는 2장에서 사회적 문제해결능력을 일군의 능력(또는 기능)으로 기술하였고, 이들 능력을 다음 세 가지 수준으로 분류하였다.

(1) 초인지 수준(즉, 문제를 대하는 태도), (2) 수행 수준(즉, 문제해결 방식), (3) 기본적 인지 수준(즉, 지적인 정보처리능력). 이 책에서 소개된 사회적 문제해결 모형에서는 기본적 인지 수준의 능력에 대한 언급을 별로 하지 않았다. 임상장면의 사람이든 정상적인 사람이든, 대부분의 사람들은 이러한 기본적 인지능력을 이미 겸비하고 있기 때문에, 극소수를 제외한 모든 사람들이 초인지 수준 및 수행 수준을 강조한 훈련 프로그램을 충분히 소화해 낼 수 있을 것으로 믿었기 때문이다. 따라서 현존하는 문제해결훈련 프로그램은 거의가 초인지 수준과 수행 수준에 초점을 맞추고 있다. 그러나 정신발달 지체자, 뇌-손상 환자, 정신분열증 환자, 어린아이 등 기본적 인지기능이 제대로 발달하지 못했거나 그런 기능에 결함이 있는 사람들도 많다. 따라서 미래에는 이런 사람들을 연구에 참여시켜, (1) 문제해결을 저해하는 기본 인지기능을 확인하고, (2) 그런 결함을 보충하는 효과를 가진 훈련 방법을 확인하는 연구가 필요하다(이와 관련해서 정신분열증 환자를 중심으로 한 논의를 찾고 싶으면, Morris, Bellack, & Tenhula, 2004 참조; 그리고 어린아이를 중심으로 한 논의를 찾고 싶으면, Frauenknecht & Black, 2004 참조). 그러나 10장에서 소개한 것처럼, 그 실시 방법을 크게 바꾸면 PST도 정신발달 지체자를 위한 효과적인 개입법이 될 수 있는 것으로 밝혀졌다(예: C. M. Nezu et al., 1991).

문화적 차이 및 인종의 차이

사회적 문제해결능력, 그리고 이 능력과 적응력 간의 관계에서 발견될 수도 있는 문화인종적 차이에 대한 연구는 거의 수행되지 않았다. 두 편의 연구에서 아시아계 미국인들은 미국 백인들에 비해 문제를 대하는 태도가 부정적이며(Chang, 1998), 문제해결방식이 충동적(Chang, 1998, 2001)이라는 점을 발견하였다. 그러나 아시아계 미국인들의 역기능적 문제해결점수가 높다고 해서 그들의 적응능력이 더 낮은 것은 아니었다. 이러한 결과는 문제해결능력 결함이 적응에 미치는 악영향은 인종 집단에 따라 다를 수 있다는 의미를 갖는다. 따라서 미래에는 문화와 인종이 다양한 집단을 상대로 사회적 문제해결능력과 적응 간의 관계가 검토될 필요가 있다.

문제해결훈련/치료

이 절에서는 PST의 과정 및 효능에 관한 미래의 연구에서 고려해야 할 점을 다룬다(성과증진 방법에 관해 10장의 말미에 제공된 내용도 참고하기 바란다.).

청소년과 그들의 부모

청소년은 문제해결능력이 낮을수록 우울증 및 자살충동(Sadowski & Kelley, 1993; Sadowski et al., 1994), 공격성 및 비행(Freedman et al., 1978; Jaffee & D'Zurilla, 2003; Lochman, Wayland, & White, 1993), 약물(담배, 알코올, 마리화나) 사용 및 위험한 자동차 운전(Jaffee & D'Zurilla, 2003, 2006) 등 심각한 심리적 및 행동적 문제를

더 많이 겪는 것으로 밝혀졌다. 따라서 미래에는 청소년과 그들의 부모를 위한 PST 프로그램에 관한 연구가 더욱 필요할 것이다. 부모를 위한 프로그램의 초점은 청소년들의 문제행동을 보다 효과적으로 다루는 데 필요한 문제해결능력뿐 아니라 부모교육에 집중시키고, 부모들의 자녀 교육능력을 향상시켜 자녀들이 청소년이 되기 전에 문제해결에 대한 건설적 태도 및 기능을 갖추도록 해야 할 것이다.

심장혈관 질환을 가진 사람들

최근에는 문제해결 치료법이 환자와 보호자들에게 그들이 겪는 어려움에 성공적으로 대처할 수 있게 하는 새로운 개입법으로 활용되고 있다(10장 참조). Ewart(1990)에 따르면, 선진국의 경우 예전에는 전염병이 사망의 주요 원인이었으나 이제는 심장혈관 질환이나 암이 주요 사망 원인으로 지목되고 있다. 암 환자와 그 보호자들을 위한 PST 프로그램은 성공적으로 개발되었으나(예: A. M. Nezu et al., 2003), 심장병 환자를 위한 PST 프로그램은 아직 개발되지 않았다. 암의 경우와 마찬가지로, 심장혈관 질환과 심장마비 또는 뇌졸중에서 회복할 때는 행동, 생활방식 그리고 적응방식에서 여러 가지 어려운 변화(예: 직업의 변화, 식습관 변화, 투약 행동, 체력단련 시간 마련, 삶에서 스트레스 줄이기 등)를 경험하게 된다. PST는 심장병 환자들이 그들이 겪는 이러한 행동 및 생활방식의 변화에 좀 더 효과적으로 대처할 수 있도록 돕고, 나아가 그들의 신체적 및 심리적 평강을 향상시키는 개입법이 될 수 있을 것이다(A. M. Nezu, Nezu, & Jain, 2005). A. M. Nezu와 동료들은 그러한 목적을 가진 PST 프로그램을 개발하여 평가하고 있다.

예방적 개입

의료 전문가들은 암이나 심장질환 등 치명적 질환을 예방하려면, 행동 및 생활방식을 크게 바꾸어야 한다고 주장한다. 그들이 권장하는 변화에는 스트레스 감소 및 효과적인 관리, 식습관 개선, 체중 감량, 금연, 음주 조절, 운동시간 증가 등이 포함된다. 사실 이러한 권고는 주치의, TV 광고, 신문, 잡지 등을 통해 일반 대중에게 반복적으로 전달되고 있다. 그러나 위험성이 높은 사람들 중 많은 사람들은 여러 가지 생활방식의 문제 때문에 이러한 권고를 받아들이지 못하는 실정이다. 그러므로 PST를 예방적 개입법으로 사용하여 이 사람들이 겪는 이러한 문제를 효과적으로 해결할 수 있도록 하고 그들의 생활방식을 건전하게 바꿀 수 있도록 돕는 연구가 필요하다고 하겠다. 10장에서 지적했듯이, 당뇨병 환자들을 위한 자기-관리에 관한 연구는 이미 진행되고 있는 중이다.

일터에서의 스트레스 감소 및 예방

노인들을 제외하고 대부분의 성인들은 하루의 깨어 있는 시간 중 절반 이상을 일터에서 보낸다. 때문에 일터에서 생기는 알력과 문제는 성인들의 주된 스트레스 원으로 작용하고, 그 결과 결근, 생산성 저하, 피로, 병가, 이직률 증가, 심리적 혼란, 건강문제 등 부정적 부작용이 나타난다. 일터에서 생기는 이러한 스트레스 및 그에 따른 부정적 부작용을 예방하고 줄이는 효과적인 전략으로 PST가 이용될 수 있을 것이다(D'Zurilla 1990 참조). 그러나 관리자와 감독자 및 기타 피고용인을 위한 PST 워크숍의 효과를 평가한 연구는 아직 없다. 만약 이러한 워크숍이 효과적인 것으로 밝혀지면, 피고용자는 물론 사업자, 중견간부, 사회 일반에게까지 심리적 이득과 건강 및 경제적 이득을 가져다줄 것이다.

PST 성과의 매개변인 및 조절변인

사회적 문제해결이론은 PST의 성과가 사회적 문제해결능력에 따라 좌우된다고 가정한다. 즉, PST는 사회적 문제해결능력을 향상시키고, 향상된 문제해결능력 덕분에 좀 더 긍정적인 치료효과가 산출된다는 뜻이다. 치료의 성과를 검토한 많은 연구에서 사회적 문제해결능력의 향상, 예컨대 정신적 스트레스(D'Zurilla & Maschka, 1988), 우울증(A. M. Nezu, 1987; A. M. Nezu & Perri, 1989), 암 관련 고통(A. M. Nezu et al., 2003) 등의 부정적 심리상태의 긍정적 변화 사이에 유의한 상관관계가 발견되었다는 사실은 이 가정을 지지하는 증거라 할 것이다. 그러나 PST 개입법을 이용하였을 때, 문제해결능력의 어떤 측면이 어떤 환자의 어떤 적응문제에서 긍정적인 성과를 초래하는지에 대한 더 많은 구체적 연구가 필요한 형편이다. 사회적 문제해결과 적응에 관한 연구결과를 종합해 봤을 때, 문제를 대하는 (긍정적/부정적) 태도와 회피형 스타일은 부정적 심리상태를 개선시키기 위한 치료 프로그램에 중요한 매개변인이 될 것으로 사료된다. 이에 반해, 합리적 문제해결능력과 충동적 스타일은 행동을 개선시키려는 프로그램에 중요한 매개변인이 될 것으로 판단된다.

사회적 문제해결능력 이외에도 PST의 성과에 영향을 미칠 매개변인으로 긍정적 정서, 낙관, 희망, 자기-효능감, 자긍심, 완숙 및 통제감 등을 꼽을 수 있다. 매개변인(mediator)은 문제해결훈련의 영향을 받아 치료성과에 영향을 미치는 변인인 데 반해, 조절변인(moderator)은 치료법과의 상호작용을 통해 치료성과를 바꾸어 놓는 변인을 일컫는다. 나이, 성, 인종, 지능, 교육 수준, 그리고 성격 특질 등은 이러한 조절변인으로 분류된다. 특정 치료법에서 최대의 또는 최소의 효과를 경험할 사람이 어떤 사람인지를 결정하기 위해서는 조절변인을 확정하기 위한 연구가 특히 중요하다.

PST 실행의 새로운 방법

성과를 검토한 연구에서 PST가 실시되는 전통적 방식은 1~1.5시간 지속되는 개별 회기법이나 집단 회기법이었다. 그러나 전화나 컴퓨터를 이용한 개입이 성공한 사례도 더러 있다(10장 참조). 또 다른 개입법으로 자습서나 비디오테이프 또는 DVD를 생각해 볼 수 있다. PST를 보다 접근 용이하고, 보다 효율적이며, 보다 경제적이게 만들 수 있는 통신기술의 발달을 최대한 활용하기 위해서는 이러한 대안적 실행방식의 효과를 검증한 연구가 더 많이 수행되어야 한다. 이들 새로운 방식 중 일부는 간호사 등의 준전문가가 실시하고 감시할 가능성이 높기 때문에, 이들 준전문가를 위한 훈련 프로그램의 개발 및 평가도 미래 연구의 주제가 될 것이다.

맺는말

이 책의 2판(D'Zurilla & Nezu, 1999)이 발행된 이후 사회적 문제해결과 PST에 관한 연구는 급속도로 증가하고 있다. 일반적으로 PST의 이론과 실제는 강력한 지지를 받고 있는 셈이다. 여러 가지 상이한 방법을 이용한 연구결과를 종합하면, 문제해결능력이 양호한 사람들의 행동적 및 심리적 기능은 긍정적인 데 반해, 문제해결능력이 저조한 사람들은 심리적 고통, 행동의 일탈, 건강문제 등 비적응성 기능을 겪고 있는 것으로 드러났다. 그리고 PST가 여러 가지 유형의 심리적 장애, 행동적 장애 그리고 의학적 질환으로 고생하는 사람들을 비롯하여 다양한 임상치료를 요하는 사람들을 위한 유용하고 효과적인 개입법이라는 것이 입증되고 있다. 또한 PST가 여러 가지로 취약한 사람들, 예컨대 스트레스를 많이 받는 사람들, HIV에 감염될 위험이 높은 사람들을 위한 효과적인 예방성 개입법이라는 증거도 확보되었다. 지금까지의 연구는 일반적으로 PST의 이론과 실제를 지지하고 있지만, 이 장에서 제시한 충고를 종합하면, 사회적 문제해결이론에 담긴 진정한 잠재력을 실현시키기 위해서는 아직도 더 많은 연구가 수행되어야 할 것이다.

부록 A

문제해결을 위한 자기-감시(PSSM) 양식

이 름: ______________________________

나 이: __________ 성 별: __________

날 짜: ______________________________

지시문

이 양식은 여러분 자신의 삶에서 최근에 일어난 중요한 문제 하나와 그 문제를 어떻게 해결하려 했는지에 관한 정보를 기록하기 위한 것입니다. '문제' 란 여러분 자신이나 여러분에게 중요한 다른 사람들에게 바람직하지 않은 또는 달갑지 않은 '어떤 일(사건) 또는 상황' 이 발생했는데, 여러분은 지금 그 일(상황)을 어떻게 처리해야 할지를 모르고 있고, 또 그 때문에 유발되는 정신적 고통을 줄이거나 통제하거나 참아 내야 할 방법도 모르고 있는 상태를 일컫는 말입니다. 어떤 문제가 '중요하다' 는 것은 그 문제가 어떤 형태로든 여러분의 행복(신체적, 사회적, 심리적, 경제적인 면에서)에 영향을 미칠 가능성이 크다는 뜻입니다. 문제는 '시간이 한정된 하나의 사건' (예:

밤에 낯선 도시에서 차 안에 열쇠를 두고 차문을 잠그는 일)일 수도 있고, '일련의 유사한 또는 관련된 사건' (예: 친구가 시간이 많이 걸리는 일을 자주 부탁하는 일)일 수도 있으며, '만성적으로 지속되는 상황' (예: 업무가 따분하고 진취적이지 못함)일 수도 있습니다. 중요한 문제를 하나 찾아냈으면, 아래에서 요구하는 정보를 기록하시기 바랍니다. 정보를 기록할 때는 '명확하고 구체적인 용어' 를 사용해야 합니다. 주어진 공간이 충분하지 못하면, 뒷면을 이용해도 좋습니다. 그러나 그때는 어느 질문에 대한 대답인지를 분명하게 명시해 주시기 바랍니다.

A. 문제

문제 또는 문제상황에 대한 다음 질문에 답하세요. 사실을 기술할 때는 가능한 한 구체적으로 기록하셔야 합니다.

1. 문제는 언제, 어디에서 발생했습니까?

---

2. 문제에 관련된 사람은 누구입니까?

---

3. 어떤 일이 일어났습니까?

---

4. 여러분이 생각했던 문제해결 목표는 무엇이었습니까?(그 상황이 어떻게 바뀌기를 바랐습니까? 또는 그 상황에 대한 여러분의 반응

이 어떻게 바뀌기를 바랐습니까?)

---

5. 문제가 얼마나 오래 지속되었습니까?(지속 기간을 기재할 것)

그 문제에 대한 다음 질문에 답하세요. 그 상황에 대한 당신의 견해를 가장 잘 나타낸 것에 ○표 하시면 됩니다.

1. 그 문제의 주된 원인은?
   a. 주변 환경(다른 사람들의 행동을 포함하여)에 있는 장애 또는 결함이었다.
   b. 내 자신에게 있는 결함 또는 장애였다.
   c. 주변 환경과 나 자신과의 조합에서 생겨난 장애 또는 결함이었다.

2. 그 문제는 나의 행복(신체적, 사회적, 심리적, 경제적인 안녕)에 ______________ 문제였다.
   a. 조금 중요한
   b. 상당히 중요한
   c. 매우 중요한

3. 그 문제가 나에게 위협적인 정도(손해를 입힐 잠재력의 크기)는?
   a. 전혀 없었다.
   b. 조금 있었다.
   c. 상당히 컸다.

d. 매우 컸다.

4. 내가 그 문제를 도전으로(그 문제를 이용해 득을 얻을 수 있는 기회로) 간주한 정도는?

a. 전혀 없다.

b. 다소 있다.

c. 상당히 컸다.

d. 매우 컸다.

5. 그 문제를 해결하려는 노력을 하기 전에, 나는 그 문제상황이 ______________ 생각했다.

a. 전혀 바뀌지 않을 것이라고

b. 어느 정도는 바뀔 것이라고

c. 상당히 바뀔 것이라고

d. 아주 많이 바뀔 것이라고

6. 그 문제를 해결하려는 노력을 하기 전에, 나는 내 능력으로 그 상황을 개선시킬 ______________.

a. 자신이 전혀 없었다.

b. 자신이 조금은 있었다.

c. 자신이 상당히 있었다.

d. 자신이 충분했다.

7. 그 문제를 해결하려는 노력을 하기 전에, 나는 문제를 해결하는 데 ______________________ 생각했다.
   a. 전혀 시간과 노력을 들이지 않겠다고
   b. 약간의 시간과 노력을 투자하겠다고
   c. 많은 시간과 노력을 투자하겠다고
   d. 매우 많은 시간과 노력을 투자하겠다고

B. 정서

아래 좌측의 빈칸에다 이 문제 때문에 경험했던 느낌이나 감정 모두를 적어 보세요(예: 불안, 희망, 분노, 행복감, 우울, 열정, 죄의식 등).

____

____

____

____

____

……

위에 적은 각각의 느낌이나 감정에 대해 그 강도나 정도를 아래 척도의 수치에 맞추어 평정해 주세요.

1	2	3	4	5	6	7	8	9
	낮음			중간			높음	

C. 해결책

아래 빈칸에다 그 문제를 해결하기 위해 실행했던 당신의 '해결책' 을 기술하세요. 문제상황이 시작되고 나서 끝날 때까지(문제가 여전히 계속되고 있다면 현재까지)의 과정에서 그 상황, 그리고/또는 당신의 감정/기분을 바꾸기 위해 당신이 생각했던 것, 말했던 것, 그리고 행동으로 행했던 것을 모두 적으시면 됩니다. 생각이나 말 또는 행동을 기록할 때는 가능한 한 구체적으로 적으세요. 문제를 해결하려는 시도를 하지 않았다면, '없음' 이라고 쓰세요.

____

____

D. 성과

위에서 기술했던 해결책의 실행 결과로 나타난 긍정적인 성과와 부정적인 성과를 생각해 보세요. 그리고는 아래의 각 질문에서 그 성과에 대한 당신의 평가를 가장 잘 표현한 것을 골라 ○표 하세요.

a. '상황' 이 개선된 정도는?

1. 대단히 많이 개선되었다.
2. 많이 개선되었다.
3. 약간 개선되었다.
4. 변한 게 없다.
5. 약간 악화되었다.

6. 많이 악화되었다.
7. 대단히 많이 악화되었다.

b. 당신의 '기분 또는 감정' 이 나아진 정도는?

1. 대단히 많이 개선되었다.
2. 많이 개선되었다.
3. 약간 개선되었다.
4. 변한 게 없다.
5. 약간 악화되었다.
6. 많이 악화되었다.
7. 대단히 많이 악화되었다.

c. 해결책 실행의 '전반적 성과' 에 대해 얼마나 만족합니까?

9

8 대단히 만족

7

–

6

5 보통으로 만족

4

–

3

2 불만족

1

부록 B

PSSM 채점 양식

1. 문제유형

문제의 기본 특징을 나타내는 모든 항목에 ○표 하세요.

1. 업무문제(본인의 직장, 직업, 학업 활동 등)
2. 집안문제(가정 또는 현 거주지에서 가족, 룸메이트, 연인 등 함께 사는 사람들의 문제)
3. 대인관계 문제(다른 사람과의 관계에서 생긴 분쟁, 갈등, 걱정/고민, 어려움 등)
4. 개인적 문제(주로 자신의 생각, 느낌, 행동 또는 주변의 비사회적 측면에서 발생한 걱정이나 고민. 사회적 측면이 있더라도 그 측면은 부수적인 요인에 불과함)
5. 지역사회 문제(행정정책, 민원봉사, 사업체, 전문적인 봉사, 안전 및 보장 등 사회/공동체가 개입된 어려움이나 고민 또는 걱정)
6. 건강문제(본인의 신체적 건강과 행복과 관련된 걱정이나 고민)
7. 물리적 문제(자신의 집, 차, 의복, 돈, 날씨 등 물리적 환경과 관련된 고민/걱정거리)

2. 문제수용태도

다음 변수에 대한 피검자의 평가를 기록하세요.

A. 원인 귀인(문제의 주요 원인)

1. 환경
2. 개인(자기 자신)
3. 대인관계

B. 중요도(전반적인 행복 측면에서의 중요성)

1. 약간 중요
2. 상당히 중요(보통)
3. 매우 중요

C. 위협의 정도

1. 전혀 위협적이지 않다.
2. 약간 위협적이다.
3. 상당히 위협적이다.
4. 매우 위협이 된다.

D. 도전성의 정도

1. 전혀 도전성이 없다.
2. 약간 도전성이 있다.
3. 상당히 도전성이 있다.
4. 매우 도전성이 크다.

E. 문제가 성공적으로 해결될 것이라는 기대

1. 전혀 없다.
2. 약간 있다.
3. 상당히 크다.
4. 매우 크다.

F. 문제를 해결할 수 있다는 자신감(해결에 대한 자기-효능감)

1. 전혀 없다.
2. 약간 있다.
3. 상당히 크다.
4. 매우 크다.

G. 의지의 강도(문제를 해결하기 위해 시간과 노력을 투자하겠다는 의지)

1. 시간과 노력을 전혀 투자하지 않겠다.
2. 약간의 시간과 노력을 투자하겠다.
3. 많은 시간과 노력을 투자하겠다.
4. 매우 많은 시간과 노력을 투자하겠다.

3. 정서

A. 정서를 나타내는 다음 용어 중에서 하나 이상을 골라 ○표 하세요.

1. 불안/두려움

2. 분노/혐오감
3. 슬픔/우울
4. 죄의식/후회
5. 마음고통/거부
6. 희망/열정
7. 기타 정서 ______________________________

B. 피검자가 보고한 정서적 고통의 정도를 기록하세요.

낮음			중간			높음		
1	2	3	4	5	6	7	8	9

4. 해결책의 기능

피검자가 사용한 해결책이 수행한 기능/역할을 다음 중에서 하나 이상 골라 ○표 하세요.

1. 문제-중심 대처(문제상황을 개선시키기 위한 인지적/도구적 행동을 실행한다. 정보수집, 계획하기, 동기에 대한 자기-진술을 적기, 도구적 행동 등)
2. 부인(문제상황과 관련된 생각과 느낌을 억누르거나 금한다. 문제와 관련된 모든 것을 잊으려고 노력하거나 그것이 문제라는 것을 부정한다.)
3. 책임감 수용(남을 탓하기보다는 문제에 대한 책임의식을 가짐으로써 외부로 향한 분노나 고통을 감소시킨다.)

4. 수용/체념(문제에 대해 어떠한 일도 할 수 없다는 것을 깨닫고 그것을 받아들인다. 문제에 대해 스스로 체념하고 상황을 가볍게 보려고 하거나 위협을 줄이려 노력한다. 어려움을 견뎌 내거나 참아 낼 수 있다고 스스로를 안심시킨다.)
5. 긍정적 재평가(문제 덕분에 생길 수도 있는 이익 또는 밝은 면을 보도록 노력한다. 예컨대, 개인적 성장의 기회를 찾거나, 인생의 중요한 교훈을 배우려 하거나, 문제를 무언가 좋은 것을 만들어 낼 기회로 삼으려 한다; 문제를 해결할 수 있으며 통제할 수 있는 것으로 평가한다; 문제를 풀 수 있거나 성공적으로 대처할 수 있을 것이라고 기대한다; 왜곡된 부정적 평가를 바로 잡는다.)
6. 회피(문제에 관해 생각해 보고 문제를 다루어 보려는 행동과 양립할 수 없는 공상이나 오락에 스스로 빠져들어 문제상황을 회피하려 한다.)
7. 사회적 지원(다른 사람들로부터 동감, 동정, 안심 등 정서적 도움을 찾는다. 존경하는 사람에게 도움이나 충고를 요청한다.)
8. 카타르시스(말이나 몸짓을 통해 억압된 느낌과 감정을 해소한다.)
9. 휴식(긴장감을 풀어 주는 인지적 혹은 행동적 활동에 참여함으로써 정서적 각성과 긴장을 경감시킨다.)
10. 종교(기도를 통해 도움/위안을 찾는다.)
11. 아무런 대처활동을 하지 않는다.
12. 기타 대처활동________________________________

5. 해결의 성과

A. '상황' 의 변화에 대한 피검자의 평가를 기록하세요.

1. 매우 크게 개선되었다.
2. 많이 개선되었다.
3. 다소 개선되었다.
4. 아무런 변화가 없다.
5. 다소 악화되었다.
6. 많이 악화되었다.
7. 매우 많이 악화되었다.

B. 자신의 '정서(기분이나 느낌)' 변화에 대한 평가를 기록하세요.

1. 매우 크게 개선되었다.
2. 많이 개선되었다.
3. 다소 개선되었다.
4. 아무런 변화가 없다.
5. 다소 악화되었다.
6. 많이 악화되었다.
7. 매우 많이 악화되었다.

C. '전반적 해결성과' 에 대한 만족의 정도를 평가하세요.

9

8 대단히 만족

7

–

6

5 보통 정도의 만족

4

–

3

2 조금 만족

1

D. '해결책의 효과' 에 대한 치료자의 평가를 기록하세요.

9

8 매우 효과적

7

–

6

5 중간 정도의 효과

4

–

3

2 효과가 매우 낮음

1

참 / 고 / 문 / 헌

Alexapoulos, G. S., Raue, P., & Arean, P. A. (2003). Problem-solving therapy versus supportive therapy in geriatric major depression with executive dysfunction. *American Journal of Geriatric Psychiatry, 11,* 46-52.

Allen, S. M., Shah, A. C., Nezu, A. M., Nezu, C. M., Ciambrone, D., Hogan, J. et al. (2002). A problem-solving approach to stress reduction among younger women with breast carcinoma: A randomized controlled trial. *Cancer, 94,* 3089-3100.

Anderson, R. M., Funnell, M. M., Butler, P. M., Arnold, M. S., Fitzgerald, J. T., & Feste, C. C. (1995). Patient empowerment: Results of a randomized controlled trial. *Diabetes Care, 18,* 943-949.

Antonowicz, D. H. (2005). The reasoning and rehabilitation program: Outcome evaluations with offenders. In M. McMurran & J. McGuire (Eds.), *Social problem solving and offending: Evidence, evaluation and evolution* (pp. 163-182). Chichester, UK: Wiley.

Antonowicz, D. H., & Ross, R. R. (2005). Social problem-solving deficits in offenders. In M. McMurran & J. McGuire (Eds.), *Social problem solving offending: Evidence, evaluation and evolution* (pp. 91-102). Chichester, UK: Wiley.

Appel, P. W., & Kaestner, E. (1979). Interpersonal and emotional problem solving among narcotic drug abusers. *Journal of Consulting and Clinical Psychology, 47,* 1125-1127.

Arean, P. A., Perri, M. G., Nezu, A. M., Schein, R. L., Christopher, F., & Joseph, T. X. (1993). Comparative effectiveness of social problem-solving therapy and reminiscence therapy as treatments for depression in older adults. *Journal of Consulting and Clinical Psychology, 61,* 1003-1010.

Audrain, J., Rimer, B., Cella, D., Stefanek, M., Garber, J., Pennanen, M. et al. (1999). The impact of a brief coping skills intervention on adherence to breast self-examination among first-degree relatives of newly diagnosed breast cancer patients. *Psycho-Oncology, 8,* 220-229.

Auerbach, S. M., & Gramling, S. E. (1998). *Stress management: Psychological foundations.* Upper Saddle River, NJ: Prentice-Hall.

Azar, S. T., Robinson, D. R., Hekimian, E., & Twentyman, C. T. (1984). Unrealistic expectations and problem-solving ability in maltreating and comparison mothers. *Journal of Consulting and Clinical Psychology, 52,* 687-691.

Baddeley, A. D. (1972). Selective attention and performance in dangerous environments. *British Journal of Psychology, 63,* 537-546.

Bandura, A. (1997). *Self-efficacy: The exercise of control.* New York: W. H. Freeman.

Barlow, D. H., Hayes, S. C., & Nelson, R. O. (1984). *The scientist practitioner: Research and accountability in clinical and educational settings.* New York: Pergamon.

Barrett, J. E., Williams, J. W., Oxman, T. E., Frank, E., Katon, W., Sullivan, M. et al. (2001). Treatment of dysthymia and minor depression in primary care: A randomized trial in patients aged 18 to 59 years. *Journal of Family Practice, 50,* 405-412.

Barrett, J. E., Williams, J. W., Oxman, T. E., Katon, W., Frank, E., Hegel, M. T. et al. (1999). The Treatment Effectiveness project. A comparison of the effectiveness of paroxetine, problem-solving therapy, and placebo in the treatment of minor depression and dysthymia in primary care patients: Background and research plan. *General Hospital Psychiatry, 21,* 260-273.

Basquil, M., Nezu, C. M., Neuz, A. M., & Klein, T. L. (2004). Aggression-related hostility bias and social problem-solving deficits in adult males with mental retardation. *American Journal on Mental Retardation, 109,* 255-263.

Bayless, O. L. (1967). An alternative pattern for problem-solving discussion.

Journal of Communication, 17, 188-197.

Beach, L. R., & Mitchell, T. R. (1978). A contingency model for the selection of decision strategies. *Academy of Management Review, 3,* 439-449.

Beck, A. T. (1976). *Cognitive therapy and the emotional disorders.* New York: International Universities Press.

Beck, A. T., Rush, A. J., Shaw, B. F., & Emery, G. (1979). *Cognitive therapy of depression.* New York: Guilford.

Bellack, A. S. (1979). A critical appraisal of strategies for assessing social skills. *Behavioral Assessment, 1,* 157-176.

Bellack, A. S., Sayers, M., Mueser, K. T., & Bennett, M. (1994). Evaluation of social problem solving in schizophrenia. *Journal of Abnormal Psychology, 103,* 371-378.

Belzer, K. D., D'Zurilla, T. J., & Maydeu-Olivares, A. (1998a). *Correlations between the Social Problem-Solving Inventory-Revised and measures of worry and state ant trait anxiety.* Unpublished data, State University of New York at Stony Brook.

Belzer, K. D., D'Zurilla, T. J., & Maydeu-Olivares, A. (1998b). *The relationships between problem-solving self-efficacy, worry, and trait anxiety.* Paper presented at the Association for Advancement of Behavior Therapy Convention, Washington, DC.

Belzer, K. D., D'Zurilla, T. J., & Maydeu-Olivares, A. (2002). Social problem solving and trait anxiety as predictors of worry in a college student population. *Personality and Individual Differences, 33,* 537-585.

Benson, B. A., Rice, C. J., & Miranti, S. V. (1986). Effects of anger management training with mentally retarded adults in group treatment. *Journal of Consulting and Clinical Psychology, 54,* 728-729.

Bernstein, D. A., & Borkovec, T. D. (1973). *Progressive relaxation training: A manual for the helping professions.* Champaign, IL: Research Press.

Biggam, F. H., & Power, K. G. (1998). A comparison of the problem-solving abilities and psychological distress of suicidal, bullied, and protected prisoners. *Criminal Justice and Behavior, 25,* 177-197.

Biggam, F. H., & Power, K. G. (1999). Suicidality and the state-trait debate on problem-solving deficits: A re-examination with incarcerated young offenders. *Archives of Suicide Research, 5,* 27-42.

Black, D. R. (1987). A minimal intervention program and a problem-solving program for weight control. *Cognitive Therapy and Research, 11,* 107-120.

Black, D. R., & Threlfall, W. E. (1986). A stepped approach to weight control: A minimal intervention and a bibliotherapy problem-solving program. *Behavior Therapy, 17,* 144-157.

Blanchard, C. G., Toseland, R. W., & McCallion, P. (1996). The effects of a problem-solving intervention with spouses of cancer patients. *Journal of Psychosocial Oncology, 14,* 1-21.

Blankstein, K. R., Flett, G. L., & Johnston, M. E. (1992). Depression, problem-solving ability, and problem-solving appraisals. *Journal of Clinical Psychology, 48,* 749-759.

Bodenhausen, G. V., Macrae, C. N., & Hugenberg, K. (2003). Social cognition. In T. Millon & M. J. Lerner (Eds.), *Personality and social psychology.* New York: Wiley.

Bodenheimer, T. S., Lorig, K., Holman, H., & Grumbach, K. (2002). Patient self-management of chronic disease in primary care. *Journal of the American Medical Association, 288,* 2469-2475.

Bloom, B. L. (1985). *Stressful life event theory and research: Implications for primary prevention.* D.H.H.S. Publication No. (AMD) 85-1385. Rockville, MD: National Institute of Mental Health.

Bloom, B. S., & Broder, L. J. (1950). *Problem-solving processes of college students.* Chicago: University of Chicago Press.

Bond, D. S., Lyle, R. M., Tappe, M. K., Seehafer, R. S., & D'Zurilla, T. J. (2002). Moderate aerobic exercise, Tai chi, and social problem-solving ability in relation to psychological stress. *International Journal of Stress Management, 9,* 329-343.

Bonner, R. L., & Rich, A. (1988). Negative life stress, social problem-solving self-appraisal, and hopelessness: Implications for suicide research. *Cognitive Therapy and Research, 12,* 549-556.

Borsoi, D., & Toneatto, T. (2003). Problem-solving skills in male and female problem gamblers. *eGambling: The Electronic Journal of Gambling Issues, 8,* 1-13. Retrieved February 27, 2006, from

Bowen, L., Wallace, C., Glynn, S, Nuechterlein, K., Lutzker, J. R., & Kuehnel, T. G. (1994). Schizophrenic individuals' cognitive functioning and performance in interpersonal inter-actions and skills training procedures. *Journal of Psychiatric Research, 28,* 289-301.

Bradshaw, W. H. (1993). Coping-skills training versus a problem-solving approach with schizophrenic patients. *Hospital and Community Psychiatry, 44,* 1102-1104.

Braver, T. S., Barch, D. M., & Cohen, J. D. (1999). Cognition and control in schizophrenia: A computational model of dopamine and prefrontal function. *Biological Psychiatry, 46,* 312-328.

Brilhart, J. K., & Jochem, L. M. (1964). Effects of different patterns on outcome of problem-solving discussion. *Journal of Applied Psychology, 48,* 175-179.

Brodbeck, C., & Michelson, I. (1987). Problem-solving skills and attributional styles of agoraphobics. *Cognitive Therapy and Research, 11,* 593-610.

Bucher, J. A., Houts, P. S., Nezu, C. M., & Nezu, A. M. (1999). Improving problem-solving skills of family caregivers through group education. *Journal of Psychosocial Oncology, 16,* 73-84.

Burks, N., & Martin, B. (1985). Everyday problems and life change events: Ongoing vs. acute sources of stress. *Journal of Human Stress, 11,* 27-35.

Burns, L. R., & D'Zurilla, T. J. (1994). Correlations between the Social problem-solving Inventory Revised and measures of extraversion, social adjustment, and interpersonal competence. Unpublished data, State University of New York at Stony Brook.

Burns, L. R., & D'Zurilla, T. J. (1999). Individual differences in perceived information processing styles in stress and coping situations: Development and validation of the Perceived Modes of Processing Inventory. *Cognitive Therapy and Research, 23,* 345-371.

Butler, L., & Meichenbaum, D. (1981). The assessment of interpersonal problem-solving skills. In P. C. Kendall & S. D. Hollon (Eds.), *Assessment strategies for cognitive-behavioral interventions.* New York: Academic Press.

Camp, C. J., Doherty, K., Moody-Thomas, S., & Denney, N. W. (1989). Practical problem solving types and scoring methods. In J. D. Sinnott (Ed.), *Everyday problem solving: Theory and applications* (pp. 211-228).

New York: Praeger.

Cantor, N., & Kihlstrom, J. F. (1987). *Personality and social intelligence.* Englewood Cliffs, NJ: Prentice Hall.

Carey, M. P., Carey, K. B., & Meisler, A. W. (1990). Training mentally ill chemical abusers in social problem solving. *Behavior Therapy, 21,* 511-518.

Carver, C. S., & Scheier, M. F. (1982). Control theory: A useful conceptual framework for personality-social, clinical, and health psychology. *Psychological Bulletin, 92,* 111-135.

Castles, E. E., & Glass, C. R. (1986). Training in social and interpersonal problem-solving skills for mildly and moderately mentally retarded adults. *American Journal of Mental Deficiency, 91,* 35-42.

Catalan, J., Gath, D. H., Bond, A., Day, A., & Hall, L. (1991). Evaluation of a brief psychological treatment for emotional disorders in primary care. *Psychological Medicine, 21,* 1013-1018.

Chang, E. C. (1998). Cultural differences, perfectionism, and suicidal risk in a college population: Does social problem solving still matter? *Cognitive Therapy and Research, 22,* 237-254.

Chang, E. C. (2001). A look at the coping strategies and styles of Asian Americans: Similar and different? In C. R. Snyder (Ed.), *Coping with stress: Effective people and processes* (pp. 222-239). New York: Oxford University Press.

Chang, E. C. (2002a). Examining the link between perfectionism and psychological maladjustment: Social problem solving as a buffer. *Cognitive Therapy and Research, 26,* 581-595.

Chang, E. C. (2002b). Predicting suicide ideation in an adolescent population: Examining the role of social problem solving as a moderator and a mediator. *Personality and Individual Differences, 32,* 1279-1291.

Chang, E. C. (2003). A critical appraisal and extension of hope theory in middle-aged men and women: Is it important to distinguish agency and pathways components? *Journal of Social and Clinical Psychology, 22,* 121-143.

Chang, E. C., Downey, C. A., & Salata, J. L. (2004). Social problem solving and positive psychological functioning: Looking at the positive side of problem solving. In E. C. Chang, T. J. D'Zurilla, & L. J. Sanna (Eds.),

Social problem solving: Theory, research, and training (pp. 99-116). Washington, DC: American Psychological Association.

Chang, E. C., & D'Zurilla, T. J. (1996a). Irrational beliefs as predictors of anxiety and depression in a college population. *Personality and Individual Differences, 20,* 215-219.

Chang, E. C., & D'Zurilla, T. J. (1996b). Relations between problem orientation and optimism, pessimism, and trait affectivity: A construct validation study. *Behaviour Research and Therapy, 34,* 185-195.

Chang, E. E., Sanna, L. J., & Edwards, M. C. (2003). *Relations between problem-solving styles and psychological outcomes: Is stress a mediating variable for young and middle-aged adults?* Unpublished manuscript, Department of Psychology, University of Michigan.

Cheng, S. K. (2001). Life stress, problem solving, perfectionism, and depressive symptoms in Chinese. *Cognitive Therapy and Research, 25,* 303-310.

Clum, G. A., Canfield, D., Van Arsdel, M., Yang, B., Febbraro, G. A. R., & Wright, J. (1997). An expanded model for suicide behavior in adolescence: Evidence for it specificity relative to depression. *Journal of Psychopathology and Behavioral Assessment, 19,* 207-223.

Clum, G. A., & Febbraro, G. A. R. (1994). Stress, social support, and problem-solving appraisal/skills: Prediction of suicide severity within a college sample. *Journal of Psychopathology and Behavioral Assessment, 16,* 69-83.

Clum, G. A., Yang, B., & Febbraro, G. A. R. (1996). An investigation of the validity of the SPSI and SPSI-R in differentiating suicidal from depressed, non-suicidal college students. *Journal of Psychopathology and Behavior Assessment, 18,* 119-132.

Cone, J. D., & Hawkins, R. P. (Eds.) (1977). *Behavioral assessment: New directions in clinical psychology.* New York: Brunner/Mazel.

Cordova, J. V., & Mirgain, S. A. (2004). Problem-solving training for couples. In E. C. Chang, T. J. D'Zurilla, & L. J. Sanna (Eds.), *Social problem solving: Theory, research, and training* (pp. 193-208). Washington, DC: American Psychological Association.

Cormier, W. H., Otani, A., & Cormier, S. (1986). The effects of problem-solving training on two problem-solving tasks. *Cognitive Therapy and Research, 10,* 95-108.

Cornelius, S. W., & Caspi, A. (1987). Everyday problem solving in adulthood and old age. *Psychology and Aging, 2,* 144-153.

Cunningham, C. E., Davis, J. R., Bremner, R., Dunn, K. W., & Rzasa, T. (1993). Coping modeling problem solving versus mastery modeling: Effects on adherence, in-session process, and skill acquisition in a residential parent-training program. *Journal of Consulting and Clinical Psychology, 61,* 871-877.

Davey, G. C. L. (1994). Worrying, social problem-solving abilities, and problem-solving confidence. *Behaviour Research and Therapy, 32,* 327-330.

Davey, G. C. L., Hampton, J., Farrell, J., & Davidson, S. (1992). Some characteristics of worrying: Evidence for worrying and anxiety as separate constructs. *Personality and Individual Differences, 13,* 133-147.

Davey, G. C. L., Jubb, M., & Cameron, C. (1996). Catastrophic worrying as a function of changes in problem-solving confidence. *Cognitive Therapy and Research, 20,* 333-344.

Davey, G. C. L., & Levy, S. (1999). Internal statements associated with catastrophic worrying. *Personality and Individual Differences, 26,* 21-32.

Davis, G. A. (1966). Current status of research and theory in human problem solving. *Psychological Bulletin, 66,* 36-54.

Davis, G. A. (1973). *Psychology of problem solving: Theory and practice.* New York: Basic Books.

Davison, G. C., Robins, C., & Johnson, M. K. (1983). Articulated thoughts during simulated situations: A paradigm for studying cognition in emotion and behavior. *Cognitive Therapy and Research, 2,* 17-40.

DeLongis, A., Coyne, J. C., Dakof, G., Folkman, S., & Lazarus, R. S. (1982). Relationship of daily hassles, uplifts, and major life events to health status. *Health Psychology, 1,* 119-136.

Denney, N. W., & Pearce, K. A. (1989). A developmental study of practical problem solving in adults. *Psychology and Aging, 4,* 438-442.

DeVellis, B. M., Blalock, S. J., Hahn, P. M., DeVellis, R. F., & Hockbaum, L. (1987). Evaluation of a problem-solving intervention for patients with arthritis. *Patient Education and Counseling, 11,* 29-42.

DiGiuseppe, R., Simon, K. S., McGowan, L., & Gardner, F. (1990). A comparative outcome study of four cognitive therapies in the treatment of social anxiety. *Journal of Rational-Emotive & Cognitive-Behavior Therapy, 8,* 129-146.

Dixon, W. A. (2000). Problem-solving appraisal and depression: Evidence for a recovery model. *Journal of Counseling and Development, 78,* 87-91.

Dixon, W. A., Heppner, P. P., & Anderson, W. P. (1991). Problem-solving appraisal, stress, hopelessness, and suicide ideation in a college population. *Journal of Counseling Psychology, 38,* 1-56.

Dixon, W. A., Heppner, P. P., Burnett, J. W., Anderson, W. P., & Wood, P. K. (1993). Distinguishing among antecedents, concomitants, and consequences of problem-solving appraisal and depressive symptoms. *Journal of Counseling Psychology, 40,* 357-364.

Dixon, W. A., Heppner, P. P., & Rudd, M. D. (1994). Problem-solving appraisal, hopelessness, and suicide ideation: Evidence for a mediational model. *Journal of Counseling Psychology, 41,* 91-98.

Dobson, D. J., & Dobson, K. S. (1981). Problem-solving strategies in depressed and nondepressed college students. *Cognitive Therapy and Research, 5,* 237-249.

Donahoe, C. P., Carter, M. J., Bloem, W. D., Hirsch, G. L., Laasi, N., & Wallace, C. J. (1990). Assessment of interpersonal problem-solving skills. *Psychiatry, 53,* 329-339.

Donnelly, J. P., & Scott, M. F. (1999). Evaluation of an offending behaviour programme with a mentally disordered population. *British Journal of Forensic Practice, 1,* 25-32.

Doorenbos, A., Givens, B., Given, C,. Verbitsky, N., Cimprich, B., & McCorkle, R. (2005). Reducing symptom limitations: A cognitive behavioral intervention randomized trial. *Psycho-oncology, 14,* 574-584.

Dowrick, C., Dunn, G., Ayuso-Mateos, J. L., Dalgard, O. S., Page, H., Lehtinen, V. et al. (2000). Problem solving treatment and group psychoeducation for depression: Multicentre randomised controlled trial. *British Journal of Medicine, 321,* 1-6.

Dreer, L. E., Elliott, T. R., Fletcher, D. C., & Swanson, M. (2005). Social problem-solving, personality disorder, and substance abuse. In M. McMurran & J. McGuire (Eds.), *Social problem solving and offending: Evidence, evaluation and evolution* (pp. 67-90). Chichester, UK: Wiley.

Dugas, M. J., Freeston, M. H., & Ladouceur, R. (1997). Intolerance of uncertainty in worry. *Cognitive Therapy and Research, 21,* 593-606.

Dugas, M. J., Ladouceur, R., Léger, E., Freeston, M. H., Langlois, F., Provencher, M. D. et al. (2003). Group cognitive-behavioral therapy for generalized anxiety disorder: Treatment outcome and long-term follow-up. *Journal of Consulting and Clinical Psychology, 71,* 821-825.

Dugas, M. J., Letarte, H., Rhéaume, J., Freeston, M. H., & Ladouceur, R. (1995). Worry and problem solving: Evidence of a specific relationship. *Cognitive Therapy and Research, 19,* 109-142.

Durlak, J. A. (1983). Social problem solving as a primary prevention strategy. In R. D. Felner, L. A. Jason, J. N. Moritsugu, & S. S. Farber (Eds.), *Preventive psychology: Theory, research, and practice.* New York: Pergamon.

D'Zurilla, T. J. (1986). *Problem-solving therapy: A social competence approach to clinical intervention.* New York: Springer Publishing.

D'Zurilla, T. J. (1990). Problem-solving training for effective stress management and prevention. *Journal of Cognitive Psychotherapy: An International Quarterly, 4,* 327-355.

D'Zurilla, T. J., & Chang, E. C. (1995). The relations between social problem solving and coping. *Cognitive Therapy and Research, 19,* 547-562.

D'Zurilla, T. J., Chang, E. C., Nottingham, IV, E. J., & Faccini, L. (1998). Social problem-solving deficits and hopelessness, depression, and suicidal risk in college students and psychiatric inpatients. *Journal of Clinical Psychology, 54,* 1-17.

D'Zurilla, T. J., Chang, E. C., & Sanna, L. J. (2003). Self-esteem and social problem solving as predictors of aggression in college students. *Journal of Social and Clinical Psychology, 22,* 424-440.

D'Zurilla, T. J., & Goldfried, M. R. (1971). Problem solving and behavior modification. *Journal of Abnormal Psychology, 78,* 107-126.

D'Zurilla, T. J., & Maschka, G. (1988, November). *Outcome of a problem-solving approach to stress management: I. Comparison with social support.* Paper presented at the Association for Advancement of Behavior Therapy Convention, New York.

D'Zurilla, T. J., & Maydeu-Olivares, A. (1995). Conceptual and methodological issues in social problem-solving assessment. *Behavior Therapy, 26,* 409-432.

D'Zurilla, T. J., & Nezu, A. (1980). A study of the generation-of-alternatives process in social problem solving. *Cognitive Therapy and Research, 4,* 67-72.

D'Zurilla, T. J., & Nezu, A. (1982). Social problem solving in adults. In P. C. Kendall (Ed.), *Advances in cognitive-behavioral research and therapy* (Vol. 1, pp. 202-274). New York: Academic Press.

D'Zurilla, T. J., & Nezu, A. M. (1990). Development and preliminary evaluation of the Social Problem-Solving Inventory (SPSI). Psychological Assessment. *A Journal of Consulting and Clinical Psychology, 2,* 156-163.

D'Zurilla, T. J., & Nezu, A. M. (1999). *Problem-solving therapy: A social competence approach to clinical intervention* (2nd ed.). New York: Springer Publishing.

D'Zurilla, T. J., Nezu, A. M., & Maydeu-Olivares, A. (2002). *Manual for the Social Problem-Solving Inventory-Revised.* North Tonawanda, NY: Multi-Health Systems.

D'Zurilla, T. J., Nezu, A. M., & Maydeu-Olivares, A. (2004). Social problem solving: Theory and assessment. In E. C. Chang, T. J. D'Zurilla, & L. J. Sanna (Eds.), *Social problem solving: Theory, research, and training.* Washington, DC: American Psychological Association.

D'Zurilla, T. J., & Sheedy, C. F. (1991). Relation between social problem solving ability and subsequent level of psychological stress in college students. *Journal of Personality and Social Psychology, 61,* 841-846.

D'Zurilla, T. J., & Sheedy, C. F. (1992). The relation between social problem-solving ability and subsequent level of academic competence in college students. *Cognitive Therapy and Research, 16,* 589-599.

Easterbrook, J. A. (1959). The effect of emotion on cue utilization and the organization of behavior. *Psychological Review, 66,* 183-201.

Edwards, W. (1961). Behavioral decision theory. *Annual Review of*

Psychology, 12, 473-498.

Eisenberg, L. (1992). Treating depression and anxiety in primary care: Closing the gap between knowledge and practice. *New England Journal of Medicine, 326,* 1080-1084.

Elliott, T. R. (1992). Problem-solving appraisal, oral contraceptive use, and menstrual pain. *Journal of Applied Social Psychology, 22,* 286-297.

Elliott, T. R. (1998). Social problem solving abilities and adjustment to recent-onset physical disability. *Rehabilitation Psychology, 44,* 315-322.

Elliott, T. R., Godshall, F., Herrick, S., Witty, T., & Spruell, M. (1991). Problem solving appraisal and psychological adjustment following spinal cord injury. *Cognitive Therapy and research, 15,* 387-398.

Elliott, T. R., Godshall, F., Shrout, J. R., & Witty, T. E. (1990). Problem solving appraisal, self-reported study habits, and performance of academically at risk college students. *Journal of Counseling Psychology, 37,* 203-207.

Elliott, T. R., Herrick, S., MacNair, R., & Harkins, S. (1994). Personality correlates of self-appraised problem-solving ability: Problem orientation and trait affectivity. *Journal of Personality Assessment, 63,* 489-505.

Elliott, T. R., Johnson, M. O., & Jackson, R. (1997). Social problem solving and health behaviors of undergraduate students. *Journal of College Student Development, 38,* 24-31.

Elliott, T. R., & Marmarosh, C. (1994). Problem solving appraisal, health complaints, and health related expectancies. *Journal of Counseling and Development, 72,* 531-537.

Elliott, T. R., Sherwin, E., Harkins, S., & Marmarosh, C. (1995). Self-appraised problem-solving ability, affective states, and psychological distress. *Journal of Counseling Psychology, 42,* 105-115.

Elliott, T. R., & Shewchuk, R. M. (2003). Social problem-solving abilities and distress in family members assuming a caregiving role. *British Journal of Health Psychology, 8,* 149-163.

Elliott, T. R., Shewchuk, R. M., Hagglund, K., Rybarczyk, B., & Harkins, S. (1996). Occupational burnout, tolerance for stress, and coping among nurses in rehabilitation units. *Rehabilitation Psychology, 41,* 267-284.

Elliott, T. R., Shewchuk, R. M., Miller, D., & Richards, J. S. (2001). Profiles in problem solving: Psychological well-being and distress among persons with diabetes mellitus. *Journal of Clinical Psychology in Medical Settings, 8,* 283-291.

Elliott, T. R., Shewchuk, R. M., & Richards, J. S. (1999). Caregiver social problem solving abilities and family member adjustment to recent-onset physical disability. *Rehabilitation Psychology, 44,* 104-123.

Elliott, T. R., Shewchuk, R. M., & Richards, J. S. (2001). Family caregiver social problem-solving abilities and adjustment during the initial year of the caregiving role. *Journal of Counseling Psychology, 48,* 223-232.

Elliott, T. R., Shewchuk, R. M., Richards, J. S., Palmatier, A., & Margolis, K. (1997, April). *Social problem solving adjustment of caregivers of persons with recent-onset spinal cord injury.* Paper presented at the Society of Behavioral Medicine Convention, San Francisco, CA.

Elliott, T. R., Shewchuk, R. M., Richeson, C., Pickelman, H., & Franklin, K. W. (1996). Problem-solving appraisal and the prediction of depression during pregnancy and in the postpartum period. *Journal of Counseling and Development, 74,* 645-651.

Ellis, A., & Dryden, W. (1997). *The practice of rational emotive behavior therapy* (2nd ed.). New York: Springer Publishing.

Epstein, S. (1982). Conflict and stress. In L. Goldbergs & S. Breznitz (Eds.), *Handbook of stress: Theoretical and clinical aspects.* New York: Free Press.

Epstein, S. (1994). Integration of the cognitive and the psychodynamic unconscious. *American Psychologist, 49,* 709-724.

Epstein, S., & Meier, P. (1989). Constructive thinking: A broad coping variable with specific components. *Journal of Personality and Social Psychology, 57,* 332-350.

Evans, J., Williams, J. M. G., O'Loughlin, S., & Howells, K. (1992). Autobiographical memory and problem-solving strategies of parasuicide patients. *Psychological Medicine, 22,* 399-405.

Ewart, C. K. (1990). A social problem-solving approach to behavior change in coronary heart disease. In S. Schumaker, E. Schron, & J. Ockene (Eds.), *Handbook of health behavior change.* New York: Springer Publishing.

Falloon, I. R. H. (2000). Problem solving as a core strategy in the prevention of schizophrenia and other mental disorders. *Australian and New Zealand Journal of Psychiatry, 34*(Suppl.), S185-S190.

Fawzy, F. I., Cousins, N., Fawzy, N. W,. Kemeny, M. E., Elashoff, R., & Morton, D. (1990). A structed psychiatric intervention for cancer patients: I. Changes over time in methods of coping and affective disturbance. *Archives of General Psychiatry, 47,* 720-725.

Fawzy, F. I., Fawzy, N. W., & Canada, A. L. (2001). Psychoeducational intervention programs for patients with cancer. In A. Baum & B. L. Anderson (Eds.), *Psychosocial interventions for cancer* (pp. 235-267). Washington, DC: American Psychological Association.

Fawzy, F. I., Fawzy, N. W., Hyun, C. S., Guthrie, D., Fahey, J. L., & Morton, D. L. (1993). Malignant melanoma: Effects of an early structured psychiatric intervention, coping and affective state on recurrence and survival 6 years later. *Archives of General Psychiatry, 50,* 681-689.

Fehrenbach, A. M. B., & Peterson, L. (1989). Parental problem-solving skills, stress, and dietary compliance in phenylketonuria. *Journal of Consulting and Clinical Psychology, 57,* 237-241.

Fischler, G. L., & Kendall, P. C. (1988). Social cognitive problem solving and childhood adjustment: Qualitative and topological analyses. *Cognitive Therapy and Research, 12,* 133-153.

Folkman, S., & Lazarus, R. S. (1980). An analysis of coping in a middle-aged community sample. *Journal of Health and Social Behavior, 21,* 219-239.

Folkman, S., & Lazarus, R. S. (1988). Coping as a mediator of emotion. *Journal of Personality and Social Psychology, 54,* 466-475.

Foxx, R. M., Kyle, M. S., Faw, G. D., & Bittle, R. G. (1989). Problem-solving skills training: Social validation and generalization. *Behavioral Residential Treatment, 4,* 269-288.

Foxx, R. M., Martella, R. C., & Marchand-Martella, N. E. (1989). The acquisition, maintenance, and generalization of problem-solving skills by closed head-injured adults. *Behavior Therapy, 20,* 61-76.

Frauenknecht, M. (1990). Psychometric evaluation of the Personal Problem-Solving Inventory for adolescents (PPSI). *Dissertation Abstracts International, 52,* 141A.

Frauenknecht, M., & Black, D. R. (1995). Social Problem-Solving Inventory for Adolescents (SPSI-A): Development and psychometric evaluation. *Journal of Personality Assessment, 64,* 522-539.

Frauenknecht, M., & Black, D. R. (2004). Problem-solving training for children and adolescents. In E. C. Chang, T. J. D'Zurilla, & L. J. Sanna (Eds.), *Social problem solving: Theory, research, and training* (pp. 153-170). Washington, DC: American Psychological Association.

Freedman, B. I. Rosenthal, L., Donahoe, C. P., Schlundt, D. G., & McFall, R. M. (1978). A social-behavioral analysis of skill deficits in delinquent and non-delinquent adolescent boys. *Journal of Consulting and Clinical Psychology, 46,* 1448-1462.

Frye, A. A., & Goodman, S. H. (2000). Which social problem-solving components buffer depression in adolescent girls? *Cognitive Therapy and Research, 24,* 637-650.

Gagné, R. M. (1966). Human problem solving: Internal and external events. In B. Kleinmuntz (Ed.), *Problem solving: Research, method and theory.* New York: Wiley.

Gallagher-Thompson, D., Lovett, S., Rose, J., McKibbin, C., Coon, D., Futterman, A. et al. (2000). Impact of psychoeducational interventions on distressed caregivers. *Journal of Clinical Geropsychology, 6,* 91-110.

García-Vera, M. P., Labrador, F. J., & Sanz, J. (1997). Stress-management training for essential hypertension: A controlled study. *Applied Psychophysiology and Biofeedback, 22,* 261-283.

García-Vera, M. P., Sanz, J., & Labrador, E. J. (1998). Psychological changes accompanying and mediating stress-management training for essential hypertension. *Applied Psychophysiology and Biofeedback, 23,* 159-178.

Garland, A., Harrington, J., House, R., & Scott, J. (2000). A pilot study of the relation-ship between problem-solving skills and outcome in major depressive disorder. *British Journal of Medical Psychology, 73,* 303-309.

Garth, D., & Mynors-Wallis, L. (1997). Problem-solving treatment in primary care. In D. M. Clark & C. G. Fairburn (Eds.), *Science and practice of cognitive behavior therapy* (pp. 415-431). Oxford: Oxford University press.

Gendron, C., Poitras, L., Dastoor, D. P., & Pérodeau, G. (1996). Cognitive behavioral group intervention for spousal caregivers: Findings and clinical considerations. *Clinical Gerontologist, 17,* 3-19.

George, A. L. (1974). Adaptation to stress in political decision making: The individual, small group, and organizational contexts. In G. V. Coelho, D. A. Hamburg, & J. E. Adams (Eds.), *Coping and adaptation.* New York: Basic Books.

Getter, H., & Nowinski, J. K. (1981). A free response test of interpersonal effectiveness. *Journal of Personality Assessment, 45,* 301-308.

Given, C., Given, B., Rahbar, M., Jeon, S., McCorkle, R., Cimprich, B. et al. (2004). Does a symptom management intervention affect depression among cancer patients: Results from a clinical trial. *Psycho-oncology, 13,* 818-839.

Gladwin, T. (1967). Social competence and clinical practice. *Psychiatry: Journal for the Study of Interpersonal Processes, 3,* 30-43.

Glasgow, R. E., Toobert, D. J., Barrera, M., & Stryker, L. A. (2004). Assessment of problem-solving: A key to successful diabetes self-management. *Journal of Behavioral Medicine, 27,* 477-490.

Glasgow, R. E., Toobert, D. J., Hampson, S. E., Brown, J. E., Lewinsohn, P. M., & Donnelly, J. (1992). Improving self-care among older patients with Type II diabetes: The "Sixty Something..." study. *Patient Education and Counseling, 19,* 61-74.

Glasgow, R. E., Toobert, D. J., Riddle, M., Donnelly, J., & Calder, D. (1989). Diabetes-specific social learning variables and self-care behaviors among persons with Type II diabetes. *Health Psychology, 8,* 285-303.

Glynn, S. M., Marder, S. R., Liberman, R. P., Blair, K., Wirshing, W. C., Wirshing, D. A. et al. (2002). Supplementing clinic-based skills training with manual-based community support sessions: Effects on social adjustment of patients with schizophrenia. *American Journal of Psychiatry, 159,* 829-837.

Goddard, P., & McFall, R. M. (1992). Decision-making skills and heterosexual competence in college women: An information-processing analysis. *Journal of Social and Clinical Psychology, 11,* 401-425.

Godshall, F. J., & Elliott, T. R. (1997). Behavioral correlates of self-appraised problem-solving ability: Problem-solving skills and health-compromising behaviors. *Journal of Applied Social Psychology, 27,* 929-944.

Goldfried, M. R. (1982). Resistance and clinical behavior therapy. In P. L. Wachtel (Ed.), *Resistance: Psychodynamic and behavioral approaches.* New York: Plenum.

Goldfried, M. R., Decenteceo, E. T., & Weinberg, L. (1974). Systematic rational restructuring as a self-control technique. *Behavior Therapy, 5,* 247-252.

Goldfried, M. R., & D'Zurilla, T. J. (1969). A behavior-analytic model for assessing competence. In C. D. Spielberger (Ed.), *Current topics in clinical and community psychology* (Vol. 1). New York: Academic Press.

Gordon, D. A., & Arbuthnot, J. (1987). Individual, group, and family interventions. In H. C. Quay (Ed.), *Handbook of juvenile delinquency.* New York: Wiley.

Goodman, S. H., Gravitt, G. W., & Kaslow, N. J. (1995). Social problem solving: A moderator of the relation between negative life stress and depression symptoms in children. *Journal of Abnormal Child Psychology, 23,* 473-485.

Gosselin, M. J., & Marcotte, D. (1997). The role of self-perceived problem-solving skills in relation with depression during adolescence. *Science et Comportement, 25,* 299-314.

Gosselin, P., Pelletier, O., & Ladouceur, R. (2000, October). *The Negative Problem Orientation Questionnaire: Development and preliminary analyses.* Poster presented at the annual meeting of the Société Québécoise pour la Recherche en Psychogue, Hull, Quebec.

Gosselin, P., Pelletier, O., & Ladouceur, R. (2001, July). *The Negative Problem Orientation Questionnaire (NPOQ): Development and validation among a non-clinical sample.* Poster presented at the annual meeting of the World Congress of Behavioral and Cognitive Therapies, Vancouver, British Columbia.

Gotlib, I. H., & Asarnow, R. F. (1979). Interpersonal and impersonal problem-solving skills in mildly and clinically depressed university students. *Journal of Consulting and Clinical Psychology, 47,* 86-95.

Graf, A. (2003). A psychometric test of a German version of the SPSI-R. *Zeitschirft für Differentielle und Diagnostische Psychologie, 24,* 277-291.

Gramling, S. E., & Auerbach, S. M. (1998). *Stress management workbook: Techniques and self-assessment procedures.* Upper Saddle River, NJ: Prentice-Hall.

Grant, J. S., Elliott, T. R., Newman-Giger, J., & Bartolucci, A. A. (2001). Social problem-solving abilities, social support, and adjustment among family caregivers of individuals with a stroke. *Rehabilitation Psychology, 46,* 44-57.

Grant, J. S., Elliott, T. R., Weaver, M., Bartolcci, A. A., & Giger, J. N. (2002). Telephone intervention with family caregivers of stroke survivors after rehabilitation. *Stroke, 33,* 2060-2065.

Greening, L. (1997). Adolescent stealers' and nonstealers' social problem-solving skills. *Adolescence, 32,* 51-55.

Guilford, J. P. (1967). *The nature of human intelligence.* New York: McGraw-Hill.

Guilford, J. P. (1968). *Intelligence, creativity, and their educational implications.* San Diego, CA: Robert R. Knapp.

Guilford, J. P. (1977). *Way beyond the IQ: Guide to improving intelligence and creativity.* Great Neck, NY: Creative Synergetic Associates.

Haaga, D. A. F., Fine, J. A., Terrill, D., Steward, B. L., & Beck, A. T. (1995). Social problem-solving deficits, dependency, and depressive symptoms. *Cognitive Therapy and Research, 19,* 147-158.

Hains, A. A., & Herman, L. P. (1989). Social cognitive skills and behavioral adjustment of delinquent and adolescents in treatment. *Journal of Adolescence, 12,* 323-328.

Hamberger, L. K., & Lohr, J. M. (1984). *Stress and stress management.* New York: Springer Publishing.

Hamilton, M. (1960). A rating scale for measuring depression. *Journal of Neurology, Neurosurgery, and Psychiatry, 23,* 56-62.

Hanna, K. J., Ewart, C. K., & Kwiterovich, P. O. (1990). Child problem-solving competence, behavioral adjustment, and adherence to lipid-lowering diet. *Patient Education and Counseling, 16,* 119-131.

Hansen, D. J., St. Lawrence, J. S., & Christoff, K. A. (1985). Effects of interpersonal problem-solving training with chronic aftercare patients on problem-solving component skills and effectiveness of solutions. *Journal of Consulting and Clinical Psychology, 53,* 167-174.

Hawton, K., Kingsbury, S., Steinhardt, K., James, A., & Fagg, J. (1999). Repetition of deliberate self-harm by adolescents: The role of psychological factors. *Journal of Adolescence, 22,* 369-378.

Hegel, M. T., Barrett, J. E., & Oxman, T. E. (2000). Training therapists in problem-solving treatment of depressive disorders in primary care: Lessons learned from the "Treatment Effectiveness Project." *Families, Systems & Health, 18,* 423-435.

Heppner, P. P. (1988). *The Problem-Solving Inventory.* Palo Alto, CA: Consulting Psychologist Press.

Heppner, P. P., & Anderson, W. P. (1985). The relationship between problem solving self appraisal and psychological adjustment. *Cognitive Therapy and Research, 9,* 415-427.

Heppner, P. P., Baumgardner, A., & Jackson, J. (1985). Problem solving self-appraisal, depression, and attribution styles: Are they related? *Cognitive Therapy and Research, 9,* 105-113.

Heppner, P. P., Baumgardner, A. H., Larson, L. M., & Petty, R. E. (August, 1988). *Problem solving training for college students with problem-solving deficits.* Paper presented at the Annual Convention of the American Psychological Association, Anaheim, CA.

Heppner, P. P., Kampa, M., & Brunning, L. (1987). The relationship between problem-solving self-appraisal and indices of physical and psychological health. *Cognitive Therapy and Research, 11,* 155-168.

Heppner, P. P., Neal, G. W., & Larson, L. M. (1984). Problem-solving training as prevention with college students. *Personnel and Guidance Journal, 62,* 514-519.

Heppner, P. P., & Petersen, C. H. (1982). The development and implications of a personal problem solving inventory. *Journal of Counseling Psychology, 29,* 66-75.

Heppner, P. P., Reeder, B. L., & Larson, L. M. (1983). Cognitive variables associated with personal problem-solving appraisal: Implications for counseling. *Journal of Counseling Psychology, 30,* 537-545.

Herrick, S., Elliott, T. R., & Crow, F. (1994). Self-appraised problem-solving skills and the prediction of secondary complications among persons with spinal cord injuries. *Journal of Clinical Psychology in Medical Settings, 1,* 269-283.

Hill-Briggs, F., Gary, T. L., Yeh, H. C., Batts-Turner, M., Powe, N. R., Saudek, C. et al. (2006). Association of social problem solving with glycemic control in a sample of urban African Americans with type 2 diabetes. *Journal of Behavioral Medicine, 29,* 68-79.

Hill-Briggs, F., Yeh, H. C., Gary, T. L., Batts-Turner, M., Brancati, F. L., & D'Zurilla, T. J. (2005). *Development of the Diabetes Problem-Solving Scale-Self Report (DPSS-SR) in a minority type 2 diabetes sample.* Manuscript submitted for publication.

Hockey, R., & Hamilton, P. (1983). Cognitive patterning of stress states. In R. Hockey (Ed.), *Stress and fatigue in human performance.* New York: Wiley.

Hosaka, T. (1996). A pilot study of a structured psychiatric intervention for Japanese women with breast cancer. *Psycho-oncology, 5,* 59-65.

Houts, P. S., Bucher, J. A., Mount, B. M., Britton, S. E., Nezu, A. M., Nezu, C. M. et al. (Eds.) (1997). *Home care guide for advanced cancer: When quality of life is the primary goal of care.* Philadelphia: American College of Physicians.

Houts, P. S., Nezu, A. M., Nezu, C. M., & Bucher, J. A. (1996). A problem-solving model of family caregiving for cancer patients. *Patient Education and Counseling, 27,* 63-73.

Houts, P. S., Nezu, A. M., Nezu, C. M., Bucher, J. A., & Lipton, A. (Eds.) (1994). *Home care guide for cancer.* Philadelphia, PA: American College of Physicians.

Hunt, J. (1963). Motivation inherent in information processing and action. In O. J. Harvey (Ed.), *Motivation and social organization: The cognitive factors.* New York: Ronald.

Ingram, R. E., & Kendall, P. C. (1986). Cognitive clinical psychology: Implications of an information processing perspective: In R. E. Ingram (Ed.), *Information processing approaches to clinical psychology* (pp. 3-21). New York: Academic Press.

Jacobson, N. S. (1978). Specific and nonspecific factors in the effectiveness of a behavioral approach to the treatment of marital discord. *Journal of Consulting and Clinical Psychology, 46,* 442-452.

Jacobson, N. S. (1984). A component analysis of marital behavior therapy: The relative effectiveness of behavior exchange and communication/problem-solving training. *Journal of Consulting and Clinical Psychology, 52,* 295-305.

Jacobson, N. S., & Follette, W. C. (1985). Clinical significance of improvement resulting from two behavioral marital therapy components. *Behavior Therapy, 16,* 249-262.

Jacobson, N. S., & Margolin, G. (1979). *Marital therapy. Strategies based on social learning and behavior exchange principles.* New York: Brunner/Mazel.

Jaffe, W. B., & D'Zurilla, T. J. (2003). Adolescent problem solving, parent problem solving, and externalizing behavior in adolescents. *Behavior Therapy, 34,* 295-311.

Jaffe, W. B., & D'Zurilla, T. J. (2006). *Personality, social problem solving, and adolescent substance use.* Manuscript submitted for publication.

Jahoda, I. L. (1953). The meaning of psychological health. *Social Casework, 34,* 349-354.

Jahoda, I. L. (1958). *Current concepts of positive mental health.* New York: Basic Books.

Janis, I. L. (1982). Decision making under stress. In L. Goldberger & S. Breznitz (Eds.), *Handbook of stress: Theoretical and clinical aspects.* New York: Free Press.

Janis, I. L. (1983). Stress inoculation in health care: Theory and research. In D. Meichenbaum & M. E. Jaremko (Eds.), *Stress reduction and prevention.* New York: Plenum.

Janis, I. L., & Mann, L. (1977). *Decision making: A psychological analysis of conflict, choice, and commitment.* New York: Free Press.

Johnson, S. M., & Greenberg, L. S. (1985). Differential effects of experiential and problem-solving interventions in resolving marital conflict. *Journal of Consulting and Clinical Psychology, 53,* 175-184.

Kagan, C. (1984). social problem solving and social skills training. *British*

Journal of Clinical Psychology, 23, 161-173.

Kahnemann, D., & Tversky, A. (1979). Prospect theory: An analysis of decisions under risk. *Econometrica, 47,* 263-291.

Kaiser, A., Hahlweg, K., Fehm-Wolfsdorf, G., & Groth, T. (1998). The efficacy of a compact psychoeducational group training program for married couples. *Journal of Consulting and Clinical Psychology, 66,* 753-760.

Kanfer, F. H. (1970). Self-regulation: Research, issues, and speculations. In C. Neuringer & J. L. Michael (Eds.), *Behavior modification in clinical psychology.* New York: Appleton Century-Crofts.

Kanner, A. D., Coyne, J. C., Schaefer, C., & Lazarus, R. S. (1981). Comparison of two modes of stress measurement: Daily hassles and uplifts versus major life events. *Journal of Behavioral Medicine, 4,* 1-39.

Kant, G. L., D'Zurilla, T. J., & Maydeu-Olivares, A. (1997). Social problem solving as a mediator of stress-related depression and anxiety in middle-aged and elderly community residents. *Cognitive Therapy and Research, 21,* 73-96.

Katon, W. J., Von Korff, M., Lin, E. H. B., Simon, G., Ludman, E., Russon, J. et al. (2004). The Pathways Study: A randomized trial of collaborative care in patients with diabetes and depression. *Archives of General Psychiatry, 61,* 1042-1049.

Kelly, J. A., Murphy, D. A., Washington, C. D., Wilson, T. S., Koob, J. J., Davis, D. R. et al. (1994). The effects of HIV/AIDS intervention groups for high-risk women in urban clinics. *American Journal of Public Health, 84,* 1918-1922.

Kelly, M. L., Scott, W. O. M., Prue, D. M., & Rychtarik, R. G. (1985). A component analysis of problem-solving skills training. *Cognitive Therapy and Research, 9,* 429-441.

Keltikangas-Järvinen, L. (2005). Social problem solving and the development of aggression. In M. McMurran & J. McGuire (Eds.), *Social problem solving and offending: Evidence, evaluation and evolution* (pp. 31-50). Chichester, UK: Wiley.

Kendall, P. C., & Hollon, S. D. (Eds.) (1979). *Cognitive-behavioral interventions: Theory, research, and procedures.* New York: Academic

Press.

Kerns, R. D., Rosenberg, R., & Otis, J. D. (2002). Self-appraised problem solving and pain-relevant social support as predictors of the experience of chronic pain. *Annals of Behavioral Medicine, 24,* 100-105.

Kleinmuntz, B. (Ed.) (1966). *Problem solving: Research, method and theory.* New York: Wiley.

Kobasa, S. C., Maddi, S. R., & Kahn, S. (1980). Hardiness and health: A prospective study. *Journal of Personality and Social Psychology, 42,* 168-177.

Krasnor, L. R., & Rubin, K. H. (1981). The assessment of social problem-solving skills in young children. In T. Merluzzi, C. Glass, & M. Genest (Eds.), *Cognitive assessment.* New York: Guilford Press.

Kurylo, M., Elliot, T. R., DeVivo, L., & Dreer, L. E. (2004). Caregivers social problem solving abilities and family member adjustment following congestive heart failure. *Journal of Clinical Psychology in Medical Settings, 11,* 151-157.

Lacey, J. I. (1967). Somatic response patterning and stress: Some revisions of activation theory. In M. H. Appley & R. Trumball (Eds.), *Psychological stress.* New York: McGraw-Hill.

Ladouceur, R., Blais, F., Freeston, M. H., & Dugas, M. J. (1998). Problem solving and problem orientation in generalized anxiety disorder. *Journal of Anxiety Disorders, 12,* 139-152.

Ladouceur, R., Dugas, M. J., Freeston, M. H., Gagnon, F., & Thibodeau, N. (2000). Efficacy of a cognitive-behavioral treatment for generalized anxiety disorder: Evaluation in a controlled clinical trial. *Journal of Consulting and Clinical Psychology, 68,* 957-964.

Larson, L., Piersel, W. C., Imao, R., & Allen, S. (1990). Significant predictors of problem-solving appraisal. *Journal of Counseling Psychology, 37,* 482-490.

Lazarus, R. S. (1966). *Psychological stress and the coping process.* New York: McGraw-Hill.

Lazarus, R. S. (1981). The stress and coping paradigm. In C. Eisdorfer, D. Cohen, A. Kleinman, & P. Maxim (Eds.), *Theoretical bases for psychopatholoyg.* New York: Spectrum.

Lazarus, R. S. (1999). *Stress and emotion: A new synthesis.* New York:

Springer Publishing.

Lazarus, R. S., & Folkman, S. (1984). *Stress, appraisal, and coping.* New York: Springer Publishing.

Leadbeater, B. J., Hellner, I., Allen, J. P., & Aber, J. L. (1989). Assessment of interpersonal negotiation strategies in youth engaged in problem behaviors. *Developmental Psychology, 25,* 465-472.

Leighton, J. P., & Strenberg, R. J. (2003). Reasoning and problem solving. In A. F. Healy & R. W. Proctor (Eds.), *Experimental psychology* (pp. 623-648), Vol. 4 of the *Handbook of psychology,* I. B. Weiner (Edition-in-Chief). New York: Wiley.

Lerner, M. S., & Clum, G. A. (1990). Treatment of suicide ideators: A problem-solving approach. *Behavior Therapy, 21,* 403-411.

Levine, M. (1988). *Effective problem solving.* Englewood Cliffs, NJ: Prentice-Hall.

Liberman, R. P., Eckman, T., & Marder, S. R. (2001). Training in social problem solving among persons with schizophrenia. *Psychiatric Services, 52,* 31-33.

Liberman, R. P., McCann, M. J., & Wallace, C. J. (1976). Generalisation of behaviour therapy with psychotics. *British Journal of Psychiatry, 129,* 490-496.

Linehan, M. M., Camper, P., Chiles, J. A., Strosahl, K., & Shearin, E. (1987). Interpersonal problem solving and parasuicide. *Cognitive Therapy and Research, 11,* 1-12.

Lochman, J. E., Wayland, K. K., & White, K. J. (1993). Social goals: Relationship to adolescent adjustment and to social problem solving. *Journal of Abnormal Child Psychology, 21,* 135-151.

Logan, G. D. (1988). Toward an instance theory of automatization. *Psychological Review, 95,* 492-527.

Londahl, E. A., Tverskoy, A., & D'Zurilla, T. J. (2005). The relations of internalizing symptoms to conflict and interpersonal problem solving in close relationships. *Cognitive Therapy and Researh, 29,* 445-462.

Lopez, M. A., & Mermelstein, R. J. (1995). A cognitive-behavioral program to improve geriatric rehabilitation outcome. *Gerontologist, 35,* 696-700.

Loumidis, K. S., & Hill, A. (1997). Training social problem-solving skill to reduce maladaptive behaviours in intellectual disability groups: The influence of individual difference factors. *Journal of Applied Research in Intellectual Disabilities, 10,* 217-237.

Lynch, D. J., Tamburrino, M. B., & Nagel, R. (1997). Telephone counseling for patients with minor depression: Preliminary findings in a family practice settings. *Journal of Family Practice, 44,* 293-298.

Lynch, D. J., Tamburrino, M. B., Nagel, R., & Smith, M. K. (2004). Telephone based treatment for family practice patients with mild depression. *Psychological Reports, 94,* 785-792.

MacNair, R. R., & Elliott, T. R. (1992). Self-perceived problem-solving ability, stress appraisal, and coping over time. *Journal of Research in Personality, 26,* 150-164.

Mahoney, M. J. (1974). *Cognition and behavior modification.* Cambridge, MA: Ballinger.

Mandler, G. (1982). Stress and thought processes. In L. Goldberger & S. Breznitz (Eds.), *Handbook of stress: Theoretical and clinical aspects* (pp. 49-68). New York: Free Press.

Marder, S. R., Wirshing, W. C., Mintz, J., McKensie, J., Johnstone, K., Eckman, T. A. et al. (1996). Two-year outcome of social skills training and group psychotherapy for outpatients with schizophrenia. *American Journal of Psychiatry, 153,* 1585-1592.

Marsiske, M., & Willis, S. L. (1995). Dimensionality of everyday problem solving in older adults. *Psychology and Aging, 10,* 269-283.

Marx, E. M., Schulze, C. C. (1991). Interpersonal problem-solving in depressed students. *Journal of Clinical Psychology, 47,* 361-367.

Marx, E. M., Williams, J. M. G., & Claridge, G. C. (1992). Depression and social problem solving. *Journal of Abnormal Psychology, 101,* 78-86.

Masserman, J. H. (1943). *Behavior and neurosis.* Chicago: University of Chicago Press.

Mather, M. D. (1970). Obsessions and compulsions. In C. G. Costello (Ed.), *Symptoms of psychopathology.* New York: Wiley.

Maydeu-Olivares, A., & D'Zurilla, T. J. (1995). A factor analysis of the Social

Problem-Solving Inventory using polychoric correlations. *European Journal of Psychological Assessment, 11,* 98-107.

Maydeu-Olivares, A., & D'Zurilla, T. J. (1996). A factor-analytic study of the Social Problem-Solving Inventory: An integration of theory and data. *Cognitive Therapy and Research, 20,* 115-133.

Maydeu-Olivares, A., & D'Zurilla, T. J. (1997). The factor structure of the Problem-solving Inventory. *European Journal of Psychological Assessment, 13,* 206-215.

Maydeu-Olivares, A., Rodríguez-Fornells, A., Gómez-Benito, J., & D'Zurilla, T. J. (2000). Psychometric properties of the Spanish adaptation of the Social Problem-Solving Inventory-Revised (SPSI-R). *Personality and Individual Difference, 29,* 699-708.

McCabe, R. E., Blankstein, K. R., & Mills, J. S. (1999). Interpersonal sensitivity and social problem solving: Relations with academic and social self-esteem, depressive symptoms, and academic performance. *Cognitive Therapy and Research, 23,* 587-604.

McClelland, D. C., & Clark, R. A. (1966). discrepancy hypothesis. In R. N. Haber (Ed.), *Current research in motivation.* New York: Holt, Rinehart & Winston.

McDonagh, A., Friedman, M., McHugo, G., Ford, J., Sengupta, A., Mueser, K. et al. (2005). Randomized trial of cognitive-behavioral therapy for chronic posttraumatic stress disorder in adult female survivors of childhood sexual abuse. *Journal of Consulting and Clinical Psychology, 73,* 515-524.

McFall, R. M. (1982). A review and reformulation of the concept of social skills. *Behavioral Assessment, 4,* 1-33.

McGrath, J. E. (Ed.) (1970). *Social and psychological factors in stress.* New York: Holt, Rinehart, & Winston.

McGrath, J. E. (1976). Stress and behavior in organizations. In M. D. Dunnette (Ed.), *Handbook of industrial and organizational psychology.* Chicago: Rand McNally.

McGuire, J. (2005). The Think First programme. In M. McMurran & J. McGuire (Eds.), *Social problem solving and offending: Evidence, evaluation and evolution* (pp. 183-206). Chichester, UK: Wiley.

McGuire, J., & Hatcher, R. (2001). Offense-focused problem solving: Preliminary evaluation of a cognitive skills program. *Criminal Justice and Behavior, 28,* 564-587.

McKay, M., Davis, M., & Eshelnour, E. (1995). *The relaxation and stress reduction workbook* (4th ed.). Oakland, CA: New Harbinger.

McLeavey, B. C., Daly, R. J., Ludgate, J. W., & Murrary, C. M. (1994). Interpersonal problem-solving skills training in the treatment of self-poisoning patients. *Suicide and Life-Threatening Behavior, 24,* 382-394.

McMurran, M., Blair, M., & Egan, V. (2002). An investigation of the correlations between aggression, impulsiveness, social problem-solving, and alcohol use. *Aggressive Behavior, 28,* 439-445.

McMurran, M., & Duggan, C. (2005). The manualisation of a treatment programme for personality disorder. *Criminal Behaviour and Mental Health, 15,* 17-27.

McMurran, M., Egan, V., Blair, M., & Richardson, C. (2001). The relationship between social problem-solving and personality in mentally disordered offenders. *Personality and Individual Differences, 30,* 517-524.

McMurran, M., Egan, V., & Duggan, C. (2005). Stop & Think! Social problem-solving therapy with personality-disordered offenders. In M. McMurran & J. McGuire (Eds.), *Social problem solving and offending: Evidence, evaluation and evolution* (pp. 207-220). Chichester, UK: Wiley.

McMurran, M., Fyffe, S., McCarthy, L., Duggan, C., & Latham, A. (2001). "Stop & Think!" Social problem-solving therapy with personality-disordered offenders. *Criminal Behaviour and Mental Health, 11,* 273-285.

McMurran, M., & McGuire, J. (Eds.) (2005). *Social problem solving and offending: Evidence, evaluation and evolution.* Chichester, UK: Wiley.

Meadow, A., Parnes, S. J., & Reese, H. (1959). Influence of instructions and problem sequence on a creative problem-solving test. *Journal of Applied Psychology, 43,* 413-416.

Mechanic, D. (1970). Some problems in developing a social psychology of adaptation to stress. In J. E. McGrath (Ed.), *Social and psychological factors in stress.* New York: Holt, Rinehart, & Winston.

Mechanic, D. (1974). Social structure and personal adaptation; Some neglected dimensions. In G. Coelho, C. M. Hamberg, & J. E. Adams (Eds.), *Coping and adaptation.* New York: Basic Books.

Meichenbaum, D., & Cameron, R. (1983). Stress inoculation training: Toward a general paradigm for training coping skills. In D. Meichenbaum & M. E. Jaremko (Eds.), *Stress reduction and prevention.* New York: Plenum.

Meichenbaum, D., Henshaw, D., & Himel, N. (1982). Coping with stress as a problem-solving process. In W. Krohne & L. Luax (Eds.), *Achievement stress and anxiety.* New York: Hemisphere.

Miller, G. A., Galanter, E., & Pribram, K. H. (1960). *Plans and the structure of behavior.* New York: Holt, Rinehart, & Winston.

Miner, R. C., & Dowd, E. T. (1996). An empirical test of the problem solving model of depression and its application to the prediction of anxiety and anger. *Counseling Psychology Quarterly, 9,* 163-176.

Mishel, M. H., Belyea, M., Gemino, B. B., Stewart, J. L., Bailey, D. E., Robertson, C. et al. (2002). Helping patients with localized prostate carcinoma manage uncertainty and treatment side effects: Nurse delivered psychoeducational intervention over the telephone. *Cancer, 94,* 1854-1866.

Mitchell, J. E., & Madigan, R. J. (1984). The effects of induced elation and depression on interpersonal problem solving. *Cognitive Therapy and Research, 8,* 277-285.

Mooney, R. L., & Gordon, L. V. (1950). *The Mooney Manual: Problem Checklist.* New York: Psychological Corporation.

Morris, S. E., Bellack, A. S., & Tenhula, W. N. (2004). Social problem solving and schizophrenia. In E. C. Chang, T. J. D'Zurilla, & L. J. Sanna (Eds.), *Social problem solving: Theory, research, and training* (pp. 83-98). Washington, DC: American Psychological Association.

Mowrer, O. H. (1960). *Learning theory and behavior.* New York: Wiley.

Munoz, R., Ying, Y., Bernal, G., Perez-Stable, E., Sorenson, J., & Hargeaves, E. (1995). Prevention of depression with primary care patients: A randomized controlled trial. *American Journal of Community Psychology, 23,* 199-222.

Murphy, G. E. (1985). A conceptual framework for the choice on interventions in cognitive therapy. *Cognitive Therapy and Research, 9,* 127-134.

Mynors-Wallis, L. (2002). Does problem-solving treatment work through resolving problems? *Psychological Medicine, 32,* 1315-1319.

Mynors-Wallis, L., Davies, I., Gray, A., Barbour, F., & Gath, D. (1997). A randomized controlled trial and cost analysis of problem-solving treatment for emotional disorders given by community nurses in primary care. *British Journal of Psychiatry, 170,* 113-119.

Mynors-Wallis, L. M., Gath, D. H., Day, A., & Baker, F. (2000). Randomised controlled trial of problem solving treatment, antidepressant medication, and combined treatment for major depression in primary care. *British Medical Journal, 320,* 26-30.

Mynors-Wallis, L. M., Gath, D. H., Lloyd-Thomas, A. R., & Tomlinson, D. (1995). Randomised controlled trial comparing problem solving treatment with amitriptyline and placebo for major depression in primary care. *British Medical Journal, 310,* 441-445.

Newell, A., & Simon, H. A. (1972). *Human problem solving.* Englewood Cliffs, NJ: Prentice-Hall.

Nezu, A. M. (1985). Differences in psychological distress between effective and ineffective problem solvers. *Journal of Counseling Psychology, 32,* 135-138.

Nezu, A. M. (1986a). Effects of stress from current problems: Comparisons to major life events. *Journal of Clinical Psychology, 42,* 847-852.

Nezu, A. M. (1986b). Negative life stress and anxiety: Problem solving as a moderator variable. *Psychological Reports, 58,* 279-283.

Nezu, A. M. (1986c). Cognitive appraisal of problem-solving effectiveness: Relation to depression and depressive symptoms. *Journal of Clinical Psychology, 42,* 42-48.

Nezu, A. M. (1986d). Efficacy of a social problem solving therapy approach for unipolar depression. *Journal of Consulting and Clinical Psychology, 54,* 196-202.

Nezu, A. M. (1987). A problem-solving formulation of depression: A literature review and proposal of a pluralistic model. *Clinical Psychology, Review, 7,* 121-144.

Nezu, A. M. (2004). Problem solving and behavior therapy revisited. *Behavior Therapy, 35,* 1-33.

Nezu, A. M., & Carnevale, G. J. (1987). Interpersonal problem solving and coping reactions of Vietnam veterans with posttraumatic stress disorder. *Journal of Abnormal Psychology, 96,* 155-157.

Nezu, A. M., & D'Zurilla, T. J. (1979). An experimental evaluation of the decision-making process in social problem solving. *Cognitive Therapy and Rescarch, 3,* 269-277.

Nezu, A. M., & D'Zurilla, T. J. (1981a). Effects of problem definition and formulation on decision making in the social problem-solving process. *Behavior Therapy, 12,* 100-106.

Nezu, A. M., & D'Zurilla, T. J. (1981b). Effects of problem definition and formulation on the generation of alternatives in the social problem-solving process. *Cognitive Therapy and Research, 6,* 265-271.

Nezu, A. M., & D'Zurilla, T. J. (1989). Social problem solving and negative affective conditions. In P. C. Kendall & D. Watson (Eds.), *Anxiety and depression: Distinctive and overlapping features* (pp. 285-315). New York: Academic Press.

Nezu, A. M., & D'Zurilla, T. J., Zwick, M. L., & Nezu, C. M. (2004). Problem-solving therapy for adults. In E. C. Chang, T. J. D'Zurilla, & L. J. Sanna (Eds.), *Social problem solving: Theory, research, and training* (pp. 171-191). Washington, DC: American Psychological Association.

Nezu, A. M., & Nezu, C. M. (1987). Psychological distress, problem solving, and coping reactions: Sex-role differences. *Sex Roles, 16,* 205-215.

Nezu, A. M., & Nezu, C. M. (2005). Comments on "Evidence-based behavioral medicine: What is it and how do we achieve it?" The interventionist does not always equal the intervention?The role of therapist competence. *Annals of Behavioral Medicine, 29,* 80.

Nezu, A. M., & Nezu, C. M. (Eds.) (in press, a). *Evidence-based outcome research: A practical guide to conducting randomized clinical trials for psychosocial interventions.* New York: Oxford University Press.

Nezu, A. M., & Nezu, C. M. (in press, b). Problem solving. In W. T. O'Donohue & E. Livens (Eds.), *Promoting treatment adherence: A practical handbook for health care providers*. New York: Sage Publications.

Nezu, A. M., & Nezu, C. M. (in press, c). Treatment adherence and therapist competence. In D. McKay (Ed.), *Handbook of research methods in abnormal and clinical psychology*. Thousand Oaks, CA: Sage Publications.

Nezu, A. M., Nezu, C. M., Deaner, S. L., & D'Zurilla, T. J. (1997). Problem-solving approaches: State-of-the-art [El estado de la cuestión en los enfoques de resolución de problemas] (pp. 171-179). In I. Caro (Ed.), *Handbook of cognitive psychotherapies: State-of-the-art and psychotherapeutic processes*. Barcelona, Spain: Paidós.

Nezu, A. M., Nezu, C. M., & D'Zurilla, T. J. (2007). *Solving life's problems: A 5-step guide to enhanced well-being*. New York: Springer Publishing Co.

Nezu, A. M., Nezu, C. M., Faddis, S., DelliCarpini, L. A., & Houts, P. S. (1995, November). *Social problem solving as moderator of cancer-related stress*. Paper presented to the Association for Advancement of Behavior Therapy, Washington, DC.

Nezu, A. M., Nezu, C. M., Felgoise, S. H., McClure, K. S., & House, P. S. (2003). Project Genesis: Assessing the efficacy of problem-solving therapy for distressed adult cancer patients. *Journal of Consulting and Clinical Psychology, 71,* 1036-1048.

Nezu, A. M., Nezu, C. M., Felgoise, S. H., & Zwick, M. L. (2003). Psychosocial oncology. In A. M. Nezu, C. M. Nezu, & P. A. Geller (Eds.), *Health psychology* (pp. 267-292), Volume 9 of the *Handbook of psychology,* I. B. Weiner (Editor-in-Chief). New York: Wiley.

Nezu, A. M., Nezu, C. M., Friedman, S. H., Faddis, S., & Houts, P. S. (1998). *Helping cancer patients cope: A problem-solving approach*. Washington, DC: American Psychological Association.

Nezu, A. M., Nezu, C. M., Friedman, S. H., Houts, P. S., & Faddis, S. (1997). Project Genesis: Application of problem-solving therapy to individuals with cancer. *The Behavior Therapist, 20,* 155-158.

Nezu, A. M., Nezu, C. M., Houts, P. S., Friedman, S. H., & Faddis, S. (1999). Relevance of problem-solving therapy to psychosocial oncology. *Journal of Psychosocial Oncology, 16,* 5-26.

Nezu, A. M., Nezu, C. M., & Jain, D. (2005). *Psychological distress in adults with cardiovascular disease: The role of problem solving.* Unpublished data. Drexel University, Philadelphia, Pennsylvania.

Nezu, A. M., Nezu, C. M., & Lombardo, E. R. (2003). Problem-solving therapy. In W. O'Donohue, J. E. Fisher, & S. C. Hayes (Eds.), *Cognitive behavior therapy: Applying empirically supported techniques in your practice* (pp. 301-307). New York: Wiley.

Nezu, A. M., Nezu, C. M., & Lombardo, E. R. (2004). *Cognitive-behavioral case formulation and treatment design: A problem-solving approach.* New York: Springer Publishing Co.

Nezu, A. M., Nezu, C. M., & Lambardo, E. (2006). Behavioral and cognitive influences. In F. Andrasik (Ed.), *Adult psychopathology,* Volume 2 of the *Comprehensive handbook of personality and psychopathology* (pp. 36-51). M. Hersen & D. L. Segal (Editors-in-Chief). New Jersey: Wiley.

Nezu, A. M., Nezu, C. M., & Perri, M. G. (1989). *Problem-solving therapy for depression: Therapy, research, and clinical guidelines.* New York: Wiley.

Nezu, A. M., Nezu, C. M., Saraydarian, L., Kalmar, K., & Ronan, G. F. (1986). social problem solving as a moderator variable between negative life stress and depressive symptoms. *Cognitive Therapy and Research, 10,* 489-498.

Nezu, A. M., & Perri, M. G. (1989). Social problem solving therapy for unipolar depression: An initial dismantling investigation. *Journal of Consulting and Clinical Psychology, 57,* 408-413.

Nezu, A. M., Perri, M. G., & Nezu, C. M. (1987, August). *Validation of a problem-solving/stress model of depression.* Paper presented at the American Psychological Association Convention, New York.

Nezu, A. M., Perri, M. G., Nezu, C. M., & Mahoney, D. J. (1987, November). *Social problem solving as a moderator of stressful events among clinically depressed individuals.* Paper presented at the Association for Advancement of Behavior Therapy Convention, Boston, Massachusetts.

Nezu, A. M., & Ronan, G. F. (1985). Life stress, current problems, problem solving, and depressive symptomatology: An integrative model. *Journal of Consulting and Clinical Psychology, 53,* 693-697.

Nezu, A. M., & Ronan, G. F. (1987). Social problem solving and depression: Deficits in generating alternatives and decision making. *Southern Psychologist, 3,* 29-34.

Nezu, A. M., & Ronan, G. F. (1988). Stressful life events, problem solving, and depressive symptoms among university students: A prospective analysis. *Journal of Counseling Psychology, 35,* 134-138.

Nezu, A. M., Wilkins, V. M., & Nezu, C. M. (2004). Social problem solving, stress, and negative affective conditions. In E. C. Chang, T. J. D'Zurilla, & L. J. Sanna (Eds.), *Social problem solving: Theory, research, and training* (pp. 49-65). Washington, DC: American Psychological Association.

Nezu, C. M. (2003). Cognitive-behavioral treatment for sex offenders: Current status. *Japanese Journal of Behavior Therapy, 29,* 15-24.

Nezu, C. M., Nezu, A. M., & Dudek, J. A. (1998). A cognitive behavioral model of assessment and treatment for intellectually disabled sexual offenders. *Cognitive and Behavioral Practice, 5,* 25-64.

Nezu, C. M., Nezu, A. M., Dudek, J. A., Peacock, M., & Stoll, J. (2005). Social problem-solving correlates of sexual deviancy and aggression among adult child molesters. *Journal of Sexual Aggression, 11,* 27-36.

Nezu, C. M., D'Zurilla, T. J., & Nezu, A. M. (2005). Problem-solving therapy: Theory, practice, and application to sex offenders. In M. McMurran & J. McGuire (Eds.), *Social problem solving and offenders: Evidence, evaluation and evolution* (pp. 103-123). Chichester, UK: Wiley.

Nezu, C. M., Fiore, A., & Nezu, A. M. (in press). Problem-solving therapy for adult sex offenders with intellectual disabilities. *Journal of Behavioral Consultation and Therapy.*

Nezu, C. M., Greenberg, J., & Nezu, A. M. (in press). Project STOP: Cognitive behavioral assessment and treatment for sex offenders with intellectual disability. *Journal of Forensic Psychology Practice.*

Nezu, C. M., Nezu, A. M., & Arean, P. A. (1991). Assertiveness and problem-solving training for mildly mentally retarded persons with dual diagnosis. *Research in Developmental Disabilities, 12,* 371-386.

Nezu, C. M., Nezu, A. M., Dudek, J. A., Peacock, M., & Stoll, J. (2005). Social problem-solving correlates of sexual deviancy and aggression among adult child molesters. *Journal of Sexual Aggression, 11,* 27-36.

Nezu, C. M., Nezu, A. M., Friedman, S. H., Houts, P. S., DelliCarpini, L. A., Nemeth, C. B. et al. (1999). Cancer and psychological distress: Two investigations regarding the role of problem solving. *Journal of Psychosocial Oncology, 16,* 27-40.

Nezu, C. M., Nezu, A. M., & Houts, P. S. (1993). The multiple applications of problem solving principles in clinical practice. In K. T. Keuhlwein & H. Rosen (Eds.), *Cognitive therapy in action: Evolving innovative practice.* San Francisco, CA: Jossey-Bass.

Nezu, C. M., Palmatier, A., & Nezu, A. M. (2004). Social problem-solving training for caregivers. In E. C. Chang, T. J. D'Zurilla, & L. J. Sanna (Eds.), *Social problem solving: Theory, research, and training* (pp. 223-238). Washington, DC: American Psychological Association.

Nichols, H. R., & Molinder, I. (1984). *Multiphasic Sex Inventory manual.* Fircrest, WA: Nichols & Molinder Assessments.

Nixon, S. J., Tivis, R., & Parsons, O. A. (1992). Interpersonal problem-solving in male and female alcoholics. *Alcoholism: Clinical and Experimental Research, 16,* 684-687.

Osborn, A. (1952). *Wake up your mind.* New York: Charles Scribner's Sons.

Osborn, A. (1963). *Applied imagination: Principles and procedures of creative problem solving* (3rd ed.). New York: Charles Scribner's Sons.

Parloff, M. B., & Handlon, J. H. (1964). The influence of criticalness on creative problem solving in dyads. *Psychiatry, 27,* 17-27.

Parnes, S. J. (1962). The creative problem solving course and institute at the University of Buffalo. In S. J. Parnes & H. F. Harding (Eds.), *A source book for creative thinking.* New York: Charles Scribner's Sons.

Parnes, S. J., & Meadow, A. (1959). Effects of "brainstorming" instructions on creative problem-solving by trained and untrained subjects. *Journal of Educational Psychology, 50,* 171-176.

Parnes, S. J., & Noller, R. B. (1973). *Toward supersanity: Channeled freedom.* New York: D. O. K. Publishers.

Parnes, S. J., Noller, R. B., & Biondi, A. M. (1977). *Guide to creative action: Revised edition of creative behavior guidebook.* New York: Charels Scribner's Sons.

Patsiokas, A. T., & Clum, G. A. (1985). Effects of psychotherapeutic strategies in the treatment of suicide attempters. *Psychotherapy: Theory, Research, Practice, and Training, 22,* 281-290.

Payne, J. W. (1982). Contingent decision behavior. *Psychological Bulletin, 92,* 382-402.

Pellegrini, D. S., & Urbain, E. S. (1985). An evaluation of interpersonal cognitive problem solving training with children. *Journal of Child Psychology and Psychiatry, 26,* 17-41.

Perri, M. G., McAdoo, W. G., McAllister, D. A., Lauer, J. B., Jordan, R. C., Yancey, D. Z. et al. (1987). Effects of peer support and therapist contact on long-term weight loss. *Journal of Consulting and Clinical Psychology, 55,* 615-617.

Perri, M. G., McAllister, D. A., Gange, J. J., Jordan, R. C., McAdoo, W. G., & Nezu, A. M. (1988). Effects of four maintenance programs on the long-term management of obesity. *Journal of Consulting and Clinical Psychology, 56,* 629-634.

Perri, M. G., & Nezu, A. M. (1992). Preventing relapse following treatment for obesity. In A. J. Stunkard, & T. A. Wadden (Eds.), *Obesity: Theory and therapy* (2nd ed., pp. 287-299). New York: Raven.

Perri, M. G., Nezu, A. M., McKelvey, W. F., Schein, R. L., Renjilian, D. A., & Viegener, B. J. (2001). Relapse prevention training and problem-solving therapy in the long-term management of obesity. *Journal of Consulting and Clinical Psychology, 69,* 722-726.

Perri, M. G., Nezu, A. M., & Viegener, B. J. (1992). *Improving the long-term management of obesity: Theory, research, and clinical guideline.* New York: Wiley.

Pfiffner, L. J., Jouriles, E. N., Brown, M. M., Etscheidt, M. A., & Kelly, J. A. (1990). Effects of problem-solving therapy on outcomes of parent training for single-parent families. *Child and Family Behavior Therapy, 12,* 1-11.

Phillips, E. L. (1978). *The social skills basis of psychopathology: Alternatives to abnormal psychology and psychiatry.* New York: Grune & Stratton.

Phillips, L., & Zigler, E. (1961). Social competence: The action-thought parameter and vicariousness in normal and pathological behaviors. *Journal of Abnormal and Social Psychology, 63,* 137-146.

Platt, J. J., Husband, S. D., Hermalin, Carter, J., & Metzger, D. (1993). A cognitive problem-solving employment readiness intervention for methadone clients. *Journal of Cognitive Psychotherapy: An International Quarterly, 7,* 21-33.

Platt, J. J., & Scura, W. C., & Hannon, J. R. (1973). Problem solving thinking of youthful incarcerated heroin addicts. *Journal of Community Psychology, 1,* 278-281.

Platt, J. J., & Siegel, J. M. (1976). MMPI characteristics of good and poor social problem solvers among psychiatric patients. *Journal of Community Psychology, 94,* 245-251.

Platt, J. J., & Spivack, G. (1972a). Problem solving thinking of psychiatric patients. *Journal of Consulting and Clinical Psychology, 39,* 148-151.

Platt, J. J., & Spivack, G. (1972b). Social competence and effective problem solving in psychiatric patients. *Journal of Clinical Psychology, 28,* 3-5.

Platt, J. J., & Spivack, G. (1973). Studies in problem-solving thinking of psychiatric patients: Patient-control differences and factorial structure of problem-solving thinking. *Proceedings of the 81st Annual Convention of the American Psychological Association, 8,* 461-462.

Platt, J. J., & Spivack, G. (1975). *Manual for the means-ends problem-solving procedures (MEPS): A measure of interpersonal cognitive problem-solving skills.* Philadelphia, PA: Hahnemann Community Mental Health Mental Retardation Center.

Platt, J. J., Spivack, G., Altman, N., Altman, D., & Peizer, S. B. (1974). Adolescent problem solving thinking. *Journal of Consulting and Clinical Psychology, 42,* 787-793.

Plienis, A. J., Hansen, D. J., Ford, F., Smith, S., Jr., Stark, L. J., & Kelly, J. A.

(1987). Behavioral small group training to improve the social skills of emotionally-disordered adolescents. *Behavior Therapy, 18,* 17-32.

Pollock, L. R., & Williams, J. M. G. (2001). Effective problem solving in suicide attempters depends on specific autobiographical recall. *Suicide and Life-Threatening Behavior, 31,* 386-396.

Poon, L. W., Rubin, D. C., & Wilson, B. A. (Eds.) (1989). *Everyday cognition in adulthood and late life.* New York: Cambridge University Press.

Pretorius, T. B., & Diedricks, M. (1994). Problem-solving appraisal, social support and stress-depression relationship. *South African Journal of Psychology, 24,* 86-90.

Provencher, M. D., Dugas, M. J., & Ladouceur, R. (2004). Efficacy of problem-solving training and cognitive exposure in the treatment of generalized anxiety disorder: A case replication series. *Cognitive and Behavioral Practice, 11,* 404-414.

Rehm, L. P., & Rokke, P. (1988). Self-management therapies. In K. S. Dobson (Ed.), *Handbook of cognitive-behavioral therapies* (pp. 136-166). New York: Guilford.

Reinecke, M. A., DuBois, D. L., & Schultz, T. M. (2001). Social problem solving, mood, and suicidality among inpatient adolescents. *Cognitive Therapy and Research, 25,* 743-756.

Roberts, J., Browne, G., Milne, C., Spooner, L., Gafni, A., Drummond-Young, M. et al. (1999). Problem-solving counseling for caregivers of the cognitively impaired: Effective for whom? *Nursing Research, 48,* 162-172.

Robichaud, M., & Dugas, M. J. (2005a). Negative problem orientation (Part I): Psychometric properties of a new measure. *Behaviour Research and Therapy, 43,* 391-401.

Robichaud, M., & Dugas, M. J. (2005b). Negative problem orientation (Part II): Construct validity and specificity to worry. *Behaviour Research and Therapy, 43,* 403-412.

Robinson, J. R., Drotar, D., & Boutry, M. (2001). Problem-solving abilities among mothers of infants with failure to thrive. *Journal of Pediatric Psychology, 26,* 21-32.

Ross, R. R., Fabiano, E. A., & Ewles, C. D. (1988). Reasoning and rehabilitation. *International Journal of Offender Treatment and Comparative Criminology, 32,* 29-35.

Ross, R. R., Fabiano, E. A., & Ross, R. D. (1986). *Reasoning and rehabilitation: A handbook for teaching cognitive skills.* Ottawa: Centre for Cognitive Development.

Ross, R. R., & Hilborn, J. (2005). *Time to think again: A prosocial competence approach to the prevention and treatment of antisocial behaviour.* Ottawa: Cognitive Centre of Canada.

Ross, R. R., & Ross, E. D. (Eds.) (1995). *Thinking straight: The Reasoning and Rehabilitation program for delinquency prevention and offender rehabilitation.* Ottawa: AIR Training and Publications.

Rothenberg, J. L., Nezu, A. M., & Nezu, C. M. (1995, November). *Problem-solving skills as a predictor of distress in caregivers of Alzheimer's patients.* Paper presented at the Association for Advancement of Behavior Therapy Convention, Washington, DC.

Rotter, J. B. (1966). Generalized expectancies for internal versus external control of reinforcements. *Psychological Monographs, 80,* 1-28.

Rotter, J. B., Chance, J. E., & Phares, E. J. (1972). *Applications of a social learning theory of personality.* New York: Holt, Rinehart, & Winston.

Rudd, M. D., Rajab, M. H., & Dahm, P. F. (1994). Problem-solving appraisal in suicide ideators and attempters. *American Journal of Orthopsychiatry, 64,* 136-149.

Sacco, W. P., & Graves, D. J. (1984). Childhood depression, interpersonal problem solving, and self-ratings of performance. *Journal of Clinical Child Psychology, 13,* 10-15.

Sadowski, C., & Kelley, M. L. (1993). Social problem-solving in suicidal adolescents. *Journal of Consulting and Clinical Psychology, 61,* 121-127.

Sadowski, C., Moore, L. A., & Kelley, M. L. (1994). Psychometric properties of the Social Problem-Solving Inventory (SPSI) with normal and emotionally-disturbed adolescents. *Journal of Abnormal Child Psychology, 22,* 487-500.

Sahler, O. J. Z., Fairclough, D. L., Phipps, S., Mulhern, R. K., Dolgin, M. J., Noll, R. B. et al. (2005). Using problem-solving skills training to reduce negative affectivity in mothers of children with newly diagnosed cancer: Report of a multisite randomized trial. *Journal of Consulting and Clinical Psychology, 73,* 272-283.

Sahler, O. J. Z., Varni, J. W., Fairclough, D. L., Butler, R. W., Noll, R. B., Dolgin, M. J. et al. (2002). Problem-solving skills training for mothers of children with newly diagnosed cancer: A randomized trial. *Developmental and Behavioral Pediatrics, 23,* 77-86.

Salkovskis, P. M., Atha, C., & Storer, D. (1990). Cognitive-behavioral problem solving in the treatment of patients who repeatedly attempt suicide: A controlled trial. *British Journal of Psychiatry, 157,* 871-876.

Sarason, B. R, (1981). The dimensions of social competence: Contributions from a variety of research areas. In J. D. Wine & M. D. Smye (Eds.), *Social competence.* New York: Guilford

Sarason, I. G. (1980). Life stress, self-preoccupation, and social supports. In I. G. Sarason & C. D. Spielberger (Eds.), *Stress and anxiety* (Vol. 7). New York: Hemisphere.

Sarason, I. G., & Sarason. B. R. (1981). Teaching cognitive and social skills to high school students. *Journal of Consulting and Clinical Psychology, 49,* 908-918.

Sayers, M. D., & Bellack, A. S. (1995). An empirical method for assessing social problem solving in schizophrenia. *Behavior Modification, 19,* 267-289.

Scheier, M. F., & Carver, C. S. (1985). Optimism, coping, and health: Assessment and implications of generalized outcome expectancies. *Health Psychology, 4,* 219-247.

Schinke, S. P., Blythe, B. J., & Gilchrist, L. D. (1981). Cognitive-behavioral prevention of adolescent pregnancy. *Journal of Counseling Psychology, 28,* 451-454.

Schönpflug, W. (1983). Coping efficiency and situational demands. In R. Hockey (Ed.), *Stress and fatigue in human performance.* New York: Wiley.

Schotte, D. E., & Clum, G. A. (1982). Suicide ideation in a college population: A test of a model. *Journal of Consulting and Clinical Psychology, 50,* 690-696.

Schotte, D. E., & Clum, G. A. (1987). Problem-solving skills in suicidal psychiatric patients. *Journal of Consulting and Clinical Psychology, 55,* 49-54.

Schotte, D. E., Cools, J., & Payvar, S. (1990). Problem-solving deficits in suicidal patients: Trait vulnerability or state phenomenon? *Journal of Consulting and Clinical Psychology, 58,* 562-564.

Schulz, P., & Schönpflug, W. (1982). Regulatory activity during states of stress. In H. W. Krohne & L. Laux (Eds.), *Achievement, stress, and anxiety.* New York: Hemisphere.

Schwartz, M. D., Lerman, C., Audrain, J., Cella, D., Rimer, B., Stefanek, M. et al. (1998). The impact of a brief problem-solving training intervention for relatives of recently diagnosed breast cancer patients. *Annals of Behavioral Medicine, 20,* 7-12.

Seligman, M. E. P. (1975). *Helplessness.* San Francisco: Freeman.

Seligman, M. E. P. (1999). The President's address. *American Psychologist, 54,* 559-562.

Seligman, M. E. P., & Csikszentmihalyi, M. (2000). Positive psychology: An introduction. *American Psychologist, 55,* 5-14.

Selye, H. (1983). The stress concept: Past, present, and future. In C. L. Cooper (Ed.), *Stress research: Issues for the eighties.* New York: Wiley.

Shaw, W. S., Feuerstein, M., Haufler, A. J., Berkowitz, S. M., & Lopez, M. S. (2001). Working with low back pain: problem-solving orientation and function. *Pain, 93,* 129-137.

Shisslak, C., & Crago, M. (1987). Primary prevention of eating disorders. *Journal of Consulting and Clinical Psychology, 55,* 660-667.

Shure, M. B. (1981). Social competence as a problem-solving skill. In J. D. Wine & M. D. Smye (Eds.), *Social competence.* New York: Guilford.

Sidley, G. L., Whitaker, K., Calam, R. M., & Wells, A. (1997). The relationship between problem-solving and autobiographical memory in parasuicide patients. *Behavioural and Cognitive Psychotherapy, 25,* 195-202.

Simonian, S. J., Tarnowski, K. J., & Gibbs, J. C. (1991). Social skills and antisocial conduct of delinquents. *Child Psychiatry and Human Development, 22,* 17-27.

Siu, A. M. H., & Shek, D. T. L. (2005). The Chinese version of the Social

Problem Solving Inventory: Some initial results on reliability and validity. *Journal of Clinical Psychology, 61,* 347-360.

Skinner, B. F. (1953). *Science and human behavior.* New York: Macmillan.

Smith, E. R. (1994). Procedural knowledge and processing strategies in social cognition. In R. S. Wyer, Jr. & T. K. Srull (Eds.), *Handbook of social cognition* (2nd ed., pp. 99-151). Hillsdale, NJ: Lawrence Erlbaum.

Snyder, R. C., Bruck, H. W., & Sapin, B. (1962). *Foreign policy decision-making.* New York: Free Press.

Spaccarelli, S., Cotler, S., & Penman, D. (1992). Problem-solving skills training as a supplement to behavioral parent training. *Cognitive Therapy and Research*, 16, 1-18.

Spiegler, M. D., & Guevremont, D. C. (2003). *Contemporary behavior therapy* (4th ed.). Belmont, CA: Wadsworth.

Spitzer, R. L., Endicott, J., & Robins, E. (1978). Research diagnostic criteria: Rationale and reliability. *Archives of General Psychiatry, 36,* 773-782.

Spivack, G., Platt, J. J., & Shure, M. B. (1976). *The problem-solving approach to adjustment.* San Francisco: Jossey-Bass.

Spivack, G., & Shure, M. B. (1974). *Social adjustment of young children.* San Francisco: Jossey-Bass.

Spivack, G., Shure, M. B., & Platt, J. J. (1985). Means-Ends Problem Solving (MEPS). Stimuli and scoring procedures supplement. Unpublished document. Hahnemann University Preventive Intervention Research Center, Philadelphia, Pennsylvania.

Sprafkin, R., Gershaw, N. J., & Goldstein, A. P. (1980). Structured-learning therapy: Overview and applications to adolescents and adults. In D. P. Rathjen & J. P. Foreyt (Eds.), *Social competence: Interventions for children and adults.* New York: Pergamon.

Staats, A. W. (1975). *Social behaviorism.* Homewood, IL: Dorsey Press.

Steinlauf, C. (1979). Problem-solving skills, locus of control, and contraceptive effectiveness of young women. *Child Development*, *50*, 268-271.

Sternberg, R. J., & Wagner, R. K. (Eds.) (1986). *Practical intelligence: Nature and origins of competence in the everyday world.* New York: Cambridge University Press.

Sternberg, R. J., Wagner, R. K., Williams, W. M., & Horvath, J. A. (1995). Testing common sense. *American Psychologist, 50,* 914-926.

Straw, M. K., & Terre, L. (1983). An evaluation of individualized behavioral obesity treatment and maintenance strategies, *Behavior Therapy, 14,* 255-266.

Ström, L., Pettersson, R., & Andersson, G. (2000). A controlled trial of self-help treatment of recurrent headache conducted via the internet. *Journal of Consulting and Clinical Psychology, 68,* 722-727.

Tarrier, N., Yusupoff, L., Kinney, C., McCarthy, E., Gledhill, A., Haddock, G. et al. (1998). Randomised controlled trial of intensive cognitive behaviour therapy for patients with chronic schizophrenia. *British Medical Journal, 317,* 303-307.

Taylor, S. E. (1991). *Health psychology* (2nd ed.). New York: McGraw-Hill.

Telch, C. F., & Telch, M. J. (1986). Group coping skills instruction and supportive group therapy for cancer patients: A Comparison of strategies. *Journal of Consulting and Clinical Psychology, 54,* 802-808.

Teri, L., Logsdon, R. G., Uomoto, J., & McCurry, S. M. (1997). Behavioral treatment of depression in dementia patients: A controlled clinical trial. *Journals of Gerontology Series B−Psychological Sciences and Social Sciences, 52B,* 159-166.

Tisdelle, D. A., & St. Lawrence, J. S. (1986). Interpersonal problem solving competence: Review and critique of the literature. *Clinical Psychology Review, 6,* 337-356.

Toobert, D. J., Glasgow, R. E., Barrera, M., & Bagdade, J. (2002). Enhancing support for health behavior change among women at risk for structure heart disease: The Mediterranean lifestyle trial. *Health Education and Research, 17,* 547-585.

Toomey, R., Wallace, C. J., Corrigan, P. W., Schuldberg, D., & Green, M. F. (1997). Social processing correlates of nonverbal social perception in schizophrenia. *Psychiatry: Interpersonal and Biological Processes, 60,* 293-300.

Toseland, R. W., Blanchard, C. G., & McCallion, P. (1995). A problem-solving intervention for caregivers of cancer patients. *Social Science and Medicine, 40,* 517-528.

Tracey, T. J., Sherry, P., & Keitel, M. (1986). Distressed and help seeking as a function of person-environment fit and self-efficacy: A causal model. *American Journal of Community Psychology, 14*, 657-676.

Trower, P., Bryant, B., & Argyle, M. (1978). *Social skills and mental health.* London: Methuen.

Turk, D. C., Salovey, P. (1985). Cognitive structures, cognitive processes, and cognitive-behavior modification: I. Client issues. *Cognitive Therapy and Research, 9,* 1-17.

Tversky, A., & Kahnemann, D. (1981). The framing of decisions and the psychology of choice. *Science, 211*, 453-458.

Tymchuk, A. J., Andron, L., & Rahbar, B. (1988). Effective decision-making/problem-solving training with mothers who have mental retardation. *American Journal on Mental Retardation, 92*, 510-516.

Ullmann, L., & Krasner, L. (1969). *A psychological approach to abnormal behavior.* Englewood Cliffs, NJ: Prentice-Hall.

Unutzer, J., Katon, W., Callahan C., Williams, J. W., Hunkeler, E. M., Harpole, L. et al. (2002). Collaborative care management of late-life depression in the primary care setting: A randomized controlled trial. *Journal of the American Medical Association, 288*, 2836-2845.

Unutzer, J., Katon, W., Williams, J. W., Callahan, C., Harpole, L., Hunkeler, E. M. et al. (2001). Improving primary care for depression in late life: The design of a multicenter randomized trial. *Medical Care, 39*, 785-799.

Urbain, E. S., & Kendall, P. C. (1980). Review of social-cognitive problem-solving interventions with children. *Psychological Bulletin, 88*, 109-143.

van den Hout, J. H. C., Vlaeyen, J. W. S., Heuts, P. H. T., Stillen, W. J. T., & Willen, J. E. H. L. (2001). Functional disability skills. *International Journal of Behavioral Medicine, 8*, 134-148.

van den Hout, J. H. C., Vlaeyen, J. W. S., Heuts, P. H. T., Zijlema, J. H. L., & Wijen, J. A. G. (2003). Secondary prevention of work-related disability in nonspecific low back pain: Does problem-solving therapy help? A randomized clinical trial. *The Clinical Journal of Pain, 19*, 87-96.

Wade, S. L., Wolfe, C., Brown, T. M., & Pestian, J. P. (2005). Putting the pieces together: Preliminary efficacy of a web-based family intervention for children with traumatic brain injury. *Journal of Pediatric Psychology, 30*, 437-442.

Wallace, C. J., & Liberman, R. P. (1985). Social skills training for patients with schizophrenia: A controlled clinical trial. *Psychiatry Research, 15*, 239-247.

Wege, W. J., & Möller, A. T. (1995). Effectiveness of a problem-solving training program. *Psychological Reports, 76*, 507-514.

Weinberger, M., Hiner, S. L., & Tierney, W. M. (1987). In support of hassles as a measure of stress in predicting health outcomes. *Journal of Behavioral Medicine, 10*, 19-31.

Weisskopf-Joelson, E., & Eliseo, A. (1961). An experimental study of the effectiveness of brainstorming. *Journal of Applied Psychology, 45*, 45-49.

White, R. W. (1959). Motivation reconsidered: The concept of competence. *Psychological Review, 66*, 297-333.

Whitlatch, C. J., Zarit, S. H., & von Eye, A. (1991). Efficacy of interventions with caregivers: A reanalysis. *The Gerontologist, 31*, 9-14.

Wilkinson, P., & Mynors-Wallis, L. (1994). Problem-solving therapy in the treatment of unexplained physical symptoms in primary care: A preliminary study. *Journal of Psychosomatic Research, 38*, 591-598.

Williams, J. G., & Kleinfelter, K. J. (1989). Perceived problem-solving skills and drinking patterns among college students. *Psychological Reports, 65*, 1235-1244.

Williams, J. W., Barrett, J., Oxman, T., Frank, E., Katon, W., Sullivan, M. et al. (2000). Treatment of dysthymia and minor depression in primary care: A randomized controlled trial in older adults. *Journal of American Medical Association, 284*, 1519-1526.

Willis, S. L., & Marsiske, M. (1993). *Manual for the Everyday Problems Test.* Unpublished manuscript, Pennsylvania State University, University Park, Pennsylvania.

Wills, T. A. (1986). Stress and coping in early adolescence: Relationships to substance use in urban school samples. *Health Psychology, 5*, 503-529.

Witty, T. E., Heppner, P. P., Bernard, C., & Thoreson, R. (2001). Problem solving appraisal and psychological adjustment of persons with chronic low back pain. *Journal of Clinical Psychology in Medical Settings, 8*, 149-160.

Wodarski, J. S., & Wodarski, L. A. (1998). *Preventing teenage violence: An empirical paradigm for schools and families*. New York: Springer Publishing.

Woicik, P. B., Conrod, P. J., & Pihl, R. O. (2002). *Validation of a four-factor model of substance abuse risk and the substance use risk profile scale*. Manuscript submitted for publication.

Woolfolk, R. L., & Lehrer, P. M. (Eds.) (1984). *Principles and practice of stress management*. New York: Guilford.

Wrubel, J., Benner, P., & Lazarus, R. S. (1981). Social competence from the perspective of stress and coping. In J. D. Wine & M. D. Smye (Eds.), *Social competence*. New York: Guilford.

Yang, B., & Clum, G. A. (2000). Childhood stress leads to suicidality via its effects on cognitive functioning. *Suicide and Life-Threatening Behavior, 30*, 183-198.

Yerkes, R., & Dodson, J. D. (1908). The relation of strength of stimulus to rapidity of habit formation. *Journal of Comparative and Neurological Psychology, 18,* 459-482.

Zarit, S. H., Anthony, C. R., & Boutselis, M. (1987). Interventions with caregivers of dementia patients: Comparison of two approaches. *Psychology and Aging, 2*, 225-232.

Zebb, B. J., & Beck, J. G. (1998). Worry versus anxiety: Is there really a difference? *Behavior Modification, 22*, 45-61.

Zigler, E., & Phillips, L. (1961). Social competence and outcome in psychiatric disorder. *Journal of Abnormal and Social Psychology, 63*, 264-271.

Zigler, E., & Phillips, L. (1962). Social competence and the process-relative distinction in psychopathology. *Journal of Abnormal and Social Psychology, 65*, 215-222.

찾 / 아 / 보 / 기

인 명

내 용

저자 소개

Thomas J. D'Zurilla, Ph.D.

일리노이주립대학교에서 학위를 받았으며, Stony Brook에 있는 뉴욕주립대학교 심리학과 교수로 재직 중이다. 사회적 문제해결과 문제해결치료에 관한 많은 논문을 발표하였다. Marvin R. Goldfried와 함께 1971년 *Journal of Abnormal Psychology*에 발표한 'Problem Solving and Behavior Modification' 이라는 논문은 1984년 12월호(No, 50) *Current Contents*의 'Citation Classic' 으로 요약되기도 했다. 또한 Arthur Nezu, Albert Maydeu-Olivares와 함께 사회적 문제해결능력을 측정하는 『사회적 문제해결검사-개정판(*SPSI-R: Social Problem-Solving Inventory-Revised*)』을 출판하기도 했다. 그의 저서와 측정도구는 스페인, 일본, 중국, 프랑스에서 번역되었다. American Psychological Association, Society for a Science of Clinical Psychology, Eastern Psychological Association, Association for Behavioral and Cognitive Therapies의 회원이자 임상심리학자로서 30년 이상의 현장경험을 가지고 있다.

Arthur M. Nezu, Ph.D.

뉴욕주립대학교에서 학위를 받았으며, 드렉셀대학교의 심리학과 교수로 재직 중이다. American Psychological Association, Association for Psychological Science, Society of Behavior Medicine, American Academy of Cognitive and Behavioral Psychology, Academy of Cognitive Therapy의 회원이며, 현재 Professional Psychology의 미국 이사회 이사를 맡고 있다. 또한 Association for Advancement in Behavioral Therapy(현재의 Association for Behavioral and Cognitive Therapies)를 비롯한 여러 학회의 회장을 역임하기도 했다. 170편 이상의 출판물에 저자 또는 공동 저자로 참여하였으며, 이들 출판물 중 다수가 여러 나라 언어로 번역되었다. 그리고 *Behavior Therapists*의 편집장을 비롯하여 여러 학술지의 편집위원으로 활동하였고, 현재는 National Institute of Mental Health(미국 국립보건원)의 Intervention Research Review Committee(개입연구 평가위원회)의 상임위원으로 활동 중이다. Association for Advancement in Behavioral Therapy와 World Congress for Behavioral and Cognitive Therapies의 수상자이고, 25년 이상을 심리학자로서 활동하고 있으며, Professional Psychology의 미국 이사회에서 인준을 받은 전문위원이다.

역자 소개

박권생

University of Wisconsin-Madison 심리학 석사
Texas A & M University 심리학 박사
현재 계명대학교 심리학과 교수

최이순

계명대학교 심리학 석사, 박사
정신보건임상심리사 1급
한국심리학회 공인 임상심리전문가
현재 경남대학교 심리학과 겸임교수, 부산 연산병원 임상심리 과장

문제해결요법 -임상적 개입에의 적극적 접근-
Problem-Solving Therapy -3rd edition

2008년 6월 25일 1판 1쇄 인쇄
2008년 6월 30일 1판 1쇄 발행

지은이 • Thomas J. D'Zurilla · Arthur M. Nezu
옮긴이 • 박권생 · 최이순
펴낸이 • 김진환
펴낸곳 • 학지사
121-837 서울시 마포구 서교동 352-29 마인드월드빌딩 5층
대표전화 • 02-326-1500 팩스 • 02-324-2345
등록 • 1992년 2월 19일 제2-1329호
홈페이지 www.hakjisa.co.kr

ISBN 978-89-5891-740-3 93180
가격 18,000원